イスラーム古典叢書

ルーミー語録

ルーミー著
井筒俊彦 訳・解説

岩波書店

マウラウィー教団の旋舞．撮影 James George.

談話　其の一

慈悲深く慈愛あまねきアッラーの御名において。主よ良き終りあらしめ給え！

預言者（ムハンマド）は次のように言われたと伝えられている。曰く、「およそ学者の中で最も悪い者は王侯のもとを訪れる人。およそ王侯の中で最も良い者は学者のもとを訪れる人。貧者（この世の富と栄華を求めぬ「心貧しい」学者）の門辺《かどべ》に佇《たゝず》む王侯のなんと祝福されていることか。王侯の門辺に佇む貧者のなんと哀れにも惨めなことか」と。

世間一般の人たちはこの言葉の表面《うわつら》だけを見て次のような意味に取る。すなわち、学者たるもの、王侯を訪れたりしてはいけない、そんなことをすると最悪の学者の仲間入りをしてしまうから、と。この言葉の意味をこんなふうに考えるのは間違いだ。本当の意味は次の通りである。学者の中で最も悪質なのは、王侯の支持を求め、己が身の福祉と己れの義理の立つところとを王侯に頼ることによって、いや実は王侯を恐れることによって作り出そうとする手合いのことだ。始めからこういう連中は、「こうすればきっと御主君様が褒美を下さるだろう、尊敬もして下さろう、何かいい地位につけても下さろう」などと考えて、そういう動機から学問に励む。そうしてみると結局こういう人はもともと王侯の故に向上の道に踏み込んだのであり、王侯の故に勉強して無知の状態から知の状態に転入したわけである。だからこんな人は一応学者になりおおせたとしても、王侯がこわくて、王侯の指図通りに学問を修めたというわけで、好むと好まざるとにかかわらず決まりきった道を辿ってゆくにすぎない。

従って形式上は王侯の方から彼を訪ねてくるにせよ、彼の方から王侯を訪ねてゆくにせよ、内実はどちらの場合でも彼が訪問者であり、王侯は訪問を受ける側に立つ。

逆に、学者が王侯のために学者になったのではなくて、終始一貫ただ神のためにのみ学を修めたような場合、そしてちょうど魚が水の中でなくては絶対に生存できないように、ただ彼の本性がどうしても彼をそうさせる、いやそうさせずにはおかないが故に正しい道を行き正しい努力をしないではいられないで学者になってしまったような場合、こういう学者を支配し制御するものは理性である。

この種の学者に対しては、その時代の人々は誰も皆畏怖の念を抱き恐懼するものだ。誰も皆、意識するとしないとにかかわらず、そういう学者からおのずと発出する光暉とその反照に頼って力を得ようとする。この種の学者がたとい王侯のもとを訪れたとしても、それは本当に訪れたことにはならない。実は王侯の方から彼を訪れてきたことになるのだ。というのは、どちらにしても、王侯の方が彼から頂戴ものをし、彼から助けを与えられるわけだから。学者の方では王侯などから何も戴く必要などありはせぬ。

こういう学者は万物に光を与える太陽のようなものだ。知っての通り、太陽はただひたすら恵みを与え授けて分け隔てをしない。万物に差別なく光を与えることがその仕事だ。そのお蔭でただの石ころが紅玉や碧玉になり、もともと土の塊りにすぎぬ山が銅や金、銀、鉄の鉱山に変り、大地に緑の春草が萌え、木々は色とりどりの果実をつける。本当の学者もこれと同じく、ただ他人《ひと》に与えるだけがその務めで、他人から何一つ貰いはしない。アラビア人の格言にもある通り、「我らはただこちらから与えるということだけを習ってきた。向うから取るということはついぞ習いはしなかった」と。それだから、どんな場合でも（たとい事実上は彼の方から王侯を訪ねていった場合でも）結局訪ねられるのは彼の側であって、王侯の方から彼を訪ねてくることになるのだ。

ここでちょっと思いついたことがあるので、コーランの一節の解釈をしておきたい。これはいささか話の本筋からそれることにはなるが、ともかく頭に浮んできた考えだから、はっきり言葉にしておくことにしよう。それは次の神の御言葉である。曰く「これ、預言者よ、今汝らの手の中にいる捕虜ども（バドルの合戦で捕虜になった人々）に言ってやるがよい、『もし神がお前たちの心のうちに何かよいところをお認めになれば、お前たちが奪われたものよりもっとよいものを授けても下さろう、犯した罪も赦して下さろう。まことに神はよく赦して下さるお情深い方におわします』と。」（コーラン八章七一節）

この聖句が啓示されるもとになったのは次のような事情であった。（バドルの合戦で）預言者ムハンマドは無信仰者どもに対して大勝利を収められた。彼らは殺され、掠奪をこうむり、多数のものが捕虜になって桎梏に縛られる身となった。その中には預言者の叔父に当るアッバースまでまじっていた。

捕虜たちは、こうして繋がれたまま、どうしようもない屈辱感のうちに、夜もすがら泣き悲しみ、呻き通した。もう絶望だ、ただ刃《やいば》の露と消えるばかりだ、と考えていた。

ところが預言者は彼らのこの有様を御覧なされて、にっこり笑われたのだ。これを見るや捕虜たちは叫んだ、「おい見たか。結果あの男もただの人間にすぎぬわ。常々自分は人間以上のものだみたいなことを言いふらしてきおったが、あれはやっぱり真っ赤な嘘だった。俺たちがこうして縛り上げられて自分の捕虜になったのを見て嬉しくてたまらんというところだ。これこそ人情の常じゃないか。誰だって自分の敵を打ち負かして、足下に踏み敷いた時の気持、つい嬉しくなってはしゃぎたくなるものさ」と。

彼らの心のうちを見抜かれた預言者はこう言われた、「とんでもないことを。わしが笑ったのは自分の敵の打ち負かされた姿を見たからでもない、またお前たちの哀れな有様を見たからでもない。わしが嬉しくなり、つい笑いまでしたのはほかでもない、わしの心眼に映し出された光景のためだ。わしは自分が一群の人々に首枷を掛け、鎖でずるずる曳きながら、炎々と燃えさかる地獄の焼き窯《がま》と濛々たる黒煙の中から救い出し、無理やりにあの祝福の国、永久《とわ》の花園、天国の方へ連れてゆこうとしているところをありありと見たのだ。ところが連中の方ではそれが辛いというて泣きわめき、『なんだって俺たちを滅亡《ほろび》の国から曳きずり出して、安全な花園へ連れてゆこうとするんだ?』などと叫び立てている。それがおかしくて、わしはつい笑ってしまった。とはいうものの、まだそのような光景が目に映っていないお前たちにはわしが今言うこともはっきりした形で見て取ることはできはすまい。実は、いとも尊き御神はお前たち、捕虜の者どもにこう伝えよと仰せられておられるのだ、『最初のほど、汝らは威風堂々と大層な軍勢を寄せ集め、己が腕力と勇猛心を過信して意気軒昂たるものがあった。汝ら互いにこう言い合った、よし、これで行こう、この意気で回教徒どもを一挙に打ち破り叩きつぶしてくれよう、と。惜しむらくは、己れの能力に勝る能力を持つ者のいますことを、己れの腕力をはるかに上廻る腕力を備えた方のいますことを汝らは知らなかった。さればこそ、汝らがこうしようああしようと謀ったことが残らず裏目に出たのも当然のこと。また、さればこそ、恐怖のどん底に陥った今でもまだ己が誤ちを悔いもせず、ただ絶望したきりで、己れより遙かに力強いお方が頭上にいますことを認めることもできない。今や汝ら、我が威力をまざまざと見るべき時、己れが我が足下に踏み敷かれたことを認めるべき時であるぞ。そうして始めて全て事はうまく行く。恐怖のさ中にあっても決して我が計らいの希望を絶ってはならぬ。まことに我れこそは汝らをこの恐怖から解き放ち救い出す力のある者であるぞ。そもそも白牛を変じて黒牛となすことのできるほどの者は、黒牛を変じて白牛となすこともできるはず。』

夜を昼の中に入らせ、
昼を夜の中に入らせ給う。（コーラン五七章六節。昼夜の交替を指す）
生者をば死者より出《いだ》し、
死者をば生者より出し給う。（同三〇章一八節）

『今こうして虜囚の身とはなっても、汝ら決して我が加護はもはやないものと諦めてしまってはならぬ。必ず我手ずから汝らの手を引いて救い出してやろうほどに。』

まことに、信仰なきやからのみが
神の御慈悲を諦める。（コーラン一二章八七節）

今や（と、捕虜たちに対する預言者の言葉は続く）神はこう仰せられる、『これ虜《とらわ》れ人よ、もし汝ら従前の誤った行き方を棄て、恐怖のさ中にあってもまた希望の光の中にあっても、ただひたすら我に目を向けて動揺せず、いかなる状態においても常に我が威力の前に平伏するならば、我は必ず汝らをこの恐怖から救い出してやろうぞ。それぱかりか、このたびの合戦で掠奪され喪失した一切の財物をそっくりそのまま汝らの手に返してもやろう、いや、その何倍も、いや、それよりもっともっとよいものを。それぱかりか、汝らの罪をことごとく赦して、来世での幸福を現世での幸福に繋いでもとらせよう』と。」

これを聞いてアッバース（前出、預言者ムハンマドの叔父）が言った、「己が犯した罪を認め、改悛いたします。これまでやってきたようなことを今後は一切いたしませぬ。」

預言者は言われた、「今、貴方が言われたことが本当であるという証拠をここに出して示せよと神が貴方に求めておられますぞ。

お慕いいたしております、と口に言うのはいと容易《やす》い。
いかんせん、恋の証拠《あかし》がまだ見えぬ。」

アッバース、「神の御名に掛けて。一体どんな証拠《あかし》を見せよと仰せられるのか。」

預言者、「まだ残っている御自分の財産をイスラームの軍隊に寄与して、イスラーム軍強化の一助ともなしなされ、もし本当に貴方が信者となり他の信者のためよかれと願われるのであるならば。」

アッバース、「神の使徒よ、この私に何が残っていると言われるのか。何から何まで掠奪されて、今では古莚《ふるござ》(異本により haṣīrī を ḥaṣīri と読む)一枚残っていないものを。」

預言者、「それごらん、貴方はまだ真人間になってはいない。まだ改心していない。わしが言って聞かそうか、貴方がまだどれだけ財産を持っておられるか、どこに隠匿されたのか、誰の手に預けなさったか、どこに埋めてこられたか。」

アッバース、「とんでもないことを。」

預言者、「貴方はこれこれの財産を母上に預けなさったではないか。これこれのものをどこそこの壁の下に埋め込まれたではないか。母上には特に念入りに指示を与えて、もし私が帰ってきたらそっくり私に返すよう、またもし私が無事に帰ってこなんだら、これこれのことにこれこれの額を使い、これこれの額を誰それに与え、これこれの額を御自分の取り分に、とすっかり手配してこられたのではなかったか。」

これを聞いてさすがのアッバースも恭順の意を表し、完全に信仰を受け容れたというしるしを示した。さて言うには、「預言者よ、本当のところ私は今までそなたが天の特別のめぐり合せで何か不思議な加護を受けておられるとは思っていた、ちょうど古代の聖王たち、ハーマーンやシャッダードやニムロードなどと同じように。しかし今言われたことを聞いて、その加護の源があの不可視の国であり、神であり主であることがよく分りました。」

預言者は言われた、「正にその通り。今度こそ、貴方の内なる疑惑の腰帯がぷつんと断ち切れて、その音がわしの耳にはっきり聞えた。元来、わしには心の一番深いところに隠された不思議な耳があって、誰でも(信仰に対する)疑惑や偶像崇拝の心や不信の心の腰帯を断ち切ると、ぷつんという音が、わしのその隠れた耳に聞えてくる。確かに断ち切れる音がわしの魂の耳に響いてくるのだ、わしは確言する。今や貴方は間違いなく真人間になり、本当の信仰に入られた、と。」

このようなわけで――と師（ルーミーを指す。ルーミーの言葉を記録した人が書いているのである）は以上の伝承の意味を説き明かして次のように仰せられた――。わしはパルヴァーネ宰相（モンゴル支配下のセルジューク王国の名宰相として権勢を振った人。ルーミーに心酔し、その教えを受け、ルーミーを支持し、掩護した）にこう言ったのだった。「貴方は最初全回教徒の亀鑑として打って出てこられた。『我が身命を拋って惜しまず、イスラームの存続のため、イスラームの繁栄のために、我が理性も、我からの計らいも、考えも犠牲に供しよう、イスラームさえ存続してくれるならば』とまで言われた。しかしそう言いながら貴方は結局、御自分の考えを拠りどころとしておられた。心眼に神を見るということをされなかった。また一切が神に淵源するということに気づかれなかった。だから神は貴方の取られる全ての方便を、貴方の払われる努力の全てを転じてイスラームの損耗のたねとなし給うた。思うてもみられるがよい、貴方は（イスラーム存続のためと称して）韃靼人《タタール》たちと盟を結んで、結局はシリアの人々やエジプトの人々を滅ぼすのに手を貸し、イスラームの天下を壊滅させておられるではないか。してみれば、せっかくイスラームの存続のために打った手がことごとくイスラームの損耗のたねと変ってしまったということではないか。

今や重大な危機に面しておられますぞ。今こそいと高きにいます神に真っ直ぐ顔をお向けなされ。宗教の道に浄財を出し、この恐るべき危機からの脱出を願いなされ。決して神の御加護を諦めてはなりませんぞ、たとい一時は貴方をあれほどの恭順からこれほどの背信に引き落し給うた神ではあっても。もともと貴方は御自分の恭順の心を己れから発したものと考えておられた。それこそ背信に落ち込まれた原因です。だが、このような背信の状態にある今でも、決して希望を棄ててはなりませぬ。心低くしてひたすら神におすがり申されるがよい。神はあのような恭順を転じて背信となし給うたお方。必ずやこの背信を転じて恭順となし給うでありましょう。必ずや貴方に改悛の心を与え、また再び回教徒の繁栄のために努力する機会を与え給うでありましょう。また再び全回教徒の守りの力ともなし給うでありましょう。希望をお棄てなさるな。

まことに、信仰なきやからのみが
神の御慈悲を諦めるもの。（コーラン前出）」

わしが（パルヴァーネ宰相に）こんなことを言った意図は、ほかでもない、彼に事の真相を分らせてやりたかったためのこと。現状はどうであれ、（改悛して）宗教の道に浄財をつぎ込み、心低うしてひたすら神におすがりするようにしむけたいと願ってのことであった。彼はこの上もなく高い位置からこの上もなく低い位置に落ち込んだ人。だが、こんな状態に陥っても、まだ望みを棄てるには及ばない。

神の権謀はまことに底が知れぬ。見た目には実に立派な外形を様々に示し給う、がその腹の中はまっ黒なことが多い。だから誰も決して自惚れて、「俺の心に素晴しい思想が浮んだぞ、立派な行為ができ上ってきたぞ」などと言うわけにはゆかないのだ。

もし全てのものが本当に外見そのままであるとしたら、あれほど鋭い眼《まなこ》、光明に満ちて一切を照らし出す眼《まなこ》を持たれた預言者が、「主よ、何とぞ私に全ての物を、真にあるがままに示し給え」(ハディースとしてよく引用される言葉。但し現在の主要なハディース集には見出されない)と神に哀願されるようなことはなかったであろう。つまり、「(主よ)汝は、本当は醜いものに美しい外見を与え給う。本当は美しいものに醜い外見を与え給う。我らが(誘惑の)陥穽《かんせい》に落ち込むことのないよう、いつまでも迷いの道に彷徨し続けることのないよう、何とぞ一切のものの真相を我らに見せ給え」と言うのだ。いかに貴方の考えが見事で立派であろうと、預言者のお考えよりさらにすぐれた考えであるはずはない。ところが、その預言者御自身が、いつも今言った言葉を口にしておられたのだ。されば、貴方も御自分のどんな思いつき、どんな考えにも決して信を置いてはなりませぬ。ただひたすら心を低うして戒慎恐懼されるがよい。と、こうわしは言いたかったのだ。

彼(パルヴァーネ)の方でも、今挙げた聖句と、それに対するわしの解釈を取って己れ自身の意志とし、己れ自身の考えとしてくれたのであった。「こうして軍隊を送り出しつつある今この時、我らは軍力に頼るところがあってはならない。また不幸にして一敗地にまみれても、恐怖と悲惨のどん底に落ちても、最後まで神の御加護の望みを打ち棄ててはならない」と言ってな。その言葉を己れの志すところとぴたり一致させてみせてくれた。そしてわしの意図は今言った通りであった。

談話　其の二

さる人が師（ルーミー）は何もおっしゃらない、と（不平を）言っていた（これは記録者がその場の状況を説明する言葉）。

わし（ルーミー自称）はこう言った。そもそもこの人をわしのもとに連れてきたのはわしの想念ではなかったか。わしの想念は、この人に「どうですか」とも「いかがですか」とも言いはしなかった。それなのに、言葉なしにわしの想念がこの人をここへ引き寄せてきた。このようにわしの精神が言葉を使わずにこの人を吸い寄せて、場所を移させたとしても実は何も不思議がることはないのだ。元来、言葉は内的実在の影であり、内的実在の延長であるにすぎぬ。もし影ですらものを引きつけることができるなら、まして実在そのものにははるかに強い力があるはずではないか。

言葉はほんのうわべごとだ。本当に或る人間を或る人間に引き寄せるものは二人の間にある適合性であって、言葉ではない。たとい預言者が無数の奇蹟を行い、聖者が無数の聖徴を見せたところで、それを見る人と預言者なり聖者なりの間に適合性の要素がなかったら、なんの効果もありはしない。それを見た人の心を矢も楯もたまらず沸騰させるものは、まさにその適合性なのである。もし藁が琥珀に対する適合性をもっていなかったら、藁は決して琥珀に引き寄せられることはないであろう。しかしこの（適合性、すなわち）同質性は目に見えるようなものではない。

何によらず人がそれを憶うとき、その憶いがその人をそのもののところに連れてゆく。花園を憶えば、その想念が人を花園に連れてゆく。店を憶えば、その想念が店に連れてゆく。

しかしながら、このような様々の想念の中にはひそかに欺瞞《ぎまん》が隠れている。誰でも経験があるはずだ。例えば或る場所に行く、そして行ってからしまったと思う。「いいと思って来てみたら、一向よくはなかった」と。

つまり、こういう想念は譬えればベールのようなもので、ベールの下には誰かがひそんでいる。だから想念の覆いがさっと取り払われ、想念のベールなしに現実が裸かで現われると、さあ、それこそびっくり仰天というわけだ。そうなればもう後悔の念などありようがない。実在そのものが人を引き寄せた場合、実在のほかに何ものもそこにはない。もともとその人を引き寄せたは実在そのものなのだから。「すべての秘密が明るみに出されるあの日」(コーラン八六章九節)というわけだ。わしがくだくだしくものを言ったりする余地がどこにあろう。

本当は万物を引き寄せるものはただ一つなのだが、それがたくさんあるように見える。皆も覚えがあろう。例えば食べたいものは百もある。やれ「お粥が食べたい」の、「甘いものが食べたい」の、「揚げものが食べたい」、「果物が食べたい」、「棗椰子が食べたい」と、ああだこうだといろいろなものを数え上げる。だが、根本はただ一つ、つまり腹が減ったというただの一事だ。だから、今数え上げた品目のうちどれか一つをいやというほど食べて腹一杯になれば、もう何一つ要らない、もうたくさん、ということになる。これを以ても分るように、もともと十でもない百でもなくて、たった一つのものだったのである。「数を多くしておいたのは、ただ人々を試みるため」(コーラン七四章三一節)とはこのことだ。人間の数がこんなに多いということ自体が神の試みである。だから、「この人はただ一人、彼らは百人」などと言う。つまり、聖者は一人で、普通の人はたくさんいる、百人も千人もいるという意味である。これが大変な試みなのだ。こういうふうにものを見、こういうふうに考えるから、普通の人々はたくさんに見え、聖者は一人に見える。それが大変な試みだというのだ。「数を多くしておいたのは、ただ人々を試みるため。」百とはどの百のことか。どの五十、どの六十のことか。手もなければ足もなく、心も精神もないこの人々、風に吹かれる護符のように、ころころころがる水銀玉のように定めなく動いて止まらぬこの人々。六十とも、百とも、千とも数えるがいい。そしてこの人(聖者)をただ一人と言うがいい。ところが真相は、こんな人たちこそ無であって、この人こそ千人、十万人、いや何百万人なのだ。

数えればわずか十指に充たぬ勇士《つわもの》も、
戦場で攻める力は千万人。(十世紀のアラビアの詩人ムタナッビーの詩句。但し語順が少し変えてある)

ある王様がただ一人の武士に百人分のパンを与えたことがあった。これには全軍こぞって不平の声をあげた。王様は心の中でこう言われた、「まあ見ておれ、今にわしがこんなことをしたわけをお前たちにはっきり分らせてやるから」と。やがて、戦いの日がやってきた。みんな逃げてしまったが、その武士ただ一人残って戦った。「さあ、これで分ったか。こういうわけがあったのだ」と王様は言われた。

人間は己れの識別力から一切の個人的利害への関心を拭清《しょくせい》して、信仰における一人の「真の友」を探し求めなければならない。信仰とは「真の友」を識ることに尽きる。ものの是非善悪を識別する能力のないやからを友としてあたら一生を費す人は、自分の識別力もおのずと鈍って、信仰におけるあの唯一の友を識ることもできずに終ってしまう。もともと識別の能力を欠いた肉体を人は懸命に養い育てる。識別力というのはある独自の属性である。考えてみられよ。狂人には手もあり足もある、が識別力だけはない。識別力は人に内在する玄妙なあるものだ。ところが人は、識別力のない肉体の養育に昼夜の別なく専念している。それにちゃんと言い訳まで用意してある。曰く、これ(肉体)あってのあれ(精神)なのだから、と。だが逆に、あれあって始めてこれあり、とも言えるのではないか。なんでそう夢中になってこれの方ばかりの世話を焼いて、あれの方をすっかり放ったらかしにするのか。

いや、実は、これはあれによって存立しているのであって、あれは一向これに依存するところはないのだ。目や耳などの窓から輝き出ているあの光——これらの窓を閉じ塞げば、あの光は別の窓から輝き出す。(普通の人のやっていることは)あたかも燈火を太陽の前に持ち出してきて、「この光でひとつ太陽を見てやりましょう」などと言うようなもの。なんという愚かなことを。燈火など持ち出してこなくとも、太陽は赫奕として輝いておるわ。燈火の用などどこにあろう。

神の御慈悲に対する希望を決して断ち切ってはならぬ。希望こそは究極の平安に通ずる道の出発点だ。たとい平安への道を辿らぬ身であっても、せめて道の出発点だけは常に見守っているようにしたいもの。言うな、「邪曲なことをしでかしてしまった私です」と。ただ真っ直ぐなことをするようにすればよい。そうすれば邪曲など跡も残りはせぬ。廉直な行いは譬えばモーセの杖のようなもの(エジプト王ファラオの前で宮廷の妖術師たちとモーセが力を競う。モーセが手にした杖を床に投げると蛇に変って妖術者たちの作り出した蛇の幻影を呑み込んでしまう――コーラン二六章)、邪曲な行いは全て妖術の生み出した幻影のようなもの。廉直さがひとたび出現すれば一切のものを呑み込んでしまう。人が何か悪をする場合、それは我と我が身に対して悪を働くだけのことで、その邪悪の気は神にまで届くはずがない。

聳え立つ山の頂《いただき》に、鳥一羽来て止まりまた飛んで行く。
山は泰然として、減りもせずまた増しもせず。

要するに、ただ廉直でありさえすれば、あとには何も残らないのだ。心して最後まで希望を断ち切らぬようにされるがよい。

わしがさきに言った王者に近狎《きんこう》することの危険なのは、うっかりすると首を刎ねられたりするからではない。生命《いのち》はいずれは必ず失われるものだ、今日でなければ明日にでも。危険はそんなところにあるのではない。ただ、王者がいよいよ時が来て、その威勢隆々として龍にもまがうばかりになった時、常々側近にあってお相手を勤め、自分は王の賓客だと自信し、金銭まで頂戴しているような人は、どうしても王者の心にかなうようなことを言わざるを得ない。また王者の意見がたといいかほど悪くとも、全てごもっともと受け容れて、それに反対する意見など全然口にすることができない。それがこわいのだ。こんな態度は信仰の害になる、そこに危険があるのだ。

王者の気に入る方面を開拓すれば、おのずともう一方の根本的な方面がお留守になる。その方向に深入りすればするほど、「恋しい人」のいる方角から遠ざかる。現世の俗物どもと仲良しになればなるだけ、かの人の気をそこねる。「不義なす者を助ける人は、神の御計らいでかえって不義なす者の意のままに使われる」と(ハディースに)あるが、今の場合も全くそれと同じことで、(王者の)方向に向って進めば、結局相手の意のままに使われる身となるだけのことだ。

なんたることだ、せっかく大海に辿り着いておきながら、僅か一掬の海水、壺一杯の水を取るだけで満足するとは。海からはたくさんの真珠や数々の貴重なものが取れるのに、その海から水を持ってきてなんになろう。頭の働く人間がそんなことをしてなんの自慢になろう、なんの業績になろう。いや、いや、この現実の世界そのものが大海に浮ぶ泡沫《うたかた》にすぎない。「水」は聖者たちの洋々たる真知だ。「真珠」自体は何処《いずこ》にあるのか。

この世界は藻屑にまみれて浮遊するあぶくのようなもの。だが、寄せては返す波のたわむれが、湧き上っては千々に散る潮のうねりが、絶えることのない波の揺蕩《たゆたい》が、水面《みなも》に浮ぶ泡沫《うたかた》を何かこよなく美しいもののように見せかける。

人の目に、様々な欲情の対象が美しいもののように映《うつ》る。
女たち、子供たち、積み上げられた金銀の山、
立派な馬、家畜に田畑。
これこそ儚《はかな》い現世の楽しみというもの。(コーラン三章一二節)

「美しいもののように映る」と言われているからには、本当に美しいのではあり得ない。その魅力は他処《よそ》からの借りものであり、実は金鍍《めっき》した贋銅貨にすぎぬ。つまり、この現世は泡沫であり贋金であって、それをただ「人々の目に美しく」見えるために鍍《めっき》したものにすぎない。

人間は神の（世界を映す）天体観測儀だ。ただそれを（正しく使うには）本職の天体学者が要る。八百屋や雑貨屋が天体観測儀など持っていても何になろう。天圏の状態、その円環運動、天宮の性質、星々の及ぼす影響力やその移行、等々、そうしたことをその観測儀を使って認知できるだろうか。だが、天体学者にとっては天体観測儀は非常に役に立つ。「己れ自らを知る者は主を知る」（有名なハディース）ということだ。銅で作ったこの天体観測儀が諸天圏を映す鏡であるように、人間の身体は神的世界の観測儀である。「我ら（神の自称）はアダムの子供ら（人間）に特別の恩恵を与えた」（コーラン一七章七二節）というのはこのことを指す。

神が人を促して、人が神について知識を得、親しく神を知り、さらに神に和親するようにと取り計らわれる場合、人は自分自身という観測儀によって、刻々に、瞬間瞬間に顕現する神の姿の言慮を絶する美を目睹《もくと》する。この美はこの鏡の面から消えることは絶えてないのだ。

神はある特別の僕《しもべ》らを持っておられる。彼らは叡知と神知と恩寵の衣《ころも》を身にまとうている。もともと（そんなに隠さなくとも）普通の人間にはこの人たちをそれと認めるだけの目はないのだが、この人たちは己が宝を深く秘めて、他人《ひと》には見られたくないと願うあまり、慎重に身を隠蔽して人目につかないようにする。ムタナッビー（西暦十世紀の有名なアラビアの詩人）が言っている通りだ。曰く、

色けざやかに綾衣《あやごろも》、乙女らは身にまとう、
この艶姿《あですがた》、人目を誘うためでなく、
己が美を掩《おお》い隠して、
人目を忍ぶ身だしなみ。

談話　其の三

(宰相パルヴァーネ)が言った、「夜となく昼となく、心だけは神に仕えて余念はないものの、何しろ蒙古人に対処して、やらねばならぬ仕事と事務が山積していて、神への奉仕が思うにまかせませぬ」と。これに対して先生は次のように言われた。

「そういう仕事も、回教徒たちの平和と安全のためになさるのであるからには、神にお仕え申す仕事のうちです。貴方はわが一身を犠牲にし、己が財産と身体を投げ出して国事に尽瘁され、ついに蒙古人たちの心をなだめすかし、以て幾人かの回教徒が安んじて神にお仕えすることができるような状勢を作り出された。してみれば、貴方は立派な仕事をしておいでなのだ。神は貴方の心を促して、このような善行に向わせ給うた。貴方のこの溢れんばかりの熱情こそ、神が特に貴方を御心にかけておられることの何よりの証拠。もし反対に、この気持がゆるむようなら、それは神が見放し給うた証拠となりましょう。すなわち、かくばかり重大な善行をこの人にはやらせたくない、このような善行の当然の報いを受けさせてやりたくない、神の御前《みまえ》に高い位を占める人にはしてやりたくない、という御心の現われともなりましょう。

風呂のお湯を考えてごらんなされ。お湯を沸かすためには干し草を焚き、薪や家畜の糞などを焚く。そのように神は、見た目こそ汚《きたな》らしく厭《いや》らしいが、本当は恵みに満ちた様々のものを見つけだしてきて(人の心を沸きたたせるために)お使いになる。ちょうど風呂の水が熱くなるように、人の心は熱くなり、その益は万民に及ぶ。」

そうこうするうちに、数人の友人が訪ねてこられた。師は(今はお相手ができない、と言って)次のように言い訳された。

わしは今、貴方がたのお相手もせぬ。話しかけも問いかけもせぬ。それがかえって敬意の現われだ。何事にあれ、敬意を表するということは、その時の宜《よろし》きにかなった行為でなくてはならない。現に今、礼拝に専念している場合、自分の父親がどうの、兄がどうの問題ではない。父や兄に表面的な敬意を表わしている時ではない。礼拝に専念している時は、友達が来ようが親兄弟が来ようが目もくれぬ、それこそ本当の意味でその人々のために礼を尽すことだ。なぜならば、その人々のために神への奉仕と瞑想とを中断させられることもなく、心乱されることもない。従ってまたその人々は(他人《ひと》の祈りを攪乱するという罪を犯して)神の罰をこうむることもないわけだから。誰かが神罰をこうむるおそれのあるようなことを未然に防ぐことこそ、真にその人のためを憶い、その人に礼を尽すゆえんではなかろうか。

礼拝よりも、もっと神に近づくよい途があるでしょうかと誰かが尋ねた。師はこう言われた。

礼拝も確かにその途だ。だが、礼拝といっても外的な行為だけのことではない。行為は礼拝の外形にすぎぬ。考えてみられよ、この意味の礼拝には始めと終りがある。しかし全て始めあり終りあるものは外形である。礼拝は「神は至大なり！」という言葉で始まり、「平安あれ！」という言葉で終る。イスラームの信仰告白(「アッラーのほかに神はなく、ムハンマドは神の使徒であることを証言する」)にしても、単に人々が口で唱える文句だけではない。文句には始めと終りがある。およそ音声や文字で表わされるものには始めと終りがある。そういうものは外形でありからだであるにすぎない。(からだの内にひそむ)魂こそ無限定、無限であって、それには始めもなければ終りもない。

要するにいわゆる礼拝なるものは(イスラーム以前の)預言者たちの創始にかかるものだ。しかるに、(内的な)礼拝を創始した(イスラームの)預言者は次のような注目すべき言葉を吐いておられる。曰く、「神に対するわしの関係において、ある特別な時があって、そこでは神の遣わし給うた預言者ですらわしを容れるほど広くない、神に近く仕えまつる天使ですらわしを容れるほど広くない」(スーフィーの間で非常によく口にされるハディース)と。これによっても、礼拝とは決して外的な典礼の行為だけでないことが分る。礼拝とは寂然《じやくねん》不動の境に沈潜することだ。我れの意識を全く喪失することだ。典礼的行為は一切その外側にとどまって、中には入ってこない。純粋精神である天使ガブリエルすらその中には入れない。

伝え聞くところによると、「学人の王者」バハーウ・ッ・ディーン（ルーミーの父。アフマド・ガザーリーの系統を引く有名なスーフィーであった）――願わくは神がその偉大な魂を聖化し給わんことを――のところに友人たちが来てみると、彼は瞑想三昧の状態にあった。やがて、祈りの定刻となった。弟子たちのうちの誰かが彼に呼びかけて、「先生、礼拝の時間です」と注意したが、師は彼らの言葉に何の関心も示さなかった。弟子たちは立ち上って礼拝をし始めた。ところが弟子たちのうちの二人だけ、師の範にならって礼拝をしに立ち上らないものがいた。

礼拝に立った弟子たちの一人に、名をハージャギーと呼ぶ者がおったが（ハージャギーはバハーウ・ッ・ディーンの高弟）、彼は自分の心眼（意識の最深層に開けている精神的な眼）に、ありありと事の真相が映し出されたのを見た。すなわち現に礼拝しつつある彼の仲間は先導《イマーム》（礼拝に当っては誰かが一同の前に立って典礼の先導をする）の後に続いて、一人残らずメッカの方角に背を向けており（定時の礼拝は必ずメッカの方角――これをキブラと呼ぶ――に向って行われなければならない。ここでは、その人たちは身体的には確かにキブラに向いているのだが、精神的にはキブラに背を向けている）、反対に師の範にならって礼拝に参加しなかった二人の弟子だけは顔をメッカの方角に向けている（身体的にはキブラに向っていないにもかかわらず内的にはキブラに向って礼拝している）ということが見て取れた。どうしてかと言うと、師はすでに我れの意識を離脱し、彼の彼性は完全に消滅して、神の光の中に融入しきっていたからである。「死の来る前に死にきれ」（生理的な死の訪れる前に精神的に死ね、つまり「死して成れ」ということ。スーフィーの愛好するハディースの一つである）というわけで、師はその時すでに神の光そのものに成りきっておられたのである。誰にせよ、神の光に背を向けて、壁（キブラを示すために備えつけられた壁の凹処）に向う者は、確かにキブラに背を向けることになるのは当然のことである。（壁面の凹処などではなく）神の光こそ本当の意味でのキブラなのだから。

人々はメッカの神殿の方角に向って礼拝する。だがメッカの神殿を一般信徒の礼拝の方向として設定したのは預言者である。もしメッカの神殿が礼拝の正しい方角(キブラ)であるなら、そのメッカ自身をキブラとするところの神そのものは、いよいよ以て正しいキブラである道理ではなかろうか。

預言者ムハンマドが教友の一人を責めてこう言われたことがある。「わしがお前を呼んだのに、どうして来なかった。」

「ちょうど、礼拝中でしたので。」

「だが、わしがお前を呼んだのだぞ。」

その人はただ、「我れと我が身がどうにもならぬ無力無能の男でございます」と答えるばかりであった。

これについて師(ルーミー)はこうおっしゃった。

いついかなる時でも、ぶっ続けで無力無能であり得るなら結構なことだ。本当に進退きわまった時だけ己が無力無能を意識するのでなくて、思いのままにできる時でも自分を無力無能の男と見る目がなくてはならない。なぜなら自分の能力の上にはるかに偉大な力が存在していて、どんな状態にあっても自分は神に打ちひしがれた身なのだから。人が自分を二分して、半分は有力、もう半分は無力と考えるのは間違っている。常に神の限りない力に注目し、常に自分自身を無力無能の身、手も足もない劣弱な素寒貧《すかんぴん》だと知るべきだ。獅子、虎、鰐のような獰猛な動物すら神の前には無力無能をさらけ出し、震えおののいている。脆弱きわまりない人間のごときになんの力があろう。いや、あの蒼天も、この大地も、全て無力無能、全て神の命に唯々《いい》として従う。神こそは偉大な王者。神の光は月の光や太陽の光とは比べものにならない。月が光り太陽が照らす時、物はそのまま存続する。だが神の光が覆いなく輝き出る時、そこにはもはや天も残らぬ、地も残らぬ、太陽も月も残らぬ。一物も残らぬ虚空にただ燦爛とかの王者のみが残る。

或る王様が或る托鉢僧《デルヴィーシュ》に言った、「お前が神のお館《やかた》に伺候して、神のお側近くに召され、神が御姿《みすがた》を顕わし給うたら、是非このわしのことを憶ってくれぬか」と。托鉢僧は答えた、「私が神の御前《みまえ》に召されて、燦然たるかの美の陽光を浴びる時、私は自分のことすら憶えておりませぬ。王様のことをどうして憶い出せましょう」と。だが、実は、いと高き神が誰か或る人を特に選んで、御自身の中に消融させ給うような場合には、誰であれその人の袖にすがり、何かを懇願する者があれば、神は必ずその者の願いを聴いて下さるのだ。わざわざその聖者に名を憶い出してもらい、神に願いの筋を申し上げてもらわずともよいのだ。

このことに関連して次のような話が語り伝えられている。或る時、王様があって、一人の大変に誠実で、特別にお気に入りのお小姓をもっておられた。そのお小姓が王宮に赴く時、人々は様々な訴えごとやら願いごとやらを書きつけた手書《てぶみ》を彼に託して、王様のお耳に入れてもらおうとするのを常とした。ところがこのお小姓、王様の御前に伺候すると、燦然と照り渡る王様の美しさに堪えられず、気を失ってそこに倒れ伏してしまう。王様は、「いとおしいやつよ、わしの美に目が眩んで気を失うとは。一体、何を持っておるのか」とおっしゃって、まるで恋人の懐でもまさぐるようにお小姓の懐に手を入れ、紙入れをさぐって、かの書状の数々を見つけなさる。願いの筋、訴えの筋に目を通し、裏書きした上で、またもとの紙入れにそっと返しておかれる。

こういう次第で、そのお小姓がお見せしたわけでもないのに、全ての用件はとどこおりなく済み、ただ一つの願いごとすら拒《しりぞ》けられることはなかった。いや、それどころか、人民の要求したことは何倍にもして果され、彼らが始めに望んでいたよりはるかに多くのものが手に入った、という。これに反し、もし他の小姓たちならば、意識を失うこともなく、従って人民の訴えごと願いごとをはっきりと王様にお伝え申したかもしれないが、それでは百件のうちせいぜい一件ぐらい、それも僥倖で、聴き届けられるだけであったことであろう。

談話　其の四

或る人が、ここで忘れ物をいたしました、と言ったのを機会に、師は次のようにお諭《さと》しになった。

この世には決して忘れてならぬものがただ一つだけある。たとい他の一切を忘れても、その一事だけを忘れなければ、何も思いわずらうことはない。反対に、たとい他の一切を実行し、常に念頭に置いて忘れなくとも、もしその一事を忘却するなら、何一つ為《し》なかったのと同じことだ。

例えば王様がそなたを或る特定の任務のためにどこかの国にお遣わしになるとする。そなたはその国に出かけていって、ほかの仕事を百もするが、特にそのために派遣された当の仕事を怠ったとすれば、結局何一つ為なかったのと同じことになる。

つまり人間は或る一つの仕事のためにこの世に生れてくるのだ。それが彼の本当の目的だ。それなのに、もしその仕事をなおざりにするなら、何一つ為ないと同じことになる。（その唯一の仕事とは次の聖句に示されている。）

我ら（アッラーの自称）は始め（無始の過去、天地創造以前、まだ天や地やその他一切のものが光の原子のような形で可能的に存在していたとき）天と地と山々にこの重荷（深い誠実な信仰のこと）を預ってはくれぬかと申し出てみたけれど、皆尻込みして怖れるばかり。ただ人間だけがそれを引き受けた。まことに己れの分《ぶん》をわきまえぬ、無知の極みの業《わざ》であった（コーラン三三章七二節。「預けられた重荷」として非常に有名な箇所。「まことに己れの分をわきまえぬ」云々は否定的な非難の言葉ではなく、むしろ人間の引き受けたことがいかに無謀なまでに困難なことであったかを示す）。

預ってはくれぬかと天に申し出たが、天はその責任を引き受けるだけの力がなかった。考えてみるがよい、天がいかに多くのことを遂行して人間の理性を狼狽させるかを。天の働きは石ころを変じて紅玉や碧玉となし、山々を変じて金銀の鉱脈となし、大地の草に躍動する生命を与え、地上にエデンの楽園を現出する。大地もまた種子《たね》を受け容れ、果実を生じ、様々の穢汚《あいお》を包み隠し、そのほか言葉にも尽せぬ無数の驚嘆すべきものを受け容れたり生み出したりする。あの様々な鉱脈を造り出す山々にしても同じこと。こんなにいろいろなことを見事にやってのける天地が、しかもなお、かの一事だけは遂行することができない。それができるのはただ人間だけだ。

「我ら（神の自称）はアダムの子ら（人間）に特別の恩恵を与えた」（コーラン一七章七二節）と神は言われる。「我らは天と地に特別の恩恵を与えた」とは言われなかった。つまり、天にもできない、地にもできない、山々にもできないあのただ一つの仕事が人間によって為し遂げられるのだ。そして、この仕事を立派に為し遂げる時、人はもはや「己れの分をわきまえぬ」とか「無知の極み」(上掲コーランの章句)とは言われないのである。

そなたは言うかもしれない、「たといあの一事だけは為《し》なくとも、私はほかの無数の仕事を為し遂げる」と。だが人間は「ほかの仕事」のために創られているのではないのだ。そなたの言い分は譬えばただ王者の宝物殿に秘蔵されているような、高価この上もないインド産の鋼鉄《はがね》の銘刀をせっかく手に入れておきながら、それを肉切り庖丁にして、臭気芬々たる肉を切るに使用し、「わしはこの刀を無為に遊ばせておくにしのびない。いろいろと役に立つことに使うのだ」などと言うようなもの。あるいはまた、黄金で作った鍋で蕪菜《かぶらな》でも煮るようなもの。その金の一粒で普通の鍋なら千個も買えるのに。またもう一つ譬えるなら、美しい短刀を釘の代りにして、割れ瓢箪をそれに掛け、「わしはちゃんとこの短刀を利用している。瓢箪掛けにして、無駄に遊ばせてはおかないのだからな」などと言うようなもの。やれやれ、なんという情ない、なんという笑止千万なことだ。瓢箪を掛けるためなら、木や鉄の釘でたくさん。それならほんの一文《もん》しかかかりはしない。百両もする短刀をそんなことに使うとは実に筋の通らぬ話ではないか。

そもそも神は人間に高い値いをおつけになった。お言葉にもある通りだ。「まことに、神は天上の楽園を値段として、信仰深い人々から彼ら自身とその財産をそっくり買い取り給うた」と。また(サナーイーの)詩にもこういう言葉がある(サナーイーは十二世紀のペルシャの詩人)、曰く

　二つの世界(この世とあの世)にもいやまさる値いを持ちながら、
　ああなんたることぞ、己が値打ちを知らぬとは。

もう一つ（これはルーミー自身の詩句）、

売るでない、己れを安売りするでない。

お前の値段は安くない。

（今引用したコーランの章句で）神がおっしゃるのはこういうことだ。「わしはお前たちを買い取った。お前たちの一瞬一瞬を、お前たちの吐く息、吸う息を、お前たちの財産を、お前たちの為《す》ることを、全部そっくり買い取ったぞ。もしお前たちがわしのために費し、わしに引き渡してくれるなら、永遠の楽園をその値段として支払おう。わしにとっては、お前たちの値段はそれほど高いのだ」と。それなのに、もしお前たちが己れを地獄に売り渡すなら、それは自分で自分に害《あだ》することにほかならない。ちょうど、さっき話した男が百両もする短刀を壁に打ちつけて、それに水壺や瓢箪をぶら下げるようなものだ。

閑話休題。そなたはこんな言い訳をする、「私は高尚な仕事に我が身を捧げているのだ。法学や哲学や、論理学や天文学や医学等々を研究しているのだ」と。だが、こういう学問に身を入れるのは、それが全部自分自身のためになるからではなかろうか。例えば法律を学ぶとする。それは誰か他人がそなたの手からパンを盗んだり、身ぐるみはぎ取ったり、そなたを殺したりしないように、つまり自分の安全をはかってのこと。天文星辰《せいしん》を研究するとする。それは、天圏のめぐり具合、それの地上への影響が軽いとか重いとか、安心だとか危険だとか、そういうことが全てそなた自身の状態に深く関わっており、結局自分のためになるからだ。一々の星を研究するといっても、星の吉凶はそなたの幸不幸に結びついているから、これまた結局そなた自身のためになることだ。

よくよく考えてみれば、そなた自身が根本であって、これらいろいろのことは全てそなた自身の枝葉にすぎない。枝葉にすぎぬものがこんなに多種多彩で、こんなに驚異に充ち、こんなに様々な様相を示し、驚嘆に値いする無限の世界を現出するとすれば、これら全てのものの樹根ともいうべきそなた自身がどんなものか、考えてみなさるがよい。そなたの枝葉にすら昇り運と下り運、吉祥と凶事があるとすれば、精神的世界での昇り運と下り運がどのようなものか、精神的世界での吉凶、得失がどのようなものか、想像に余りあるであろう。当然、これこれの精神はこれこれの性質を帯びているとか、これこれの効果を現わすとか、またこれこれの仕事にぴったりだとか、いうことになるのだ。

寝たり食べたりするだけが身の養いではない。全く別の養分がある。「わしは主のもとで一夜を過ごし、御手ずからの御饗応で飲んだり食べたりした。」(有名なハディース)

この世でそなたはあの養分を忘れ、この養分のことばかり考えている。夜となく昼となく自分の身体《からだ》を養うことに気を取られている。だがこの身体はそなたの乗る馬、この世はその厩《うまや》だ。馬の食べるものは馬に乗る人間の食物とは違う。乗り手には馬のあずかり知らぬ独特の眠り方があり、食べ方があり、楽しみ方がある。ただ動物性、畜生性がすっかりそなたを支配しているために、ひたすら馬に執着して厩の中に居残って、永遠の世界の王侯貴顕と席を共にすることができないでいる。心はかしこにあるのだが、肉体に組み敷かれてその意のままになり、哀れ虜囚の身となっているのだ。

それにつけても、(ライラーとマジュヌーンの物語を)憶い出す(絶世の美女ライラーに対する思慕のあまり、正気を失い遂にやせおとろえて死ぬ青年マジュヌーンの悲恋物語。イスラーム文学の根本的テーマの一つ)。マジュヌーンはライラーの住む村を目指して旅に出る。意識がはっきりしている間は、彼は駱駝を目指す方角に駆っていった。しかし、ふと心に浮んだライラーの面影にぼーっとなり、我が身のことも駱駝のことも忘却したとたんに、駱駝は或る村に自分の仔がいることを憶い出し、好機到来とばかり引き返し、その村まで戻ってしまった。はっと我に返ったマジュヌーンはそこで始めて自分が二日分の行程を逆戻りしたことに気づく。こんな調子で三月もの間旅を続けるが、ついに「ああ、この駱駝めがわしの災いのもとだ」と叫んで駱駝から飛び下り、こう口ずさみながら、すたすた歩いてゆくのだった。

駱駝めの行きたい道はわが背後《うしろ》、
わしの憶いはただ前途。
わが道と駱駝の道は喰い違い、
離ればなれに別れゆく。(アラビア砂漠の詩人ウルワの詩の一節)

或る詩師(ルーミー)が言われた。ブルハーヌ・ッ・ディーン・ムハッキク(Burhān al-Dīn Muḥaqqiq は神秘道におけるルーミーの師)が次のようにおっしゃったことがある。或る人がやってきて、「誰それが先生を讃《たた》えた詩を作って吟じているのを聞きました」と。ブルハーヌ・ッ・ディーンはこれにこう答えられたそうな。「ちょっと待て。その誰それとやらがどんな人間か、一体わしを本当に識り、その上でわしを讃えてくれるほどの位があるかどうか、先ず見極めなくては駄目だ。ただ評判を聞いてわしを知ったのなら、本当にわしを識る者とはなしがたい。言葉などというものは瞬間にして消え去るものだ。音や声は儚く消える。唇や口も儚く消える。こんなものは全て(哲学者のいわゆる)『偶有』だ。わしの行為によってわしを識るものもまたその通り。ただわしの『実有』(根源的本体)を識る者である場合、その場合だけ、わしはその人が真の意味でわしを讃える能力があると認めよう。そういう讃美なら有難く頂戴しよう」と。

これによく似た物語がある。伝え聞く、或る王様が己が御子《みこ》を一団の学匠たちに託して、天文、砂占い(砂上の線によって吉凶を読む術)其他の諸芸諸学を習わせた。この王子、生来の鈍器で、どうにもしようのない愚物であったにもかかわらず、遂にこれらの学に完全に通暁するに至った。

或る日、王は一個の指輪を掌に握り、我が子を試そうとして、「さあ、当ててごらん、わしは今何を握っているか」と尋ねた。

「父上が握っておられるのは、何か円くて、黄色で、中が虚《から》な物です。」

「いかにも。この物の主な特徴は見事に言い当てた。ではその物自体がなんであるか当ててごらん。」

「篩《ふるい》に相違ありません。」

これを聞いて王様は言われた、「ああなんということだ。理性ある人々を戸惑いさせるに足るほど細かく特徴を指摘したお前が、その学識を以てしても、篩が掌の中には入らないという明々白々たる事実に気づかなかったのか」と。

当今の学者たちも正にこれと同じ。彼らは様々な学問において益体《やくたい》もない細部の穿鑿《せんさく》に憂き身をやつし、自分に関わりのない事柄についてはこれを知り尽し、その蘊奥《うんのう》を極める。が、一番大切なこと、他の何事よりも我が身に深く関わるもの、つまり己れ自身については何も知らぬ。あらゆる物事の是非善悪は立派に判定し、「これは差支えない、これはいけない、これは正だ、これは邪だ」などと言うが、自分自身が善いか悪いか、正か邪か、純か不純かとなると一向に分らない。

（さっきの物語にあった）指輪についてそれが中空であることや、金であることや、刻印のあることや、円形であることなど、これはどれも偶有的な性質にすぎない。試みに火の中に投げ込んでみなされ。こんなものは全て跡形もなく消え去って、後には今挙げた一切の特徴を脱ぎ棄てた純粋無垢の本体だけが残る。今、人々がいろいろと問題にする事物の外面的な特徴も全くこれに異るところはない、学問であれ行為であれ、言葉であれ。そんなものは何一つその事物の本体とは関わりない。そういう外面的な特徴が全部消え去る時、本体だけが残るのだ。学人たちの指摘する事物の特徴はいずれもこうした性質のものである。そういう外面的特徴を捉えて学人たちはああだこうだとあげつらい、解釈し、揚句の果てには「掌の中にあるのは篩であります」式の判断を下す。これは彼らに物事の究極の真性がなんであるかが全然分っていないからである。

わしは一羽の鳥だ、鶯だ、いや、鸚鵡だ。何か違った鳴色《ねいろ》を聞かせろと言われても、わしにはできぬ。わしの舌はもともとこのようにできている。ほかのことを言おうにも言いようがない。ところが世間にはいろいろの鳥の鳴き声を真似ることを習った者がいる。そういうやつは鳥ではない。鳥刺しといって鳥の仇敵《かたき》だ。巧みに声や口笛で鳥の虚《そら》音《ね》をあやつり、本物の鳥がそれにだまされて鳥刺しを鳥だと思い込んでしまう。そういうやつに、もっと別の声を出してみろと言えば、立派にやってのける。それというのも、もともとそういうやからにとってはどの鳴色も借りもので、自分本来の声ではないから、どんな鳴色でも出せるのである。いわば他人様の持ちものを、方々の家から盗んできておいて、それでいろいろに違った呉服ものを出してみせるすべを習いおぼえたというわけだ。

談話 其の五

(突然ルーミーの訪問を受けた)或る人(前出のパルヴァーネ宰相であろう)が言った。「これはこれはもったいない。先生に御来駕たまわるとは。全く思いもかけませんでした。私がこのような光栄に値いしようとは夢にも思いませんでした。私ごときは、夜も昼も、ひたすら畏れかしこんで召使い衆やお供の衆の列に加わってお仕え申すのが当然。いや、それにすら値いせぬ身でございますのに。ただただ身に余る光栄でございます。」

師はこれに応《こた》えて次のようにおっしゃった。

いや、それこそ貴方の志の高さを物語るもの。貴方は高い地位を占め、重要な座を占め、国家枢要の大事に携われる身でありながら、さればこそかえって、御自身が御自身の志の高さに及ばぬことを痛感され、現状に満足されず、まだまだやらねばならぬことがたくさんあると考えておられる。

常日頃心では絶えず貴方にお仕えしてはおりますものの、時にはまたこのように礼の形式を履んだ訪問をさせていただくのもよかろうかと存じて参上いたした次第です。外面的形式でも、それはそれなりの重要性を持つもの。ましてや、それが内面的実質と深く結びついているものであってみれば、ただの形式などというものではありません。内核がなければ何事も成りませんが、しかし外殻がなくともまた事は成りません。種を地に播くに、外皮を剝ぎ取って播けば芽を出しません。外皮をつけたままで地に埋めてこそ芽を出し、やがては見上げるばかりの大樹にもなります。

この点からすれば、(我々にとって、精神だけでなく)肉体もまた大変に重要な、なくてはならぬ根元であって、肉体がなければ何事も成就せず、目的は到達されません。いやいや、(外面的な形)という根元は、精神のなんたるかを知り、自ら精神と化した人の目から見れば、これまた精神的実質を持ったものなのです。さればこそ、「礼拝において二度頭《こうべ》を下げる行為は、全世界とそこに含まれる全てのものよりも貴い」(ハディース)と言われております。但し誰にとってもそうだということではない。(外面的行為の内面的意義を真に識っている人、つまり)もし二度低頭することを失念したならば、全世界とそこに含まれる全てのものを失ったよりもっと事重大と感じるほどの人にだけこの言葉は当てはまるのです。そういう人にとっては、己が所有する全世界を失うよりも、ただ二回だけ低頭することを失念することの方がはるかに堪えがたい苦悩の種となるのです。

無一物の托鉢僧が或る王様を訪れたことがある。王様がこれに呼びかけて言った、「これ、世捨て人よ」と。すると托鉢僧は、「世捨て人とは貴方様のこと」と言った。

「わしがどうして世捨て人じゃ、全世界を我が所有とするこのわしが。」

「ああ、王様、貴方の見方はあべこべでござります。この世もあの世も、一切の事物も、ことごとく私の所有物。

私は一切世界を掌中に収めましたに、貴方はただ一口の乏しい食物《たべもの》、ただ一枚の襤褸《ぼろ》きれで満足しておられる。」(以上はアッバース朝の教皇《カリフ》ハールーン・ラシードと隠者フザイル・イブン・イヤードとの間に交された会話として伝えられている古来有名な話である)

汝らいずこに顔を向けようとも、必ずそこに神の御顔がある。(コーラン二章一〇九節)

この「御顔」は全世界を貫通し四方八方に流通し、どこまでも伸びて涯《はて》もなく、永遠に存続する。恋する人々(神を恋い慕う人々、すなわち神秘道の修行者たち)はこの「御顔」にこそ己が身を犠牲に供げ、それに対してなんの報酬も求めはせぬ。その他の人間は家畜同然だ。

師はさらに語をついでこう言われた。家畜ではあるが、お情に値いしないというわけではない。なるほど現に家畜小屋の中に棲んではいるが、家畜番(神を指す)に見棄てられたわけではない。家畜番の気持一つで、今いる小屋から特別の立派な小屋に移してもらえるかもしれぬ。

もともと人間は無であった。それを神は有に引き出し、ただの存在の小屋から無機物の小屋に移し、無機物の小屋から植物へ、植物から動物へ、動物から人間へ移して下さった。人間界の先は天使界、またその先、という具合に続いてゆく。神がこれら様々のものを現わし給うたのは、それによって、これに類するたくさんの存在領域がより高く、より高くと続いていることを人間に認めさせようがためであった。「一層、また一層と高まってゆく。それなのに、なぜ信仰しないのか、あの者どもは」(コーラン八四章一九—二〇節)とはこのことだ。神が今見るような存在界を現わし給うたのは、そのほかにもまだまだたくさんの領域が先に続いていることをお前がたに覚らせようがためであって、お前がたが無信仰に落ち込んで、「これで全部だ、もう他には何もない」などと言わないように計り給うたのだ。一芸に秀でた工匠は自分の手なみと技量を示して弟子どもの信頼を受け、自分が未だ出して見せていない(原文 namūdeh を nahamūdeh と読む)もっと先の技量まで持っていることを弟子どもに認めさせ信じさせる。同様に王者が臣下に恩賜の御衣やその他様々の御下賜品を取らせ、恩沢を下すと、臣下の方では、もっとほかにも戴けるぞと期待する気持を起し、今後も大いに頂戴ものがあろうと心待ちして、たくさん財布を縫うという次第。「もうこれだけだ。王様はこれ以上は何も下さるまい」と臣下に思わせ、それ以上は一切期待させないために物を与える王様はいない。臣下がこんなふうに考えることが分っていたら、王様は始めから何も下さりはしないであろう。

世捨て人は来世にひたすら目を向け、俗物は家畜小屋(この世)にひたすら目を向ける。だが、精神界の選良は来世にも目を向けず、家畜小屋にも目を向けぬ。彼らがひたすら見つめるものは元始なるものである。彼らはあらゆる事物の太源を知っている。真に農事を知る者が小麦の種を播く時、彼はやがては小麦が芽生えるであろうことを知っている。つまり最初の第一歩から最後の結末を見通しているのだ。それが大麦でも米でもその他何の種でも同じこと。最初をちゃんと見るだけで、最後は見る必要もない。最後はすでに最初の中にあって知られているのだ。しかしこういう人は少ない。最後だけ見ている人はちょうど中間にいる。家畜小屋の中にいる連中は正に家畜そのものだ。

どんな仕事をする場合にも、人間を正しい道に手引きするものは苦悩である。自分が為《し》ようとする事故の苦悩が、情熱が、その事への堪えられぬ渇望が内に勃然と起ってこない限り、人は本気でそのことを求めようとはしないものだ。苦しみなくしては何事も成らぬ。現世に関わることであれ、来世に関わることであれ、商売であれ、王事であれ、学問であれ、占星の術であれ、その他何事であれ同じである。

マリア（聖母マリア）は陣痛を感じるまでは、かの幸運の木（コーラン一九章に物語られている棗椰子の木。同章二三節参照）の方に歩いては行かなかった。「突然起った陣痛のあまりの苦しさに彼女は棗椰子《なつめやし》の幹に身を寄せた」という。つまり苦痛が彼女をその木のところへ連れてきたのである。すると今まで凋衰していた木に実がなった。

我々の身体はマリアのようなもの。我々一人一人の身体の中にイエスが宿っている。我々が苦しみを感じる時、我々のイエスが誕生する。苦しみを感じなければイエスはもと来た道をひそかに引き返して、その本源に帰ってしまう。そして我々はせっかくの機会を失って、なんの恩恵に浴することもなく取り残されてしまうのだ。

わが内に精神《こころ》は哀れにも貧窮し、
　わが外に肉の身はいたずらに肥え太る。
悪鬼らは吐き下痢《くだ》すほど食い過ぎて、
　聖王はむなしく飢えて痩《や》せ細る。
さあ、治療《なお》すなら今のうち、
　地上にメシア（わが内なる精神を指す）がいるうちに。
メシアが天に立ち去れば、

服薬しても効《かい》はない。(十二世紀ペルシャの詩人ハーカーニーの詩句)

談話　其の六

元来、言葉というものは、言葉に頼らなくては理解できない人のためにあるものだ。言葉がなくとも理解できる人にとって、言葉の必要がどこにあろう。実は天も地も、分る人にとっては全て言葉なのではなかろうか。天も地も、「ただ在れ」という(神の)一言《ひとこと》で在る」(コーラン三六章八二節)のであるからには、皆言葉から生れ出たものではなかろうか。低い声をも聞き分ける耳をもった人には、叫んだり奴鳴ったりする必要はない。

このことについては次のような話が伝えられている。

さるアラブ詩人が或る王様に拝謁を賜わったことがあった。その王様はトルコ人で、(アラビア語はおろか)ペルシャ語すら御存知なかった。詩人はこの王様を讃美する素晴しいアラビア語の頌歌《しょうか》を作って持ってきたのであった。

さて王様が玉座につかれ、群臣がずらりと居並び、大臣大官らが威儀を正して席につくと、詩人はやおら立ち上ってその詩を朗誦し始めた。ところが王様は、詩が見事な個所に来るごとに頷《うなず》かれ、驚嘆に値いするような個所では驚きの色を示される。また同様に(神への)恭順の意を表わすべき個所に来ると、然るべき態度をちゃんとお取りになる。びっくりしたのは廷臣どもだ。アラビア語を一字も御存知ないはずの我らの王様が、どうしてこんなにその場その場に(異本によりdar majlisをdar mahalleshと読む)ぴったりと合せて領いたりなされるのか。これは恐らくアラビア語を御存知なのに、それを多年にわたって我らに隠しておられたのであろう。アラビア語だから(どうせお分りになるまいと)失礼なことでも喋ったりしたら、いやはや、大変なことになるところだったわい、というわけだ。

さて王様には特別に可愛がっておられたお小姓があった。廷臣たちは寄り合って、このお小姓に馬だの駱駝だの財貨だのを与えた上、もし事が成功した暁には、さらに同じだけの褒美を取らせようと約束した。「王様がアラビア語を御存知か御存知でないか調べて我らに教えてくれ。アラビア語がお分りにならないとすれば、どうしてあれほど適切に領いたりなさったのか、どうも解《げ》せぬ。あれは奇蹟だったのか。神の啓示でも下ったのか。」

そうこうするうちに好機が到来した。ちょうど王様が狩りにお出ましの時だった。獲物が大変多かったので王様はことのほかの御機嫌だった。その機を逃さずお小姓は例の一件について質問した。王様は破顔一笑され、「いや、神に誓ってわしはアラビア語は知らぬ。ただ、わしが領いて満足の意を表わしたのは、あの詩人が元来あの詩をどういう意図で作ったのかよく分っていたからだ。それが分っていたから、(適切な個所で)領きもし、満足の意を表わしもできたのだ」と言われた、という。

これを以て見るに、根源は詩人の意図であり、作られた詩はこの意図から発した枝葉にすぎない。意図が始めになかったなら、その詩人はあの詩を作らなかったことであろう。

従って(また一般に何事によらず)、もし根源的意図を見極めるなら、(現象的)多者性は消え去ってしまう。現象的多者性は枝葉にすぎない。実在の根源はただ一つだ。

神秘道で一派の長と仰がれるほどの人たちもこれと同じこと。外面的形はいろいろに違っており、その精神的状態や言動は様々だが、目指すところはただ一つ、真実在の探求ということにある。

譬えば吹き渡る風のようなものか。風が家の中に吹き込んでくると、絨毯《じゅうたん》の隅がまくれ上り、軽い敷物はばたばた動き、塵芥《ちりあくた》が空中に舞い上る。池の面《おも》は漣《さざなみ》立って千々に乱れ、木々は揺れ、枝はざわめき、葉は跳る。吹く風にかくも様々に違った状態が現出するのだ。しかし、意図とか根源とか真実とかいう観点から見れば、みんなただ一つのことにすぎない。いろいろのものがいろいろに動くけれど、要するに一つの風から出てくるものだからである。

誰かが「私は怠慢の罪を犯しました」と言った。師はこうおっしゃった。

そういう考えが湧いてきて、それで人が自分を責め、「ああ、なんたることだ。私としたことが、どうしてこんなことをやっているのか」と言うようになる、そのこと自体(神が)その人を愛し、その人に関心を持っておられることの証拠である。「責めなじる気持のある限り、愛の心はまだそこにある」(アラビア詩の一句)ということだ。友達だからこそ責めたりなじったりする。なんの関係もない他人を誰が責めたりするものか。

ところで一口に「責める」というが、実はこれにもいろいろ違った段階がある。その一は、人がそれで痛みを感じ、それをはっきり意識する場合。これは相手がその人に対して愛を抱き、その人に深い関心を持っている証拠である。ところが、幾ら責められてもちっとも痛くない場合は、これは愛の証拠にはならない。絨毯を棒で打って中の塵埃《ごみ》を叩き出す場合、およそ正常な理性を持つほどの人はこれを「責める」とは呼ばないが、我が子や愛する人を打擲《ちょうちゃく》する場合にはこれを「責める」と呼ぶ。そしてこの第二のような場合にこそ愛の証拠が現われるのである。

従って、自分自身のうちに痛みを感じ、深く悔いるところがある限り、それは神のその人に対する愛と関心とを証《あか》しするのである。

もしそなたが自分の兄弟に何か欠点を見つけるなら、それは自分自身のうちにその欠点があるということだ。それをそなたがまざまざと見るのである。他人はいわば己れ自身の映像を見せてくれる鏡のようなもの。正に「信者は信者の鏡」(ハディース)である。直ちにその欠点を己れから払い出すようにするがよい。自分の兄弟に何か欠点を認めてそれが苦になる時、実はそなたは己れ自身の欠点を苦にしているのだ。

師はさらに言葉をついでおっしゃった。或る時、象に水を飲ませようとして泉のほとりに連れていった。象は水に映る己が姿におびえて逃げ出した。象にしてみれば、他の象から逃げているつもりだった。自分自身から逃げていたのだとは知る由もなかった。

不正、憎悪、嫉妬、貪婪、無慈悲、慢心というような悪徳もこれと同じで、自分自身の中にある場合は平気だが、これを他人の中に見るとなると、たちまち顔をそむけて逃げ出そうとする。人間は、自分の身体にできた疥癬やおできは別にいやらしいとも思わず、平気で爛《ただ》れた手を粥に突っこみ、指をしゃぶり、ちっとも気持悪がることもない。ところが他人の手にちょっとでも疥癬があったり、小さな掻傷《かききず》があったりすると、そんな人のお粥は見るのもいやで、喉を通らない。上に挙げた悪徳も疥癬やおできと同じこと。自分の中にあるのは少しも苦にならぬが、他人の場合は、ちょっとでも目につくとそれを苦にして嫌気がさす。そなたが他人に嫌気がさすなら、他人の方でそなたに嫌気がさしても当然のこととしなければならないはずだ。そなたが相手をいやだと感じるその気持自体が、そなたに対する相手の気持を釈明して余すところがない。そなたは相手を見ていやだと思う、その同じいやなものを相手もそなたの中に認めるのだから。「信者は信者の鏡」(前出ハディース)とはこのことだ。だが預言者は、「無信仰者は無信仰者の鏡」とは言われなかった。別に無信仰者は鏡を持っていない、というわけではないけれども、信仰のない人は自分の鏡に全然気づいていないからである。

王様が愁いに沈んで川のほとりにじっと坐っておられた。お伴していた大官たちは心配でこわくなった。王様のお顔がどうしても明るくならないのである。たまたま王様が大変寵愛しておられた道化師がいた。大官たちはこの道化師を召し寄せて、もしお前が王様を笑わせることに成功したら、これこれの褒美を取らせようと言った。道化師は王様のところへ出かけていって、いろいろやってみたが、何をしようと、王様は一瞥すら与えようとはなさらない。顔をあげようともなさらない。お道化た面相で笑わせようにも、これでは取りつく島もない。王様はただじっと水面《みなも》を見つめたまま顔を伏せておられる。道化師は王様に尋ねた、「王様、川の中に何が見えるのでございますか」と。

「妻に間男された腑抜け男の姿が見える」と王様が言う。道化師すかさず、

「大王様、この奴《やつがれ》とて盲目ではございませぬ」と。

正にこの話の通りだ。もしそなたが相手の中に何かを見て、それを苦にし、いやだと思うなら、いや、先方だって盲目ではない。自分に見えるのと全く同じものが向うにも見えているのだ。

神のもとでは二つの我れは並び立たない(ここからいわゆる「死して成れ」の思想の展開となる)。そなたは「我れ」と言い、神も「我れ」と言う。そなたが死んで神が残るか、神が死んでそなたが残るかだ。そうでなければ我れが二つ並

立することになる。だが、神が死ぬということは、事実上あり得ないことだし、また心の中で想像することもできないことである。「神こそは永遠の生者、不死不滅」なのだから。神の恩情は限りないから、もしも可能であるならば、神が自ら死してそなたを残し、そうすることで二つの我れの並立を避けるようになさるかもしれない。だが、神が死ぬということはあり得ないことであるからには、そなたが死ぬほかはない。そなたが死んで神の露堂々たる顕現を待ち、そうすることによって二者並立を滅却するのだ。二羽の鳥をくくり合せてみるがよい。二羽はお互いに同類であり、元来二つの翼しかなかったものが四つの翼を持つことになる。しかし飛ぶことはできない。二者並存だからだ。だが死んだ鳥を生きた鳥にくくりつけても、生きた鳥は飛ぶことができる。二者並存の状態ではないからだ。

太陽の恩沢は実に浩々として無辺だから、できることなら一匹の蝙蝠のために死することも辞さないであろう。だが太陽は死ぬことができない。そこで蝙蝠にこう言い聞かす、「蝙蝠よ、わが恩沢は万物に遍く行き及ぶ。お前のためにも何かしてやりたい。幸いお前には死ぬことができる。だから死ぬがよい。死んでわが栄光の輝きに与《あずか》り、蝙蝠から転身してわが霊峰を飛翔する不死鳥と成れ」と。

神の僕《しもべ》らの中の一人に、真の友のためであれば己が身を無にして悔いないだけの心構えの者があった。彼は神にどうかそのような友を与え給えとお願いした（彼はまだそれほどの価値のある真の「友」は神そのものだけであることに気づいていない）。神は彼の願いを聞き入れては下さらなかった。ただどこからともなく声が聞えてきて、「お前がそのような友に遇うことはわしの望むところではない」と告げるのであった。しかしその人は諦めようとはしなかった。どこまでもせがんで止めなかった。「神様、もともとこの願いを私の内に置き給うたのは神様御自身ではございませぬか。振り払おうと思ってもこの願いは立ち去ってくれませぬ。」遂にまたどこからともなく声が聞えてきて、こう言った、

「どうしてもそうなってほしいと申すのか。では己れを犠牲に捧げて、お前自身が無に帰するがよい。一刻の猶予することなく、すぐこの世を去れ」と。「主よ、これでやっと私は気が晴れました」と彼は言った。彼はいそいそと己が生命《いのち》をかの真の友(神を指す)のために費《つか》い果し、遂にその初志を貫徹したという。

その一日一刻が、この世の発端から終末までにわたる全ての人の全ての生涯にも当るほどの貴重な生涯を無にして悔いぬほどの度量をこの人は示した。一個の人にしてこのようであるからには、度量そのものの創造主《つくりぬし》にこのくらいの度量がなくてどうしよう。だがしかし、神が無になることは不可能である。とすれば、こちらが無になるのが唯一の道だ。

図々しい男があって、さる偉い聖者の上座《かみざ》に坐り込んだことがある。この事件について師は次のようにおっしゃった。

聖者たちにとって上座だの下座《しもざ》だのなんの区別があろう。彼らは燈火《ともしび》だ。燈火がもし上位を求めるとすれば、自分のためにそうするわけではない。ただひたすら他のものの役に立って、他のものが自分の光の恩恵に浴することができるようにしたいと願ってのことである。他人のためということを考慮に入れなければ、どこにあろうと、上にあろうと下にあろうと、燈火は燈火だ。永遠の太陽だ。

精神界の大物たちが現世の栄達や高い地位を求めることがあるとすれば、その心は、彼らの本当の高さを見ることのできぬ俗人どもを先ず現世という罠にかけて捕《と》っておさえ、現世の栄達ならぬ全く別の栄達への道を見つけさせ、彼岸という罠の中に落ち込ませようとするところにある。

かの神に選ばれた人（預言者ムハンマド）にしても、メッカを占領し諸国を攻略したのは、決してあの土地が必要だったからではない。ただただ万人に新しい生命を与え明るい光を授けたかったから征服したのである。

見よ、この手、与えることに慣れたこの手。
分捕ることに慣れてはおらぬ。（無道時代《ジャーヒリーヤ》の精神を表わした古アラビア詩の一節。ここではもちろんイスラーム的に解釈し直されている）

精神界の大物たちも、他人《ひと》に与えんがために他人を騙《だま》す。他人から何かを取り上げようなどとは思っていない。人が罠をしかけ、奸計を弄して鳥をつかまえ、それを食べたり売ったりしようとする、それこそ正真正銘の誑詐《たばかり》というものだ。しかし王君が罠を設けて、まだ自分の真価も知っていない蒙昧無価値な鷹を捕え、これを己が腕にとどめて訓練し、名誉ある天下の名鳥に仕立て上げようと計るような場合には、決して誑詐《たばかり》とは呼ばれない。外見《そとみ》には同じく騙すように見えるけれども、実はこれこそ義行というものであり、惜しみなく与えるとは正にこういうことである。それは死物に生命を与え、石ころを紅玉と化し、生命のない精液を変じて生きた人間となすこと、いや、それより以上に貴いことだ。もし鷹にして、王君が自分を捕えようとする意図が奈辺にあるかを知っていたら、餌の必要など全くありはしない。自分の方から進んで網を探し廻り、真《ま》一文字に王君の手に飛び込んでくることであろう。

世人は聖者たちの言葉の表面だけをちらと見て、「ああ、この手の言葉ならもう聞きあきた。俺たちのうちにはこの種の言葉がぎっしり詰まっている」などと言う。「彼らの言い草は、何分にもわしらの心は割礼を受けていないので(むずかしいことは一切分らない)と。なんのなんの、己れの不信仰の故に神の呪いをこうむった者どもめが」(コーラン二章八二節)。つまり信仰のないやからは、「俺たちの心はこの種の言葉をもう受けつけぬ。もう一杯になっている」と言うのである。これに応《こた》えて神はこうおっしゃる、「こういう言葉で一杯になっているとは厚かましい。邪念と妄想で一杯になっているだけではないか。不信と猜疑で一杯になっているだけではないか。いや、呪詛で一杯になっているだけではないか。なんのなんの、己れの不信仰の故に神の呪いをこうむった者どもめが」というわけだ。

悪ふざけもいいかげんにしてもらいたい。素直に受け容れたいという気持になってもらいたい。そうすれば(聖者の尊い言葉も)素直に受け取れるであろうに。だが素直に受け取ろうとはしない彼らだ。彼らの耳にも目にも心にも、神が封印を捺してしまわれたので、目はあらぬものを見る。ユースフ(ヨセフ)のような善人が彼らの目には狼に見える。耳の方も同様にあらぬ音を聞く。叡智の言葉が彼らの耳には出鱈目《でたらめ》と聞え戯言《たわごと》と聞える。彼らの心は邪念と妄想の宿と化している。冬の寒さに凍《い》てついた大地のように、彼らの心は幾重にも妄想に閉じ込められている。「神は封《ふう》緘《かん》をもって彼らの心を閉ざし、彼らの耳を閉ざし給うた。またその眼には蔽いが掛けられている。」(コーラン二章六節)

こんなやからが、立派な人々の言葉で身体の中が一杯だなどとよくも言えたもの。かすかな香りすら嗅いだこともないくせに。一生のうちただの一度も(本当の意味では)そういう言葉を聞いたことがないのだ。いや、彼らだけでなく、彼らと現世の栄華を競い合っている連中も、彼らの貧相な一族眷属も同じこと。

譬えば水差しのようなものだ。神は或る人々にはそれに水をなみなみと満たして差し出し給う。彼らは水を飲んで、渇をいやす。ところがまた別の人々の唇にはその水差しを空《から》っぽにして差し出し給う。こんな場合、その連中が水差しに感謝の気持を抱くなどということは考えられない。感謝するのは、水が一杯の水差しを差し出していただいた人たちだけだ。

神はアダムを泥と水でお創りになった。「神はアダムの泥を四十日が間捏ね給うた」(ハディース)とある。それでアダムの身体は完全な形にでき上り、アダムはそのまま暫くの間、地上にとどまった。そこへ呪われたサタンが降りてきた。彼はアダムの身体の中にもぐり込み、血管をくまなく経《へ》めぐって眺めまわし、全ての血管と腱に血と体液が一杯になっているのを見た。サタンは叫んだ、「やれやれ、これで合《が》点《てん》がいったわい。わしはその昔、神の玉座の脚下で、サタンめがこれから世に現われようとしているところを見たことがあったが、あのサタンめがこいつだとしても不思議ないわ。サタンなるものがもし世に存在するとすれば、確かにこいつに違いない」と(原文 agar in na-bāshad を agar in bāshad と読む)。

さ、今日はこれでお別れとしよう。

談話　其の七

国父公《アターベク》の御子息（マジュド・ッ・ディーン・アターベクのこと。前出宰相パルヴァーネの女婿でルーミーの高弟の一人）が訪ねてこられた。師はこれに向って次のようにおっしゃった。

父上は常に神に心をひそめておられる。父上の信仰は何ものにもまして熾烈で、それが言葉の端にまで現われる。或る日、父上が言われるには、「宗教をただ一つにするために、またこの新興宗教――すなわちイスラーム――を消滅させるためにこそ我々は娘を韃靼人に嫁入りさせるのだ、などと小アジア一帯の異端者どもは言っている。（これを聞いて）わしはこう言ってやった、だが宗教というものが一体いつ完全に一つであったことがあろう。いつの時代でも宗教は二つ、三つに分れ、お互いの間に戦争と殺し合いが絶えたことがない。お前がた、宗教をただ一つにするなどと言っているが、そんなことがどうしてできるものか。一つになるのはかしこにおいて、彼岸においてのみ。ここ、つまり現世では絶対にあり得ないことだ。この世では、各人それぞれに望むところが違い、欲するところも違う。こんなところでは『一に帰す』ということはあり得ない。ただ終末の日、一切のものが一となる日、全ての人の目がじっと一個所を凝視し、全ての耳が一つの耳となり全ての舌が一つの舌となる時に、始めて『一に帰す』ということが実現するのだ。」

人間の内部には実にいろいろなものがいる。鼠がいる。鳥がいる。鳥は籠を天上に向って運び上げようとし、逆に鼠はそれを地に引きおろそうとする。いや、何十万という野獣が人間の中に棲んでいる。但し、そのけものたちは皆一つの場所の方に少しずつ進行している、鼠は鼠の本性を棄て鳥は鳥の本性を棄てて、全てが一となるあの場所に向って。けものたちが（無意識に）目指して行く先は、実は上でもなければ下でもないのだ。目指すところが遂に現われれば、上でも下でもないことが分るのだ。

人が何かをなくす。彼は左を探し右を探し、前を探し後ろを探す。だがひとたびその物を見つけてしまえば、もう上も下も見ない。右も左も見ない。前も後ろも探さない。どっしり落ち着いてしまう。

それと同じ道理で、彼岸の世界が開けると、全ての人がただ一つの目、ただ一つの舌、ただ一つの耳、ただ一つの意識になってしまう。例えば十人の人が一つの果樹園や一つの店を共有しているようなもので、十人が一つの言葉を喋り、一つのことを心配し、同じ一つの事に専念する。これは十人の目的が完全に一つになっているからである。そのように、彼岸的世界では、全ての人の関心がただ神にのみ集中しているので、全ての人が一人になる。

現世では人各々関心を持つところが違う。色恋に憂き身をやつす者がある。財産に夢中になる者、金儲けにうつつを抜かす者がある。学問に熱中する者がある。みんなそれぞれに、自分のやっているその一事にこそ、己が病《やまい》の唯一の治療、己れの楽しみ、己れの喜び、己れの安楽があると信じ込んでいる。が、本当の一事とは神の御慈悲を求めることにこそあるのだ。だから（この本当の一事に行き当らない限り）人はこれと思うところへ行き着いて探してみるが、目指したものは見つからず、すごすご引き返す。暫くじっとしているが、またむずむずしてきて、「（俺が頭に描いている)あの楽しみ、あの喜び、是が非でもあれを手に入れなくてはならん。この間は多分探し方が間違っていたらしい。も一度探してみよう」というのでまたぞろ探しに出かけるが、どうしても見つからない。と、こんな具合に何遍もやり直している。そのうちに神の御慈悲(神そのものの姿)が面紗《ヴェール》を脱いで、忽然と立ち現われるのだ(これは現世が終末に達し、死者が土中から甦って輝くばかりの神の姿を直接目睹する時の光景)。そうなって始めて、今までのやり方は正しい道ではなかったと悟る。

だが神の僕《しもべ》らの中には、復活《よみがえり》の日を待たずに、現世ですでにこんな恵まれた状態にあって、目の開けた人々がいる。現にアリー(預言者ムハンマドの女婿、第四代カリフ。ペルシャでは特に熱狂的なアリー崇拝が発達し、それがシーア派の精神的地盤となる)はこう仰せられている、「たとい覆いが一挙に取り払われたとて、我が信念に何ものも附加するところはあるまい」と。言う心は、たとい肉体が消滅し、彼岸の光景がそのまま見えたとしても、すでに完璧の域に達している私の信仰は少しも増加する余地を見出さないであろう、ということである。例えば、暗夜に、(真暗闇の)家の中で一群の人が礼拝しているところを想像してごらん。一人一人がそれぞれ思い思いの方角を向いて祈っている。夜が明けると、みんな向きを変える(唯一の正しい方角、メッカの方角に向きを変えるのである)。しかし、暗闇の中でもちゃんとメッカの方に向っていたただ一人の人がいる。この人だけは向きを変える必要がない。みんなが彼と同じ方角に向きを変えるのだから。これと同じで、今言った特別の人たちは、夜の闇の中でも、顔をぴたりと神の方に向けて、他の方向には目もくれない。だからこういう人たちにとっては、彼岸は早くもこの世で現成しているのだ。

(天に蓄えられた)言葉には限りがないが、常に求める者の力量に応じて配布される。「いかなるものでも、すべて我ら(神の自称)の手元に蓄えのないものはない。が、それを我らは必ず一定の分量ずつ授け与える。」(コーラン一五章二一節)

叡知は慈雨のようなもの。その太源には無限に蓄えられているが、それがその時その時の事情に応じて適当な量だけ降ってくる。春の雨、夏の雨、冬の雨、秋の雨、それぞれの季節によって降る雨の量が違う。或る時は多く降り、或る時は少く降る。だが、その降ってくる源では、雨の量は実に無限である。

薬物商が砂糖や薬を紙に包む。だが紙の中に包み込まれただけの量が砂糖の全てなのではない。砂糖も薬もその貯蔵量は無限である。限りなく多いものがどうして一枚の紙切れに包み込まれる道理があろう。

コーランはなぜ預言者ムハンマドに一語一語ばらばらに啓示されたのか、一章ごとにまとめて啓示されたらよかりそうなものを、と言って悪口を吐いた人々がいた。神の使徒はこれを聞いて言われた、「愚か者めが、何を言うか。もし全部一度に啓示されたら、わしは溶けて消えてしまうわ」と。事の真相を本当に深く理解しておられたからこそこういう言葉が吐けるのだ。こういう人は僅かなことから多くのことを理解する。一を聞いて十を知り、一行読んで全巻を知る。

例えばここに一団の人がいて、みんなで同じ一つの話を聴いているとする。中の一人には全部の事情が分っており、彼は今、語られている事柄を身を以て経験したことがあるとする。その人は、ほんの小さなヒントでも与えられればたちどころに事の全貌を把握する。青くなったり赤くなったりしながら、次々に切実な感動を受けてゆく。ところが他の連中は、実際に聞いただけのことしか理解しない。事件の全貌が分っていないからだ。全貌が分っている人は、同じ分量だけ聞いても、遙かにそれを越えて多くを理解する。

話しを前に戻すが、薬物商の店に行くと砂糖は山のようにある。しかし店ではこちらがどれだけお金を持ってきたかを見て、それに応じた量だけくれる。持ってきたお金とは、精神的次元に移して考えると、人がどの程度まで思い詰めているか、どのくらいまで固い信念を抱いているかということになる。その決意のほど、信念のほどに応じて言葉が授けられるのである。砂糖を買いにゆくと、向うはこちらの持っている袋を調べて、その容積を知った上で、その量だけ砂糖を計ってくれる、例えばひと升とか二升とか。もしお客が駱駝を何頭もずらりと引き連れ、たくさんの袋を持ってくれば、向うも専門の計量士を呼んでくる。

これと同じに、或る人は大洋の水でもまだ足りぬとするに反して、或る人にはほんの数滴の水で充分で、それを越すとかえって害がある。これは単に観念や学問や叡知だけのことではない。何事によらずその通りなのである。財産も然り、金も然り、鉱物の埋蔵量もまた然りで、全て本来は無限無窮なのだが、実際は各人の器量に応じて授けられるのである、一定の量を越すと到底もちこたえられなくなり、揚句の果てには気狂いになってしまう。考えてみるがよい、マジュヌーン（前出、美女ライラーへの慕情のために気が狂う）やファルハード（同じく美女シーリーンを恋して気が狂う。マジュヌーンとともにペルシャの悲恋物語の主人公）などのような世に有名な恋人たちのことを。一人の女を恋したが故に、彼らは（正気を失って）山や砂漠に彷徨する。その情念の強度が彼らの器量を越えたからである。

憶い出してみるがよい、古代エジプトの王者を。その領土と財産が度を過ぎたために、自らを神であると称するに至ったではないか。だが、「いかなるものでも、すべて我ら（神の自称）の手元に蓄えのないものはない」（前出、コーランの一節）。その意味は、いかなるものも、良いものでも悪いものでも、全て我ら（神）の手元にあり、全て我らの宝庫の中に無限に蓄えられているが、我らはそれを人々に、各人の器量に応じた分だけ、それぞれの身のためを計って授与する、ということである。

そうだ、ここに一人の人がいて、彼は信じている。だが、信じるとはどういうことか彼は知らない。子供と同じことだ。子供はパンを信じている。だが自分では何を信じているのか知らない。地上に生え育つものの中で、例えば樹木もこれと同様で、水が涸れると黄色になりかさかさになってしまうが、枯れるとはどういうことなのか自分では知らない。

人間の本体はあたかも軍旗のようなものだ。彼は先ずこの旗を天空高くおっ立てる。その上で、この旗印めがけて、ありとあらゆる方角から、理性だ、悟性だ、激情だ、瞋恚《しんい》だ、堅忍だ、恐怖だ、希望だ、とありとあらゆる心理状態と属性の雲霞のごとき軍勢をどっとばかりに召し寄せる。遠くから眺めると旗だけしか見えないが、近く寄って見ると、有形無形実に様々のものがそこにごったがえしている有様がよく分る。

或る人が訪ねてきた。師が「どこに行っておられた。逢いたいと思っておりましたぞ。なぜ遠ざかっておられたのか」とお尋ねになると、その人は言った、「いえ、偶然そういうことになってしまいましたので」と。これに対して師は次のようにおっしゃった。

わしの方では、その偶然の成り行きが逆にひっくり返って、無に帰してしまえばいいと祈っていた。全て別離をもたらすような事の成り行きは偶然にしてもよくない偶然だ。いや、考えてみれば、そういう偶然も本当は神から来るのであって、神の見地からすれば善であり正である。一切のことは、神の見地からすれば善であり完全である。ただ我々にとって善くないというだけのこと。姦淫と貞節も、祈らぬことも祈ることも、無信仰も信仰も、偶像崇拝も一神崇拝も、神の見地からすればことごとく善である。ところが我々人間の見地からすると、姦淫、窃盗、不信仰、偶像崇拝は悪であり、一神崇拝、祈り、徳行は善である。神の見地からすれば、どれもこれも全て等しく善である。

帝王はいろいろなものを所有している——牢獄、絞首台、恩賜の御衣《ぎょい》、財貨、領地、祝祭、饗宴、祝賀の集い、太鼓、旗、なんでも己が思いのまま。帝王自身にとっては、全てが善である。恩賞のために賜わる御衣がその王権の飾りであるに劣らず、絞首台も人殺しも牢獄も皆王権の飾りである。彼の見地からすれば全てが彼を完璧な王者たらしめるものである。しかし人民の側からすれば、恩賜の御衣と絞首台がどうして同等であり得よう。

談話　其の八

或る人が、何か礼拝よりもっと大切なものがありましょうかと質問した。

この問いに対する一つの答えは、わしが以前にも言ったことだが、言葉をちゃんと整えた礼拝の行為そのものよりその底にある精神の方がずっと大切だということである。

第二の答えとしては、信仰の方が礼拝より大切だということ。それというのは、礼拝は日に五回が法に定める義務であるに反して、信仰は間断なしだからである。それに礼拝は正当な理由があれば免除され、後刻に遅らすことも許される。この点でも信仰は礼拝に勝っている。というのは、信仰は、たといどんな理由があろうとも免除されるということはないし、また後刻に遅らすことも許されない。のみならず、信仰は礼拝を伴わなくともそれなりの効果があるが、信仰を伴わぬ礼拝は無益である。さらに、似非《えせ》信者の礼拝は(真の信者の礼拝とは別ものであり)宗教が違えば礼拝もそれぞれ違う。ところが信仰は、宗教が違っても変ることはない。信仰の内的なあり方とか、信仰心の向うべき方角等が違うというようなことはあり得ない。

このほかにも(信仰と礼拝の間には)まだいろいろと違いがあるが、それは、わしの言葉を聴く人の精神的牽引力の量に応じておのずと明らかになる。一般に、(導師の)言葉を聴く人はパン粉を捏る職人にとっての粉のようなもの。言葉は水のようなもの。パン屋はちょうど適当な分量だけ水を粉に注ぐ。詩人の言う通りだ。

じっと見詰める我が眼の先はお前ではない他《ほか》の人、
だが、せんすべもない、
嘆くなら我が身を嘆くほかはない、
我が身こそ我が眼の光であるものを。

「じっと見詰める我が眼の先はお前ではない他の人」、つまり、私の眼はお前ではなく別の聴き手ばかり探している(唯一の正しい対象にぴたりと視線が当っていない)。「だが、せんすべもない、我が身こそ我が眼の光であるものを(視力がどの程度で、どの方向に向って働くかは「我が身」すなわち自性のあり方によって根本的に決定される)」、つまり、(せんすべもない、というのは)自分がいつまでも自分自身にしがみついて離れないからだ。自分の(精神的)光明が今の自分の何万倍にもならない限り、自性を脱却することはないだろうから、という意味である。

一人の男があった。ひどく痩せさらばえて、ひ弱で、雀みたいに貧相な男だった。あまり見る目に貧相なので、もともと貧相な姿の人々まで彼を貧相な奴よとさげすみ、我が身の幸いを神に感謝するほどであった、この男を見る以前は、さんざん自分の貧相な姿を嘆き悲しんでいたくせに。ところがこの男、それにもかかわらず、ものの言い方は傲岸《ごうがん》で、不遜極まる大口をたたくのを常とした。

彼は王宮に仕える官吏だった。宰相はこの男の振舞いを常々快からず思ってはいたが、それでもじっと我慢していた。が、或る日、遂に宰相はかっとなった。怒りにまかせて彼は叫んだ、「皆の者、聞いてくれ。わしはこの男を塵芥《ごみ》溜《た》めから拾ってきて育て上げた。わしのパンを食い、わしの食卓に坐り、わしとわしの御先祖のお情でひとかどの人間にのし上った。それがなんたることか、図々しくもわしに向ってこのような暴言を吐くまでになりおった」と。

するとその男は、ものすごい剣幕で言い返した、「宮廷の人々よ、国家枢要の地位を占める貴顕重臣たちよ。確かに宰相の言ったことは嘘ではない。宰相とその御先祖がたの恩沢をこうむり、そのパン屑を食べて私は育ち大きくなった。そのお蔭で、こんな見るも哀れな浅ましい姿になった。もし誰か別の人の庇護を受け、別の人のパンを食べて育ったなら、私は姿かたちも体格も値打ちもずっと今よりましになっていたろうと思う。確かに宰相は私を塵芥溜めの中から拾い上げはした。しかしその点については『ああ、いっそこのまま塵に返ってしまいたい』（コーラン七八章四一節）というのが私のいつわらぬ本音だ。塵芥溜めの中から拾い上げてくれたのが誰か別の人であったなら、私とてこんな世の笑いぐさにはならなかっただろうに」と。

（スーフィーの道でも）立派な先生が手塩にかけて育て上げる弟子は無垢で清純な精神の持主になるが、上辺《うわべ》だけ飾った似非《えせ》者を先生として、その教えを受ける弟子は、今の話の男と同じで、浅ましく劣弱で、無力で憂鬱で、何事にも心が決まらず、感覚の鈍い代物になるのがおちである。

信仰のない者どもは邪神悪鬼の保護を受けて、
その導きで光の中から連れ出され、闇の中へと落ちてゆく。（コーラン二章二五九節）

とはこのことだ。

人間形成の本来の状態においては、一切の知識が渾然として一つになっていて、（その状態のままでいるならば）彼の心はありとあらゆる幽微な性質を示すのである。それはちょうど澄みきった水が、小石でも陶器のかけらでも、その他なんでも水底に沈んでいるものをありのままに見せ、また上にあるものを全て水面にありありと映し出すようなもの。なんの手も加えず、訓練もしないでも、心の本性がもともとそうなのである。ところが、それがひとたび泥にまじり、様々な色にまじると、たちまちこの固有の性質と本来の知識とはどこかに消えて、忘れられてしまう。

そこで神は預言者や聖者たちを世にお遣わしになる。清冽な大水《おおみず》を一時にどっと送り込んで、そこに流入する濁り水の濁りと、その他非本来的な色づけを一掃してしまおうというのだ。その時、人間の心は突然昔のことを憶い出す。清純な己が姿を見て、心は、そうだ、自分も初めはこうだったのだ、とはっきり悟る。今までの自分のどす黒さやその他の色はみんな本来的なものではなかったということが分る。そういう濁りに染まる以前の清らかな姿を憶い出して、「これこそ以前に私たちが戴いていた食物だ」(コーラン二章二三節)と言う。

つまり預言者や聖者たちは人に以前の状態を憶い起させるだけであって、何も全く新しいものを心の本性に附加するわけではない。

ところで、暗く濁った水溜りの中で、この大海の水を正しく認知し、「私はこの水の一部だ。私はこの水に所属する」と考えるものは、そのまま大海の水に消融する。が、濁った水溜りが、大海の水を正しく認知せず、自分とは別ものであり、自分には無縁のものだと考える場合は、別の色、別の濁りの方に遁れ去って、この大海の水とは融合しない。それどころか、ますます大海と融合しにくくなる。「互いに認め合う精神は睦《むつ》み合い、互いに否《いな》み合う精神は背き合う」(有名なハディース)と言われるゆえんである。また次の聖句も同じことを表わしている。曰く、「今こうして汝らには、汝らの同族の一人が使徒として遣わされてきている」(コーラン九章一二九節)と。つまり大海の水も、小さな溜り水も同類であり、同じ一つのものであり、同じ本質を持つものである、という意味だ。溜り水の方で大海の水を自分とは無縁と思うなら、この拒絶的態度は水そのものから出てくるのではなくて、溜り水にくっついている悪い仲間のせいである。この悪い仲間の姿が溜り水の面に映って、溜り水は、自分がこの洋々たる大海の水を忌避するのは、一体自分自身のせいなのか、それとも悪い仲間のせいなのか、わけが分らなくなる。それほどよく溶け合っているのである。それはちょうど、泥を喰って生きる生物が泥に心引かれながら、それが一体自分の本性によるのか、それとも何か自分の本性の中にまぎれ込んできている欠陥によるのか全然わけが分らないのと同じ事情である。

人はよく自分の言い分の証拠として詩句やハディース(預言者ムハンマドの言葉)やコーランの聖句を引用する。これらのものの一つ一つがいろいろな証言の仕方に通暁した二人の証人のような役割をするのであって、それぞれに違った状況において、その状況に適した証言をする。ちょうど、二人の証人が家作の遺譲に立ち会って証言し、その同じ二人が次には店舗の売買に立ち会って証言し、また同じ二人が今度は結婚の証人に立つ、といった具合である。つまり同じ人間が、自分の立ち会う問題の性質のいかんによって、その場に応じた証言をする。証人に立つという形式は全く同じであるが、内容がそれぞれに違ってくるのである。

どうか神の御計らいによって(今日のわしの言葉が)わし自身のためにもなり、またお前がたのためにもなってもらいたいもの。「色は同じく血の色だが、馥郁と麝香の薫りただようて。」(ハディース。最後の審判の日、殉教者たちの血は、色は紅で普通の人の血と違わないが、その薫りではっきり区別できる)

談話　其の九

或る人が師にお目にかかりたいと切望して、「是非とも尊師をひと目拝みたい」と言い続けている旨をお伝えすると、師はこうおっしゃった。

尊師をひと目拝みたい、などと言っているが、今の状態では、本当の意味で師を見ることはその人には不可能だ。師を見たいという願望を胸に抱けば、それが幕帳《とばり》になって真の師は見えはしない。今の状態では、幕帳をはずして直接に師を見ることはその人にはできぬ。

一般に、全て願望とか嗜好とか愛情とか同情とかいうものは、その対象が父母であれ、友人であれ、天地自然であれ、庭園、邸宅であれ、学問であれ、行為であれ、食べ物、飲み物であれ、いずれも同様である。全て人は（窮極的には）神への欲望を抱いているものであって、今列挙したようなものはどれも（神を匿す）幕帳となる。この世を去って、幕帳に妨げられずに直接かの大王を拝する時、人々は始めてこういう事物が全部幕帳であった、覆面の頭巾であったと気づく。自分が本当に求めていたものはかの唯一つのものであったことが分る。一切の艱難はここに解消し、今まで心に抱いていた全ての疑問、全ての問題は解決され、全てがありのまま露呈される。神の答え方というのは、問題を一つ一つ解決してゆくようなものではなくて、全ての疑問がそれこそ一挙に氷解してしまうのである。全ての艱難がさっと解消してしまうのだ。

冬になると、全ての人が厚着して、皮衣《かわごろも》に身を包み、寒気を避けて炉端に逃れ、温い穴倉にもぐり込む。同様に木や草の類も、寒さの毒に当てられて葉も実もなくなり、家財道具をしまい込んで、寒気の災禍にかからないようにする。ところが一陽来復して、春気が顕現し、彼らの要求に応えると、たちどころにいろいろな問題は解決し、生あるもの、萌え出るもの、生なきものに至るまで一切のものの悩みが一挙に解消してしまう。様々な障害が全部取り除かれる。一切のものが頭を出す。そして己れの災禍のもとがどこにあったのかを覚るのである。

とは言え、上述の様々な幕帳《とばり》を神は故なくして創造されたのではない。もし神の絶対美が幕帳もなしに顕現したら、我々はとうていそれに堪えられず、それを享受することができないであろう。幕帳のお蔭で助かるのだ。見よ、天空高く燃えるあの太陽。その光の中に我らは道を歩き、ものを見、良いものと悪いものとを識別し、身体《からだ》はほかほかと温まる。野山や果樹園の木々は枝もたわわに実をつける。青くて酸っぱくて苦い果実が、太陽の熱を浴びて熟し、甘くなる。またその作用で、金や銀や紅玉や碧玉が地脈の中に現われる。間接的に働く時はかくも有益な働きをするこの太陽が、もしぐっと近寄ってきたら、有益どころか、それこそ全世界、地上のありとあらゆるものが燃え上って滅亡してしまうことであろう。

神が幕帳の蔭に現われて山に向えば、木々が繁茂し、繚乱と花は咲き、見はるかす満山の新緑。ところが、幕帳をはずして神がじかに現われると、山はたちまち顚倒し、微塵となって四散する。「主が御姿を山に向って顕《あら》わし給えば、山はがらがらと崩れ落ちる。」(コーラン七章一三九節)

ここで口をはさんで、「でも冬の太陽もその同じ太陽ではないでしょうか」と質問する者があった。これに答えて師はおっしゃった。

わしは譬えを使って説明しようとしているのだ（譬えに使われるものと譬えの指し示すものとは同列にはない。次元が違う）。羊だ山羊だという話ではない（原文は「駱駝《ジャマル》」と「仔羊《ハマル》」。この二つの語はアラビア語では発音も近く、綴りはただ一つの点があるかないかの違いにすぎない）。或るものを他のものに譬えることは二つのものが同類だということを意味しない。かのもの（神を指す）を、理性はどんなに力んでみたところで捉えることはできない。とはいえ、理性はどうしても力まずにはいられないのだ。力まなくなれば理性はもう理性ではない。常に、夜となく昼となく、対象を捉えようと努力して思い悩み、それで昂奮し落ち着けないのが理性の本性である。その対象がとうてい捉えられるものではなく、認識できるはずのものではないと分っていても、そうなのである。

理性は譬えば蛾のようなもの。理性が恋い焦がれる相手は蠟燭のようなもの。蛾が燈焰《とうえん》にまっしぐらに飛び込んでゆけば、必ず燃え焦げて死んでしまう。わが身が火に焦げる、その苦しみがいかに辛くとも、蛾は蠟燭に飛び込まずにはいられない。それが蛾というものだ。もし蛾のような生き物がほかにあって、蠟燭の光を見るともう矢も楯もたまらず、その光の中に身を投げてしまうなら、その生き物は（本性上）蛾であるというほかはない。また、もし蛾が蠟燭の光目がけて突入しても、燃えてしまわないようなら、それは蠟燭ではない。

この譬えを以てすれば、もし神の誘いに対しても平然として動ずることなく、全然奮発することもないような人間は人間ではない。また人間が神を認識できるとすれば、そんなものは神ではない。どうしても（神を認識しようとする）努力をやめられずに、煌々たる神の光のまわりを、堪えがたい不安に駆られてぐるぐる廻っている落ち着かぬ存在、それが人間というものだ。そういう人間を焼き焦がし、無と化してしまうもの、しかも理性にはどうしても捉えられないもの、それが神というものだ。

談話　其の十

パルヴァーネ宰相が次のように言われた。「尊師(ルーミー)がなかなか出てこられないので、バーハーウ・ッ・ディーン師(ルーミーの息子スルターン・ワラドのこと)が言い訳して申されるには、『宰相がわしを訪問に来られるのはよくない。どうかそのような労を取られぬように、との父の意向でございます。父が申しますには、何しろ、わしの精神状態は様々に変る。ものを言う状態のこともあり、口をきかぬ状態のこともある。人々の世話をやく状態の時もあれば、ただ独り引き籠ってしまう状態の時もある。また寂滅の境に沈潜して、我我《われ》にあらぬ状態もある。せっかく宰相がおいでになっても、折悪しくお相手できず、御忠言申すことも談笑することもできないことがあっては相済まぬ。だから、わしの方から、友とする方々に進んで交わり、少しでもお役に立ってあげられるような時に、出かけていってお訪ねした方がいい』と。」

パルヴァーネ宰相は語をついで、「そこで私はバハーウ・ッ・ディーン師にこうお答えした、『私は別に先生にお相手していただくため、談笑していただくために参上したわけではございません。ただ拝眉の栄を得るために、そして先生にお仕えする人々の一人となりたいがために参上いたした次第です』と。現にたった今起ったことですが、(私がこうして訪ねてきても)先生はお忙しくて、なかなか出ておいでになれず、長い間私を待たせておおきになった。思うにこれは、私が我が身に引き当てて、私のもとに善良な信徒たちが訪ねてきた場合、長く待たせてなかなか会見してやらなかったら、その人たちはどんなに辛く思うだろうかと私に覚らせてやろうとの御思召かと存じます。空しく待つことの苦渋を私に味わわせて教戒を与え、私が他人に対してこのようなことをしないようにお諭《さと》しなされたのであろうと思います。」

これを聞いて師は次のようにおっしゃった。

いや、それは違う。わしが貴方をお待たせしたのは、ほかでもない貴方を憶う心が深ければこそだ。伝えられるところによると、神はこう仰せられるという、「我が僕《しもべ》よ、お前が嘆願し愁訴したら、すぐその場で願いを叶えてやりたいとは思う。だが、お前の愁訴の声がわしの耳にはあまりにも快く響く。それでお前にもっともっと愁訴させて、快いその声をいつまでも聞きほれていたいばかりに、つい応《こた》えるのが遅くなってしまう」と。

これは譬え話だが、二人の乞食がある大人の戸口を訪れた。一人は大層魅力のある愛すべき男、もう一人はひどい嫌われ者だった。家の主人は召使いに命じて、さあ、すぐあのいやらしい奴にパン切れをやって、さっさとわしの戸口から立ち去らせてしまえ、と言うが、もう一方の好きな乞食には、まだパンが焼け上らぬ、ちょっと待て、じきにできるから、などと約束だけけして長びかす。

自分の真の友を、わしはできるだけ長く見ていたい。見飽きるまで眺めていたい。また相手にもわしを充分に見ておいてもらいたい。多くの友達がこの世にあるうちに互いの本性をよくよく見合っておけば、来るべき世で甦る時、親交の力が深く根をおろしているだけに、たちまち互いに相手を認め合うことができるであろう。現世では一緒だった、そして一緒にいてあんなに楽しかったと思えば、来世での再会の喜びはまたひとしおであろう。

人は自分の友をあっけなく失ってしまう。考えてみるがよい。この世でそなたが誰かと友達になり、好きでたまらなくなる。そなたの目には相手は美男ユースフ(エジプトのヨセフ。美男の典型)とも見える。ところが相手がただの一度でも何か悪いことをすると、たちまちその美男がそなたの目から消え失せ、いなくなってしまう。たった今までユースフもかくやというばかりの美形が狼に変貌する。ユースフだと思っていたその同じ相手が、今度は狼の姿となってそなたの目に映る、といっても別に相手の姿が本当に変ったわけではなく、今までと全く同じなのだ。ただ偶然に或る行為をしたというだけで、そなたの方で彼を失ってしまう。こんなことでは、明日、突然全世界の再召集が起って、今の物の本質が全く別の本質に変ったなら、相手をよく識りもせず、相手の本質を内からよくよくつかんでもいないそなたにどうして相手を認知することができようか。

要するに人はお互い同士よくよく見極めておくことが必要だということである。人を観るには、誰にでもある表面的な善悪の性質に気を取られずに、相手の本質そのものに肉迫し、人間がお互いに相手の中に認める様々な性質は実は本源的な素質ではないということをはっきりと見て取るべきである。

これについて面白い話がある。或る人が「私は誰それをよく識っている。お望みならあの男の特徴を挙げてみせようか」と言った。では挙げてごらんと言われて、「あの男は以前私の荷運び人だった。二頭の黒い牛を持っていた」と答えたそうな。

世間一般の人が言うことは大抵この調子だ。例えば、「誰それさんは私の知り合いで、何遍も逢ってよく識っている」などと言う。ところがその知り合いとやらの特徴を挙げさせてみると、どれもこれも今の話に出てきた二頭の黒牛に少しも違わない。そんなものは本当の特徴でもないし、なんの役にも立ちはしない。つまり、人を見るに、その善いところとか悪いところとかに引っかからないで、じかに相手の中に入り込み、その中核を一挙に捉えなくてはならぬ。その人がどんな本質を持ち、どんな実質を持っているかが分らなくてはならぬ。それでこそ、相手を見るのであり、相手を識るのである。

わしはよく奇妙なことだと思うのだが、世の中にはこんなことを言う人が少からずある。「絶対超越的世界には場所もなく形態もなく時もなく様態もない。なのに、そのような超越界で、聖者とか神を愛する人とか言われる人々は、一体どうやって、愛だの恋だのと戯れていられるのか。どこからどうやって、そんな力を得てくるのか。どうしてそんな情念に心を動かされるのか」と。思えばそんなことを言う人々自身、昼夜の別なく、それと全く同じことをやっているのではないか。例えば或る人が或る人を愛して、相手から心の支えを受けるとする。彼は相手から心の支えだけでなく、恩沢や好意や知識や記憶や、物思いや喜びや悲しみを受ける。だがこういうものは全て本来は時空を超えた存在の次元に所属しているのだ。実はそういう時空を超えたものによって彼は支えられ、それらによって彼の心に情念が起るのだ。だがそれを彼は少しも不思議だとは思わない。ところが超越界において聖者たちが(神を)愛する人となり、そこから心の支えを得るということになると、どうしてそんなことがあり得よう、と不思議がる。

今言った超越界だとか精神だとかいうようなものは一切認めない哲学者がいた。彼は病気にかかり、寝たっきりで、すっかり長患いになってしまった。そこへ精神的な事柄に明るい賢者が訪ねてきた。

「一体貴方は何を求めていなさるのか。」

「健康だ。」

「貴方の言う健康はどんな形をしているのか。どんなものなのか話してみなされ、手に入れてきて進ぜようほどに。」

「健康には形はない。どういうものといって説明することはできぬ。」

「健康がどんなものか分からないなら、どうしてそれを求めなさる。まあ、言ってみなされ。健康とはなんぞや。」

「健康になると全身に力が充ちてきて、肥《ふと》り、顔色は紅味を帯びて手足の色がさっぱりし、みずみずしく、花が咲いたようになる。ただそれだけしか私には分っていない。」

「私が貴方にお尋ねしているのは健康それ自体のこと。つまり健康の本質そのものは何かということだ。」

「それは私には分らぬ。なんとも説明しようのないものだ。」

「先ず信仰に入って、今までの思想をきれいさっぱりお棄てなされ。そうしたら、治療して進ぜよう。丈夫な健康な体にして進ぜよう。」

預言者ムハンマドに質問した人があった、「こういう精神界の事柄は本来、無相で捉えどころがございません。人間は何か一定の形の仲介によって無形の精神界から益をこうむることができましょうか」と。預言者はこれに答えて言われた、「仰いで蒼天の形を見、伏して大地の形を見よ」と。

ものの外形を観ることによって、かの見えざる普遍的実在から益を得るのだ。天空の車軸がめぐり、その時その時に応じて雲は雨を降らす。夏は夏の雨、冬は冬の雨、そして季節が移り変ってゆく、その様を観るのだ。あらゆることが義と智を以て起ってくる、その様を観るのだ。あの、生命のない黒雲が、どうして、適当な季節に雨を降らさねばならぬと気がついたりしよう。大地の営みを見るがいい。種を受けると、それを十倍にもして返す。これは必ず誰かがそうさせているに違いない。この世界という有形のものを通じて、その誰かをしっかり見なければいけない。それでこそ身のためになるのだ。ちょうど肉体を通して人間の不可視な現実を窺い知るように、存在界の外形を通して、存在界の不可視の現実を学び取らなくてはならない。

預言者ムハンマドが脱自状態に入り、自意識を喪失して語り出す時、彼は「神、かく言い給う」と言うのを常とした。確かに外的な形から見れば、言葉を喋ったのは正しく彼の舌であったには違いない。が、実は彼はそこにはいなかった。話し手は本当は神自身だったのである。最初(預言者となった最初期)、彼は自分の口から流れ出る言葉が全く見覚えのない異様なものであることを意識し、しかも、まぎれもなくそういう言葉が自分の口をついて出てくるのを見て、今や自分はかつての自分ではないことを知った。これは神の全く自由な働きかけだったのである。

(こういう状態において)預言者は自分が生れる数千年の前の過去の人間や預言者たちのことを語り、またこの世の終末の時どのようなことが起るであろうかを告げ、さらに神の玉座や御足台について、存在界を取り巻く太虚と太渾について語った。

しかし預言者も肉身としては、ほんの昨日の存在にすぎない。昨日や今日の存在としての彼がこのような事柄について語れるはずがない。時間の中に在る者が、どうして時間を超えた事柄について語ることができよう。してみれば、明らかに彼が語ったのではなくて神が語ったのである。「根拠のない思いつきで喋っているのではない。これは皆啓示されたお告げの言葉だ。」(コーラン五三章三—四節)

神は音声(ṣūrat を sawṭ と読む)や語には関わるところがない。音声や語をはるかに超えておられるのだ。しかし、御自分の言葉を、思い通りの音声で、思い通りの語で、思い通りの言語で自由に表現し給う。

道のほとりや旅亭の水場のそばに、よく石で人間や鳥などが作ってあるのを見かける。その石の人間や鳥の口から水が流れ出して水場に注ぐ。だがおよそ正常な頭を持った人なら、石で作った鳥の口が本当に水を吐き出していると は思わない。どこか別の場所から流れてきていることはちゃんと分っている。

誰か一人の人間を識りたいと思ったら、その人の喋る言葉を観察するがいい。言葉によってその人が分る。仮りに相手がペテン師で、その上、人の本性は言葉でばれると誰かに言い聞かされ、言葉を慎み、できるだけ本性を見破られないようによくよく注意していても(それでもなんとか分ってしまうものだ)。

このことを示す面白い話を語って聞かせよう。子供が砂漠で母親にこう言った、「まっ暗闇の夜、鬼みたいな黒い恐ろしいやつが出てくるんだ。こわくてたまらないよ」と。母親は言った、「何もこわいことなんかありません。今度そいつが出てきたら、勇気を出してつかみかかっておやり。幻想《まぼろし》だったということが分るから。」「でも、お母ちゃん」と子供が言った、「あの黒いやつの母さんが、そいつにも同じような指図をしていたら、どうしたらいいんだ。例えば、一ことも口をきくんじゃありませんよ、本性を見すかされてしまうからね、なんて忠告していたとしたら、どうやってあいつの本体を見抜くことができるんだ。」母親は言った、「そいつの前でいつまでも黙っていておやり。向うに自分をそっくり委せて、じっと我慢していると、そのうちきっとそいつの口からふと一言《ひとこと》洩れる。いや、そいつが何も言わなければ、お前の口からひとりでに一言洩れる。さもなければ、お前の心の中に何か言葉か考えがひょいと浮んでくる。その言葉や考えを手がかりにして、向うの心底が見すかせるのだよ。なぜかといえば、そんな時のお前はすっかりそいつの気に巻き込まれているから、お前の心の中に浮んでくるものは、みんなそいつの内面がお前の心に映ってできた姿なんだから」と。

サル・ラジィー師（ムハンマド・サル・ラジィーはガズナにおけるスーフィズムの導師の一人。ルーミーの「マスナウィー」第五巻にも出てくる）が門弟たちに取りかこまれて坐っておられた。羊の頭の丸焼きが食べたいという思いが門弟の一人の心をふとかすめた。と、すかさずラジィー師は焼いた羊の頭をその男に持ってきてやるように指令された。みんなが「先生、この男が羊の頭の丸焼きを欲しがっていることが、どうやってお分りになりましたか」と尋ねると、師はこう言われた、「ほかでもない、この三十年というもの、わしの心には全く欲望が起ったことがない。わしは、一切の欲のけがれから己れ自身を浄化し尽して、今ではさらりと清い心境におる。あたかも一物も映っていない明鏡と言うべきか。ところが突然羊の頭の丸焼きがわしの意識に浮んできて、食べたいという気持が生じた。そういう欲望が生じたのだ。すぐわしには分った、これはあの者の欲望だな、と。一物の影も落さぬ鏡面にありありと何かの姿が映れば、その姿は他人のものとすぐ知れる」と。

さる徳高い人が四十日のお籠り会に参加して、ひそかにある目的を遂げようとしていた。するとどこからともなく声がして、「そなたの抱いているような大望は、とうてい四十日のお籠りなどで達成されるものではない。お籠りを中止して、さる偉いお方(聖者の域にあるスーフィー)の目がそなたに止まるようにするがよい。そなたの望みは遂げられよう」と言う。その人が、「その偉いお方にどこでお目にかかれましょうか」と尋ねると、「礼拝堂の中だ」と言う。「礼拝堂にはあんなにたくさんの人がおりますのに、その偉いお方が一体どの人なのかどうして見分けられましょう」と問う。すると、「まあ、ともかく行ってみよ。先方でそなたを見分けて一瞥を与えて下さろう。そなたの手にした水差しが床に落ちて、そなたが気を失って倒れたら、それがそのお方のお目がそなたに止まったというしるしじゃ」というお答えがあった。

その人は言われた通りにした。水差しに水を一杯入れ、礼拝堂の会衆に水を配る役を勤めながら、礼拝の列の間をめぐり歩いていた。すると突然、我にもあらぬ状態に襲われて、一声わーっと叫んだかと思うと、手にした水差しはばたりと床に落ちた。その人は気を失って礼拝堂の片隅に倒れたままになっていた。そのうちに会衆は四散してしまった。ふと我に返ってみると自分はそこにただ独り。彼に一瞥を与えたはずの王者(精神界の王者、偉大な聖者)の影も形もない。しかし自分の望んでいたことは達成されるに至った。

神が特に寵愛をかけておられる特殊な人々がある。その人々は、あまりにも偉大であるために、それからまた神御自身にもそういう人々をやたらに他人に見せたくないというお気持があるために、表だっては人前に姿を現わさない。だが、道を求める人々があれば、彼らの大望をも遂げさせてやり、貴重な賜《たまもの》を惜しみなく与えもする。この種の精神界の偉大な王者たちは極めて稀であり、極めて貴いものだ。

ここで私はお尋ねした、「先生のところにそのような偉大な方々がおいでになることがございますか」と。先生は次のように答えられた。

わしにはわしのところというようなものはもう存在しない。ところというものがわしになくなってからもう久しくなる。もし人々がやってくるなら、(わしのところに来るのではなくて)彼らがわしだと信じている映像のところへ来るだけだ。「貴方の家に参上します」と誰かがイエスに言ったら、「この世界のどこに私の家があろう。いつ私に家があったろう」とイエスが答えた。

これについては、こんな話が伝えられている。或る時イエスが砂漠を彷徨《さまよ》っていると、大雨が降ってきた。イエスは、とある洞窟の片隅にある山犬《ジャッカル》の巣に雨宿りした。すると、天啓があって、「そこは山犬の宿だ。すぐ外に出よ。山犬の仔たちがそなたのためにおびえておる」と言う。イエスは叫んだ、「主よ、山犬の仔には宿があるのに、マリアの息子には宿がありませぬ。」(新約聖書「マタイ伝」八章二〇節「狐は穴あり、空の鳥は塒《ねぐら》あり、されど人の子は枕するところなし。」)

山犬には帰って宿る場所があるのに、マリアの子には身を寄せる場所も家もない、という。

師はさらに語をついでこうおっしゃった。なるほど、山犬には家がある。だがその家から出て行けと言ってくれるようないとしい人は山犬にはない。そなたには、出て行けと言ってくれる者があるのだ。家がなくとも、なんで気にすることがあろう。そなたに出て行けと言ってくれる者のやさしい心づかい、特にそなたが選ばれて出て行けと言っていただいた、この有難い恩賜の御衣、これこそ天と地と、現世と来世と、神の玉座と御足台とを一億倍にしてもまだ足りぬほど貴重なものではないか。

ここで師は（言葉を今日のお話の発端に返して）次のように結ばれた。宰相が訪ねてこられたのに、わしがなかなか出てゆかなかった。そのことで宰相が心を痛められるのは正しくない。思うに元来、宰相が訪問に来られた意図は、このわしに敬意を表わそうとてか、さもなければ自分御自身をいとしんでのことであろう。もし、わしに敬意を表わすためであれば、あれほど長い間坐ってわしを待っておられたのだから、それで充分すぎるほど敬意を表わされたことになる。また御自分をいとしみ、何か御自身のためによい報いを得たいとのお気持からであったならば、いつまでも待つ苦しみをなめられたのであるからには、充分以上のよい報いがあるはずだ。してみれば、訪ねてこられた目的をどちらに仮定しても、その目的は何倍にも遂げられたことになるではないか。気も軽く、心楽しくなられることこそ当然であろう。

談話　其の十一

世間ではよく「心は心と通い合う」（アラビア語の諺。文字通りには「心はお互い同士の間で証言し合う」という意味）と言う。誰でもよく口にする表現であるが、そう言う御本人にはこの表現の深い意味は分っていない。一般の俗衆には本当のところが分ってはいないのだ。本当に分っていれば、言葉など全然必要がなくなってしまう。心が立派に証《あか》しするなら、なんで言葉で証しする必要があろう。

摂政公《せっしょうこう》(西暦十三世紀、小アジアにおけるセルジューク朝のスルターンの摂政として名声をはせたアミーヌ・ッ・ディーン・ミーカーイールのこと)が口をはさまれ、「確かに仰せの通り、心は証しをいたします。だが心の証しは心の証し。そのほかに耳は耳独特の証しを、目は目独特の証しを、そして舌は舌独特の証しをするのではないでしょうか。どれの証しも必要で、全部集まってこそ強い証しとなるものと思われますが」と言われた。これに対して師は次のようにおっしゃった。

もし(証しをするに当って)心が完全に我を忘れて集中すれば、他の全てはその中に消融してしまう。舌を動かす必要など全くない。ライラー(前出、マジュヌーンが全身全霊を挙げて恋した美女)の場合を考えてみられるがよい。ライラーは天使や聖霊ではない。肉体をもった一個の人間、水と土とから作られたなま身の人間だ。だが彼女への思慕の情はマジュヌーンの心に深く浸透して我を忘れさせ全てを忘れさせるほどのものであった。だから彼は実際に目でライラーを見る必要もなく、耳で彼女の言葉を聞く必要もなくなってしまった。己れ自身から離れた別のものとしてライラーを見ることがなくなったからだ。

　君が面影はわが目に浮び
　　君が名はわが唇に浮び
　君が憶いはわが心に浮ぶ。
　　どこに送ろう、恋の手紙を。(神秘家ハッラージュの詩句。原詩では「君」とは神を指す)

なま身の人間すらこれほどの力を発揮するのだ。恋の情熱の故に人がこんな精神状態となり、相手を自分と別人とは思えなくなる。一切の感覚が挙げて恋の情熱の中に消融してしまう、視覚も聴覚も、嗅覚も、何もかも。どの感覚器官も自分独特の取り分を要求するようなことはない。全部が一体となり、全部そこにあるのだ。

今感覚器官と言ったが、そのうちのどれか一つでも完全無欠に自分の機能を発揮する時は、他の全ての器官がその一つの器官の経験に参与して、そこに消融してしまう。各々が自分独特の取り分を要求するようなことはない。もしどれかの感覚が自分だけの取り分を要求するようなことがあるなら、それは今問題にしている一つの感覚器官が完全無欠な形で機能していないことの証拠である。つまりその感覚器官が充分に働いていないので、当然の結果として完全な自己集中ということもなく、そこで他の感覚が自分の取り分を要求しだし、それぞれの感覚がそれぞれ自分だけの取り分を要求することになるのである。

人間の五感は、内的本質からいうと全部が一体であり、外的形態からいうと五つに分れている。だからどれか一つの感覚器官に絶対的集中が起ると、他の全ての感覚器官はその中に融け込んでしまう。例えば蠅が飛び立つと、翅《はね》は翅で動き、頭は頭で動き、全身のあらゆる部分がそれぞれ別々に動く。が、蜜に止まってそれに集中すると、あらゆる部分が一つにまとまり、どの部分も動かなくなる。

全身全霊を挙げて何事かに集中しきるとは、自分というものが全然そこにいなくなってしまうことだ。自分が何かをしようと努めることがなくなり、自分が積極的に何かをする、自分から動くことがなくなってしまう。つまり水に溺れきるということだ。それでも何かするとすれば、それは彼の行為ではなくて、水の動きにすぎない。

水の中に手と足をひたしただけでは、水に溺れたとは言わぬ。「ああ、大変だ、おれは溺れた！」などと叫ぶやつがいるが、そんなのは溺れたとは言わない。

それにつけて憶い出されるのは、例の「我こそは神」(Ana al-Haqq〔アナ・ル・ハック〕すなわち「私は神だ」という、神秘家ハッラージュ〔ca. 858—922〕の世に有名な「酔語」。この故に彼はバグダードで処刑された)という言葉であるが、世人は普通これをとんでもないことを言ったものだと考えている。だが「我こそは神」とは、実は謙虚さの極致なのである。「我こそは神の僕《しもべ》」と言う人は二つの存在者を認めている、一つは神、もう一つは自分自身。ところが「我こそは神」という人は自己を完全に無化している。自己は全く空無に消えている。そこで「我こそは神」と言う。その心は、私は無だ、一切は神だ、神をおいて他に一物も存在者はない、私は正真正銘の非有そのもの、無そのものだということである。これこそ謙虚さの極致ではないか。だが世間一般の人にはこれが分らない。

普通の人が信徒として、ひたすら神を思って神に仕える場合、神の僕であるということがその人の意識にはある。いくら神を思ってのことであるにしても、その人は自分自身を見ている。一方で自分の行為を見、他方で神を見ている。まだ水に溺れていないのだ。本当に水に溺れて死んでしまった人は身動きしない。なんの行為もしない。彼の身が動くのは実は揺蕩《たゆた》う水の動きである。

獅子が羚《かもしか》を追いかけてゆく。羚は逃げる。そこには二つの存在がある。一つは獅子の存在、他は羚の存在。しかし、とうとう獅子が追いついて、羚を足に踏み押え、恐怖のあまり羚が気を失って獅子の前に倒れる、その時、そこにあるのは獅子の存在だけであって、羚の存在は無に帰して跡形もない。

さきに水に溺れる(という比喩で指示した)状態は、異常な精神的能力のある人々が神の恐れに撃たれることだ。といっても、その恐れとは、世間一般の人が獅子や豹や暴君のたぐいをこわがるような恐怖とは違う。神の前に恐怖に怖れおののくが、同時にその恐怖が神に由来するものであることがはっきり意識されている。恐怖が神に由来するだけでなくて、安堵も神に由来し、喜びも嬉しさも、食べることも眠ることも、一切が神に由来することがはっきり意識されている。

そんな時、神はそういう人の目に何か特別なものの姿をありありと示し給うことがある。ぱっちり目を開いて起きているのに、獅子とか豹とか火とか、いろいろなものの形象が現出する。現にこの目にありありと見える獅子や豹が、実はこの世界のものではなく、不可知の世界の何かが感覚的形象をとって現われてきたのだということがその人にはよく分っている。同時にまた自分自身の真の姿がえも言われぬ美しさのうちに燦然と現われてくる。それればかりではない。花園や流れる小川、目もと涼しい天国の乙女たち、城塞、食べ物に飲み物、恩賜の御衣、駿馬、都、家々、その他様々な珍しいものが次々に現われるが、それがいずれも本当はこの世のものではないことをその人は知っている。神がそれらのもの一切を彼の目に現出させ、形象として示し給うのであることを彼は知っている。従ってまた、恐れも安堵も神に由来するものであり、楽しみも美しい眺めも、全ては神に由来するものであることを彼は確信できるのである。

ところで今ここで言う恐れは、世間一般の人々の経験する恐怖とは似ても似つかぬものである。なぜなら、それはかのものの直接の観想体験であって、理屈で分るようなものではないのだから。神に有無を言わせずぐいと見せつけられるので、それで一切が神に由来するということがそのまま分るのだ。

このことを思弁哲学者も知ってはいる。だが理屈によって知っているだけだ。理屈はそれほど確固不動なものではない。理屈で何かを証明すれば、確かにそれなりの嬉しさはある。が、その嬉しさは永続きしない。だから、ついその場の嬉しさに駆られて、証明とはなんといい香りだろう、なんとうららかで爽やかなことか、などと感激するが、証明の記憶が薄れてしまえば、うららかだも快いもありはしない。

例えば誰かが理屈の上から、この家にはそれを建てた大工がいるはずだと知っているとする。彼はまた、その大工が目あきであって盲ではなく、能力があって無能ではなく、有であって非有ではなく、生きた人であって死者ではなく、この家を建てる以前にすでに存在していた、等々のことも理屈で知っている。こういう全てのことを彼は知っているが、全部理屈で知っているだけだ。そんな理屈は永続性を持たない。すぐ忘れられてしまう。

ところが本当に神を恋する人々（本物のスーフィーたち）は自分で実際に主にお仕えしてきたので、家を建てた大工（世界を創造した神）を親しく識っている。我と我が目でちゃんと見たのだ。一緒にパンと塩を食べ、親しくつきあった間柄だ。どんなことがあっても、その大工の姿は彼らの視界から消えることはない。そういう人をこそ神に消融した人というのだ。そういう人にとっては過ちも過ちではない、罪も罪ではない。なぜなら、そういう人は完全に神に圧倒され、余すところなく神のうちに自己を失った人であるからである。

或る王様が小姓らに命じて、大切な客人が見えるから、一人一人手に金の盃を取れと言われた。中でも特別の御寵愛を受けている一人のお小姓にも、金盃を手に持つようにとの御命令であった。ところが、王様が出御されると、その特別のお小姓は、王様のお顔を拝んだとたんにぼーっとなり、ふらふらとして、思わず盃を取り落し、盃は微塵にくだけた。その有様を目撃したほかの小姓たちは、きっとそうしなくてはいけないんだろうと考えて、意識的に盃を床に落した。王様がそれを咎めて「なぜそんなことをした」と言われると、一同、「あのお気に入りの小姓がそういたしましたので」と言う。それを聞いて王様は言われた、「えい、この馬鹿者どもめが。盃を落したのはあの者がしたことではない。わしがしたのじゃ」と。

外面だけ見れば、誰のしたこともみな過ちだった。しかし例の特別のお小姓の犯した過ちだけは、過ちであってしかも恭順の行為であった。いや、過ちとか恭順とかいうことを超越した行為であった。

ほかの小姓たちの志は全てあの一人のお小姓に向って集中していた。もともと、ほかの小姓たちは全部王様のお供であり、しかもかのお小姓は、今言ったような意味で王様その人とぴたりと一つになっていたのであってみれば、結局全部その一人のお小姓のお供であったとも言えるのである。小姓の姿をしているが、それは外形だけのことで、実は内的には王者の盛美に充ちている。「もしそなたというものがなかったならば、わしは宇宙を創らなかったであろう」（ハディース）と神が仰せられたのもこの意味だし、「我こそは神」（前出、ハッラージュの「酔語」）も同じ意味だ。つまり結局、神は神御自身のために宇宙を創られたということである。「我こそは真実在」も全く同じことを違った言葉、違った表現で言ったにすぎない。

偉大な人々の言葉は様々に違った外形を取るが、真理は一つであり、そこに至る道もまた一つである故に、みんな同じ一つの言葉でしかあり得ない。言い方はいろいろ違っても、意味するところはただ一つ。違いは外形だけで、意味は全く一致している。

例えば殿様が天幕を作れと命令を下される。或る者は綱を綯《な》う。或る者は杙《くい》を打つ。或る者は布を織る。縫う人もあり、切れを裂く人もあり、また針をかける人もある。外面だけ見ると全く違ったことをばらばらにしているようだが、内面的に見ると全部が一つにまとまっている。みんなが同じ一つの仕事をしているのだ。

この世の様々な事柄もこれと同じで、内面的に見ると、全て神への奉仕というただ一事しかしていないのである。邪悪の徒だろうと廉直の士だろうと、極道者《ごくどうもの》だろうと敬虔な信者だろうと、悪鬼だろうと天使だろうと同じ一つのことをしているのである。例えば王様が家来どもを試験したいと思い、いろいろの手段で彼らを試みてみる。しっかりした者とふらふらした者を区別し、忠実な者と不実な者とを分け、信頼できる者と信頼できぬ者を分けたいと思われる。そのような場合、王様はどうしても、家来どもを誘惑する者や教唆し煽動する者を放たなくてはならない。それで始めて、しっかりした者とそうでない者がはっきりする。そうしないと黒白が見分けられないのである。こうしてみると、誘惑者や煽動者も彼らなりに王様に奉仕していることになる。なぜなら、(家来たちを誘惑したり煽動したり)することが、すなわち王様の御意向なのだから。王様は確固不動のものをすぐにぐらつく連中から見分けるために、いわば一陣の烈風を吹きかけるというわけだ。これで蚊とんぼが木や庭園から引き離される。蚊とんぼは吹き飛ばされ、確固不動のもの(異本により bāsheh を thābit と読む)だけがそこに残る。

或る王様が腰元に美しい化粧をさせて、家来どもに誘いをかけるよう命令した。誰が忠実か、誰が裏切り者かを見分けるためである。この場合、腰元のしたことは外面上は罪深い行為であるかのように見える。だが本当は王に対する奉仕である。

さて(前に一言した)神の僕《しもべ》たち(精神界の偉人たち)は、この世における己が身を省みて、理屈や人の口真似でなく、本当に自分の目でじかに、全ての人が、善人も悪人も、みんなそれぞれに神に仕え神の御意志に順っていることを見て取ったのである。「いかなるものも、神の栄光を讃美せぬものはない」(コーラン一七章四六節)とはこのことである。従って、このような(偉大な)人々にとっては、現世がすなわち来世である。なぜなら、来世とは全ての人が神に仕えること、そして神に仕えること以外に何もしないということにほかならないから。この真理を、こういう人々は今、ここですでに知っているのである。「たとい覆いが一挙に取り払われたとて、我が信念に何ものも附加するところはあるまい」(アリーの言葉。前出、談話其の七)というわけだ。

知者(「アーリム」ʿālim)はアラビア語の慣用から言うと悟達者(「アーリフ」ʿārif)よりも段階が高い。現に神のことを知者とはいうが、悟達者とは決して言えない。悟達者とは始め知らないで、後で知るようになった者を意味する。この概念は神には全然あてはまらない。しかし術語として使う場合は、悟達者の方が知者より上である。というのは、悟達者とは、何かを理屈なしに知っている人、つまり現実を体験的直観的に認識した人の意だからである。術語的にはそういう人を悟達者という(スーフィズムの理論では ʿārif は神智者を意味する)。

「一人の知者は百人の禁欲者に勝る」という。なぜ一人の知者が百人の禁欲者に勝るかというと、もともと禁欲者は知識に基いて禁欲するのだからである。知りもしないで禁欲するわけがない。一体、禁欲の行とはなんだろう。それは現世の歓楽に背を向けて、ひたすら神の御心に順い、ひたむきに来世を思うことである。それには、先ず現世とはどんなものか知っていなければならない。現世の汚濁と儚さとを知り、来世の清らかな美しさとその不易不変性とを知っていなければならない。それでこそ神の御心に従い、「どうしたら御心に副えるだろう、何が御心に副うことだろう」と努め励むことにもなる。こういうことが全て知識に基いている。だから知識なしに禁欲修行はあり得ない。真の禁欲者は知者であって、その上に修行者なのである。

ところで「百人の禁欲者に勝る」と言われる知者は確かに実在する。が、その本当の意味を知る人は少い。ここで問題になる知とは(今述べた禁欲の基になる知識とは)別の知識である。それは最初の知識と(それに基く)禁欲修行の後で、神が特に授け給う知識である。この第二の知識は第一の知識と修行との成果である。こういう知識を備えた知者こそ、(百人どころか)十万人の禁欲者に勝ることは疑いない。

例えば、或る人が木を植えて、その木に実がなる。もちろん、実をつけたこの一本の木は、まだ実を結ぶに至らない百本の木にはるかに勝る。何しろまだ先にいろいろ災害が起るかもしれないので、それらの木は遂に実をつけずに終ってしまうことも充分考えられるからである。

メッカの神殿に辿りついた巡礼者は、まだ途中で砂漠を歩いている巡礼者に勝っている。まだ砂漠を歩いている巡礼者たちには果して到着できるかできないか危惧があるのに反して、もう着いてしまった人は実際に着いてしまったのだから。すでに実現した一事は、まだどうなるか分らぬ千事に勝る。

ここで摂政公が口をはさまれ、「まだ到着しない巡礼者にも希望というものがありますが」と言われた。師はこれに応えてこうおっしゃった。

希望を抱いている人は、現にもう到着してしまった人とは比較にならない。危惧と安心との間には大きな距りがある。だが、この種の距りは誰の目にもすぐそれと明らかで、わざわざ話題とする必要もない。それより問題は安心の境地だ。

一口に安心の境地というが、それにも大変な程度の差がある。例えば、預言者ムハンマドが他の全ての預言者より勝っているのは、その安心の度がはるかに高かったことによる。もし程度の違いを考えないなら、全ての預言者は完全に危惧の領域を脱して安心の領域内にいる。ただ、安心そのものの領域内に違った段階があるのだ。「我ら(神の自称)は彼らの間に上下の段階をつけた」(コーラン四三章三一節)と言われるゆえんである。

但しここで注意する必要があるのは、危惧の領域と危惧の段階はそれと指さして示すことができるのに反して、安心の境地の段階の方はどこにもはっきりした手がかりがないということである。

危惧の領域にあっては、人は誰も、それぞれに自分が神にお仕え申すために何を差し出したらよかろうかと思案する余地がある。或る人は自分の身体を張る。或る人は財産を投げ出し、或る人は生命を投げ出す。また断食の行を捧げる人もある。礼拝を捧げる人もある。(礼拝のお勤めでも)十回の跪拝を捧げものにする人あり、百回の跪拝を捧げものにする人あり、といった具合で、いろいろな人たちのいろいろな段階が具体的にはっきりしていて、どれはどの段階と指さして示すことができる。コニヤからカイサリアに旅する道の次々の宿りが、カイマーズ、ウプルーヒ、スルターン等々というふうにちゃんと順序立っているようなものである。ところが海路、アンタリアからアレクサンドリアに行く道順はこういう具合にはっきり指さして示すわけにはいかない。それは船長だけが知っていることである。陸上に住む人々には教えはしない。言って聞かせても分りっこないからだ。

ここで摂政公が言われた、「それでも、言うだけ言えば、それなりの効果があるのではないでしょうか。たとい全部は分らないにしても、多少は分りましょうし、そうすればいろいろと推測したり憶測したりする種ぐらいにはなると思われまするが」と。すると、師がおっしゃった。

なるほど、その通りだ。(「少しは分る」ということはある。だがその少しの分り方にもいろいろ程度がある。)例えば、或る人は夜の闇の中にじっと坐りこんで一晩中まんじりともせず、昼の明るさに向ってどうしても進んでゆこうと固く決意している。どうして進んでいったらいいのか自分では皆目分っていないけれども、ともかく昼を期待しているという意味で昼に近づいている。ところがまた或る人は暗い雨もよいの夜、カラヴァンについて旅して行く。こうして歩いてゆけばどこに行き着くのやら、今どんな場所を通過しているのやら、また今までに何里来たのやら全然分らない。だが夜が明ければ、歩いただけの成果がちゃんと分り、ともかくどこに辿り着いたということになる。

人が神の思いの故に何かをする場合、たといそれがただ目《ま》ばたきするだけのことであっても、決して無駄骨折りにはならないものである。「ただ一粒の重みでも善をした人は、それに応じた報いを受ける。」(コーラン九九章七節)ただ、心の中が暗闇で、目には蔽いがかぶさっているので、自分ではどのくらい前進したのか分らない。だが最後には何もかもはっきり分るだろう。「現世は来世の種を蒔く畑」(ハディース)という。この世でしただけのものを、必ずあの世で刈り入れするのだ。

イエスはよく笑った。ヨハネはよく泣いた。ヨハネがイエスに言うに、「貴方には(神の設け給う)どんな目立たぬ騙《たばかり》にも絶対に陥らぬ安心感がある。それで、そんなによく笑われるのですね」と。イエスが言った、「そなたは、神の授け給う人目につかぬ心やさしい思いやりと御好情とに気づいていない。それで、そんなに泣いてばかりおるのだな」と(スーフィズムの伝統的術語では、ヨハネの精神状態を「圧縮」qubḍ と呼び、イエスのそれを「伸開」basṭ 状態という)。

たまたまこの対話の行われた席に一人の聖者が居合せた。彼は、この二人のうちどちらが高い位置を占めているのかを神に尋ねた。すると神は、「二人のうちで、わしを思うその思い方がすぐれている方が上じゃ」と答えられたそうな。すなわち「わしはわしの僕《しもべ》の思うところにおる」(ハディース)ということである。要するに次のような意味である。わしの僕の思いのあるところにわしはいる。わしの僕らの一人一人がそれぞれわしの姿を頭に描き胸に描いている。その一人一人がわしをこうであろうと想像している、そのところにわしはいる。これこそ神が居給うところであろう、神がおられないようなところはたとい真理であってもお断りだ、という気持で人がわしを心に描く、その心の画像の僕でわしはある。されば、僕らよ、心に描く画像を浄らかにせよ。それこそ、わしの住むところ、わしの神殿なのだから、と。

さあ、そなたも己れ自身をよく調べてみるがよい。泣き、笑い、断食し、祈り、引き籠り、人と交る、その中のどれが一番自分のためになるかをよくよく考えてみるがよい。どの道を選べば自分の心が一番正しくなるか、進歩が一番大きいか、それを見定めて、決然とその道を取るのだ。「己が心に向うがよい、他人の意見がどうあろうとも」(ハディース)。そなた自身の内部にこそ生きた真理がある。他人の忠告は、全てそれに照らして見て、合致するものだけを選べばよい。

医者が患者を診察に来る。彼は患者の内部にいるもう一人の医者に質問する。というのは人は誰でも自分の内部に医者をもっている。つまり各人の体質のことだ。それが受け容れたり拒絶したりする。そこで外面の医者はこの内面の医者にいろいろ質問する。「食べたものはどんなでしたか。重かったですか軽かったですか」とか、「よく眠れましたか」とか。内面の医者の答えによって、外面の医者は診断を下す。してみると、一番の基礎《もと》になるのは内面の医者、すなわち身体の調子である。

この内面の医者が弱くなると、つまり身体の調子が悪くなると、弱さのために物事が逆に見え、歪んだ報告を出す。例えば砂糖を苦いと言い、酢を甘いという。そうなると外面の医者が必要になり、その助力で身体の調子をもとに戻してもらわなければならない。もとに戻れば、それがまた自分の医者となり、その指示を受けるということになる。

精神の面でも人には一種の体質のようなものがあって、それが弱くなると、彼の内部感覚の見たり言ったりすることが全部事実の逆になる。そんな人にとって、聖者(偉大な精神的指導者としてのスーフィー)は(外から来る)医者の役目をする。つまり彼に助力して、その精神の調子を真っ直ぐに立て直し、彼の心と信仰に力を甦らせてくれる。「何とぞ私に全ての物を、真にそのあるがままに示し給え」(ハディース。前出、談話其の一)というわけだ。

人間は巨大な書物(異本により daftar という一語を補う)であって、一切のことがそこに書き込まれている(人間を小宇宙、ミクロコスモスと見る)。だが、幾重にも垂幕が掛かり、暗闇が層をなして蔽っているために、せっかく自分の中にある知識を読むことができない。ここで垂幕とか暗闇というのは、俗世の様々な関わり、様々な計画、様々な欲望のことだ。しかし、幾ら暗闇に包まれ、垂幕で蔽われているとはいえ、幾らかは読み取れる。幾らかは分る。とすれば、この暗闇と垂幕がさっと取り除かれたなら、どんなにすっきりと一切が分り、どんなに多くのことが知られることか、想像に余りあろう。

元来、裁縫にしても、建築の術《わざ》にしても、大工、金細工の術にしても、また学問、占星術、医術、その他、数えきれないいろいろな職業は、全部ほかでもない人間の内部から見出されたものだ。石ころや土塊から見出されたものではない。よく世間では、鳥が死人を土中に埋めることを人に教えたなどと言うが、これにしても実はもともと人間の頭に浮んだ考えが鳥に映されたにすぎない。人間の内部から湧き起る衝動的な力が人間をしてそのようにさせたのだ。要するに禽獣は人間の一部分である。部分が全体に何かを教えられる道理がない。例えば、人が左手で字を書いてみたいと思って筆を取る。心はしっかり決まっていても、いざ書く段になると手がふらつく。だが、結局、手は心の命ずるままに字を書くことになる。

ここで誰かが言った、「殿様(宰相パルヴァーネのことであろう)がおいでになると、うちの先生は素晴しいことをおっしゃる。言葉がとぎれるということがない。生れつき弁舌爽やかなお方だから、幾らでも流麗な言葉が湧き出て来て、とどまるところを知らない」と。(これに対して師は次のようにおっしゃった。)

冬の間、木には葉もなければ果実もない。だからといって木々が働いていないと考えてはいけない。木はいつでも絶え間なく働いているのだ。冬は収蔵《おさめ》の時、夏は支出《ついえ》の時である。支出は誰にもよく見える。が、収蔵は目につかぬ。例えば人が大饗応《ふるまい》をやって金を派手に使えば誰にも見えるが、そんな大饗応をすることができるまでに、少しずつ少しずつ金を蓄えてゆくところは誰にも見えないし、誰も知らない。だが、収蔵こそ根本であって、支出はそれあってこそ可能なのである。

わしが誰かと心と心で結ばれた場合、わしは一瞬も絶え間なくその人に話しかけ、その人と一体になり固く結ばれている。たとい黙っていようと、遠く離れていようと、一緒にいようと、いつでも話している。いやそれどころか、仮りに喧嘩したって、やっぱり一緒だし融合しているのだ。互いに拳《こぶし》を振り上げ殴り合ったにしても、それでもわしは相手に話しかけ、相手と固く結ばれ、一体になっているのだ。振り上げた拳を拳と見てはいけない。その拳の中には乾葡萄が入っているかもしれぬ。信じられないというなら、開いてみるがいい。本当に乾葡萄が入っているかもしれぬ、素晴しい真珠が入っているかもしれぬ。葡萄と真珠では大変な違いだ。

他の人々は詩や散文で精緻玄妙な事柄を語り、叡智にあふれた言葉を語る。だが、殿様がわしを好まれ、わしを始終訪ねてこられるのは、高遠な知識や、緻密な言葉や、有難そうなお説教を求めてのことではない。そのようなものならどこにでもころがっている。決して足りないわけではない。そんなものとは全く違ったものの故に、わしを友とし、わしを好んで下さるのだ。全く別のものを見ておられるのだ。他の人々に見られるものの彼方に、それとは全く違った光明を認めておられるのである。

次のような話が語り伝えられておる（マジュヌーンとライラーの恋物語については、談話其の四参照）。或る王様がマジュヌーンを召し寄せて、こう言われた、「一体どうしたのじゃ。何が起ったのじゃ。そなたは己れを辱しめ、家を見棄て、何もかも駄目にして廃人になってしまった。ライラーがなんだ。どんな魅力があるというのだ。可愛い女、美しい女なら幾らでも見せてやる。どれでもお前の心のまま、どれでもお前に取らせよう」と。こうして美女たちが召し出されてくる。マジュヌーンは美女どもに引き合される。ところがマジュヌーンはじっと頭を垂れたまま、自分の足元を見詰めている。「まあ、顔を上げて、ちょっと見てみるがよい」と王様が促されると、マジュヌーンは言った、「ライラーへの恋慕は抜きはなった刃《やいば》。頭を上げましたなら、たちまち切り落されるでございましょう」と。ライラーへの恋はもうそんなところまで来ていたのだ。ほかの女たちにも目もあり唇もあり鼻があるのに。これほどまでになるとは、一体彼はライラーに何を見ていたのであろうか。

談話　其の十二

(パルヴァーネ宰相を訪問のついで、師はこうおっしゃった。)「日頃、一度お訪ねしたいしたいとは思いながらも、何分国事にお忙しい貴方のこと、お邪魔してはと存じ差し控えておりました。」

宰相「こちらこそ御挨拶に参上いたさねばならぬところでございました。幸い危急の問題も片づきましたので、これからは私の方から伺わせていただきます。」

「いや、どっちにしても違いはありません。どちらでも同じこと。貴方にそれほどのやさしいお心づかいがあるからには、どんなことも厭いはせぬというお気持でありましょうし、(わしをお訪ねにおいで下さる)御足労も問題ではありますまい。がしかし、今日は貴方が善事に精出しておられることをよく存じておりますので、こうしてわしの方から押しかけて参った次第です。」

(こう前置きして、師は早速話を本題に移された。)

実は今しがたも、うちで議論がはずんでいたのだが、ここに立派に一家を構えた人と、家庭も身寄りもない人とがいる場合、家族持ちの方から何がしかを取り上げて独り者の方に廻してやるのが至当かどうかという問題です。形式主義の法学者は、一家を構えた人の方から取り上げて独り者の方に廻してやるのが正しいと考える。だが、よく考えてみれば、家族持ちの方こそ本当は貧者なのではないか。

例えば、ここに心に宝珠を抱いた仁者があって、(悪い男をなんとか匡正し更生させてやりたいという望みに駆られて)折檻し、遂にその男の頭や鼻に傷を負わせるに至ったとする。世人はこれを見てその男は被害者だとすぐ決め込んでしまう。しかしよく見れば、本当の被害者は殴った方の人。自分では誰のためをも図らず、殴られて頭を割られた方の人こそ加害者である。(人を殴っておきながら、それが被害者だというのは、)この人は心に宝珠を抱いた人、神の裡に自我を消融させてしまった人であるので、このような人のすることはそのまま神のすることであり、神が誰に対しても加害者であるなどということはあり得ないからである。

同様に、預言者ムハンマドはたくさんの(無信仰者を)殺し、多くの血を流し、度々掠奪を行なった。が、それでも本当の加害者は無信仰者どもであり、預言者は被害者だったのである。このことを譬えで説明してみよう。

西国人(心に宝珠を抱いた聖者を西国人に譬える)が西方に住みついている。その西国へ東国人(心になんの宝も持っていない普通の人)がやってくる。(どちらが異邦人かというと)その西国人が異邦人なのである。東方からやってきたもう一人の人は異邦人でもなんでもない。考えてみれば(特別に取り柄のないそんな男にとっては)世界中が一つの家のようなもので、この家からあの家に引っ越し、この国からあの国に移ったところで、要するに同じ一つの家に住んでいるようなもの。これに反して、かの貴重な宝珠を持った西国人は自分の本当の家を出て、他処者《よそ》ばかりの国へ来たようなものだ(この世に生れてきているということがすなわち異邦に在ること)。「イスラームは異邦人として始まった」

（ハディース。「ムスリム正伝集」にある。ここに挙げたのはその前半であって、後半は省略されている。全文は「イスラームは異邦人として始まった。始めと同じようにまた異邦人として終るであろう。」）と言われるゆえんである。（今の譬え話で言うと）「東国人は異邦人としてこの世に生れた」とは言えないのである。

こういう具合で、預言者は戦いに負けても被害者、勝ってもまた被害者だったのである。というのは、いずれにしても義は預言者の側にあったのだから。義のある側をいつでも被害者と見るべきである。

（バドルの合戦の直後）預言者は捕虜にした敵の者どものことで大変心を痛めておられた。それを慰めようとて神はこれに啓示を下し給うた。「捕虜の者どもにこう告げるがよい。今お前たちはそうして桎梏に繋がれた身ではあるが、もし志を改めて善に向うことを心に決めるなら、神はお前たちを直ちに解き放ち、取り上げられたものはそっくり、いや何倍にもして、返して下さった上、やがて来世では御寛恕《かんじょ》と御認承とを授けて下さるであろう。二つのお宝が頂戴できるのだ、一つは一度奪われた財産、も一つは来世の宝が、と。」（コーラン八章七一節参照。なおバドルの捕虜の問題は、談話其の一で詳しく論じられている）

宰相が質問される、「人が何かを為す場合、事の成就とその果報とは自分のした行為そのものから生じるのでしょうか、それとも全て神の授け給うところでありましょうか」と。師は次のように答えられた。

神の賜《たまもの》であり、神のお取り計らいである。ただ、神は情深くあられる故に、全ての功を人に帰し、事の成就するのもそれがよい果報をもたらすのも共に汝から生じると仰せられる。「人のしてきたことの報いとして」（コーラン三二章一七節）というわけだ。

宰相が言われる、「神がそれほどまでに情深くましますからには、誰でも真心をもって求めるものは必ずそれを獲得すると考えてよろしかろうか」と。師はこう答えられた。

その通り。しかし指導者がなくてはそれもかなわぬ。見るがよい、かつて(イスラエルの民は)モーセに忠実に順っていた。されば大海の只中にも道を見出し、堂々と海を徒渡《かち》って向う岸に着いた。ところが、彼らがモーセの命に背き始めると、たちまちかの荒れ野に何年も彷徨《さまよ》う身となった。

すべて或る時代の指導者たる者は、自分に順い自分の命を奉じる人々の福祉をはかる義務がある。例えば将軍の麾《き》下にある兵士たちの場合、彼らが自分に忠実につき順い、その命に服している限り、将軍は彼らのために気を配り、彼らのためになるようにと事をはかってやらねばならない。だが、兵士たちが自分の言うことを聞かない時は、どうして彼らのためよかれと頭をしぼったりすることがあろう。

理性は身体においてちょうど軍隊の指揮官のような位置にある。身体の家来たちが皆彼の命に忠実に従っている限り、事は全てうまく行く。が、その命令に従わないと全てが駄目になってしまう。想い起してみられるがよい。酒をくらって酔っ払った人の手や足や舌や、その他身体の家来たちがどんな乱暴狼藉を働くことか。翌日、酔いがさめた時、「ああ、なんということをしてしまったことだ。なぜ殴りつけたんだろう。なぜあんな罵詈雑言を吐いてしまったんだろう」とその人は嘆く。村に立派な村長さんがいて、村人が皆おとなしく彼の言うことを聞いている場合だけ、物事はうまくゆく。理性も、自分の家来たちがおとなしく言うことを聞く場合に限って、彼らのためよかれとはかってやることができるのである。例えば理性が行こうと考える。足が言うことを聞けばこそ行くことができる。足が言うことを聞かなければ、幾ら行こうと考えても役に立たぬ。

これと同じ道理で、あたかも理性が身体において指揮官に当るように、世の中の一般の人々は、それぞれに自分の理性と知識と思惟と認識とを備えたままに、全てかの(最高の知者である)聖者に対して、正しく身体に当るのであり、聖者こそ彼らの理性である。このように、身体に当るところの一般の人々が理性(に当るところの聖者)の言うことを聞かなければ、当然彼らは収拾すべからざる混乱状態に陥る。しかし、一たんその命に従うとなったからには、何事も聖者のする通りにやらなくてはならぬ。決して己れの理性に頼ったりしてはいけない。己れの理性の力では到底聖者の行動の意味が理解しきれないことがあり得るからだ。だからなんでも聖者の言う通りにするのがいい。

例えば子供が仕立屋のところに丁稚奉公する。なんでも親方の言い付け通りにしなければならない。ここにつぎ布を当てろと言われればつぎ布を当てる。あそこを大きく縫っておけと言われれば大きく縫っておく。仕立屋の技術を習おうと思ったら、自分自身の裁量などきれいさっぱり棄ててしまって、ひたすら親方に言われるままにやらなければならない。

(これと同じで)神様(に一切をお委せしてしまえば)ひとりでにうまい具合になって神様の御配慮を受け、自分で苦労し努力するよりも何万倍もうまくゆくことになるであろう。「定めの夜(来るべき一年中の一切の出来事に対する神の意志決定がなされると言われるラマダーン月最後の五日のうちの一夜)こそ千の月にも勝るもの」(コーラン九七章三節)とは正にこのこと。この聖句も次の(有名な)言葉も意味するところは同じだ。曰く「いと高き神のひと引きはあらゆる生ある者の奉仕に勝る」と。つまり、一たん神の御配慮が下されれば、人間どもが幾ら努力してもとてもかなわぬほど、いやそれ以上の、効果があるということである。もちろん、努力も結構だ。決して役に立たぬというのではない。だが神の御計らいに比べては、その力は無にも等しい。

「人間が努力するということ自体も神の御計らいではあるまいか」とパルヴァーネ宰相が質問される。
もちろんその通り。神の御配慮があると、おのずからにして人間の側にも努力が生じる。揺籃の中にある幼児の身ですでに「私は神の僕《しもべ》です。神は私に聖典を授けて下さいました」と叫んだというイエス（コーラン一九章三一節）が自分でどんな努力をしたというのか。洗礼のヨハネに至っては、まだ母の胎内にいるうちに、早くも神とはどんなものかを人に語ったという。神の使徒（ムハンマド）にも自ら努力してものを言うということはなかった。「神に心を宏く開いていただいた人は……」（コーラン三九章二三節）というわけだ。

ともかく先ず第一に神の御計らいが来る。迷いの眠りから人がはっと目覚める、それが神の御計らいである。これは純粋な賜《たまもの》だ。でなければ、預言者と親しく交わっていた教友たちには何も起らなかったわけが分らない。先ず神の御計らいが起って、それから人間の側に努力が生じる。この御計らいというものはパッと瞬間に飛び散る火花のようなもの。この火花が神の御計らいであり神の賜なのである。その後で人がぼろ切れを使って火花を絶やさないようにし、火をたきつける。それを、神の恩寵に対する感謝、賜に対するお返しと呼ぶ（この一節異本によって訳す）。

人間は始めは小っぽけな、弱いものだ、「もともと人間は弱く創られたもの」（コーラン四章三二節）と記されている通り。だが、この小っぽけな火花がうまく燃えつけば、遂には燎原の火のごとく広がって、全宇宙をも焼き尽す。始めは小さな火だったものが大火となる。「汝はまことに立派な素質に生れついている」（コーラン六八章四節）と記されている。

私(筆記者)が「先生はよほど貴方(パルヴァーネ宰相)のことを愛しておられるようでございますな」と申し上げると、師がおっしゃるには……。

いや、わしは愛の量に応じてここに来たわけでもないし、こうして話をしているわけでもない。おのずから心に浮んでくる憶いをそのまま口にしているだけのことだ。もし神が望み給うならば、わしの語る小さな言葉を役立つものとして下さろう。この言葉を貴方の胸の中に根をおろさせ、大いに益を与えるようにしても下さろう。だが神が望み給うところでなければ、たとい千万言を語ったところで、ただの一語も貴方の胸に根をおろすことはなく、空しく消えて忘れられてしまうことであろう。一つの火の粉が飛んで火口《ほくち》の切れに落ちたようなもので、神が望み給えばたった一つの火の粉が燃えついて大きくなり、神が望み給わねば、千万の火の粉を火口に振りかけても、そのまま消えて跡も残らぬ。

「神は天の全軍を統べ給う」(コーラン四八章四節)というが、わしの今語っている言葉は神の軍勢のようなもの。神のお許しがあれば、守り堅固な城塞を次々に陥し占領してゆこう。神が幾千の兵士に命を出して、さあどこそこの城を包囲せよ、但し占領してはならぬと言われれば、兵士たちはそうするだろう。反対にただ一人の勇士に向って、さああの城を占領せよと言われれば、その一人の勇士は単身でその城を陥し占領するだろう。

ただ一匹の蚊でも神に派遣されれば天下の大王ニムロード(旧約聖書「創世記」に出るニムロデのこと。ニムロデはアブラハムとの関係でイスラーム神話において重大な主題をなす)を攻めてこれを滅ぼすことができる。俗によく「達識の人にとっては銅貨も金貨も同じこと、獅子も猫も同じこと」というのはこのことだ。つまり、神の祝福を受ければ(bar shir と読む)、ただ一枚の銅貨が金貨千枚の働き、いやそれ以上の働きをする。反対に、千枚の金貨も神の祝福を差し止められれば、銅貨一枚の働きもできない。だから、神が猫を獅子に向わせ給えば、猫が獅子を殺す、ちょうど一匹の蚊がニムロード王を殺したように。また一頭の獅子を選んでこれに勢いをつけ給えば、全ての獅子どもは慄えおののく。かと思うとまたその一頭の獅子の方がまるで驢馬のようになってしまいもする。修行を積んだ行者が獅子に乗って歩くのも同じ道理。またアブラハムが火炙《あぶ》りにされた時、火の方が冷却して無害となり（コーラン二一章六八—六九節）、緑なす草が萌え、繚乱と花は咲き、あたり一面薔薇の園と化した、と言われているのも同じ道理である。アブラハムが焼き殺されることを神が許し給わなかったのだ。要するに、人が全ては神から来ると悟る時、一切のものが彼にとっては全く差別がなくなってしまうのである。

わしが切に望むところは、こういう言葉をお前がたが自分自身の中からも聞きとってもらいたいということだ。そうであってこそ始めて役に立つ。千人の泥棒がやってきても、家の中に泥棒仲間が一人いて、内から助けて開けてやらなければ戸は開けられない。千の言葉を吐いたとて、聴き手の内部にそれを受け止める人がいなければなんの役にも立たぬ。樹木にしても、その根に生気が涸れていては、どんなに水を注ぎかけたところで役に立たない。先ず根に生気がついて始めて水が役に立つ。

何千何万の燈火があったとても
もといがなければともらない。（サナーイーの詩句）

たとい全宇宙が煌々と光り輝いていても、もしそれを見る目の中に光がなければ、その光は見えはしない。（「もとがなければ」とはそのことだ。）もとというのは人の魂の中にある本然《ほんねん》の受容力のことである。

（今、魂と言ったが）魂《ナフス》と霊《ルーフ》とは区別して考えなければならぬ。この違いはすぐ分る。たとえば魂は人が眠っている時、すぐどこかへさまよい出るが、霊はじっと身体の中にとどまっている。魂の方はあちこち彷徨し、いろいろなものに変身する。

ここで誰かが質問した。「アリーの有名な言葉に、『己が魂を（自分自身を）知る人は神を知る』とありますが、あれは今お話しの『魂』のことを言ったものでしょうか」と。これに対して師はこうおっしゃった。

たとい今問題にしている魂（いわば「小我」に当る）のことを言ったのであるにしても、なかなか意味深長な言葉だ。（しかし本当はこの言葉はもう一つ別の魂（「大我」に当る）のことを言ったものであろうと思う。）しかし、仮りに別の意味での魂のことを言うつもりでこの言葉を吐いたとしても、（一般の人は）それを普通の意味の魂と取るだろう。特殊な意味での魂（「大我」の意味での魂）など全然知らないのだから。

例えば小さな鏡を手に持っているようなものだ。何かがそこにはっきり映る場合でも、（同じ物が）大きくも映り小さくも映る。映った通りにしか見えないのだ。（それと同じで）言葉で何かを説明しただけでちゃんと理解されるということはあり得ない。言葉でどの程度まで理解されるかは、聞く人それぞれの内部にどの程度の志向性があるかにかかっている。

我々が今問題としている（感覚的な）世界のほかに、求むべきもう一つ別の世界がある。（この感覚的な世界では我々は現世的な事物と現世的な楽しみを求めるが、それは人間の持つ動物性に所属する。現世的なものは全て人間の内なる動物性の養いになるだけで、もとになるもの、つまり人間の真の人間性の方は衰弱してゆく。「人間は理性的動物である」という。してみれば人間には二つの側面があるわけである。この世において人間の動物性の養いとなるものは煩悩と欲情であり、人間の真髄となるものの養分は知識と叡知と神の直観とである。人間を構成する二側面のうち、その動物性は神から逃げ遠ざかろうとするが、その人間性は官能的世界から逃げ遠ざかろうとする。「汝らの中には信仰のない者と信仰深い者とがある」(コーラン六四章二節。原文では「信仰のない者」と「信仰深い者」は別の人であるが、ここでは同じ一人の人間に内在する二側面として解されている)。二人の人間が同じ一人の人間の中にあって互いに戦っているのだ。

どちらに分《ぶ》があるか、この綱引き。
運命の嘉《よみ》する方の勝ちになる。(作者不明)

疑いの余地なくこの世は蕭条《しょうじょう》たる冬景色だ。一体、生命のない無機物をなぜ「固形物」と呼ぶのか。それはみんな凍りついて固まっているからだ。それ、そこにある石も、あの山も、そなたが身にまとうている着物も、どれも皆凝結しているではないか。もし厳冬の世界でなかったなら、どうしてこんなに凍りついているのか。元来、この世界の内実は自然的元素にすぎない。人の目にはそれとは見えないけれども、それが風と冷気とであることは外に現われた効果ですぐ分る。

この世は厳冬の季節。何もかも固く凍りついている。どんな冬か。理性の冬である。感覚の冬だというのではない。

かの(復活の日)神の南風が吹いてくると、たちまち山々は融け始め、世界は渺茫《びょうぼう》たる水と化す。炎熱に燃える夏の季節となれば、今まで凝固していたものが一せいに溶けるようなものだ。復活の日、かの暖風が吹き起れば、全てのものは溶け流れる。

神はわしのこういう言葉を軍勢となしてお前がたを取り囲ませ、お前がたが敵に攻め落されぬよう、逆にお前がたが敵を打ち負かす因縁《よすが》ともなるようにと配慮し給う。敵は至るところにいる。内なる敵もあれば、外なる敵もある。と言っても実はみんな他愛《たわい》もないものだ。何ということもないものだ。見るがよい。何千という無信仰者どもが、自分たちの「王様」と称するたった一人の無信仰者に取り抑えられて動きがとれなくなっているではないか。ところがその(「王様」という)唯一の無信仰者は自分自身の思想に取り抑えられてその言いなりにされている。してみると、思想には恐るべき力があると考えざるを得ない、なにしろ何千という人が、世界が、たった一つの劣弱で溷濁《こんだく》した思想の俘虜《とりこ》になっているのだから。そしてもし(ただ一つの思想ですら)そうだとすれば、無数の思想が活潑に動いているところでは、それらがどんな威力、どんな威勢を発揮することか、どんなに恐るべき力で敵を打ち負かし、どれほど多くの世界を征服することかは想像にかたくあるまい。

数限りない種々様々な形象、蜿々長蛇のごとき大軍が砂漠から砂漠へと果てなく続いてゆく様がまるで手に取るように見える。それら全てが現にたった一人の人の命のままに動いてゆく。しかも当のその一人の人自身はたった一つの貧弱な思想にこづき廻されて動く。結局今ここに動いてゆく一切のものがただ一個の思想の俘虜なのだ。たった一つの(貧弱な)思想すらこの通りであるとすれば、無限に偉大な、重大な、神聖な、崇高な思想が数多く集まる時、どんな状態になるか想像にかたくあるまい。

こうしてみれば思想というものが強大な力を持つものであることは明らかである。形ある一切の事物は思想の従者であり、道具であるにすぎない。思想がなければなんの働きもできず、ただ石ころのようにそこにころがっているだけだ。

従ってまた、ただ事物の外形だけを見る人も石ころのようなものであって、事物の内面にひそむ深い意味に達することができない。そんな人は子供だ、大人ではない、たとい形の上では百歳の老人であろうとも。

「ここに我ら、小さき聖戦（イスラームのために信者が異教徒に挑む戦闘行為を聖戦《ジハード》と呼ぶ）から還って、今や大いなる聖戦に向う」（有名なハディース）と言う。この（預言者の）言葉は次のような意味である。我らは今まで形あるものと戦ってきた。外形上の敵を敵として盛んに戦ってきた。今や思想という敵軍に向って戦いを挑む時が来た、善き思想が悪しき思想を打ち破り、肉体の支配者たる地位から駆逐し去るように、と。つまりこれこそ「大いなる聖戦」であり、本当の戦いなのである。

かくて思想には強大な力があると認めざるを得ない。思想は肉体を離れて自由に働く。それは能動的知性（神的・宇宙的知性）がなんの道具も使わずに天圏に円環運動を続けさせているのと全く同様である。思想の働きには道具は要らないと（哲学者たちが）言う通りだ。

汝自ら（神を指す）は実体、
現世・来世は汝の偶有。（絶対者を一つの無限大な実体に譬え、世界及び世界に存在する一切のものをその実体に内在する偶有と考えるイブン・アラビーの形而上学による）

偶有を手がかりとして
　実体を求めることは徒《あだ》なこと。
知識をば心情に求める者は
　君の涙に値いする。
理性をば情念に求める者は
　君の嘲笑《わらい》に値いする。

(世界が)偶有だと分ったからには、そんなものにいつまでも執著しているべきではない。今ここで実体と見做したものを麝香嚢《のう》に譬えれば、この世とこの世の歓楽は麝香の匂いのようなもの。麝香の香気は儚く消える。偶有なのだから。麝香の匂いに気づいた時、その匂いではなく麝香そのものを求める人、匂いだけでは満足していられない人は立派な人だ。これに反して、麝香の匂いだけで満足し、そこで止まってしまうような人は駄目な人間だ。なぜなら自分の手の中に長くはとどまっていないものを手に入れて悦に入っているのだから。馥郁《ふくいく》たる薫りも要するに麝香の偶有にすぎない。麝香そのものがこの世に現成している限り、その薫りは我々の感覚に訴える。が、麝香がその姿を隠し、別の世界に還ってしまうと、今までその匂いで生きてきたものどもはたちまち全部絶滅してしまう。もともと匂いは麝香を離れては存在し得ない。麝香が現われるところ、どこにでもついてゆく。

　本当に祝福された人とは、匂いを越えて麝香に到達し、麝香そのものになってしまう人のことだ。そうなればもう絶滅などということはない。麝香の本体そのものの中に永遠の生を得て、自ら麝香の性質を帯びる。そしてこれからは彼自身がその薫りを世に伝え、世界は彼によって生を得る。

その人がかつてあったもののうち、後に残るのは名前だけである。ちょうど、塩田の中で完全に塩化してしまった馬やその他の動物のようなもので、馬という名前だけしか残らない。本当は洋々たる塩の大海と化しているのだ。そしてまた塩としてしか作用しないのだ。それをなお「馬」と呼ぶとしても別にどうということはない。「馬」と呼んでも、それが塩であることにはいささかの違いも生じはせぬ。この塩田に何か別の名をつけてみても、塩はあくまで塩である。

こう考えてみると、人間たるもの、絶対者の光輝の反照にすぎぬ現世の楽しみと喜びをいさぎよく見棄てるべきではなかろうか。この程度で満足しきっているのは間違いではなかろうか。実はこの程度ですら絶対者の恩寵であり、絶対者の美の反照ではあるのだけれども、惜しむらくは永遠不滅ではない。絶対者にとっては不滅だが、人間にとっては不滅ではない。それは家々に射し込む太陽の光のようなもの。確かに、まぎれもなく太陽の光線であり光ではあるけれども、太陽を離れては在り得ない。太陽が沈めばたちまち消えて暗くなる。だから、いっそ太陽そのものになってしまうことだ。そうすれば、もはや離れる心配はない。


与えるということと知るということとの間には区別がある。或る人は惜しみなく与え、よく施すが、知るということがない。或る人はよく知るが、与えるということがない。この両方を兼ね備えた人があれば、それこそ偉大な幸福者である。そういう人はものに譬えようがない。強いて譬えるとすれば、まずこんなところかと思う。誰かが道を歩いてゆく。それが正しい道なのか、間違っているのか彼は知らない。ただやみくもに歩き続ける、もしかしたらどこかで鶏の鳴き声でも聞えはせぬか、何か人の住んでいる徴《しるし》でも見当りはせぬかと念じながら。このような人に対して、次のような人はどうだろう。彼は自分の辿るべき道を知って歩いてゆく。徴も道しるべも要りはしない。ちゃんと自分の為すべきことを知っている。

こういう意味で、知るということは他の一切に勝るのである。

談話　其の十三

預言者(ムハンマド)の言葉に、「夜は長い。この長き夜を汝の惰眠によって短くしてはならない。昼は明るい。この明るい昼の輝きを汝の罪深い行いによって翳《かげ》らせてはならない」(ハディース)とある。

まことに、他人に心乱されることもなく、友にも敵にも妨げられることなく、ひたすら秘めやかな胸の思いを語り(神に対する語りかけである)、様々な願い事を訴えるために、長い夜がある。孤独と平安がそこにはある。神は暗黒の帳《とばり》をおろして、人々の行為が誇示《みえ》のためになされることのないよう、ただ神のためにのみなされるように計らい給う。暗い夜の闇の中で、誇示《みえ》のために事をなす人が、純粋な動機の人からはっきり浮き立って見える。夜、偽善があばかれる。普通の事物は夜の闇に覆われて姿を消し、昼の光の中で正体を現わすのに反して、誇示《みえ》の人は夜あばき出される。

「誰も見ている人がいない今、一体誰のために私はこのことを為《す》るのか」と彼は考える。これに対してこう答える人々がある、「誰か見ている者がある。だがお前がその誰かを目《ま》のあたり見るまではお前は誰でもないのだ」と。

常に全てを見ているその誰かとは、あらゆる人々をむんずとつかんで離さぬお方。災厄《わざわい》の時に遇えば、全ての人がそのお方に訴えの声をあげる。歯が痛い、耳が痛い、目が痛いといっては訴え、疑惑の時、恐怖の時(異本により sa-khauf と読む)、不安の時に全ての人が心の中で呼びかける。きっと聞いて下さろう、願いの筋をきっと叶えて下さろうという信念がそんな時には人々の胸に湧く。誰一人他人が見ていないのに、災難から逃れたい、病気が直ってまたもとの健康に戻りたい一心で、彼らはいそいそと喜捨の務めを果す。こうして喜捨を出しさえすれば、そのお方が必ず受け納れて下さろうという信念が彼らにはある。ところが、健康が恢復し、災難が終ると、せっかくのその信念はどこへやら。またもや不安の妄想が戻ってくる。そして彼らは叫び出す、

「神よ、あの牢獄(災難、病苦などを指す)の片隅にあって、真心を尽して汝を呼びまつっていた時、憶えばなんという素晴しい心境に我らはいたことでございましょう。何回も何回も『告げよ、これぞアッラー、唯一なる御神』(コーラン一一二章一節)を飽くこともなく繰り返し、遂に望みを叶えていただいたあの頃のこと。今はこうして牢獄の外におりますが、我らはやはり牢獄の中にいた時と同じように切なる願いを抱いております、どうぞして今度はこの暗闇の世界という牢獄の外に連れ出して、あの預言者たちの世界、光明の世界に入れていただけますようにと。牢獄(前記第一の牢獄、すなわち特定の災難や病気など)の外に出て、苦しみの状態を脱した今、もうあの頃と同じ至誠真実の心が訪れてこないのはどうしてでございましょう。訪れてくるものは数限りない妄想ばかり。そのような妄想がどんな役に

立つのやら立たぬのやら、とにかくお蔭で際限ない無気力と困憊《こんぱい》に悩むばかり。妄想を一挙に焼き尽すあのゆるぎない信念は一体どこへ行ってしまったのでございましょう。」

神はこうお答えになる、「前にも言った通り、汝ら自身の動物的魂が汝らの敵でもありまたわしの敵でもあるのだ。『わしの仇敵でもあり汝らの仇敵でもあるものを己が友としてはならぬぞ』(コーラン六〇章一節)。この敵を絶えず攻め立てて、牢獄に押し込めておくように努めるがよい。この敵が牢に繋がれ、災禍の苦痛にある時に、始めて汝の至誠の心が現われ、力を得る。何千回も身を以て経験したではないか、歯が痛い時、頭が痛い時、恐ろしさのあまりつい真心が現われてくることを。それなのに、なぜそのように肉体の安楽に心を縛りつけてしまったのか。なぜそのように肉体の世話ばかりやいておるのか。

糸の先端《はし》がどこに続いているかを忘れてはならぬ。常に自分の動物的魂を抑えて、その望みを遂げさせぬようにせよ。そうすれば遂には永遠の望みが叶えられ、暗闇の牢獄から救い出されるであろう。『常々己が魂を欲情に走らぬように抑え通してきた者は必ず天国が終《つい》の住居《すみか》となろう』(コーラン七九章四〇―四一節)とある通り。」

談話　其の十四

イブラーヒーム老(クトブ・ッ・ディーン・イブラーヒーム。この人のことは本書談話四十六にも出る。タブリーズのシャムスの弟子の一人)が言われたことがある。サイフ・ッ・ディーン・ファッルフ(Sayf al-Din Farrukh. この人については何も知られていない)が誰かを打擲《ちょうちゃく》なさる時は、打擲が終るまで必ず誰か別の人と話をなさるのが常であった。こういうやり方で、一切誰も取りなしに成功することができないように計られたのである、と。

師がこうおっしゃった。

すべてお前がたがこの世界で見るものは、そっくりそのままかの世界にもある。いや、この世のものはあの世のものの見本にすぎない。この世界にあるものはみんなかの世界から持ってきたものだ。

いかなるものも、すべて我ら(神的一人称)の手元に充分な蓄えのないものはない。それを我らが一定の分量に分けて降《くだ》し授ける。(コーラン一五章二一節)

バアルベックの禿頭《はげあたま》(その頃よく知られた薬草の行商人であろう。詳しいことは一切不明。本文の読みにもいろいろ異説がある。バアルベックはシリアの有名な都市)が頭に木の丸盆をのせ、その中に様々な薬を入れて売り歩く。家に山と積み上げたあらゆる種類の薬品の蓄えからほんの一握りずつ、胡椒を一握り、マスチカ樹脂を一握りといった具合に持ってくる。家の蓄えは厖大なものだが、頭の木盆の中にはこれだけしか入らないのだ。

人間は正にこのバアルベックの禿頭や一般の薬屋の店に似ている。神の属性の貯蔵庫から各人が一握りずつ、ほんのちょっぴりずつ箱や盆に入れていただき、それをこの世に持ってきて各々自分に合ったようなやり方で商売を営む。聴力(神の属性の一つ)を少量、言葉を少量、理性を少量、大様《おおよう》さを少量、知識を少量という具合に。こうして神の行商人となって(神の属性を)供給して廻る人々ができ上る。昼となく夜となく、彼らは頭にのせた盆が空《から》にならぬよう注意している。それをお前がたが次々に空《から》にし、消費して、それで生計を立ててゆく。お前がたが昼の間にそれを空《から》にしてしまえば、向うでは夜のうちにまた一杯にして、それでお前がたを養ってくれる。

例えば自分の眼の輝き(視力)を見るがよい。かの世界には種々様々な視覚や眼や視力が蓄えてあるのだ。その中から見本を一つ頂戴して、それでお前がたは世界を眺めて廻る。実は視力はこれしきのものではないのだが、人間としてはこれ以上には堪えられぬ。「これら様々の属性は我ら(神自称)のもとには無限にある。それを我らは一定の分量に分けて汝らに授け与える」(前掲コーランの章句の言い直し)とある通りである。

されば、よく考えてみるがよい。何千何万という人間が、世代から世代へと次々にやってきて、この大海の水を掬んで身に満たし、またそれを空《から》にしていったのだ。どれほど巨大な蓄えがそこにあることか、思い半ばに過ぎるであろう。誰にせよ、この茫洋たる大海をつくづくと眺めれば眺めるほど、頭上の木盆に対して己が心の熱もさめる思いを禁じ得ないであろう。

考えてみれば、この世界はかの世界の鋳造所で造られて出てきた貨幣のようなもの。ついにはまた元の鋳造所に戻ってゆく。

まことに我らはアッラーのもの。
やがてはお傍《そば》に還り行く身。(コーラン二章一五一節)

「まことに我らは」と言う。意味するところは、我々を構成するすべての部分、すべての要素はかの地から来たものであり、かの地にあるものの見本であって、やがてはかの他に還り行くべきものである、小なるものも大なるものも、全てこの世に生を享けたものは、ということである。そして(かの世界から来た)それらのものは、この木盆の中に入るとたちまち顕現するが、盆がなければ全くその姿を現わさない(神的属性は個物としての人間の中でこそはっきり現われるが、個物の外では、現にそこにありながら不可見不可得である)。というのはほかでもない。かの世界は玄微であって目には見えないものだからである。

実に玄妙不可思議な形でそれはやってくる。見るがよい、春の微風《そよかぜ》が木々や草や薔薇園や芳草の叢の中で顕現する様を。そのようないろいろのものを通して始めてお前がたは春の美しさを眺めることができる。ところが春風そのものを見詰めれば、そこには春の景物は何一つ見えはせぬ。それらの風景や薔薇園が春の中にないわけではない。要するにみんな春のきらめきにすぎないのではないか。実は春風の中には薔薇園や芳草の波動があるのだ。だがそれらの波動はあまりに幽微で人間の視覚では捉えられない。ただ何かのものを通じて始めて幽微な状態から立ち現われてくるのだ。

同じように、人間においても、さっき言ったいろいろな性質(人間に宿された神的属性)は隠れていて、内的なものであれ外的なものであれ、とにかく何か具体的なものを通じてのみ顕現する。ものを言ったり、悩んだり、戦ったり、仲直りしたりする、そういうことを通じて始めて現われてくる。人間の属性それ自体をじかに見ることはできない。お前がた、自分自身の内部を観察してみるがよい。何一つ見つかりはすまい。そこですぐ、自分は空っぽだ、そういう属性はもっていないのだという結論になる。だが本当は、なにも今までの自分と変ってしまったというわけではない。ただ、それらの属性はお前がたの中に隠れひそんでいるというだけのことだ。

これはちょうど大海の中の水のような関係である。水は雲というものを通じて始めて海から別の何かとして立ち現われる。波という形を取ってはじめて顕現する。波はお前がたの内部から、外的なものの助けを一切借りずに現われてくる擾乱《じょうらん》である。だが海が静まりかえっている限り、そこには何も見えはしない。

お前がたの肉体は海の岸辺にあり、お前がたの心は海のものだ。見るがよい、無数の魚や蛇や鳥や、種々様々のものが海から立ち現われてきては、またもとの海に還ってゆく。怒り、嫉み、欲望など数限りないお前がたの属性がこの海の中から立ち現われてくる。いわばお前がたの属性たちはみな形なき神の恋人なのだ。言葉という着物を通してでなければ絶対に彼らを見ることはできない。着物を脱いで裸になれば、あまりにも幽微《かすか》で目には見えない。

談話　其の十五

人間の内部には一種独特な情熱と苦悩と不安と焦燥感が働いていて、そのために、たとい何万の世界を我がものにしようとも絶えて心は静まりもせず安らぎもせぬ。こうして人々は次から次へ様々な仕事に手を出し、様々な職業につき、様々な地位を占め、天文を学び医術を修めなどしてゆくが、どうしても心の平安は得られない。本当に望んでいるものが手に入らないからである。

考えてみれば、それもそのはずだ。世間ではよく恋人のことを「心の安らぎ」と言う。つまりその人を手に入れれば始めて心が安らぐという意味である。とすれば、その人ならではどうして心が安らぎ落ち着くことがあり得よう。

この故に人々は様々の慰みを求め、様々のものを追い求める。が、それらはみんな梯子のようなもの、梯子の段のようなもの。いつまでもそこに腰を落ち着け居坐ってしまうようなものではない。さらにその先に行くための手段にすぎない。されば一刻も早く目がさめてはっと気づく人こそ幸いな人と言うべきだ。そういう人にとっては長い旅路が短くなり、梯子の途中でぐずぐずしてあたら一生を無駄にしてしまう心配がなくなる。

或る人が師に尋ねた。蒙古人どもが我々の財産を略奪しております。が、時とすると逆に彼らの方で我々に財産を恵んでくれる場合もあります。そのような場合、一体どう考えたらよろしいものでございましょうか、と。師は次のようにおっしゃった。

蒙古人が我々から略奪したものは全て神の御手に落ち、神のお蔵《くら》に入ったものと見做してよろしい。

例えばお前がた、海へ行って水差しや手桶を海水で一杯に充たし、それを持って家に帰る。するとその分だけの海水はお前がたの所有物となる。水が水差しや手桶の中にある限り、他人は誰もそれに手をつけることはできない。お前がたの許可なしに手をつける者があれば泥棒だ。ところが、その同じ水をまた海に注いでしまえば、とたんにそれはお前がたの所有権を脱して、誰でも自由に使えるものとなる。

このような意味で、我々の財産を蒙古人が略奪することは不法行為だが、逆に彼らのものは、我々が受け取っても少しも不法ではない。

「イスラームにおいては修道院制度は認められない」(有名なハディース)。また曰く「(信徒が)一堂に会することは神の慈悲(の現われ)である。」(これもまた有名なハディース)

預言者(ムハンマド)は常々信徒の統合に努められた。これは、人々の精神が合一すると異常な力を発揮すると知ってのことであった。そういう力は、信徒がばらばらに孤立していたのでは全然現われてこないものである。さればこそ(イスラーム世界の)各地に礼拝堂《モスク》が建てられて、地域ごとに住民が一堂に会し、それによってより多く神の御慈悲をこうむり、より多くの益が得られるようになったのである。各人それぞれの別々の家は人々がお互いに離れ合い、自分の恥ずべき私事を他人の目から隠すことを目的とする。それが正に個別的な家の効用である。また大都市ごとに大礼拝堂が建てられて、全都市の住民が一堂に会することを可能にし、メッカのカアバ参詣が信徒の宗教的義務と定められて、それによって全イスラーム世界の住民の大部分の者が、諸都市から、諸国から一カ所に会する機会を持つように取り計らわれたのである。

或る人が言った。蒙古人どもが最初この地方に侵入してきた時は裸に素足、乗物は牛、武器は木製でした。それがこの頃ではすっかり豪勢なことになって、腹は一杯、争って見事なアラビア馬を乗りまわし、立派な武器を身につけております、と。これに対して師は次のようにおっしゃった。

気力もなく体力もなく、また勢力もない頃は、神は彼らを助け、彼らの願いを叶え給うた。しかしこのように豪勢となり強大な力を持つに至った今となっては、神は最も柔弱な人々の手で彼らの壊滅を計り給う。彼らが全世界を征服できたのも、もとはと言えば神のお恵み、神のお助けによるものであって決して自分の力によるのではないということを彼らに自覚させんがためのお計らいだ。

もともと彼らは蕭条《しょうじょう》たる荒野のただ中に、寄る辺なく、たずきなく、裸で、貧窮のどん底に生きる哀れな者どもだった。ところがその中の一部が、たまたま商売のためにハーラズム・シャー(十二世紀イラン北東部に起った新興勢力)の領土に入ってきて売り買いを始め、そこで始めて彼らは木綿を手に入れて裸身を覆うようになった。ハーラズム・シャーはそれを阻止しようとして、彼らの中の商人どもを殺戮することを命じ、彼らからは税を徴収し、かつ自国の商人たちには彼らのところへ行くことを禁じたのであった。

そこで困った韃靼人どもは己れの王のもとに恐る恐る伺候して、「私どもはもうおしまいです」と訴えた。王は彼らに十日間の猶予を求め、自らは深い洞穴の奥に閉じ籠って、十日がほど断食し、我と我が身を低め卑めて行《ぎょう》に努めた。その甲斐あって神様のお告げが下った、「汝の愁訴聴き届けたぞ。外に出よ。何処《いずこ》に行こうとも必ず神の加護があろう」と。そして事実その通りになったのだ。ひとたび外に向うや、神の命のままに至るところ赫々たる勝利。かくて全世界の征服者となった。

ここで或る人が言った。韃靼人どもも復活を信じており、最後の審判は必ず来ると言っておるそうでございますが、と。師はこうおっしゃった。

嘘をついておるのだ。ただ自分たちを回教徒と同等にしたてようとして、「我らも(真理を)知っており、信じている」などと言いふらしているだけのことにすぎない。

或る人が駱駝に尋ねた、「お前どこから来なすった」と。駱駝が言うことに、「風呂屋から来ました」と。「嘘か本当かお前の足の裏を見ればすぐわかる。」

これと同じことで、彼らが本当に復活の日を信じているなら、その証拠、それの徴《しるし》はどこにあるのか。彼らの犯したあの罪と不義と悪業の数々は氷や雪を重畳と積み上げたようなもの。悔悟と悔恨と、彼岸からの便りと、神の恐れが働きかければ、このような罪業の氷はたちどころに溶けてしまう、ちょうど太陽の熱で雪や氷が溶けるように。仮りに一塊の雪、一片の氷があって、「わしはこの目で太陽をしかと見た。真夏の太陽がわしの身に照りつけた」、と称したとしても、依然として雪や氷のままでいるとしたら、そんな言葉を正常な頭を持った人なら誰も信じるわけがない。真夏の太陽に照りつけられて、それでも雪や氷がそのまま溶けずにいる(異本により na gudāzad と読む)などということはあり得ないからだ。

確かに神は、善悪の報いを復活の日に与えようと約束し給うた。だがその日に起るべきことの見本は現に時々刻々我らの身に起っている。もし誰かが心にしみじみ幸福感を味わうなら、それは誰かを幸福にしてやった報いだ。もし誰かが悲しみを感じるなら、それは誰かを悲しませた報いだ。全てこういうことはかの世界の徴候であり、大いなる報いの日の見本にほかならない。このような小事を以てかの大事を悟らせようとするのだ。一握の黍を以てうず高く積み上げた黍の堆積の証拠とするのと同じことである。

現に預言者はあれほど崇高で偉大な人であったにもかかわらず、ある夜突然手に激痛を感じたが、その時、啓示が下って、これはアッバース(預言者ムハンマドの叔父。この人については談話一参照)の手の痛みが働きかけているのだと告げた。事実、預言者はこの人を捕虜にして、その手を他の捕虜たちと一緒に縛り上げておいたのであった。アッバースの手を縛るのは神の命令によってしたことではあったけれども、それでもやはりその償いは受けたのである。

これによってよく分るのは、お前がたが感じる痛み、気づまり、不快など全て自分が他人《ひと》を苦しめ、自分が罪を犯したことの報いだということである。自分がこれこれのことをしたと具体的に意識はしていないであろうが、ともかく報いを受けるという事実そのものによって、自分が大いに悪いことをしたということだけは自覚すべきである。その悪事が、何か自分のなすべきことをぼんやりして怠ったというのか、何かを知らなかったというのか、それともまた信仰心のないやからと付き合って、その影響でつい罪業をなんでもないことのように思い込み、罪を罪とも気づかなかったというのか、そこまでは知る由もない。が、とにかく自分の受けている報いをつらつら反省してみるがよい。自分がどの程度心のびやかであるか、どの程度胸のしめつけられる思いがしているかが問題だ。胸が詰まったような感じは疑いもなく何かで神命にそむいた報いだし、反対に心がのびのびとしているなら、それは自分が神命を忠実に守った報いに違いないのである。

それにつけても憶い出されるのは、預言者がただ指にはめた指輪をなんの気なしにぐるぐる廻したために神の叱責を受けられたということである。くだらぬ暇つぶしや遊びごとのために汝を創ったのではない、と。「お前たち、我ら(神の自称)がお前たちを面白半分に創造したとでも思っていたのか」(コーラン二三章一一七節)。ここのところからとくと反省してみるがよい、自分はこの一日を罪のうちに過ごしたのだろうか、それとも善事に費したのだろうか、と。

神はモーセをして人民の世話をさせ給うた。無論これは神の命令によるものであり、彼の本当の関心は全く神だけにあったが、しかし一般の福祉のために彼の一面を人民の世話にあてさせ給うた。

ヒドル(Khiḍr あるいはハディル Khaḍir というアラビアのフォークロア的伝説の中心人物。精神主義を代表する預言者としてイスラーム思想・文学、特に神秘主義で重要な役割を演ずる。コーランでは世にも不思議な男としてモーセと出遇う——一八章六四—八一節)の場合は(これと違って)ひたすら神への思いに始終させ給うた。

預言者(ムハンマド)の場合は(それと違って)最初はただひたすら神の思いに沈潜していたが、その後「人々を(イスラームに)喚べ。彼らに忠告を与えよ。彼らの生き方を改善せよ」との神命が下ったのだった。預言者は嘆き、悲しみの声をあげ、「ああ主よ、どのような罪のかどで私を御前《おんまえ》から追い払い給うのか。私は他人《ひと》のことなどかまいたくもございませぬ」と。神は答え給うた、「ムハンマドよ、悲しむでない。お前が人々の世話に献身したとて、わしは決してお前を見棄てはせぬ。人々の世話をする間もお前はわしと共にある。お前が人民のために献身しても、お前がこうしてわしと過ごしているこの時の髪の毛一筋すらも減じはせぬ。お前がどのような仕事に従事しようとも、正にその仕事のただ中でお前はわしと固く結ばれておる」と。

或る人が尋ねた。無始なる過去(世界の創造以前)において決定された事柄、神が予定し給うたことどもが、幾らかでも変るということがありましょうか、と。師はこうおっしゃった。

無始なる過去において決定し給うたこと、すなわち、善には善、悪には悪という原則は決して変ることはない。いと高き神は叡知すぐれたお方。「悪事をなぜ、善き報いがあるように」などと仰せられるはずがない。小麦を播いて大麦を収穫する人はなく、大麦を播いて小麦を収穫する人もない。そんなことはあり得ないことだ。世の聖者たち、預言者たちも異口同音に、善の報いは善、悪の報いは悪と言っておられる通りである。「ただ一粒の重みでも善をした者はそれ(善い報い)を見る。ただ一粒の重みでも悪をした者はそれ(悪い報い)を見る」(コーラン九九章七―八節)とある。

「無始なる過去において決定された事柄」という言葉でそなたが今わしが説明したようなことを考えておるなら、「決して変ることはない」というのがその答えだ。絶対に、絶対に変りはせぬ。しかし、善や悪の報いが増減するという意味で「変る」という言葉を使っているのであれば、つまり、善事を多くすればするほど善い報いを多く受け、悪事を多くすればするほど悪い報いを多く受けるという意味であれば、確かに変ると言わざるを得ない。だが、その意味では変っても、原則そのものは全然変らない。

するとあら探しの好きな人があって、次のような疑問を出した。背徳漢が幸福を享け、幸福な善人がかえってひどい目に逢うのは現に我々がよく目撃するところでありますが、と。これに答えて師はおっしゃった。

そういう背徳漢は何か善いことをしたか、さもなければ何か善い思いを抱いたので、それで幸福になったのだ。またひどい目に逢った善人は何か悪いことをするか、さもなければ何か悪い思いを抱いたので、それでひどい目を見たのだ。イブリース(サタン)がそのよい例ではないか。アダムのことで神に楯突き、「貴方は私を火でお作りになりました。だが彼は泥でお作りになったではありませんか」と叫んだ(神がアダムを土から創造した時、天使らに向って「アダムの前に跪いてこれを拝せよ」と命じた。一同は跪いたがサタンだけは、アダムより自分の方が上等だと称してあくまで肯んじなかった。コーラン七章一一節)。その報いで、それまで諸天使の長《おさ》であったイブリースは永遠に呪われる身となって神のお傍から追われたのだった。だからこそ、わしも言う、善の報いは必ず善、悪の報いは必ず悪、と。

次のような質問をする者があった。誰かが願《がん》かけして、一日間断食しますと宣言した場合、もし誓いを破れば罪の償いの義務が生じましょうか、どうでしょうか、と。師はこうお答えになった。

シャーフィイー派(イスラーム正統派法学四大学派の一つ)の規定では、ただ一言の宣言でも、(それを破った場合は)償いが要求される。この派では願かけというものを神に対する神聖な誓約と解するからである。神への誓約を破れば当然償いが義務となる。

しかるにアブー・ハニーファ(同じく四大法学派の一つであるハニーファ派の始祖、西暦七六七年歿)の説によると、願かけは神への誓約ではないので、(たとい破っても)償いの義務は生じない。

そもそも願かけには二種の別があって、一つは無条件的、もう一つは条件つきとする。無条件的とは、例えば「私は必ず一日だけ断食いたします」と宣言するような場合。条件つきとは、例えば「もし誰それがやってきたなら、私は必ずこれこれのことをいたします」というような場合である。

師はさらに語をついで——

或る人が驢馬を失った。自分の驢馬を見つけ出すために、彼は三日間、願かけして断食した。三日たって驢馬は見つかったが、すでに死んでいた。彼は心穏やかでなかった。憤慨のあまり彼は天に向ってこう叫んだ、「断食を守ったこの三日間の埋め合せに、ラマダーン(聖なる月。この月の間、信徒は昼間完全に飲食を断つ)月の六日間だけ食いに食ってやる。もしわしがそうしないようなら、わしは男ではない。どうなと勝手にして下さって結構」と。

寿詞《ことほぎ》、祝福、祈福は何を意味するのかと或る人が質問した。師が答えて申されるには——

これはすべて神を崇め、神に仕え、神を崇拝し、神に敬意を表することであるが、このような行為は我々の側から起るものではなく、我々の勝手にできることではない。つまり、寿詞にせよ祈福にせよ祝福の言葉にせよ、元来神に属する事柄であって、我々人間のものではない。すべて神のもの、神に所属するものである。

例えば春の季節になると、人々は畑に種を播き、遠く砂漠に出かけて行き、方々に旅立ち、あるいは建物の構築に取りかかる。これらの行為は全て春の賜、春からの贈物である。でなければ人々は相変らず自分の家や洞窟に閉じこもって動かないことであろう。つまり、人々が種を播き、のどかに楽しみ、心のびやかに時を過ごすというようなことは、全部春に所属する。春こそ喜びと楽しみの管理者なのである。

一般に人は何かというと第二次的な原因に目を向けて、全ての事象は原因から生起すると考えがちである。しかし聖者たちは啓示によって知っている、いわゆる原因なるものは単に本当の原因を隠して見せないようにする幕帳《とばり》にすぎないということを。誰かが幕帳の蔭に隠れていてものを言うと、人々は幕帳がものを言ったと感違いするようなものだ。幕帳にはなんの関わりもありはしない。ただ真相を覆いかくす障害物であるにすぎない。その蔭にいた人が外に出てくると、始めて幕帳は単に見せかけにすぎなかったと分る。だが聖者たちは、何かがなされ、何かが生起した場合、いわゆる原因を離れてじかに事象を見る。

例えば山から駱駝が出てくる(コーラン一一章六四―七〇節)。モーセの杖が蛇に変る(コーラン二〇章六八―六九節)。堅い岩石から十二の泉が湧き出す。また預言者ムハンマドは道具も使わずに、ただ指さすだけで月を真っ二つに割り、アダムは父も母もなく世に生れ、イエスは父なしに生れ、アブラハムのためには、炎々と燃える竈《かまど》から薔薇が花開き、薔薇園が現われた。その他枚挙にいとまない。

ともかくこういう出来事を目のあたり見て、いわゆる原因は虚構にすぎず、本当にこれらの事象を生起させたものはほかにある、ということを聖者たちは悟ったのだった。いわゆる原因なるものは俗衆をあざむくための目隠しにすぎないことを彼らは悟った。

ザカリヤに向って神は「汝に息子を授けるであろう」と約束し給うた(この箇所はコーラン三章三三―三六節による)。ザカリヤは大声をあげ、「私は老いぼれ、妻も老いぼれでございます。私の欲情の道具にはもはや力もなく、妻は今ではもう子を孕む望みもない状態でございます。主よ、このような女からどうして子供など生れましょう」と言う。

彼は言った、「主よ、この私にどうして息子ができましょうや。
私は老いぼれの身、妻は不妊《うまずめ》でありますものを」と。(コーラン三章三五節)

すると答える声あって曰く、「心せよ、ザカリヤよ。大事な手がかりをなくしたな。十万遍もそなたに見せたではないか、この世に起る事象はいわゆる原因とは真の関わりがないことを。それを忘れたのか。いわゆる原因なるものは見せかけの虚構にすぎないことが分らぬのか。今この時、そなたの目の前で、十万人の息子をそなたから創り出すこともわしにはできる。妻も要らぬ。孕むことも要らぬ。いや、ちょっと指図さえすれば、この世界に、完全に形ととのい、成長し、知識を備えた一民族そっくり新しく創ることさえいとやすい。現にわしはかつて、父も母もなしに、純粋霊の世界にそなたを存在させたではないか。この世に生を享ける以前、すでにそなたはわしの恩寵と恵沢を受けたではないか。それをどうして忘れてしまったのか」と。

預言者たち、聖者たち、その他善悪様々の一般人たちのあり方はそれぞれの段階と本性の違いによっていろいろに異る。今それを一つの譬えで説き明かしてみよう。

奴隷たちが異端の国から回教徒の国に連れ込まれ、そこで売られる。中には五歳で連れてこられる者もある。或る者は十歳で、また或る者は十五歳で。幼児の頃連れてこられた者は、多年回教徒の間で育てられて大人になるので、生国のことなどすっかり忘れてしまい、何一つ記憶に残らない。も少し年とってから連れてこられた連中は生国のことを少しだけ憶えている。それよりずっと年とってから来た連中は、それだけ多く憶えている。

これと全く同じことがかの世界での純粋霊(人間が創造される以前、全人類は純粋霊として、光の微粒子のような形で神の国にいた)についても言えるのである。その頃彼らは神の面前に(浮遊して)いた。時に声あって曰く、

「このわしが汝らの主《しゅ》ではないのか」と。一同声をそろえ、

「はい、その通りにございます」と言う(コーラン七章一七一節。ここに記されている事件は世界開闢以前の出来事であって、「原初の契約」と呼び、スーフィズムにおいて極めて重要な意義を持つ)。

その頃は彼らの食べ物といえば、文字も音声もない神の言葉そのものだった。ところで彼らの中の或る者はまだほんの幼い子供の時分にこの世に連れてこられる。そういう人々は今あげた神の言葉(「原初の契約」についてのコーランの章句)を耳にしても、かつての自分の状態を全然憶い出さない。そんな言葉とは自分はなんの関わりもないと思う。この連中は目隠しされているようなもので、不信と迷妄にすっぽり陥ち込んでいる。だが中には少しばかり昔のことを憶えている者もある。(この言葉を耳にすると)彼らの心中にはかの世界の方に向って激しい情熱と憧れが起る。これが信者というものである。

しかし中には、この言葉を聞くや否や、あの頃の事が、無限に遠い過去にあった通りに、まざまざと心に甦って、目隠しがはらりと落ち、神との合一の状態にしっかり結びついてしまう者もある。これが預言者と聖者である。

友よ、ここでお前がたに一つ忠告しておきたいことがある。形而上的実在という花嫁がお前がたを訪れてきて、お前がたの心の奥処《おくが》でかぶり物を取り、その秘めやかな美しさを見せる時、決して決してその秘密を縁なき人々に洩らすでないぞ。決して他人に話して聞かせるでないぞ。ここで聞くわしの言葉を決して誰にも喋るでないぞ。「叡知心をふさわしからぬ人々に与えるな。与えれば叡知に仇なすことになる。叡知をば、ふさわしい人々に向って出し惜しむな。惜しめば彼らに仇なすことになる。」(原文アラビア語。誰の言葉か不明。談話四十一にも再び引用される)

絶世の美女や恋い焦がれる女《ひと》がついに自分のものとなり、ひそかに自分の家にしのんできて、「誰にも私を見せないで頂戴。私は貴方だけのもの」と言ったとしてごらん。それをわざわざバザールに連れ出してみんなに見せて廻る馬鹿がどこにある。誰かれの見さかいもなく「さあ、ちょっと来て、この美人を見てくれ」などと言い廻る法がどこにある。そんなことをすれば恋しい女《ひと》の方ではせっかくの熱もさめ、憤慨して他人のもとに走ってしまうのが落ちだ。

神御自身がこのような言葉を普通の人には絶対に聞かせてはならぬと禁じられたのである。それにつけても心に浮ぶのは地獄に落ちた人々のこと。地獄の住人どもが天国の住人たちに泣き言《こと》を言う。「はてさて、お前がたの寛容さ、お前がたの気前よさとやらはどこへ行った。神様がお前がたに授けて下さったその素晴しい賜を、少しでも恵みの心、親切にしたいという気持があるならば、いささかなりとわしらにこぼしてくれたらどんなものかね。気前よく分けてくれたらどんなものかね。

さても鷹揚な男たち、盃の酒はしたたり落ちて
大地もお余り頂戴つかまつる。(アラビア語の詩句。作者不明)

これ、このようにわしらは劫火に焼かれ、身も溶けんばかり。楽園に実ったその果物のほんの一切れ、楽園を流れるその冷い水のほんの一滴ぐらい、わしらの魂の上に振りかけてくれてはどうかね。」

時に、劫火の中の人々、楽園の人々に声をかけ、「水でもいい、神から授かったもの(楽園の果実)でもいい、どち

らでもわしらに注ぎかけては下さらぬか」と言う。

楽園の人々、これに答えて曰く、「信仰のない者どもにはどちらもやってはならぬという神のきつい御命令があったのでな」と(コーラン七章四八節)。


つまり楽園の人々の答えはこうだ。「残念だがどちらも神様がお前がたに禁じ給うた。そもそも、この(楽園の)至福の種子《たね》は現世にあったのだ。それをお前がた、耕しもせず播きもせずに放っておいた。つまり信仰と真心と善行を怠っていた。今になってここで何を収穫《とりい》れようというのか。仮りにわしらが持ち前の気前よさから、お前たちに分けてやったところで、神が禁断し給うたものであるからには、ただ咽喉《のど》を焼き胸につかえてしまうが落ちだろうよ。(食わずに)袋にしまい込めば、袋が裂けて洩れてしまうだろうよ」と。


或る日、預言者(ムハンマド)のところへ信仰を装う人々と見知らぬ他所者《よそ》の一群が訪ねてきた。この人々は盛んに神の秘義を講釈し、口をきわめて預言者を讃美していた。

ところが預言者は教友たちに向ってそっと目顔で言われた、「器《うつわ》に蓋をかぶせよ」(ハディースの一部)と。その意味は、「さ、早く水呑みや盃や鍋や手桶や水差しに蓋をしてしっかりしめておきなさい。この者どもは不浄で有毒な生きものだ。万一水呑みの中にでも落ち込んで、その水を知らずに飲みでもしたら大変なことになる」というようなこと。

こういう形で預言者は、「他所者《よそ》に崇高な知識を洩らしてはならぬ。他所者の前では口を固く閉じ、舌をやたらに動かさぬよう。何しろ向うは野鼠のようなやつ。こんな知識や恩恵に値いするような相手ではない」と教友たちに告げられたのであった。

師がおっしゃった。

今わしのところから出ていったあの殿様は、わしの言葉を一々詳しくは理解しなかったが、ともかくわしが神の御《み》もとに誘っているのだという大体のところはわかったようだ。(そうとはっきり言ったわけではないけれど)熱心に祈願し、頭を振り、なみならぬ感動と熱情を示した。あれだけ見ても相当に分ったに違いないとわしは思う。

例えば都会《まち》に出てきた田舎者が礼拝に誘う声を聞いて、その文句の一々を詳しくは理解できないにしても、とにかくその文句の意図するところは立派に分った、というようなものだ。

談話　其の十六

師がこうおっしゃった。

すべて愛される者は美しい。だがこの命題は換位できない。すべて美しい者は愛されるとは必ずしも限らないからだ。美しいということは愛されているということの一部分にすぎない。愛されていることが先ず第一である。愛されていさえすれば必ず美しい。何事にあれ、部分は全体から離れて存立し得ない。必ず全体に密着している。

マジュヌーン(前出。美女ライラーに対する死に至る恋で有名。イスラーム文学の一大テーマである)の時代にも美女はたくさんいた。ライラーよりもっと美しい女がいた。だがマジュヌーンの愛の対象ではなかった。

みんながマジュヌーンに言ったものだ、「ライラーよりもっと美しい娘《こ》が幾らもいる。連れてきてやるからな」と。だがマジュヌーンは「僕がライラーを愛しているのは容姿《みめ》のためじゃないんだ。ライラーは容姿じゃない。ライラーが僕の手の中にある時、彼女は盃のようなものだ。僕はその盃の美酒を飲む。そして飲んだ酒に恋をする。君たちは盃にばかり目を向けて、中の酒のことを忘れている。たとえ宝石をちりばめた黄金の盃を持ったとて、中にあるのが酢だったり、何か酒でないものだったりしたら、僕にはなんの役にも立たぬ。古ぼけて割れた瓢箪でも、中に酒が入っているならば、そんな盃よりずっとましだ。そんな盃が百あるよりもましだ」と答えるのだった。

酒と盃をごっちゃにしないためには、先ずこちらの胸に恋慕の情が、憧れがなくてはならない。

十日間も何も食わずに飢えている人と、一日に五回も食事して満腹している人との違いがそこにある。二人とも一個のパンを見る。満腹している人の目にはパンの形が見える。飢えた人は生命《いのち》の形をそこに見る。このパンは前の譬えで言うと盃に当り、その悦楽は盃の中にある美酒に当る。欲求と憧れの目をもってしなければ酒は見えない。

されば先ず何よりも欲求と憧れの心を養って、単に外形ばかり見る人間であることをやめ、いかなるもの、いかなる場所においても常に恋いし女《ひと》(神を指す)の面影を見る人間となってほしい。

今目の前にある万物の外形は譬えば酒の盃。知識や技芸や学問のごときはすべて盃の外側に彫りつけた図柄。盃が割れれば、彫った模様もたちまち消えて跡もない、それが分らぬか。してみれば、本当に大切なのは、外面に見える形という盃の中にたたえられた酒ではなかろうか。実際にその酒を飲んで、「永遠に残る義《ただ》しい行いが……」(コーラン一八章四四節。財産や権勢はただひと時の現世の飾りであって、永遠に残る義しい行いだけが、神の目から見ると、天国に値いする)ということを自ら体験する人こそ大切なのではなかろうか。

何か質問する人はあらかじめ二つの条件をはっきり意識していなければならない。その第一は、自分の説は確かに間違っている、正説は何かこれとは別のものだということが自分にもはっきり分っていること。第二は、今の自分の説よりもすぐれた、もっと高次の説があり知恵があるはずだが、それが自分には分っていないのだと反省していること。それでこそ、「問うことは知ることの半ば」という格言の意味もよく分る。

人間は各自それぞれに誰かの方を向いている。だが全ての人が窮極的に向うところは神である。少くともそういう希望を抱いて一生の時を費してゆく。しかしその中途で、すべての人の中で誰と誰がぴたりと正しい方角に向っているか、額に王者(神を指す)の打球杖(人生をポロのゲームに譬える)の傷痕を受けているのは誰か、ということを、識別の目を持った人ならはっきり見分けることができるはずである。そういう傷を受けた人こそ神の絶対唯一性を確信しかつ堂々と宣言できるのである。

水に溺れた人とは、すっかり水のなすがままにされて、自分からは水をどうにもしようがない状態にある人のことをいう。泳ぐ人も溺れた人も両方とも水の中にいる。だが、溺れた人が水のまにまに漂ってゆくのに反し、泳ぐ人は自力を保持し、自分の自由意志で動く。従って、溺れた人がどう動くか、何をするか、何を言うかは、全て水から起ることであって、彼自身に由来するものではない。彼という人間は確かにそこにいるが、それはもう単に見せかけにすぎない。ちょうど、壁から聞えてくる声のようなものだ。声は本当に壁から起ってくるのではなくて、向う側に誰かがいて壁が喋るように見せかけているのだということは誰にもすぐ分る。

聖者たちは正にそういう状態にある。死の訪れぬ先に彼らは死んで、戸や壁のようなあり方を己があり方としたのが彼らである。彼らの中には毛筋ほどの実存も残ってはいない。神の権能の手の中にあって、彼らはまるで楯のようだ。楯の動きは楯自身から起るものではない。「我こそは神」(前出。神秘家ハッラージュが不敬罪で処刑されるに至った有名な文句)とはこのことを意味する。楯の言い分としては、「私というものはここにはない。動きはすべて神の御手から来る」ということであろう。楯もこうなれば神そのものと同じことだ。神に向って拳を振り上げてはいけない。このような楯に害《あだ》なす人は本当は神に戦いをしかけ、神に向って突っかかってゆくようなものだ。

古くはアダムの昔から今日に至るまで、ファラオ、シャッダード(有名な暴君)、ニムロード(アブラハムを火に投げこんだ帝王)や、またアードの民、ルートの民、サムードの民(アード、ルート、サムードなどいずれも神の使徒にさからって神罰を受けた民族)等々が遂にどんな目に遇ったかは世に知らぬ人もない。しかもこのような楯は復活のその日まで、一代また一代と存続して絶えることがない。それは或る時は預言者の形で、また或る時は聖者の形で世に現われ、敬虔な人々を邪悪な者どもから区別し、神の友を神の敵から区別する。

だから聖者は一人一人が一般の人々に対する神の証拠《あかし》であって、逆に一般の人々は聖者に対してどの程度の愛着を抱いているかによってそれぞれの位置と段階を得る。もし聖者に敵対するならば、それはすなわち神に敵対することであり、もし聖者の友であるならば、それはとりもなおさず神の友であることである。「彼(聖者)を見る者は我(神の自称)を見る。彼のもとに赴く者は我がもとに赴く」(神秘家バーヤジード・バスターミーの言葉。神人合一の境地を表現する)と言われるゆえんである。

神の僕《しもべ》たち(最高の境地に到達した神秘家、すなわち「聖者」を指す)は神の聖域に踏み入ることを許された人々。存在(自我を中核として成立する個別的存在)と欲情への繋がりと、裏切りの根を神によって完全に切断され、すっかり清浄な身となった僕たちであってみれば、当然彼らは全世界の主人であり、「浄められた者しか触れてはならぬ」(コーラン五六章七八節)とされる神の秘義に参ずることを許された人たちである。

師はまたこうおっしゃった。

あの人(聖者の墓に背を向けてルーミーの話に耳傾けている一人の人を指して言う)は偉大な聖者たちの霊廟に背を向けて立っている。しかしそれは、聖者を否認したり、あるいはついうっかりしてやったことではない。心の顔はちゃんと聖者の魂の方に向いている。というのは、今わしの口から流れ出るこの言葉こそ、彼ら聖者の魂そのもの発露であるからだ。たとい聖者の身体《からだ》に背を向けても、顔さえ彼らの魂の方に向けているならば、なんの害もありはしない。

わしの性分《しょうぶん》として、誰でもあれ、人の心がわし故に傷つけられるのを好まない。現に聖楽会(スーフィーたちが師のもとに参集して、舞踊と音楽を中心とする修道にいそしむ会合)の折など、大勢の人々がどっとばかりわしのところに押しかけてくる。それをわしの朋友たちがせき止めようとする。その有様を見るのがわしには辛い。口が酸っぱくなるほど言って聞かせたではないか、「わしのためなら、誰にも何も言わないでほしい。わしはこのままで結構なのだから」と。せっかくわしを慕って集まってくるこの親しい人々を退屈させまいために、彼らの無聊をまぎらすために、わしは詩を詠《よ》む。それほどまでにわしは気を遣っておるのだ。そうでなければ、わしが詩作となんの関わりがあろう。本当のことだ、わしは詩など少しも好きではない。いや、本心を言えば、詩ほどいやなものはないのだ(ペルシャ文学史上最高の詩人とうたわれるルーミーの発言として興味深い言葉である)。ちょうどそれは動物の臓腑を料理して手を突っ込み、どろどろにかきまぜる人のようなもの。ただお客の食欲のためにそんなことまでするのだ。お客の食欲が臓腑に向っている以上、どうしてもやらざるを得ないのである。

これは例えば商人がどこそこの町では住民がどんな商品を必要としているか、どんな品物をよく買うかを観察した上で、そういう商品を仕入れてきて売るのと同じことだ。品物がいささか下等なものであっても致し方ない。わしは様々の学問を習得し、それで相当に苦労もしたが、それは皆、立派な学者や研究者たち、頭脳すぐれた人々や考え深い人々がわしのもとに訪ねてこられた時に、高尚で珍貴で精緻な品々を提供できるようにとの心遣いから出たことであった。そしてまたそれが神の御心でもあるのだ。神は全てこれらの学問をこの地に集め、全てこれらの労苦をこの地に集めて、わしにこの仕事をさせ給うた。わしとしても、どうにもしようがなかろうではないか。

わしの生国では、詩人ほど恥ずべき仕事はないと一般に考えられている。もしわしがあのまま生国にとどまっていたとしたら、きっとあの地方の人々の性分に合ったような生き方をしていたに相違ない。例えば講義するとか、本を書くとか、説教し訓戒するとか、禁欲その他の外面的な行《ぎょう》に精出すとか、とにかくあの国の人々が望むようなことをやっていたに違いない。

パルヴァーネ宰相が言われたことがある、「根本は行為にある」と。わしはこう言った、「行為の人々、行為を求める人々が一体どこにおりましょう。そんな人がいたら行為を見せてやることもできましょうが。そう言う貴方御自身が言葉を求める人。貴方の耳はいつも何かを聴こうとしている。わしが喋らなければ貴方はすぐ退屈なさる。貴方御自身が先ず行為を求める人におなりなされ。そしたら行為をお見せしましょうほどに。この広い世界で、誰か本当にわしが行為を示すことのできるような人をわしは探し求めております。ところがどこを見ても行為の買い手は見当らず、言葉の買い手ばかりしか見当りませぬ。それでこうして言葉に憂き身をやつしております。御自身が行為の人でないのに、どうして行為がお分りになりましょう。行為によってのみ行為は分るもの。知識によってのみ知識は理解できるもの。形は形によって、無形の事は無形の事によってのみ捉えられるもの。この道に道行く人の影はなく、寂莫たる光景の中で、たといわしが独り道を行き、行為にいそしんだとしても、どうしてそれが見てもらえましょう」と。

ここでわしが行為と言うのは、礼拝とか断食のようなものではない。そういうものは行為の外殻にすぎない。本当の行為とは内面の精神だ。

アダムの時以来我らの預言者(ムハンマド)の時代までは、礼拝や断食も今見るような外面的なものではなかった。本当の意味での行為だった。現に行われているものは行為の外殻である。本当の行為とは人間の内面にある無形の精神だ。

俗によく「薬が働いた(薬がきいた)」と言う。これは薬の働き(行為)の外形のことを言っているのではない。薬の中にひそむ無形のものを指しているのである。また、「あの人はどこそこの都会《まち》で働いている」などと言う。この場合も外形が問題なのではない。問題なのはその人の内面に関わる仕事の精神であって、それあるが故にその人は行為者と呼ばれるのである。

してみると、行為とは人が普通考えているようなものではない。普通の人は行為を外面に現われた形のことだと思っている。それなら偽善者が形だけの行為をしてみせる場合はどうなる。なんの役にも立たないではないか。内面に誠も信仰もないからだ。

しかし他面(ここで行為だけでなく、言葉も重要であることを説き始める)あらゆる物事の根元は言葉にある。ただ言葉の真相を知らないので、言葉を軽視する。言葉は行為という樹になる果実。言葉は行為から生れる。神も全世界を言葉で創造し給うたのではなかったか。

神、「あれ」と言えば、そのものはある。(コーラン三六章八二節)

たとい信仰が心の中にあっても、それを言葉に言い表わさなければ効果がない。現に祈りは一つの行為だが、同時にコーランを読誦しなければ完全にはならぬ。「言葉など大切でない」と主張する場合、この否定そのものも言葉でなされる。言葉が全然大切でないなら、なんで「言葉は大切でない」などと言えるのか。要するにそれもまた言葉で表現することではないか。

或る人が質問した。我々が何か善をなし、正しいことをする場合、もしひそかに神から善い報いを期待する気持があったなら害になるでしょうか、と。師は次のように答えられた。

いやいや、神かけて、そのような期待は絶対に必要だ。もともと信仰は怖れと希望以外の何ものでもない。誰かがわしに尋ねたことがあった、「希望を持つのがよいことであることは得心がいきますが、怖れるというのはいかがなものでございましょう」と。わしはこう答えた、「希望を伴わぬ怖れがあるならここに出して見せなされ。怖れを伴わぬ希望があるなら見せなされ。この二つはもともと離れることのできぬものと決まっているのに、なぜそんな質問をなさるのか。」

例えば誰かが小麦を播いたとする。当然その人は小麦の生えてくることを希望している。が、同時に何か妨げが起りはせぬか、思わぬ災害でも起りはせぬかと心配もする。してみれば、怖れの全くない希望などというものがないことが分る。希望の影もない怖れや、怖れの影もない希望は考えてみることすらできない。

そこで、もし人が希望に満ち、褒賞や褒美を期待できるなら、必ずや仕事に一段と熱が入り、一所懸命にもなるに違いない。このような場合の期待は鳥なら翼に譬えられよう。翼が強ければ強いほど飛力も大きい。逆になんの希望もなければ、気が抜けてしまって、もうそんな人からは善行も奉仕も出てくるはずがない。

病人は苦い薬を飲み、甘味の楽しみなど幾らも犠牲にして顧みない。健康になれるという希望がなかったら、どうしてこんなことが我慢できよう。

「人間はロゴスをもった動物である」と言う。その意味は、人間は動物性とロゴス(理性と言語)との複合物だということである。人間には常に必ず動物性が内在していて、決して離れることがない。ロゴスの方もそれと全く同じで、常に人間に内在している。外面では言葉を喋らなくとも、内面では喋っている。常にものを言っている。この意味で人間は泥の混じった激流のようなものだ。澄みきった水はロゴスに当り、混じった泥は動物性に当る。但し泥は人間の本性にとって偶有的なものにすぎない。考えてみるがよい。泥や外形はことごとく儚く消えて朽ち果てる。だが一度口にした言葉、一度獲得した学問は、良いものも悪いものも、いつまでも残る。

心の人(「心」dil とは術語で神秘主義的主体性を指す。「心の人」とはその意識が宇宙大となり神と融合した人、すなわち達道の人を意味する)は全宇宙だ。そういう人を一人見れば一切を見たことになる。「狩の獲物はすべて野獣の内臓の中にある」（アラビアの格言）と言われる通り、この世のありとあらゆるものは彼の部分、彼こそは全体である。

善も悪も、ことごとく挙げて行者の一部分
全てを内に含まぬ者は真の行者と言いかねる。（ルーミー自身の作品から）

このように全存在界そのものである人を見ることとは、すなわち全宇宙を見ることとであって、その後では誰を見ても同じものの繰返しにすぎない。またそのような人々の言葉は全存在界の言葉の中に遍満している。ひとたび彼らの言葉を聞いた後は、どのような言葉を聞いても同じことの繰返しにすぎない。

かの人をどこかの宿で見かけた人は
あらゆる人とあらゆる場所で遇った人。（アラビア語詩句。読み人不明）

また別の詩人（クブラー派の有名な神秘家ナジュム・ッ・ディーン・ラージーのこと）が次のように詠じている。曰く、

神の御書《みふみ》の写しなる汝よ
王者の美を映す鏡なる汝よ
この世なるすべてを内に蔵した汝よ

自らの内面にこそ探し求めよ
これぞ我がものと言いたいものがあるならば。

談話　其の十七

摂政公(アミーヌ・ッ・ディーン・ミーカーイール。一二六〇年から一二七八年にわたってアナトリア地方のスルターンの代理として有名。前出、談話十二)が言われた。「昔は(イスラーム以前の異教時代)異教徒どもが偶像を崇拝し偶像に帰依しておりました。しかし現在、我々もまた結局同じことをしているのではありますまいか。こともあろうにこちらから蒙古人のもとに伺候して御機嫌を伺い、崇めたてまつり、それでも回教徒のつもりでおるのですからな。おまけに心の中では、やれ貪欲だ、欲情だ、恨みだ、嫉《そね》みだと、外部に劣らぬ数々の偶像を抱き込んで、その言いなり次第。してみれば、我々は内的にも外的にも昔の異端者どもと全く同じことをやりながら、恬として回教徒のつもりでいるのではありますまいか」と。師は次のようにおっしゃった。

なるほど、しかし一つだけ違いがあります。貴方がたには、自分のしているのが悪いことだ、厭《いと》わしいことだというはっきりした自覚がある。貴方がたの心の目は比類もない、譬えようもない偉大なものをすでに見ているので、それで御自分のやっていることが醜い汚いものと見えるのです。塩けを含んだ水は、本当に甘い水を飲んだことのある人にのみその塩けを示す。まことに、「物事の真相は反対のものによってあばかれる」(アラビアの詩人ムタナッビーの文句）と言われている通りです。つまり、神が貴方がたの心の中に信仰の光をともし給うた。それで御自分の所業の醜悪さがはっきり見えるのです。美なるものを知っておられるからこそ、それとの対照で醜悪なるものがそれと分るのです。そうでないとしたら、ほかの人たちがどうして同じ痛みを一向に感じないのか分らない。あの連中は自分のあるがままの姿に満足で、「これで結構」と言う。神は必ずや貴方がたの求めるものを授けて下さろう。貴方がたの悲願を必ず叶えて下さろう。

鳥は双の翼で飛び、信者は胸の憶いで飛ぶ。（十三世紀の物語集「マルズバーン・ナーメ」Marzubān-nameh に出ている文句。誰の言葉か不明）

生物を三種に分つ。その一は天使で、これは純粋叡知体。神への恭順と礼拝と祈念が彼らの本性でもあり、また食物でもあって、彼らはそれを食べて生きている。それは水中の魚が水で生き、水を蒲団とし枕としているようなもの。天使らにとって、こういうことはお勤めではない。もともと欲情の汚れなど全然ない彼らであってみれば、欲望を追求せず、情念の求めることをしないからといって、何も特別の功績とはならぬ。始めからきれいさっぱり欲情とは無関係で、欲情の誘惑と戦う必要もないのだから。天使がたまたま恭順の行為をしても、別に恭順の行為として一点稼げるわけではない。それが彼らの本性であり、それがなくては存在することもできないのだから。

第二種は禽獣の類。これはもう全く欲情そのもので、抑制力としての理性を全然持たない。こういうものにもなんら道徳的義務はない。

最後に残る（第三種）は哀れな人間。これは理性と欲情の混合体で、半分は天使、半分は禽獣。半分は蛇で半分は魚と言ってもよい。魚の部分が彼を水の方に引っ張れば、蛇の部分は地の方に引っ張る。そこで互いに引っ張り合いとなり、喧嘩となる。

理性が欲情に打ち克つ人は天使より高く、欲情が理性に打ち克つ人は禽獣より低い。（ムハンマドの言葉ともアリーの言葉とも伝えられる）

天使は知の故に救われ
　禽獣は無知の故に救われる。
両端の間にむなしくも争《あらが》いつつ
　その性《さが》ゆえに人は佇《たたず》む。（ルーミー自作の詩句）

ところが同じ人間でも、中にはひたすら叡知を追求し、ついに完全に天使となり、純粋な光になりきってしまったものがある。これが預言者であり聖者であって、彼らは恐怖も希望も超えた次元にいる。「彼らにはなんの怖れもない、また悲しい目に遇うこともない」（コーラン一〇章六三節）とある通りである。

これに反して、欲情がその理性を抑えつけ、ついにまったく禽獣同様になってしまったものもある。

また或る人々はいつまでも中途で奮闘している。胸のうちに苦悩と苦痛と哀傷と痛恨が湧き起って、自分の生き方にどうしても満足していられない人々である。信者とはこういう人のことをいう。聖者たちがじっと彼らの来るのを待っている。彼らを自分たちと同じ次元に引き上げてやろう、自分たちと同じものにしてやろうと待っている。だが悪魔たちも彼らを待っている。彼らを低いうえにも低いところへ引きずりおろし、自分たちと同じものにしてやろうと待っている。

我々はこうしたい、が
ほかのやつらはああしたい。
どちらに分《ぶ》があるか、この綱引き。
運命の嘉《よみ》する方の勝ちになる。(作者不明。後半だけ前出、談話十二)

「アッラーのお助けが来て、勝利が来て」云々。(コーラン一一〇章。全文は「アッラーのお助けが来て、勝利が来て、人々が続々と群なしてアッラーの宗教に入ってくるのを見たら、その時こそ声高らかに主の栄光を讃えまつれ。お赦しを乞いまつれ。主は何遍でも赦して下さろう。」)

コーランを字義通りの意味に取る学者たちはこれを解釈して次のように言う。預言者(ムハンマド)は、全世界を回教徒にしよう、万人を神の道に導き入れよう、という悲願を抱いておられた。いよいよ死期が近づいたのを知って預言者は申された、「ああ、人々を神の御《み》もとに呼び寄せるために生きてきたわしではなかったか」と。これに対して神は言い給うた、「嘆くな悲しむな。汝がこの世を去る正にその時、汝が軍勢と剣で征服した国々や都々《まち》を全部そっくりわしが軍勢を使わずに従順な信者に変えるであろう。その徴《しるし》として、臨終《いまわ》の際《きわ》に汝は人々が続々と群なしてやってきて回教徒になるのを目撃するであろう。この徴が現われたら、汝の旅立ちの時が来たと知れ。その時こそ神に向って讃美の声を挙げ、お赦しを乞うがよい。いよいよお傍《そば》に伺候するのだから」と。

だが事の真相を知る人々は違った解釈をして、この章句の意味は次の通りだと言う。人は自分の悪い性質を自分の行為と努力で取り除こうと思う。死に物狂いの努力を重ね、ついに精根尽き果てて、絶望に陥る。その時、神が言い給う、「汝は自力でこの難事をなし遂げられると思ったのか。もともと、汝の有《も》つ一切のものを挙げて我が道に使い果すというのがわしの定めた掟。その後で始めて我が恩寵は汝に下される。汝のそのか弱い手と足を以て際限《はて》なきこの道に旅立てとわしは命ずる。始めからわしにはちゃんと分っておる、そのか弱い足では到底この難路を歩ききれるものではないということが。いや、たとい何万年かかったとて、この道の一丁場《ちょうば》すら歩きおおせないであろう。しかし汝がこの道を進んでゆき、腰くだけ、地に倒れ、もはや一歩も歩く力がなくなってしまう時、その時始めて神のお情が汝を運んで下さろう。ちょうど赤ん坊が乳を飲んでいる間は、母の腕に抱いてもらうようなもの。充分成長すれば一人で離して歩かせる。今でこそすっかり弱りこんで何もできない汝だが、まだ力があって盛んに奮闘していた頃、わしは時々、夢と現《うつつ》の間にある汝に恩寵を示し、それでわしを求める力を取り戻し、希望で胸が一杯になるよう計ってやったものだった。汝がこうして一切の手段を使い果してしまった今、さ、見るがよい、わしの情、わしの賜、わしの心尽しがどれほどのものであるかを。見るがよい、人々が群なして続々やってくる。たとい何十万度《たび》も力の限りをふりしぼって努力したところで、現に起りつつある光景の微粒子ほども見ることはできまいに。

されば声高らかに主《しゅ》の栄光を讃えまつれ。
お赦しを乞いまつれ。（コーラン一一〇章三節）

「お赦しを乞いまつれ」とは今まで胸に抱いていた想念や思い込みに対してお赦しを乞えということ。何しろ、これほどの事業がすっかり自分の手や足を使ってなしおおせると思い込んでいて、全てはわしによってなされるのだとは気づかなかったのだから。やっとそれに気づいた今、さ、早く赦しを乞うのだ。

主は何遍でも赦して下さろう。（コーラン同所）

わし（ルーミー自称）が殿様（パルヴァーネ宰相のこと）が好きなのは、決して現世的な事情のためでもなく、またあの方の地位や知識や行動のためでもない。ほかの人たちはそういうことのためにあの方を愛する。殿様の顔を見ないで背中だけ見ているのだ。殿様を鏡に譬えれば、今数え上げたいろいろな属性は鏡の裏側に象嵌した貴重な真珠や黄金のようなもの。黄金を愛し真珠を愛する人々の目はおのずと鏡の裏に向く。だ、鏡そのものを愛する人々に真珠や黄金には目もくれぬ。彼らの顔は常に鏡に向っており、鏡を鏡なるが故に愛する。それは、鏡の中に世にも美しいものの面影を認めるからであって、いつまで鏡を見詰めていても見あきるということがない。だが自分で醜い顔を持ち、いやらしい顔をした人は鏡の中に醜悪なものばかり見えるので、すぐに鏡を裏返して、宝玉を見ようとする。とは言え、裏側にたとい様々な彫刻がしてあり、様々な宝玉が象嵌してあっても、別にそれで鏡の表側の価値が下るわけのものでもない。

神は(人間に)動物性と人間性とを組み合せて、両方ともにはっきり現われるよう計り給うた。まことに「物事の真相は反対のものによってあばかれる」(前出)とある通り、対立するものがなければ物は何一つ知ることができない。ところが神には対立するものがない。そこで、「かつて(天地創造以前)わしは隠れた宝物であった。わしは知られたいと思った」(スーフィー界で常に引用される有名なハディース。神がどうして天地を創造する気になったか、その秘密を語る)。かくて神は暗闇を本性とするこの世界を創って、(それとの対照で)彼自身の光を顕わし給うた。

同様に神は預言者や聖者たちを創造し、「我がもろもろの属性を帯びて人々のもとに赴け」(神秘家バーヤジード・バスターミーの言葉から)と命じ給うた。預言者や聖者たちは神の光の顕現の場所。それによって始めて神の友と神の敵とのけじめがつき、同胞と異国人《とつくにびと》が識別されるのである。

神の本質は、本質である限りにおいては対立するものがない。目に見える形をとって現われて始めて対立するものが出てくる。それはちょうど、アダムにイブリース(サタン)が対立し、モーセにファラオが対立し、アブラハムにニムロード(前出。アブラハムを火に投じた暴君)が対立し、預言者(ムハンマド)にアブー・ジャフル(ムハンマドの不倶戴天の敵)が対立するようなものである。つまり聖者たちを通じて間接的に(聖者は無形の神の本質が可視的な形を取ったものであって、彼らに反対する人が現われることによって神に対立者ができる)神に対立者が現われるのであって、本質的には神に対立するものは存在しない。対立者たちが敵意を示し反抗すればするだけ（異本により chandān-ke と読む）、聖者たちの事業は栄え、彼らの名声は高まってゆく。「彼らはその舌先でアッラーの光を消そうとする。だがアッラーは御自分の光をいよいよ完うし給うばかり、罰当りどもにはさぞ迷惑であろうけれど。」（コーラン六一章八節）

月、光を夜の闇に播き散らす時
犬、狂おしく吠え猛る
なんとして月を責めよう
吠えるが犬の生れつき。
月、皎々と満天の光
犬、何するものぞ、大地の瘴気。（ハサン・ガスナウィーの詩句）

幸運と財産と黄金と地位を心に厭いながら、しかもその責苦を神に与えられる多くの人々がある。

ある托鉢僧（タブリーズのシャムス・ッ・ディーンのこと）がアラビアの国で、一人の貴公子を見かけた。貴公子は馬に跨り、その額にはまごうかたなき預言者と聖者の輝きがあった。それを見て托鉢僧は、「讃えあれ御神《おん》、その僕《しもべ》らを富貴もて苦しめ給う」と言ったとか。

談話　其の十八

イブン・ムクリー(サーイン・ッ・ディーン・ムクリー。当時著名のコーラン読み)はコーランを正確に読むだろうか。そうだ、確かにコーランの外形だけは正確に読む。だが、意味は全く分っていない。それが証拠に、深い意味が明らかにされるときまってそれを拒ける。盲読みしているのだ。

自分の手に貂《てん》を持っている男が、別のもっと立派な貂を提供されても見向きもしないのとよく似ている。つまり貂とはどういうものか知ってはいないのだ。ただ誰かに「これが貂というものだ」と言い聞かされて、そのまま調べもせずに受け取ってしまったにすぎない。

また、胡桃《くるみ》で遊んでいる子供たちにも似ている。胡桃の中身や油を子供たちにやろうとしても、そんなもの要らないと言う。胡桃はかたかた鳴るものなのに、これはかたかたもいわず、なんの音もたてないと言う。

神の宝物は山ほどある。神の知識も山ほどある。もしイブン・ムクリーが本当にコーランというものを知ってコーランを読誦しているのであれば、もう一つ別のコーラン(外的な言葉としてのコーランとは別の、深い精神的意味の世界に成立する内的コーラン)をなんで拒けることがあろう。

かつてわしはコーラン読誦を教えるさる先生に、

言って聞かせるがよい、「かりに大海が、主《しゅ》の御言葉を書き写すための墨汁であったとしても、主の御言葉を全部書き了るより先に、海の方が涸れてしまうであろう。」(コーラン一八章一〇九節)

というコーランの文句を指摘して議論してみたことがある。現に我々が手にするこの(外面上の)コーランなら、墨汁五十オンスもあれば充分書き尽すことができる。これ(外面的コーラン)は神の知識のほんの一端を覗かせるだけのものにすぎない。神の知識が全てこれで尽されるというわけでは決してない。

薬屋に行くと、ほんのひとつまみほどの薬を紙に包んでくれる。お前がた、それを見て、薬屋の店がそっくりそのままそこに包み込まれているなどと考えたとしたら、それこそ馬鹿げたことであろう(外面的なコーランは紙に包んだひとつまみの薬の量に当る)。実はモーセやイエスや其他の預言者たちの時代にもちゃんとコーランは存在していた。神の言葉として存在していた。ただアラビア語ではなかった。と、こういった議論をしてみたが、その先生は一向感心しなかった。わしは諦めてそれ以上追及しなかった。

伝えるところによると、預言者(ムハンマド)在世当時、教友がたの中の誰でもコーランの一章、あるいは一章の半分でも暗記した者は「大した人」と呼ばれ、コーランの一章を暗記している人よと人々に指さされ喧伝されたそうな。これは、当時の人たちは言わばコーランを食べて生きていたからである。パンでも三キロとかその二倍とか食べるのは「大したこと」だ。しかし食べるといっても、ただ口に入れるだけで嚙みもせずそのまま吐き出してしまうなら、何トンのパンでも食べるになんの造作もない。「コーランを読んでも、コーランに呪われる人の数のなんと多いことよ」（マーリキー派法学の始祖アナス・イブン・マーリクの言葉）という言葉があるが、これはコーランの意味（内的コーラン）の分っていない人のことである。

だが考えてみれば、必ずしもこれが悪いと決めてかかるわけにもいかぬ。現世を構築してゆくために、神は多くの人々の目をうつけ心で栓をなされた。誰か彼岸の世界を忘れ果てたうつけたやつがいなければ、現世は栄えてゆかないのだ。うつけ心があればこそ、現世がどんどん構築され繁栄する。現に子供はうつけているから成長し、ぐんぐん背が伸びる。理性が完成すると、ぴたりと成長が止まる。この意味では確かに現世構築の原動力ともなり原因となるものはうつけ心であり、逆に荒廃の原因は知恵が発達しすぎることである。

そもそもわしがこのようなことを語る、その動機は二つのうちのどちらかでなければならない。つまり羨望の故に語るのか、哀愍の故に語るのか。だが、神かけて、羨望などではない。もともと羨望に値いする人のことを羨むのは下らない。ましてや羨望にも値いせぬ人を羨んでなんとしよう。ただただ哀愍の情の抑えかねるままに、愛《いと》おしい友を本当の「意味」まで引き寄せようとて、わしはこうしてものを言っているのだ。

こんな話を聞いたことがある。さる男がメッカ巡礼の旅の途次、砂漠にさしかかった。はげしい渇きに打ちひしがれた彼の目に、はるかに遠く、小さなぼろぼろの天幕が見えた。行ってみると若い女がいる。男は大声をあげ、「おれは客だ」（砂漠のベドウィンの掟では、一たん自分の天幕に入った人は誰であろうと、どんな事情があろうと「客人」であって、最後まで絶対に保護し歓待する神聖な義務がある）と叫んで中に入りこんだ。彼は坐るなり水を所望する。ところが持ってきた水を飲んでみると、いや、火よりも熱く、塩をなめるよりもっと塩からい。唇の先から喉元まで水の通ったところはすべて燃え上らんばかり、気の毒になったその男は一生懸命女に忠告し始めた。

「こうして苦しいところを楽にしていただいた分だけでも、わしはお前さんがたに恩義があるし、ともかくお気の毒でお気の毒で我慢がならぬ。どうか、これから申すことをよくお聴きなされ。実はバグダードはここからあまり遠くない。クーファもワーシトも、その他の大都会もすぐそばだ。こんな辛い生活をしておられるくらいなら、途中坐り込みして、いや、ごろごろころがってでも、なんとかして都会《まち》に辿りつけるはず。彼の地には甘く冷い水もたっぷりあるし、様々な食べ物もあり、湯屋もあり、色々な楽しみやいいものがある」などと言って、都会の歓楽を数え上げるのだった。

そうこうするうちに、女の亭主のベドウィンが帰ってきた、自分で獲った野鼠を何匹かぶらさげて。ベドウィンは早速女にそれを料理させ、客人にもそれを食べろと言う。客の方では何しろ追い詰められた状態故、否《いや》だ応だ言っている余裕もなくそれを頂戴した。

さて夜も更けて、客は天幕の外に出て眠ってしまう。女は亭主に向い「お前さん聞いたかい、あの客人の話してくれたことを」と言って、一部始終を話して聞かせる。するとベドウィンが言うことに、「これ、心して、そんな話に耳を貸すでないぞ。何しろ世間には羨《やっか》み屋が多い。他人が物持ちになって悠々生活しているのを見るとすぐ羨み心を起して、なんとかしてそういう状態から引き離し、財産を失わせようと図るものだ」と。

さて、今わしのまわりにいる連中も、まあそんなものだ。誰かが気の毒がって忠告でもしようものなら、羨み心でそんなことを言うのだと気をまわす。だが、こういう連中でも心にしっかりした根があるならば、ついにはこちらの真心に気がつくであろう。かの契約の日(前出。人間がこの世に生れてくる以前、純粋霊の状態で神の前に参集し、神を主とするという固い契約を交した時のこと)の一滴たりとも身に振りかけられている限りは、ついにはその一滴の冷水が彼らを昏迷と苦悩から救い出してくれることであろう。さあ、いつまでそうして遠くの方で他国人《よそもの》みたいにしておるのだ。いつまで昏迷と鬱情の中に閉じこもっておるのだ。

とは言え、このようなことを誰からも、自分の先生からも聞かされていない連中に対してはなんとも言ってやりようがない。

己が家系に絶えて偉人を出さぬ人、
偉人らの名を聞くだにも耳が痛い。(フィルダウスィーがガズナ朝の君主マフムードを皮肉った句)

言葉の奥にひそむ深意に注意を向けることは、最初のほどこそあまり楽しいものでないが、行くほどにだんだん甘美になってくる。外形の方はこれと反対で、最初は甘美に思えるが、親しめば親しむほど冷くなってくる。コーランにしてもその外形は内面の精神と比較にもならぬ。人間を観察してみるがいい。その外形がその内面の精神と比べものになるだろうか。外形の奥にひそむ内面の精神がどこかに行ってしまえば、一瞬たりとも家におちおちしてはいられまい。

シャムス・ッ・ディーン師(タブリーズのシャムスのこと)がかつてこんな話をされたことがある。或る時、大きな隊《カラ》商《ヴァン》がさる所に向って進んでいた。人の住む村落もなく水もなかった。突然井戸が見つかった。が、釣瓶《つるべ》がない。みんなは鍋と縄をもってきて、鍋を井戸におろした。引っ張り上げようとすると鍋がはずれて落ちてしまう。別の鍋をおろしたが、またはずれて落ちる。今度は仲間の人間を数名縄にくくりつけておろしてみたが、二度と上ってこない。ここに知恵のすぐれた男があって、「おれに行かせてくれ」と言い出す。彼をおろすと、もうちょっとで井戸の底に届くというところで、形相も恐ろしい真黒なやつが現われた。

知恵のあるその男はひそかに思った、「どうせ助かりっこない。ままよ、最後まで気だけは確かに持ち続けることにしよう。気を失ってはならんぞ。おれの身にどんなことが起るか、はっきり見届けてやるのだ」と。

その黒いやつが言った、「長話はごめんだぞ。要するにお前はおれの捕虜だ。正しい答えができれば助けてやる。さもなくば絶対に逃がさない。」

「なんなりと質問しなされ」と男が言う。

「場所にもいろいろあるが、中でも一番いい場所は何処にある。」

その利口者は胸の中で考えた、「おれは捕虜だ。孤立無援の身だ。ここでもしバグダードとか其他の都の名を言ったら、こいつの今住んでいる場所を侮辱することになるかもしれぬ」と。そこで次のように答えた。

「誰にとっても住むに一番いい場所は、自分がゆったりできる場所。たとい地の底であってもそれにまさる場所はない。たとい鼠の穴であっても、それにまさる場所はない。」

黒いやつが言うに、「よくぞ申した。よくぞ申した。これでお前は助かったぞ。お前は人の中の人だ。放してやる。ほかのやつらもお前に免じてみんな自由にしてやる。もうこれからはおれは誰の血も流すまい。お前への愛の故に、世界中のあらゆる人間をお前に贈ろう」と。

こう言ってその黒いやつは隊商の人たちに心ゆくまで水を飲ませてやったそうな。

さて、この話の眼目は人の心ばえこそ大切であるということだ。同じ趣旨を幾らもほかの形で言い表わすことができる。が、伝統的な形の好きな人たちはこの筋立てだけを受け容れる。こういう人たちに話をするにはこつがいる。これを同じことを別の譬え話にして話しても、耳を貸そうとはせぬ。

談話　其の十九

或る時の師の談話に——

タージ・ッ・ディーン・クバーイー(Tāj al-Dīn Qubā'ī. どういう人か不明)にある人が、「近頃は神学者先生たちが我々の中に入りこんできて、大衆に宗教心を失わせるので困ります」と言うと、彼が答えて言うに、「いや、あの連中が我々の中に入りこんできて、我々に宗教心を失わせるなどということはない。そんなことで動かされるようなら、絶対に我々の仲間ではあり得ない。譬えば駄犬に黄金の頸輪をつけても、ただその頸輪をつけているだけで猟犬だとは言われまい。猟犬であるということは、その犬の内部にひそむ性質であって、黄金の頸輪をつけておろうが羊毛の頸輪をつけておろうが、そんなことには少しも関係がない」と。

人は法服を着たり頭にターバンを巻いたりすることで学者であるわけではない。学者であることはその人の本質に内在する独特の技倆である。技倆そのものはその人が肌着一枚でおろうが堂々たる外衣を着ておろうが少しも変りはせぬ。

現に預言者(ムハンマド)の生前、偽善者どもが信仰を強奪しようと計画したことがあった。彼らは礼拝用の衣裳を着込んで現われ、無批判な大衆の信仰心を弛緩させようとした。信者らしい装いをしなくては全く効果がなかったからだ。キリスト教徒やユダヤ教徒がイスラームの悪口を言ったところで誰が耳を貸そう。

ええ呪われよ、あの者ども祈りはしても
祈りに一向みが入らず、
見てくれがしの体裁ばかり、
慈善行為はお断り。(コーラン一〇七章四―七節)

というわけだ。

ただただ言葉を並べたてるだけ(偽善者の言葉を指す)のことだ。お前がたの胸の中にはちゃんと例の光(神の光ともいうべき真の信仰心の源)がある。しかし残念なことに人間性が欠けている。先ず人間性を求めよ。それこそ唯一の望むべきものだ。その余は長いお喋りにすぎない。言葉をあまり飾りすぎると、本当の目標を見失う。

さる雑貨屋の亭主がさる婦人に恋をした。彼は婦人の小間使いを通じて思いのたけを打ち明けた。曰く「私はこんなです、あんなです。お慕い申しております。燃えています。胸は乱れて安らぎの時もなく、みんなのひどい仕打ちに苦しめられております。昨日はこうでした。昨夜はこんなふうに過ごしました」等々、長い長い口上だった。

ところがその小間使い、奥方のもとに伺候して言うことに、「雑貨屋さんが謹んで御挨拶申し上げます。どうぞお出かけ下さい。こうもして差し上げましょう。ああもして差し上げましょう、とのことでございます」と。

「そんなに冷い言葉でおっしゃったの」と奥方が尋ねる。

小間使いが言うに、「何やら長いことを申しておりました。が、要するに言いたいことは今申し上げた通りにございます」と。

つまり、大切なのは本当に言いたいことだけで、あとは頭痛の種にすぎない。

談話 其の二十

或る時の師の談話に——

夜となく昼となく、お前がた、悪戦苦闘しつつ、ひたすら女の性格を匡正し、女の汚れを己が身を以て浄化しようと努めている。むしろ己れ自身を女によって浄化したらどうか。その方が、己れによって女を浄化するよりずっといい。己れ自身を女によって匡正することだ。

女のもとに行け。向うが言うことをなんでもそうだそうだと言っておけ、たとい自分では馬鹿げたことを言うやつだと思っても。かーっとのぼせて熱中するのはもともと男性的な特質だが、(女に対しては)そんなものなど棄ててしまえ。それ自体としてはこれはよい特質ではあるが、それを通していろいろな悪い性質が入り込んでくる。

こういうことがあればこそ(女は男にとって自己鍛錬のための絶好の手段だから)預言者(ムハンマド)は「イスラームにおいては修道院制度は認められない」(前出、有名なハディース)と仰せられたのである。修道僧というものは孤独の道を行く。彼らは山深いところに住み、妻を娶らず、世を棄てる。これに対して神は預言者にもっと玄微な道を示し給うた。その道とは？　妻を娶ることだ。そういう道を取ることによって女の横暴に堪え、女の馬鹿馬鹿しい話を辛抱して聞き、女に踏みつけにされ、それで自分を鍛錬せよというのだ。「汝はまことに立派な生れつき」(コーラン六八章四節)と言われているではないか。

女の我儘を受け流したり身に受け取めたりしているうちに、いわば自分の汚れを女にこすりつけて落してしまう。こちらの性格は忍耐によって次第に善くなってゆき、向うの性格は威張り散らして我意を通そうとすることによって次第に悪くなってゆく。この道理がよく分ったなら、一路自分自身を清浄にすることに精出すべきだ。つまり女たちを一種の着物と考えて、自分の不潔さをその着物にこすりつけて取り除くように努めるのだ。そうすれば自然に清純な身になってくる。

もし自分の欲情がどうしても抑えきれないようであれば、今度は理性の面から次のように自分自身に言って聞かせるがよい。「実際自分は結婚したわけではないと想定してみよう。この女は悪所《あくしょ》の恋人だ。欲望が抑えきれなくなるたびに自分はそこに出かけてゆく」と。こう考えれば、やれ男の意地だとか、羨望だ嫉妬心だなどということは問題でなくなる。そしてしまいにはいつの間にかこういう想定を越えて、苦労し辛抱することの中に一種の快感を覚えるようになり、女どもの馬鹿馬鹿しい言動のただ中に一種の精神的境地を見出せるようになる。こうなると、もうそんな想定をしなくとも、こちらから進んで辛抱し苦労したいという気になり、どんなに痛めつけられても平然としていられるようになる。そうすることが確かに身のためになると悟るからである。

伝えられるところによると、或る日預言者(ムハンマド)が身内の方々と敵を襲撃して帰ってこられた。その時預言者は皆にこう言い渡された、「太鼓を打て。今夜は都《まち》の大門のところで寝を取り、明日になってから入城する」と。みんなが、「神の使徒よ、一体なんのために」といぶかると、預言者が言われることに、「万一、お前がたの女房が他《あだ》し男と寝ていたりすると困るからな。そんなところを見つけたら、お前たちの心は痛み、大騒ぎが出来《しゅつたい》するかもしれぬからな」と。果して、これを聞き洩らした一人の人がうっかり都に入っていって、自分の妻が他処《よそ》の男と一緒にいるところを発見した、という。

とにかく預言者のやり方はこうなのである。つまり男たるもの、意地を張ったりのぼせ上ったりせぬように心得て、そのために苦労を厭わず、妻に無駄費いされ、着物を買わされる苦労もよく堪え、その他数え上げれば際限《きり》もない様々の苦労を切り抜けて、ムハンマド的理想世界の実現を目指すべきである、というのだ。

イエスの道は人里離れたところに独り住んで己が悪と戦い、己れの欲求を抑えきることにあり、ムハンマドの道は女や男の横暴と、彼らの惹き起す苦しみによく堪え抜くことにある。もしムハンマドの道を行くことができないなら、せめてイエスの道を取るがよい。そうすれば少くとも一挙に全てを失ってしまう心配はない。

またもし何回となく殴りとばされても恬然としてびくとも動かぬだけの冷静を持ち合せており、そういう態度のもたらす結果についてのはっきりした見通しができ、さもなくば少くとも見えざるところを信じて、「偉い方々が申されたことであるからには、そういうことがあるに違いない。辛抱しよう。辛抱さえしておれば、ついには偉い方々の言われたような結果が私にもやってくるだろう」と我と我が心に言い聞かせるだけの余裕があるならば、己が気持をしっかりと据えて動揺させせぬ限り、やがて悟る時が来るであろう、「今のところはまだなんの結果も現われていないが、こうして苦労してゆくうち、ついには宝の山に到達する日が必ず来るに相違いない」と。そして本当に宝の山にめぐり逢うのだ。自分が望んでいたよりはるかに多くを手に入れることになるのだ。

この言葉も今すぐには効果がないかもしれないが、暫くしてこちらが成熟すると大変な効果を示すようになる。

この点で女と学問する男とではまるで比較にもならない。何を言って聞かせようが聞かせまいが、女はいつまでも元のまま。自分の生れつきを絶対に棄てることはない。いや、お説教して効果があるどころか、もっと悪くなる。

例えばパンを腋の下にはさんで、他人《ひと》に見せることを拒み、「これだけは絶対に誰にもやりはせぬぞ。やるどころか、見せるだけでもいやだ」と言ってごらん。もともとそんなパン切れなど、戸口に放り出しておいても犬も食わぬ。パンは幾らでもあるし、安いからだ。ところが、今言ったように他人《ひと》に見せることすら断るということになると、たちまちみんながそれを欲しがり、その一切れのパンの囚人《めしうど》に早変りしてしまう。懇願はする、汚い手は使う。「お前が匿して見せようとしないそのパンを絶対に見たい」と言い張ってきかない。まして、そのパンを一年間も袖の下にひそませて、誰にも見せぬ、やりもせぬと声を大にして宣伝すれば、人々の好奇心はいやが上にも煽られて限界を越える。「やらないと言われれば、ますます欲しくなるのが人の性質《さが》」（ハディース）というのはこのことである。

女に向って「じっと身を隠していなさい」と言いつけると、自己露出の欲求がむらむらと湧き起る。世間の方は世間の方で、女が身を隠しているというので、是非見てやろうという気持がつのる。こうなると、こちらは真ん中にはさまれて、両側に欲望をかき立てるという始末になる。自分では悪を正すつもりでしたことが、逆に堕落させることになってしまう。始めから女の方に、悪事をしたがらないという素質がある場合は、こちらが止めようが止めまいが、生れついての善い性質と清純な本性をどこまでも守りつづけてゆくまでのこと。だから平然としているがよい。じたばたせぬことだ。反対に女がもともと悪いなら、それはそれでそのまま己が道を行くであろう。そんな場合、下手に止めだてすると、事実上かえって欲望を煽り立てるばかりである。

「わしらはシャムス・ッ・ディーン・タブリーズィー師を見ました。本当です、先生、確かにあの方を見ました」とこの連中は言い張る。馬鹿な！　どこで見たというのだ。屋根の上に立っている駱駝すら見えないやつが、「針の穴が見えました、ちゃんと糸を通しました」などと言う。

面白い話をした人がある。「わしをどうしても笑わせてしまうことが二つある。一つは爪の先を黒く染める黒ん坊。も一つは窓から頭を突き出す盲人」と。（シャムス・ッ・ディーンを見たという）この連中もそれと似たようなものだ。心の中は真の闇、全くの盲人のくせに、肉体の窓から頭をぬっと外に出す。一体何が見えるというのか。そんな連中が肯定しようと否定しようとなんの意味もありはしない。本当にものの分った人にとってはどちらも同じことだ。肯定しようにも否定しようにも何も見えていないのだから、結局どっちにしても戯言《たわごと》にすぎない。

何かを見るというからには、先ず第一にそれだけの視力ができなくては話にならない。また、たとい視力ができたにしても、まだ見てはならぬものならどうして見ることができよう。この世には、精神の目が開けて悟達の境に至った聖者が幾人もいる。そういう聖者をさらに越えて一段高い境地に達した別の聖者たちもいる。この第二の聖者たちを神の隠し人《びと》と呼ぶ。第一の聖者たちすら愁訴の声をあげて「おお主《しゅ》なる神よ、汝の隠し人の中のただ一人だけでもどうぞ我らに見せて下され」とお願いし続けている有様だ。だが、本当にその気にならない限り、また見てはならない限り、幾ら見る目を持っていても絶対に見ることはできない。いかがわしい酒場をうろつく道楽者(精神的完成度の低い普通のスーフィーたちを譬える)がどんなに女を探し求めたところで、女の方にその気がない限りは誰にもつかまえられるものではない。誰にも姿を拝めるものではない。つまり、神の隠し人の方でその気にならない限り、誰もその姿を見たり近づきになったりできるはずがない、ということだ。

決してたやすいことではないのだ。天使らがこう言っているではないか、「我らはただ汝の讃美を声高らかに唱えまつる。聖なるかな、聖なるかなと讃えまつる」(コーラン二章二八節)と。言う心は、「我らは愛に燃えるもの。我らは霊的存在。我らは純粋な光。それに反して彼らは人間といって、貪婪で、血に飢えた者たち、哀れな者ども。『流血の災いを惹き起す者』(コーラン同上)」といったところか。これはただひとえに人間が我が身に省みて恐懼するようにと計られたことである。あの純霊的存在である天使たちですら――財産も無用、地位も無用、幕帳《とばり》もなしに神を拝し、純粋な光として、神の美を食物として頂戴し、純粋な愛として、その鋭い視力ははるか彼方に及ぶ、あの天使たちですら――拒むべきか肯《うべな》うべきか去就に迷いとまどったという。これもみな人間に我が身を反省させ、恐れ慎ませようという御計らいであったのだ。「ああ、おれは一体何者だろう。おれに何が分るだろう」と。また彼の顔に光が射し、心に言い知れぬ歓喜が現われる時、何遍も何遍も神に感謝し、「果しておれにこれを享けるだけの値打ちがあるだろうか」と反省させんがための御計らいであったのだ。

今度は（タブリーズのシャムスがダマスカスから還ってきた時のこと）お前がたもシャムス・ッ・ディーンの言葉から、以前よりずっと大きな精神的歓喜を受けることができるだろうと思う。なぜなら、人間の信念こそ実存という舟の帆の役をするものだから。舟に帆をかければ、風が舟をひとりでに素晴しいところへ運んでゆく。帆がなければ、すべての言葉は空しく吹き過ぎる風にすぎない。

愛する人と愛される人の間柄こそ楽しいものだ。二人の間には形式ばった遠慮などというものは全然ない。付き合いの形式などはすべてほかの人のためにある。だが愛する人々にとっては愛以外のいかなるものも禁断である（この一節が恐らくここで問題になっているシャムス・ッ・ディーンの言葉であろう）。

本来ならわしはこの言葉を大々的に解説するところだが、今はその時でない。第一、人々の心の奥の隠《こも》り沼《ぬ》に達するためには、まだまだ困苦を重ね、たくさんの水路を開いてゆかなくてはならぬ。そんなことをしているうちに、みんな退屈してしまうか、さもなくば話し手の方で嫌気がさして何かと口実を設けて逃げてしまうということになるのが落ちだ。しかし聴き手を魅惑して退屈から連れ出せないような話し手は三文の値打ちもありはしない。

恋をしている人は自分の恋人が美しいということを誰にも証明して見せることはできない。誰も恋をしている人の心の中に、恋人が彼を憎んでいるということを示すようなはっきりした証拠を指摘してみせることはできない。要するに、ここでは証拠などというものは用をなさないのだ。ここではただひたすら愛を求める人になりきるほかはない。

恋をする人について、わしが詩の中で誇張した表現を使っても、それは本当は誇張にはならないのである。それどころか、神秘道の弟子が師の姿のために、己が精神力を完全に使い果してしまうことは我々が現によく目撃するところである。

　　ああ汝の姿のこよなき美しさよ
　　百千の精神《こころ》にも勝るその美しさよ。（作者不明）

なぜそういうことになるかというと、神秘道において弟子が師のもとに来る時、彼は先ず何よりも自分の精神《こころ》を虚《から》にして、ひたすら師を思い師に頼らなければならないからである。

　ここでバハーウ・ッ・ディーン（ルーミーの一子スルターン・ワラドのことであろう）が口をはさんだ。師の姿のために自分の精神《こころ》を棄てるのではなくて、己が師と仰ぐ人の精神のために自分の精神を棄てるのではありますまいか、と。

師は次のように言われた。

　いや、そんなことはない。もしそうであれば両方とも師になってしまう。あらん限りの力をふりしぼって自分の内部に光を点《とも》すよう努めるがよい。そうして始めて惑乱の炎から遁れ、身の安泰を守ることができる。内部にそのような光が点った人にとっては、およそ現世に関係した一切の事柄は、高位も太守の位も宰相の位も、全て心の中にぱっと燃え上っては稲妻のごとく須臾に消え去る。反対に、俗物どもにとっては、彼岸の世界に関わる一切の事柄、例えば神の怖れ、聖者の世界への憧憬などが心の中に一瞬ぱっと燃え上ったかと見るまにたちまち稲妻のごとく闇に消える。神の人は己れの一切をあげて神のものとなり、ひたすら顔を神に向け、ただ神のみを思い、神のうちに消融している。現世的な欲望も知らぬではないが、それはあたかも陰萎の男の性欲のように起っても永続きせず、すぐ消えてしまう。俗物は彼岸に対して正にこの反対である。

談話　其の二十一

シャリーフ・パーイ・スーフテ（Sharīf Pāy Sūkhteh. どういう人か不明）の詩に次のような句がある。

尊くも恩寵を下し給う御神《おんかみ》は
　この世界など要らぬ方。
自ら全宇宙の魂にましまする御神は
ちっぽけな魂などは要らぬ方。
人間の心に浮ぶあらゆるものは
　神一筋に伏し拝む、がその神は
どんなものにも用はない。

まことに下劣な文句だ。これでは王者（神のこと）の讃美にもならぬ。己れ自身の讃美にすらならぬ。ああ哀れな人よ、神がお前に用がないと言って、それで何が愉快なのだ。こんなのは親しい友の言うことではない。仇敵の言うことだ。敵ならば「私は君とは縁がない。君など要らぬ」と言ってもなんの不思議もなかろうが。まあ考えてもみるがいい。愛に燃え焦がれ、己が愛する者（神）を思って法悦にひたっている信者がその相手から、お前なんかには用がない、などと言われたとしたらどういうことになるか。

これを譬えて言えば、風呂屋の火焚き男（風呂屋の火焚きは最下等の賤業。美貌の王と火焚き男の話はスーフィズム文学の主要テーマの一つである）が竈《かまど》の前に坐って、「王様はわしなんかになんの用もない。どうせわしは火焚き男だもの。いや、わしだけじゃない。およそ火焚き男などというものにはなんの関わりもないんだ」と言ったとする。王様が自分になんの用もないと考えることで、この哀れな火焚き男はどんな楽しみが味わえるというのだ。いや、本当は火焚き男たるもの、こう言えるようでなければならない、「わしが浴場の屋上にいると、王様が通りかかられた。わしが御挨拶申し上げると、王様はわしをじっと見詰めながら通ってゆかれた。あの視線は今でもまだわしを見詰めている」と。こう言えてこそ、火焚き男の冥利に尽きようというもの。それを、王様はおよそ火焚き男などにはなんの関わりもない、などと言ったのでは、王様を讃めたことになりはしない。自分も一向に楽しくもない。

「人間の心に浮ぶあらゆるものは……」と言う。本当だ、哀れな男よ、お前の心に浮ぶほどのものはことごとく酔っぱらいの他愛もない世迷いごと。お前の夢や幻をまともに取る人などありはしない。たといお前の心に浮ぶことをみんなに話して聞かせても、向うは大欠伸して逃げ出すのが落ちだ。第一、神がそんなものには用がないと仰せられないような世迷いごとがどこにあろう。神は絶対に独立不依、何ものも必要とはしないとコーランにも明言されている。

だが、あれはもともと信仰のない人々について下されたものであって、いやしくも信仰心のある人に向って、お前などには用がない、とは絶対に仰せられるはずがない。

ああ哀れな者よ、神の方では、何も要りはしない。それは確かだ。しかし、お前に少しでも値打ちのあるような精神的状態ができておりさえすれば、神は決してお前など要りはせぬとは仰せられないのだ。お前の真価だけお前を必要とされるのだ。

マハッレ師(Shaykh Maḥalleh. 本名をファフル・アフラーティー Fakhr-e Akhlāṭī という人。詳細は不明)の言葉に、「先ず第一は見ること、次に話し合うこと。現にみんなが王様を見るが、王様と言葉を交すことのできるのは特別の人だけだ」というのがある。これについて師は次のようにおっしゃった。

こんな考え方はだめだ。きたない。ひっくり返っている。モーセは先ず話しかけ、言葉を聞き、その後で始めて見ること求めた(神と話してから、神の姿を見ようとした)。(神と)語らうという境地がモーセの本領であった。(神を)目のあたり見るという境地が預言者ムハンマドの本領であった。とすると、こんな言葉が正しいわけがないではないか。

また或る時の談話に――

誰かがタブリーズのシャムス・ッ・ディーン師に「私は神の存在を証明しました」と言ったことがあった。翌朝シャムス・ッ・ディーン師はこう仰せられた、「昨夜、天使らが降りてきて、あの男を祝福して言うことに、『ああ有難い、有難い。我らの神の存在をあの男が証明したげな。神よあの男に長寿を与え給え。せめて世の人々に何もよからぬことをしなかった報いに』と。」

ああ、なんたる哀れな男か。神はもともと厳然と存在しておられるわ。何も存在を証明してもらうことはない。もし何かやりたいというのなら、神の御前《おんまえ》に自分がどんな位にあるか、どんな段階にあるかでも証明するがよい。神の方では、何も証明してもらわずとも始めからちゃんと存在しておられるわ。

いかなるものといえども、神の栄光を讃えまつらぬものはない。(コーラン一七章四六節)

この点については疑問の余地は全くない。元来、法学者(法学者は思弁神学者でもある。いわば神の存在証明の専門家たち)などという者どもは実に頭の切れる連中で、自分の専門領域では百パーセント能力がある。だが、彼らと彼岸の世界との間には高い壁が立っていて、その限界のこちら側で、それは良い、これは悪い式の秩序を作り出す。もしあの壁が目隠しになっていなかったら、彼らの意見を徴する人など誰もなくなり、商売上ったりになってしまうことであろう。

これによく似たことを先師(ルーミーの父、偉大なスーフィーであったバハーウ・ッ・ディーン・ワラド Bahā'al-Dīn Walad

を指す。ルーミーはその薫陶の下に育った)も言っておられる。曰く、「かの世界は大海のごとく、現世はそこに浮ぶ泡沫《うたかた》のようなもの。ところが、いとも尊く高き神は、このあぶくのような現世の繁栄を計らい給うて、特に一定の人々を選んで海に背を向けさせ、以てあぶくの世話係りになし給うた。もしこの人たちがこの仕事に精出さなければ、人々はたちまち互いに滅ぼし合い、あぶくが消えてしまうことは必定だ。」

つまり、王様のために天幕を立てることになって、或る人たちが天幕作りに狩り出されたというわけである。中の一人が、「もしおれが天幕の綱を作らなんだら、どうして天幕が立つだろう」と言えば、ほかの一人が「もしおれが杭を作らなんだら、せっかくの綱もどこに結ぼう」と言う。みんな結局王様一人の下僕であって、王様は天幕の中に坐を占めて、愛する人の姿を楽しまれることになるだろうということが誰にも分っている。例えばもし機織りが機織りの仕事をうっちゃらかして、宰相になろうとしたりすれば、全世界が着る着物もなくて素っ裸になってしまう。だから機織りは自分の仕事に喜びを感じ、それで満足するようになっているのである。こうして一群の人々が泡沫《うたかた》の世を維持してゆくべく創られたのであり、またこの世そのものは至高の聖者の維持のために創られたのである。

全世界がその人の維持のために創られた人こそこよなくめでたき人というべきである。この世を維持するために創られた人は第二義に落ちる。こういう次第で(第二義的な人々は位は落ちるが、聖人の維持のために間接的に必要であるから)神はこれらの人々の一人一人にそれぞれ己が仕事に楽しみと満足とを見出すように計らい給うた。彼らは、たとい何万年も長生きしても、依然として同じ仕事をし続けるに違いない。いや、日一日と自分の仕事に対する愛情は増大し、自分が専門とするところでいよいよ技能は入神の域に達し、そこに無上の歓喜を味う身となるであろう。

いかなるものといえども、神の栄光を讃えまつらぬものはない。(コーラン前出)

とは正にこのことだ。綱作りは綱作りなりに神を讃える。天幕の柱を作る大工は大工なりに、杭作りは杭作りなりに、天幕の布地を作る機織りは機織りなりに、それぞれ神を讃える。そして、天幕の中に坐って精神的な歓楽の限りを尽す聖者たちも、彼らなりに神を讃える。

わしのところにやってくるこの人々、わしが黙っているとすぐ不機嫌になり気を悪くする。しかし、何か言うとなると、どうしても相手に向いたようなことを言わねばならぬ。そこで、自然こちらも気が重くなり、向うは行ってしまう、「先生はわしらに嫌気がさしてすぐ逃げてしまいなさる」などと悪口言いながら。一体、薪が釜を棄てて逃げてしまうなどということがあるだろうか。逃げるのは釜の方だ。火に堪えられないから逃げるのだ。だから火や薪が逃げるのは本当に逃げるのではない。ただ釜が弱すぎると見てとって、少し距離を置くだけのことだ。どちらにしても、逃げるのは釜の方である。こういうわけで、わしが人々を避けるのは、実は先方が逃げることなのである。

わしは鏡だ。人々の心に逃げ出したいという気持があれば、そのままこちらに映る。そこで向うのためを思ってわしは逃げる。鏡とは人が自分を映して見るためのもの。もしわしが嫌気がさしているように向うの目に映るとすれば、それは向うが嫌気がさしているということだ。いやだの退屈だのというのは元来、弱さの属性である。このわしのところには、嫌気がさす余地などありはせぬ。嫌気などわしの関わるところではない。

或る日こんなことが起った。湯を浴びている最中のことだ。サラーハ・ッ・ディーン師（タブリーズのシャムスが杳として行方知れずになった後、ルーミーが十年間にわたって熱烈な神秘主義的愛を捧げた、コニヤのファリードゥーン・ザルクーブ Ṣalāḥ al-Dīn Farīdūn Zarkūb のこと）にわしが深く恭敬の意を表したところ、師もわしに向って大変な恭敬の意を表わされた。あまりにも丁寧すぎる師のこの態度にわしは抗議した。その時わしの心にふとこんな憶いが起った。あなたの丁寧さは限度を越えている。恭敬の意は少しずつ表わすことこそふさわしい。最初は手に接吻、その後で足に、というふうに少しずつ少しずつ表わしていって、ついには外面には全く現われず、それと気づかれないまでになって、常住坐臥のことと化してしまうに至るのこそ望ましい。こうして段々に恭敬の意を表わすことが日常茶飯事になってしまえば、何もわざわざその労をとることもないし、相手の敬意に対してこちらも敬意で返礼するということもなくなる、と。

親しい友に対する時も、敵意を抱く人に対する時も、こういう態度で臨むべきだとわしは思う。つまり、少しずつ、段々と、だ。例えば敵に対しては、少しずつ少しずつ忠告してゆき、どうしても聴かない時は打ちすえる。それでも聴かないようなら、思い切って突っ放す。コーランにも言われているではないか。「反抗心を示す女どもは先ずよく諭《さと》し、（効果がなければ）寝床に追いやって打擲《ちょうちゃく》を加えるがよい」（四章三八節）と。

この世のことは全てこの調子で行くものだ。気をつけて見るがよい、春がどんなに穏やかに親愛の情を込めて働くかを。最初のほどは、ごく少しずつ温かくなり、それから次第に温かさが増してくる。木々はと見れば、これまた少しずつ進んでゆく。先ず若芽が微笑《ほほえ》んで、それからおもむろに青葉が出、実がなって、繚乱たる花毛氈が繰り広げられる。その有様は一切を投げ出し、自分の持物を全て惜しみなく手離してしまう托鉢僧やスーフィたちにもまがうばかり。

普通、人は現世と来世の仕事を大急ぎで終らせてしまおうとする。それで自然と最初から無理しすぎることにもなる。こういうやり方では事はうまく行かない、特に精神の鍛錬を己れの道とする場合には。

こういうことが言われている。もし人が三キロものパンを食う習慣のある場合、毎日少しずつ順を追って量を減らしてゆくと、ものの一年か二年もたたないうちにパンの量は半分になり、しかも減らし方がうまければ、身体はパンが少くなったことに全然気づかぬという。神を崇め、隠棲して修業に励み、神にお仕えし、神に祈る場合もこれと同じこと。心の限りを尽して神の思いに身を捧げようとする場合、道に踏み入ったら先ず最初のほどは暫く日に五回の定めの礼拝を守ることから始めるがよい。それから後はどこまでも限りなくお勤めの量を増してゆくことができる。

談話　其の二十二（原文アラビア語）

要するに一番大切なのは、イブン・チャーウィシュ（Najm al-Din b. Khurram Chāvish. ルーミーの弟子の一人）が、サラーハ・ッ・ディーン師（談話二十一参照）の陰口をきかないよう慎ませることだ。それがきっとあの男の身のためにもなろうし、あの男をすっぽり包んでいるあの暗い翳りも取り除く糸口にもなるであろう。

あのイブン・チャーウィシュという男、自分自身のことはなんて言うつもりだ。考えてもみるがいい。多くの人々が国を棄て、父を棄て母を棄て、己れの家族も親族も部族も棄てて、はるばるインドからシナまで旅に出て、用意した鉄の靴がぼろぼろになるほど歩きまわる。その苦労もただ、彼岸の世界の馥郁たる香りのする人にどうぞしてめぐり遇いたいという気持からだ。運つたなくして、ついにそのような人にめぐり遇うことができず、悶々として死んだ人がどれほどあることか。ところが、そなたは己れの家に坐ったまま、まさしくそのような人にめぐり遇った。それなのにそのお方に背を向けるとは何事か。これこそ大変な不祥事、迂闊さにもほどがある。

第一、かつては自分こそサラーハ・ッ・ディーン師をわしに口を極めて推奨し、「あの方は本当に偉大な人物でございます。一目お顔を見るだけで分ります」の、「私が師のもとに伺候するようになったその日以来、先生の御名を口にされるごとに、先生のことを我が師、我が主と呼ぶはおろか、我が創り主とまで申されるほどで。しかもこのような敬称をただの一日たりとも変えられた日はございません」のと言いおったくせに、なんの悪企みがあってか、ころっと態度を変え、今ではサラーハ・ッ・ディーン師のことを「あんな者はゼロだ」などと言い出すとは。

サラーハ・ッ・ディーン師があの男にどんな悪いことをなされたというのか。なに、事の真相は、ただあの男が溝《ど》泥《ぶ》に陥《はま》りそうにしているのを見るに見かねて、「溝泥に落ち込むでないぞ」と忠告してやりなさっただけのことにすぎない。ほかの誰をもさしおいて、あの男に憐憫の情をかけられただけのことにすぎない。ところがあの男の方では、そんな同情など御免だと言う。

そなたが何かサラーハ・ッ・ディーン師の不興を買うようなことをすれば、そなたはたちまち師の怒気の只中に巻き込まれてしまう。師のような方の怒気に巻き込まれたが最後、どうやってそこから抜け出すことができよう。それでも師は、地獄の劫火の濛々たる黒煙に包まれて真っ黒になっているそなたに向って、「わしの怒気の中にいつまでもそうしていてはいけない。さ、わしの怒気と忿怒の家を飛び出して、わしの情と慈悲の家に移るのじゃ。なに、わけはない、ただわしの気に入ることを一つでもしてくれれば、それでそなたはわしの愛と慈悲の家に入れるのじゃ。それだけで、そなたの心を包む闇は消え、そなたの心は光に満ちたものとなろう」と言って下さる。そなたのために、そなたのためよかれとのお気持からこう忠告して下さる。ところが、そなたの方では、せっかくの同情も忠告も、何か裏に目論見や思惑があってのことだろうと受け取る。あれほどのお方が、そなたごときに思惑や害心《あだごころ》など抱いてなんとしよう。

そなただって、例えば禁断の酒やハシーシュや音楽やその他何かの原因で法悦境にある場合、少くともその間は自分の仇敵でもみんな好きになってしまい、赦す気になり、つい相手の手や足に接吻したいような気持になってしまうではないか。その間だけは一視同仁で、異教徒も回教徒も区別がつかなくなってしまう。サラーハ・ッ・ディーン師の境地が正にそれだ。師は精神的歓喜の根元であり、師の中には法悦の大海があるのだ。師のような方には、誰かを嫌ったり、何か思惑があって誰かをどうとかするというようなことはあり得ない。

全く滅相もないこと。ここに問題としている師の言葉は全て神の僕《しもべ》たる者どもに対する憐憫と慈悲の情から出たものであって、そういうことをよそにしては、蝗《いなご》か蛙にも比すべきこんな連中に師が特別の関心を抱かれるはずもありはしない。精神の王国を支配し、あれほどの偉大さを身に備えておられる師のごときお方、こんな哀れな連中と比ぶべくもない。

生命の水は暗闇の中にある、とは人のよく言うところ。暗闇とはすなわち聖者の身体のことであって、そこに生命の水はあるのだ。生命の水はただ暗闇の中にだけ見出される。だからもしそなたが暗闇を嫌って避けるならば、生命の水はどうしてそなたのところまで流れてこよう。

男色の味が知りたくば陰間《かげま》から習い、淫売とはどんなものか知ろうと思えば売春婦から習う。だがそんなことを習い覚えるにも、さんざんいやな思いをさせられ、痛めつけられ、気に染まぬことまでさせられて、やっと望みを達して習いこむ。それなのに、預言者と聖者の境地である永遠不滅の生命を手に入れたいと念願した場合、いやな思い一つせずに、己れのものを全然手放しもしないで、悠々とそれが獲得できるとでも思うのか。どうしてそんなことがあり得よう。

師は今そなたに、妻を棄てよ、子も棄てよ、財産も地位も棄ててしまえとお言いつけになる。これは古来の偉い方々がみんな言ってこられたことだ。いや、それどころではない。昔の高徳がたは、「そなたの妻を棄てよ、わしが貰い受ける」とまで言われたものだ。しかも弟子たちの方では、そんなことまでよく堪えた。ところが今日日《きょうび》のお前がたと来ては、師にほんの些細なことをするように忠告されても、我慢できない。「汝らの自分でいやだと思うことも、案外身のためになるかもしれぬもの」(コーラン二章二一二節)ということが分らぬか。

ああ、全くこの連中、何を言うことやら、盲目と無知にすっかりやられているのだ。美少年や女に惚れ込んだ人が、どんなに媚《こび》ついたり諂《へつら》ったり、全財産を投げ出したり、あの手この手で気を引いて、相手の心を靡かせようとする。夜も昼も、ほかのことは全部いやだがこれ一つだけはと思い詰める、あの状《さま》をとくと観察したこともないのか。師を思い神を愛する心がこれより弱いとでも言うのか。

あの男、ほんのちょっと師に言いつけられ、忠告され、気心を許した態度を取られると、たちまち師に背を向けてしまう。それで分った。始めから本気で愛慕してもいないし、求めてもいないのだ。本気で愛し求めているならば、この何十倍でもよく堪えて、糞尿も蜜か砂糖と見ることであろうに。

談話　其の二十三

師の或る日の談話に——

わしはトゥーカート(コニヤの西方にある都市)に行かなくてはならない。あのあたりは気候が温暖だからな。もっとも、アンタリアも温暖の地ではあるが、あそこは住民の大部分がギリシャ人でわしの言葉が通じない。ただし、同じギリシャ人でもこちらの言うことがちゃんと分る人も幾らかはいる。つい先だっても、わしは一団の人々に話をしていた。その中には(全然言葉の通じない)異教徒が数名まざっていた。ところがこの連中、わしの話の途中で急に泣き始めたかと思うと、異常な精神状態になり、ついに忘我脱魂の境に入ったではないか。

そこで誰かがお尋ねした、「その人たちは一体何を理解したのでございましょう。どんなことが分ったのでございましょう。この種のお話は、選ばれた回教徒でさえ千に一人ぐらいしか分る者がございませんものを。泣き出すほど感動するとは、一体何が分ったのでございましょう」と。師は次のように答えられた。

なに、言葉そのものを言葉として理解する必要はない。言葉の発する根源に当るもの、それがつかめるだけで事は足りる。とにかく、神は唯一であること、神は万有の創造者であり扶養者であること、一切を意のままになし給うこと、一切は神に復帰すること、賞罰は共に神の御手にあることなどは万人の等しく認めるところ。神を語り神を述べるこのような言葉を聞く時、あらゆる人の胸は興奮し、憧憬と感激が湧き起る。こういう言葉には恋しい女《ひと》(神を指す)、憧れの女《ひと》の匂いがあるからだ。

道はいろいろ違っても、行き着く先はただ一つ。見るがいい。メッカの聖所に至る道は幾つもある。或る人は小アジアからの道を取り、或る人はシリアから、或る人はペルシャから、或る人はシナから。また或る人はインドやイエメンからはるかな海路を越えて行く。もし道だけを見れば、みんなてんでんばらばらで、お互いの開きは限りない。が、目指すところに目をつけて見れば、みんなが一致して一つになってしまう。すべての人の心が一致してメッカの聖所に向っているからだ。全ての心が聖所に結ばれ、聖所を愛し、聖所に憧れている。どこにも違いなどありはしない。そしてこの愛着の情そのものは異端でもなければ信仰でもないのだ。つまり今言ったように道は様々に違っていても、その違いは愛着の情の純一さをいささかも乱しはせぬ。取るべき道に関してこそみんなの意見がまちまちで、この人はあの人に「お前は間違っている、異端者だ」と言い、あの人はこの人に同じことを言う。が、一たん目的地に着いてしまえば、もう議論も喧嘩もいざこざもありはしない。ひとたびメッカの聖所に到着してしまえば、今まで喧嘩していたのは道についての争いであって、目指すところはただ一つだったということが誰の目にも明白になる。

譬えば盃に生きた魂があるとしたら、きっと盃は盃作りの奴僕となって、彼に恋い焦がれることでもあろう。ところで盃が一たんでき上ってしまうと、いろいろな人がそれぞれ勝手なことを主張する。この盃はこんなふうに食卓の上に置くのが本当だと言う人がある。内側を洗わなくてはだめだと言う人がある。いや外側を洗わなくてはいけないと言う人がある。内も外も全部洗う必要があると言う人がある。そうかと思えば、洗う必要など全然ないと言う人もある。意見が喰い違うのはこういう点についてだけである。この盃には確かに作り主がある、ひとりでにでき上ったものではないという点になると、誰もが一致して、意見の相違など全然ありはしない。

さて、ここで本題に戻るが、人は誰でも、外面上はともあれ、心の奥底では神を愛し、神を求め、神を必要とし、あらゆることについて最後の希望を神にかけ、神以外の何ものも自分を自由に意のままに扱えるものとして認めない。この内的事実それ自体は異端でもなく信仰でもなく、善でもなく悪でもない。心の内面にある限り、なんとも名のつけようもないものだ。ところが、心の内面からこの根源的理念の水が舌という水路を伝わって流れ出し、凝固して氷となると、それが形象を帯び言語表現となる。そこで始めて異端だとか正しい信仰だとか、善だとか悪だとか、名前がつく。

草木が地中から生えてくるのもこれと同じで、最初のほどは全く形をなしていない。それがいよいよ地上に萌え出すと、始めはほっそりと繊細な姿、色は生白《なまじろ》いが、段々地上に生長してくるにつけ、次第にがっしりと太くなり、色も変る。

信仰ある者とない者とが、一緒に坐っている場合、ものを言わない限り区別がつかない。心の中で何を思っておろうと、それを取り押えることはできない。心の中は自由の世界だ。憶いは極めて幽隠なものであって、それをとやかく言うことはできぬ。「我々は外に表現されたものだけを見て判定する。ひそやかな胸の憶いは神のみが司り給うところ」（ハディース）と言われている通りである。胸に隠したひそやかな憶いを神は人の胸の中にあばき出し給う。そうなったが最後幾ら努力し、幾らじたばたしたところで人間には自分の胸の憶いを追い払うことはできない。よく神はなんの道具も必要としないと言うが、まことに、人の胸にひそむ想念や思想を神は道具も筆も墨も使わずにそのまま暴露し給う。

だが、心にひそむくさぐさの憶いは、空を行く鳥や野生の羚羊《かもしか》のようなもので、捕えて籠に入れてしまわないうちは、それらを売ることは法律上許されていない。およそ物の売却には法律上、現品を渡すことが条件となっている故に、大空を飛び廻っている鳥を売るわけにはゆかないのである。まだ自分の自由にならないものを、どうして相手に手渡すことができよう。

こうしたわけで、思想というものは、まだ胸の中にある限り、名前も印《しるし》もないものであって、それを異端だとか正しい信仰だとか判定するわけにはゆかない。「お前は心の中でこのことに同意した」とか、「心の中でこれを売った」とか、「さ、宣誓せい、心の中でこう考えはしなかったと」とか言う裁判官がどこにある。誰もそんなことを言いはしない。心を去来する想念が全て空行く鳥のごときものであるとすれば、他人《ひと》の心内についてはっきり判定を下すことのできる人などあろうはずがない。ところが、心内の憶いが言葉として表現されるや、たちまち異端だ、正しい信仰だ、善い、悪いと判定できるようになる。

肉体の世界というものが存在するように、表象の世界があり、想像の世界があり、妄想の世界がある。そして神はこれら全ての世界の彼方にある。中にあるのでも外にあるのでもない。しかし見るがよい、神はこれらの種々様々な心内の憶いを完全に支配して、筆も使わず、道具も使わず、自由自在に描き出し給う。人間がたとい自分の胸を裂き、隅から隅まで一点も残さず探し廻ったところで、一片の想像も表象も見つかりはしない。自分の内部に自分の憶いを見つけだすことができない。血の中にも血管の中にも、上にも下にも、どこにもない。元来、茫漠として無形無兆であるからだ。もちろん、心の外にも見つかりはしない。

従ってまた全てこれらの想念を自由に支配し給う神の計らいも実に幽微で捉えがたいものだ。とすれば、このようなものを創り出す神御自身が、いかに玄妙な、いかに幽微なものであるかは想像に余りあろう。我々の形骸は、我々の人格を表わす内的理念に比すれば極めて麤《そ》悪なものである。ところが、この精妙玄微な内的理念も神の幽玄さに比べれば極めて麤悪な形骸であり形体であるにすぎない。

もしもかの聖なる霊が
帳《とばり》をあけて立ち現われれば、
人の子の理知も精神も、すべて
粗雑な形骸と見えるであろうに。（ルーミー自作の詩句）

いと高く尊き神は人間の想念の世界の中にはおられない。いや、どんな世界の中にも。もし神が人間の想念の世界の中にあるとすれば、当然そのような想念を心に描いた人の中に包含されることになってしまう。それでは、神は想念の創造者ではなくなってしまう。だから神が一切の世界の彼方にいますことは明らかである。

アッラーは、かねて使徒（ムハンマド）に示し給うたまことの夢をそのまま現実と化し給うた。「いつの日か、アッラーの御心ならば、汝ら必ず聖なる神殿に入ることができようぞ」と(コーラン四八章二七節)。

「我らはメッカの聖所に入ることができよう」とは誰でも言う。が、或る人々は「もしアッラーの御心ならば、聖所に入ることができよう」と言う。このように、もし神が欲し給うならばという条件をつける人々は本当に神を愛する人である。なぜなら、誰かを心から愛している人は、自分が事を自由勝手に動かせるとは考えず、愛する相手に一切を任せるからである。だからこそ、今の場合でも、「もし私の愛している人がそれを望むなら、どこそこに入ることになるだろう」という形の表現をとる。

ところで言葉を表面的な字面《じづら》通りにしか理解できない人にとっては、メッカの聖所とは、例の信徒が参詣に行くカアバのことにほかならない。しかし、神を本当に愛する人々、特に神に選ばれた聖者たちにとっては、メッカの聖所とはすなわち神との霊的合一を意味する。だからこそ「もし神がそれを望み給うならば、我らは神の御傍《みもと》に行きついて尊いお姿を拝むこともかなうであろう」(「御心ならばメッカの聖所に入ることができよう」という彼らの言葉はこういう意味である)と言うのだ。

反対に神に愛されている人(最高の神秘家)が「御心ならば」と言うことは稀である。これは常人とは全く次元の違った異邦人《とつくにびと》の話だ。世の常と次元を異にする人の話を耳にする人、いや聞くことのできる人は自分も世の常と次元を異にする人でなければならない。或る特別の人々に限り、神の愛の対象となり、神の憧憬の的となる。そういう人たちの場合は、神の方からこれを求め、普通誰かを愛する人がしなければならない全ては事をその人々のために神がなさる。神を愛する人が「もし御心ならば御傍に行きつけるであろう」と言うところを、この不思議な人々の場合に限って神御自身が代って「もし御心ならば」と言って下さる。

しかし、もしわしがこの事の真相を細かに説明しだしたら、たとい道の蘊奥を極めた聖者がたといえども、話の筋についてはこれまい。ましてや、それほど深遠な神秘道の秘義を、どうして普通の人に話して聞かすことができよう。

よくぞここまで書いてきた我が筆よ
穂先が折れてもう書けぬ。(アフザル・ッ・ディーン・ハーカーニー Khāqānī の句)

尖塔《ミナレット》の頂上にいる駱駝の姿さえ見えない人に、その駱駝が口にくわえた細糸が見えるわけもあるまい。

さてさっきの話に戻るとして、必ず「アッラーの御心ならば」、つまり一切は我が愛する人の意志のまま、もし愛する人がそれを望むなら、我らはメッカの聖所に入ることができよう(神と合一することができよう)、と言わずにはいられない人々は神を本当に愛する人々だ。このような人の自我は神の中に消融している。その境地は神以外の何ものも容れる余地がない。別のものなど考えるだけでもったいない。別のものが入り込んでくる場所がどこにあろう。自我が完全に消融してなんにもないからこそ神がその場所を占め給うのであってみれば。「神ならで住む人もないこの家に」というわけだ。

「いつの日か必ず尊いお姿を拝しまつることもかなおうぞ」という、使徒に対するこのお告げ。これこそは全て神を愛し、神に心の誠を捧げまつる人々全ての夢である。この夢の深い意味は彼方の世界(この世に存在する一切の事物、この世に生起する一切の事柄に対応して、それらの事物や事柄が全く別の象徴的秩序において存立している異次元の存在領域)で始めて解き明かされる。いや、これだけではない、この世で経験されるあらゆる状態は全て夢であって、その意味は彼方の世界で始めて明らかになる。例えばそなたが馬に乗っている夢を見るとする。その意味は、目的地に到着できるということだ。だが馬と目的地とは全く別ものである。また誰かがそなたに本物の銀貨をくれる夢を見るとする。この夢を解いて見れば、誰か学識豊かな人の口から正しい、立派な言葉を聞くだろうということだ。しかし、銀貨と言葉の間には実はなんの関係もない。また夢にそなたが絞首台に吊られるところを見れば、その意味はそなたが人々の首領になるだろうということだ。しかし絞首台と首領になったり君主になったりすることとはなんの関係もない。このような意味で、この世の様々な経験は皆夢だと言ったのである。

この世は全て夢の如し。（ハディース）

と言う。あの世でなされるその解釈は、もとの夢とは全然違った形をとる。似ても似つかぬものになるのだ。そしてこういう解釈をするのは、ほかでもない神御自身であって、神御自身が夢の意味を解いて下さる。神には一切がお見通しだからそういうことがおできになるのである。

例えば果樹園の管理人が果樹園に一歩踏み込んでぐるりと木々を眺めれば、一々枝に実がなるのを待つまでもなく、この木は棗椰子、これは無花果《いちじく》、これは柘榴《ざくろ》、これは梨、これは林檎、と一目で分る。こういう性質の知識を達道の人ももっているので、何も復活の日の到来を待つまでもなく、夢の解釈は即座にできる。どんなことが起ったのかとか、この夢は現実にどんな結果に至るだろうとか、すぐ分ってしまう。ちょうど果樹園の管理人には、この木がどんな実を結ぶだろうと前もって分るように、精神界の達人も、これこれの夢が現実にはどんな結果に繋がっているか前もってすっかり分るのである。

この世の一切のものは、財産であれ妻であれ衣服であれ、何か別のもののために求められるのであって、そのもの自体のために求められるのではない。そんなことは誰にもすぐ分る。例えばそなたに今何万という金があったとしよう。そして腹が減っているのにパンが全然見つからないとしよう。そのお金を食って、それで食事にすることができるか。同じく妻は子供をもうけるためのものであり、性欲を満足させるためのもの。衣服は寒さを防ぐためのもの。といった具合で全てのものは順々にその目的の連鎖を辿ってゆけば最後には神に帰着する。神こそ、何か他のもののためでなしに、それ自体で求められ欲される唯一のものだ。神は一切のものを超越し、一切のものよりすぐれ、一切のものより貴く、一切のものより幽玄である。そんな神を、神より劣等なもののために求めるなどという道理はない。「全てのものは御傍《みもと》に帰りゆく」(この文章とほとんど同じ文句がコーラン四二章五三節にある。曰く、「見よすべてのものは最後にはアッラーの御傍に帰りゆく」と)とはこのことにほかならない。一たん神の御傍に到達すれば、それで求めるものは余すところなく得られたわけで、もうそれ以上はどこにも行きようがない。

人間の心というものは本来限りない疑惑と困惑の場所であって、どんなことをしても心から疑惑と困惑を追い払うことはできない。ただ、夢中で何かを愛するようになった場合に限りそれができる。一たんそういう愛を抱けば、疑惑も困惑もきれいさっぱり消滅してしまう。

本気で何かを愛すれば、耳も聞えぬ、目も見えぬ。（ハディース）

と言われている通りである。

神の命令にそむいて、アダムに跪拝することを断乎拒んだイブリース（サタン。コーランによると神は人間の始祖アダムを創造した時、あらゆるものに向ってアダムを跪拝せよと命じた。サタンだけがそれを拒んだ）はこう言った、「（私の方があんなものより上等です。）貴方は私を火でお作りになりました。だがあやつは泥でお作りになったではありませんか」と。私の本質は火、彼の本質は泥。上等のものが下等のものの前に跪かなくてはならないなんて聞いたことがありません、と言う。このように反抗し、敢えて神に異議を申し立てた、その罪で神の呪咀を受け、追放される羽目になった時、イブリースは、「ああ、主よ、もとはといえばすべて貴方のなし給うたこと。これも貴方の誘惑でありました。それなのに私を呪い、私を追放し給うのか」と言ったものだ。

ところが今度はアダムが罪を犯した（禁断の木の実を食ったこと）。神は彼を楽園から追い出して、こう仰せられた、「これアダムよ、わしに責められ、犯した罪の故に追い払われようとした時、なぜわしに抗議しなかった。理屈の上ではお前の方に分《ぶ》があった。『神よ、全ては貴方から出るもの。全て貴方のなし給うたこと。この世で貴方の欲し給うことは全て実現し、貴方の望み給わぬことは何一つ起りませんのに』となぜ言わなかった。明々白々として正当なこういう言い分を持ちながら、なぜそれを言わなかった」と。これに対してアダムはお答えした、「主よ、よく分っておりました。しかし御前で礼を失することはしたくございませんでした。抗議いたそうにも愛が許さなかったのでございます」と。

師が申されることに――

イスラームの宗教法はいわば水場《みずば》のようなもの。また王者の政所《まつりごとどころ》に譬えられようか。そこは王の勅令の中心地、命令あり、禁令あり、政治も裁判もそこで行われて、高貴の人々にも一般庶民にも及ぶ。この政所から出される勅令は数えきれぬほど多く、全て立派で有効で、一国の秩序がそれに基いている。

だが、托鉢修道のスーフィーたちの本領は王様御自身と親しく交わることであり、勅令を出す支配者自身が何を考えているかをじかに感知することにある。王の出す勅令を知ることと、王自身の考えを直接知り、王と親しく交わることとは似て非なるものである。

わしの弟子たちと彼らの様々な精神的状態は譬えば学校のようなものと考えたらよかろう。学校には数名の学者が教えている。その一人一人に、学校長は各人の能力に応じて給料を払う。或る者には十、或る者には二十、或る者には三十という具合に。わしもまた弟子たちの各人の段階と能力に応じて、それに見合うだけのことを言う。「各人の頭の良し悪しに応じてものを言え」(ハディース)とある通りである。

談話　其の二十四

このような立派な建物を構築する人々は誰もがそれぞれに意図するところがある。例えば気前のいいところを見せようとか、名を揚げたいとか、報償が得たいとか。同様に聖者がたを崇め、その墓地や霊廟に対して謹んで敬意を表したりするのも、本当の目標は神に対して尊信の意を表することにある。第一、聖者がたは何も他人《ひと》に崇めてもらう必要など全然ない。御自身で始めから尊いのだから。

もし灯火《ともしび》が高いところに置いてもらいたいと思うとすれば、他のもののためにそうしてもらいたいというのであって、自分自身のためではない。灯火自身にとっては、高かろうと低かろうとなんの違いがあろう。どこにあっても灯火は同じく光っている。ただ自分の光をみんなに行き渡らせたいだけのことだ。中天高く燃えるあの太陽にしても、低いところにあってもやはり同じ太陽である。ただそうなれば世界が暗闇に沈むだけのことだ。してみれば、太陽が高く昇るのは他のもののためであって、自分のためではない。というわけで、聖者がたも、御自身からすれば、高い位置におろうと低きにあろうと、また一般の人々に崇められようと崇められまいと、そんなことには超然として関するところなしである。

現にそなた自身にしても、たまたま彼岸の世界の光輝を垣間見て無上の法悦を味わった場合、少くともその体験の続く間は、上も下もない、師の位置がどうの、指導者の地位がどうのということもない。何よりも身近な自分自身すら無用の長物となり、全然意識されなくなってしまうではないか。それならば、天上的光明と歓喜の鉱脈であり根源である聖者がたが、どうして上だ下だというようなものに縛られることがあるだろう。あの方々の誇りはただ神のみにあり、神は上とか下とかいうことには全くなんの関係もない。頭と足のある我々だからこそ、上下の区別があるのだ。

預言者(ムハンマド)の言葉に、「わしとユーヌス・イブン・マッター(旧約聖書「ヨナ書」に出てくる預言者ヨナのこと)とを較べて、彼は大魚の腹中に入り、わしは天に昇って神の玉座に到ったからという理由で、わしの方をユーヌスより偉いと考えてはならない」(ハディース)とある。言うこころは、お前たちがこのわしをユーヌスよりも偉いと見てくれるのは有難いとしても、決して彼は大魚の腹に入り、わしは天空高く引き上げられたという理由でそう考えてもらっては困る。神は高くも低くもないのだから、ということである。神は高くにもいます。低きにもいます。大魚の腹の中にもいます。高さも低さも遠く超越し給う。神にとっては一切が一である。

神の目指し給うところとは全然違った目的を抱いて事をなす多くの人々がある。例えば神はムハンマドの宗教(イスラーム)が万人に尊敬され、世に普く弘まり、時の終末までいつまでも存続するようにと望まれる。ところが、見るがよい、コーランに対してなんと多くの註解が書かれたことか。やれ四巻だ、八巻だ、十巻だと浩瀚なものが。著者の意図は己れの学識の誇示にある。例えばザマフシャリー(十二世紀のアラビア文法学者。そのコーラン註釈「カッシャーフ」Kashshāf はこの分野での最高水準)の「カッシャーフ」。この本で彼は文法学と意味論と文章論の奥義を尽したが、それももとはといえば己れの卓抜せる学識を示すためである。しかし(自分では知らないで)それが神の目指し給うところ、つまりムハンマドの宗教を称揚するという目的にもちゃんと合致しているのだ。

こういうわけで、人は誰でも神のために仕事をしていながら、神の御意図には気づかず、自分のつもりではそれぞれ自分自身の目的を追っている。例えば、神はこの世界が永続することを望み給う。人間の方ではそんなことにはお構いなく、ただ己れの欲情の赴くまま、肉体の快楽を求めて女に性欲のはけ口を見出す。ところがその結果は子供の誕生ということになる。つまり自分の快楽のために事をするのだが、正にそれが世界の永続に貢献する結果になるのだ。この意味で、何をしても人間は本当は神に奉仕している、ただし自分にそういう意図がないだけのこと。

見事な神殿を建て、扉や壁や屋根に莫大な金を費すのもこれと同じ道理で、皆メッカの聖所を目指しているのである。本当の目標、本当の尊敬の対象はメッカの聖所である。ただ本人はそれを直接意図してはいない。しかし直接に意図しないのに自然にそうなってしまうからこそ、かえって有難味もひとしお深いというわけである。

ところで(さっきの話だが)聖者がたの偉大さというものは決して目に見える外形上の問題ではない。いや、本当だ。誓ってもいい。あの方々にはおのずからなる高さと大きさが備わっておる。ただその高さや大きさは空間的な性質ではない。譬えばこの銀貨だが、これは確かに銅貨の上にある。銅貨の上にとはどういう意味か。決して空間的な高さのことではない。仮りに銀貨を屋根に置き、金貨を低いところに置いたとしても、どっちみち金貨の方が銀貨より上にある。金貨は銀貨の上にあり、ルビーや真珠は金貨の上にある。空間的には上にあろうが下にあろうが違いはない。同様に籾殻《もみがら》は篩《ふるい》の上に残り、粉は篩の下に落ちる。しかし空間的には下にあってもやはり粉の方が上である。してみると、粉が上であると言う場合、可視的な形の点から言っているのでないことは明らかであろう。価値の世界において、それだけのものがある限り、空間的にはどんな状態にあろうと上のものは上なのである。

談話　其の二十五

さる人が部屋に入ってきた。師はその人を見てこうおっしゃった。

愛すべき人だ、それに謙遜だし。ああいう謙遜さはあの人の本性の充実から来ている。たくさん実をつけた枝は重みで自然に下にたわむ道理。白楊のように実のならない木の枝は高々と頭を挙げる。だが、あんまり実がなりすぎた場合には、支え木をあてて、すっかり地面に垂れてしまうのを防いでやる。

預言者(ムハンマド)が極度に謙遜なお人柄だったのも、過去・未来、永劫にわたって全存在界のあらゆる果実が一身に集まっていたからで、誰よりも謙遜だったのは当然のことである(イスラームの神秘主義では預言者ムハンマドを歴史上のアラビア人であった預言者として尊敬すると同時に、純粋に霊的な宇宙的存在として形而上学化する。仏教の法身に似た考え方で、本書のこの部分ではルーミーの言葉はムハンマドのこれら二つの違った次元の間を行き来する)。「神の使徒よりも先に平安あれという挨拶の言葉を口にした者は一人もない」(同趣旨のハディースは幾つか記録されているが、これと同じそのままの言辞のハディースは知られていない)とある通りである。この意味は、人が預言者に「平安あれ」と挨拶する場合ですら、預言者より先にこの挨拶の言葉を言うことができなかったということである。つまり、預言者にはその謙遜さの故に他の誰よりも挨拶の言葉を口にするのが素早かったというのである。たとい実際上は相手より先に「平安あれ」という言葉を発音しなかったと仮定しても、それでもなお本当に謙遜なのは預言者の方であって、その意味で最初に口を切って挨拶の言葉を言うのはいつも預言者だったと考えるべきなのである。

なぜこんな妙なことになるのかというと、それはすべての人間がもともとこの挨拶の言葉を預言者から教わり、預言者の口から最初に聞いたのだからである。第一、昔の人も今の人も、全ての人が持っている一切の性質はことごとく預言者の光の反照であり、預言者の影にすぎない。人が家に入る時、その影が人より先に入ることがある。だが本当に先に入るのはその人自身だ。感覚的な形の上では確かに影が人に先行しても、先行するその影は要するにその人から出たものにすぎない。

しかも、人々の持っている様々な性質は決して今作り出されたものではない。すでにかの天地創造の時代、アダムの人格を構成する微粒子の中に、彼の構成要素の中に、それらの性質の微粒子が存在していた。その或るものは明るく、或るものは薄明るく、また或るものは暗かった。現在、それがみんな表面に現われてきているのである。だがその輝き、その煌《きらめ》きは、すべて昔のものにすぎない。かつてアダムの中で微粒子だった時、それらは何よりも清く、何よりも明るく、そしてもっともっと謙遜だった。

或る人々は始点を見詰める。或る人々は終点を見詰める。終点を見ている人は立派な偉大な人だ。なぜなら彼らの目は終末を、彼岸の世界を凝視しているから。しかし始点を見ている人はそれよりもっと偉い。この人たちは言う、「終末を眺める必要がどこにあろう。最初に小麦を播いておけば、最後に大麦が生える心配はない。始めに大麦を播いた人の畑には小麦が生えるはずがない」と。こういうわけで、彼らは始めだけを見詰めている。

けれど、これよりもう一段すぐれた特別の人々もいる。この人たちは始点も見なければ終点も見ない。始めも終りも全然意識にないのである。彼らは神の中に完全に消融している。ただし、同じく消融するといっても、現世に消融している人もある。始点も終点も見ない点では前の人たちと同じだが、この人たちは現世にうつつを抜かしているだけであって、果ては地獄の劫火の燃え草になるのが落ちである。

こう考えてみると、結局ムハンマドが一切の根基だということが分る。「もしそなたというものがなかったならば、わしは宇宙を創らなかったであろう」（ハディース、前出、談話十二）と神の御言葉にもある通りである。この世にある全てのものは、栄誉も謙譲も権能も高位も、ことごとくムハンマドの賜《たまもの》であり影であって、みんな彼から現われてきたものである。

同様に、今わしのこの手がすることも、実は知性の影の働きでするのである。なぜなら叡知の影が手を覆っているからだ。もちろん、知性に感覚的な影はない。が、影ならぬ影がある。ちょうど、味というものには存在ならぬ存在があるように。もし知性の影が人間にさしかけていなかったなら、一切の肢体は麻痺状態に陥ってしまうであろう。手はしっかりとものをつかむことができず、足は真っ直ぐ道を歩くことができず、目は何も見ることができず、耳はどんな音も歪んでしか聞き取らないだろう。知性の影の中にあればこそ、すべての肢体はそれぞれの機能を正確に、立派に、適切に遂行するのである。本当はこれら全ての働きは知性に由来するのであって、手足は単にその道具にすぎない。

同じく（この世界にも）一人の偉い人がいる。つまりその時代時代の神の代理者（全存在界の枢軸をなすほどの精神的偉人）のことだ。この人は宇宙的知性のような位置にあって、個々人の叡知はこの人の手足のようなもの。彼らが何をしても、みんなこの人の影の働きである。誰かから何か歪んだことが出てくるなら、それはかの宇宙的知性がその人の上に影を落さなくなったからである。同様に誰かが何か気狂いじみたことや善くないことをし始めるなら、その人の知性が何処かへ行ってしまって、も早影をその人に落さなくなってしまったことの明白な証拠である。つまり知性の影、知性の庇護の下にその人はもういないということである。

一体、知性というものは天使と類を同じくするものだ。天使には形があり、翼や羽毛があるのに、知性にはそんなものはない。こういう違いこそあれ、両者は本当は同一物であって、同じ働きをし、同じ天性をもつ。外見に騙されてはいけない、本当は全く同じ働きをするようにできているのだから。仮りに天使たちからその外形を溶かしてしまえば、そのまま知性に変貌してしまう。翼も羽毛も何も外面《おもて》には残りはせぬ。彼らが純粋知性であった、とそれで分る。ただ現実には身体を備えているので、天使のことを身体を持った知性と呼ぶだけのことである。例えば蠟で鳥の姿を作る。翼もあり、羽毛もあるが、要するに蠟でしかないようなものだ。試みにその鳥を溶かしてみるがいい。翼も羽も頭も足も全部たちどころに蠟になってしまう。何一つこれといって区別できるものはなくなって、全体がただ一塊の蠟となる。してみれば、すべてもと通りの蠟なのであって、蠟で作った鳥は蠟以外の何ものでもありはしない。鳥の姿にしたから鳥に見えるが、本当は蠟である。同様に氷はもともと水である。だから溶かせばそのまま水に戻ってしまう。しかし氷になる以前、まだ水だった時には、誰もつかんで掌に乗せることはできなかった。氷となって始めて手でつかんだり、着物の裾に入れたりすることができる。大した違いではないか。でも、氷は水であり、両方共に一つものなのである。

人間の性質もこれに似ている。つまり天使の翼を持ってきて驢馬の尻尾にくっつけたようなものだ。こうすれば天使と交わり天使の光を受けてついには天使になれるだろうというわけだ。事実、人間でも天使に類するものになる可能性がないわけではない。

叡知の翼もつゆえに、イーサー(イエス)は
天空高く翔《かけ》り去る。
もしイーサーの乗る驢馬に
同じ翼の片方だにもあったなら
驢馬のままではいないであろうに。(サナーイーの詩句)

驢馬が人間に変身したとてなんの不思議があろう。神は全能、いかなることでもなし給う。生れたばかりの赤ん坊は驢馬にも劣る有様ではないか。汚物に平気で手を突っ込み、口にもっていってしゃぶったりする。母親があわててその手を叩き、いけませんと言う。少くとも驢馬には或る種の分別が備わっていて、小便する時にはちゃんと脚を開き、小便が脚にかからないようにする。驢馬にも劣る赤ん坊を神が立派な人間に変え給うとすれば、驢馬が人間に変身したとて何を驚くことがあろう。神の前には不思議と言うべきものは何一つないのだ。

復活の日、人間の身体の全ての部分がそれぞれ別々に、手は手なりに、足は足なりにものを言う。哲学者たちはこのことを合理化して、手が本当に喋るわけではない、ただ何かの表徴《しるし》が手に現われて、それが言葉の代りをするのだと言う。例えば手に傷あとが見えたり腫物ができたりすると、それを「手がものを言う」という表現で表わすことができる。つまり、「私は熱性のものを食べた。それで手がこんなになった」(イランの伝統的医学では全ての飲食物を熱性と

冷性に分ける。体質や身体のその時その時の状態に合わないものを食べたり飲んだりすると障害が起る)という情報を手が出すわけである。また例えば手が傷ついたり黒くなったりした場合、手がものを言い、「ナイフで切られた」とか「煤だらけの鍋にこすりつけた」とかの情報を出すという。全て、手が「ものを言う」、とか、身体のほかの部分が「ものを言う」とかいうのはこのような意味にほかならない、と。

(哲学者のこのような解釈に対して)正統派の神学者たちは抗議する。なんたることだ、とんでもない。正にこの手そのものが、足そのものが実際にものを言うのだ。舌がものを言うのと全く同じに。復活の日、例えば誰かが己れの罪を否認して、「私は盗みませんでした」と言う。たちまち彼の手が、まごうかたない本当の言葉で、「いや、そなたは確かに盗んだ。私が自分で取ったのだから間違いない」と言う。その男、大いにあわてて手や足に向い、「以前は喋れなかったのに、なんで今、喋るのだ」と言う。手や足はこれに答える、

全てのものにもの言うすべを与え給うたアッラーがわしらにも言葉を与え給うたのです。(コーラン四一章二〇節)

「よろず事物にもの言わしめ給うお方が、私にもこうしてもの言わしめ給うのです」という。「戸にも壁にも石にも土塊《つちくれ》にも言葉を与え給うお方。これら一切のものにもの言わせ給うかの創造主が私にもまたもの言わせ給う、そなたの舌にもの言わせ給うのと全く同じように。そなたの舌は肉切れにすぎない。手だって同じ肉切れだ。いや言葉も要するに肉切れだ。もともと一片の肉切れにすぎぬ舌に理性(イスラームでは理性と言語は表裏一体と考える)などあろうはずがない。でも、今までにあんまり何度も(舌が喋るのを)経験しているので、そなたはそれを訝《いぶか》しいとも思わないだ

け。本当は神にとっては舌は単なる方便にすぎない。神が喋れと命じ給うから喋る。何でも言えと命じられることを、命令のままに言うだけのこと」と。

言葉は人それぞれの大小に応じて大きくもなれば小さくもなる。我々の喋る言葉は譬えば灌漑用の水のようなもので、どこへどのくらい流すかは管理人が決める。水の方では管理人が自分をどんな場所に流すか、胡瓜畠にか、キャベツ畠にか、たまねぎ畠にか、花園にか、そんなことは全然知らない。我々にしても、多量の水が流れてくるのを見れば、その土地は乾燥した広大なところであることを知り、少量の水が流れてくればそこが小園とか内庭とか、小さな場所であることが分るといった程度である。

聴衆の関心の度合いに応じ、神は叡知を説法者の口を通じて教示し給う。（ハディース）

「わしは靴屋。革は幾らもあるけれど、足の大小に応じて裁って縫う」というわけだ。

わしは人の影、人の身の丈《たけ》。
　その人の背丈によって
　　長くもなれば短くもなる。（ルーミー自作）

地中に小さな動物がいる。常に地の中の闇に棲む。この動物には目もなければ耳もない。その生存の状況では目も耳も必要がないからだ。必要もないのに目を貰ってもなんになろう。神のお手元に目や耳が不足しているわけではない。神がもの惜しみされるわけでもない。ただ、神はなんでも必要に応じて与え給うだけのことである。必要もないのに頂戴したものはかえって重荷になる。重荷を取り除くことこそ神の叡知であり温情であり度量である。重荷になるものをなんで押しつけたりなさろうか。例えば斧や鋸や鑢《やすり》などのような大工道具を仕立屋にやって、「まあ取っておけよ」と押しつければ、仕立屋の方では迷惑千万、貰っても使いようがない。というわけで、神はどんなものでも必要に応じて授け給う。それだけのことだ。

地中の暗闇に棲息する地虫たちのように、現世の暗闇の中で満足しきって生活し、彼方の世界など必要も感じなければ、見たいとも思わぬ人々がある。こんな人々にとっては、精神的な目や悟達の耳などなんの役に立つだろう。此の世の事柄は現に身に備えている肉眼で充分事足りる。彼方に向おうとする心もないのに、霊的な目を貰ってもなんになろう。なんの役にも立ちはしないのだ。

旅行く人(神の道の旅人、スーフィーたち)がないと思うな。
　人知らぬ悟達の人がないと思うな。
存在の秘儀に与《あず》からぬ我が身なりとて
　他人も同じと思い違うな。(作者不明)

さて現世とは人間のうつけ心の上に成り立っているもの。うつけ心がもしなかったら、此の世も存続しなかろう。

これに反して、神への憧憬、来世の憶い、神秘的陶酔、脱我体験というようなものが彼方なる世界の建築士である。もしこういうものがこの世を支配してしまったら、我々はすっかり彼の世界に行ってしまい、ここには誰一人居残るまい。だが神は我々がここにいて、二つの世界が存立することを望み給う。だからこそ神は二人の差配《さはい》を置き給うた。その一人の名はうつけ心、他は醒めた心。これで始めて二軒の家にそれぞれ住む人がある。

談話　其の二十六

師がおっしゃった。

お前がたの親切心、お前がたの熱心さ、また陰になり日向になりしてお前がたがしてくれるわしへの支援、そういうものに対してちょっと見にはわしの感謝や評価、済まないと思う心が足らぬように見えるかもしれぬ。が、それは決してわしの傲慢さや冷淡さから来るものではない。また何事にあれ恩義を受けたものが、行為なり言葉なりでどういう返礼をしなければならないか、それを知らぬわしでもない。だが、わしはお前がたの清い心情を知る故に、お前がたがひたすら神のためにのみ全てをしているのだということがよく分っておる。そこでわしも、神のためになされたことであるからには、それに対する感謝の表明も神御自身にお委せ申したいのだ。それを、もしわしが感謝することに熱心になりすぎて、口でお前がたを褒め讃えたりすれば、せっかく神御自身から戴けるはずの御褒美の一部が予めお前がたに届き、報酬の一部が先廻りして来てしまうことになる。

恩を受けた者から頭を下げられ、有難う有難うと言われ、偉い人よと褒められても、そんなものは要するに現世の喜びにすぎない。この世で巨額の金を使ったり、地位名誉を投げ棄ててまで苦労したりした場合、人に褒められるよりもその報いがそっくり神から戴けるほうがどんなにましかわからない。

と、こんなわけで、わしはあまり感謝の意を表わしたくないのだ。そのわけは、人が有難うと言うことは現世だけの事柄だからである。このことの意味は次のように考えてみれば得心が行こう。

誰も財産をそのまま食うわけではない。財産が有難がられるのは別のもののためである。人は財産を投じて馬を買い、侍女《そばめ》を買い、お小姓を買い、あるいは地位を獲る。結局はそれで世の賞讃を買おうというのだ。してみれば、尊敬され有難がられるのは正に現世そのものであって、要するに現世が賞讃されるにすぎない。

ブハーラーのナッサージ師(この人のことはルーミーの詩にも出てくるが、詳細は不明)は偉大なスーフィーであった。立派な神秘主義的感覚を備えた方だった。時のお偉方《えらがた》や学者たちが彼を訪ねて雲集し、その前にきちんと坐ってかしこまっていたものだ。

師は文盲だった。人々は彼が口頭でコーランやハディースの意味を解き明かすのを聴くことを好んだ。そんな時、師は言ったものだ、「わしはアラビア語を知らぬ。そなたたち、コーランの文句でもハディースでも翻訳して下さらぬか。わしがその意味を解いて聞かせよう」と。人々は望む章句を翻訳して読み上げる。すると師はそれを解釈し、その深い意義まで解明するのだった。解釈はいつも「この文句を言われた時、預言者(ムハンマド)はこれこれの精神状態におられた。その精神状態の特徴はこれこれであった」という言葉で始まり、次第にそのような精神状態の段階を説明し、次いでそれに至る道、つまりどうしたらそのような精神的高みに昇れるかを詳しく説明されるのが常であった。

或る日のこと、新人を紹介する役にあったアリーの後裔に当る男が、或る裁判官を師の面前で盛んに褒め上げた。「これほどの裁判官は世界広しといえども他にはございませぬ。賄賂は一切受け取らず、絶対に依怙贔屓なしに、ただ誠心誠意、ひたすら人々の間に正義を行使しておられます」と言う。

師はこれに対して、「そなたは、この御仁《ごじん》が賄賂を一切受け取られぬと言うが、それこそ大嘘じゃ。そなたはアリー家の一人、すなわち預言者の一族の身としてこの御仁を褒めそやし、賄賂は取らぬと断言する。これが賄賂でなくてなんであろう。この御仁の面前で、そなた(のような身分の者)がこの御仁を賞讃する、これより立派な賄賂がどこにある」と。

シャイフ・ル・イスラーム・ティルミズィーがこんなことを言った。「ブルハーヌ・ッ・ディーン師(Burhān al-Din Muḥaqqiq はルーミーの先生だった人)があんなに深く物事の真相を説明なさるのは、すぐれた先人の書物を多く読み、そういう方々のひそかな精神的体験や言説を熱心に勉強しておられるからだ」と。これを聞いて或る人が、「でも貴方だって随分と勉強しておられるではありませんか。それなのにあんな立派な言葉が一向に吐けないのは、それはまたどうしたわけで」と尋ねた。答えて言うに、「それは、あの方が悩み苦しみ、努力し、善行に励まれるからのことだ」と。「では貴方はなぜそういうこと(貴方自身の生々しい体験)を口にされぬのか。なぜそういう方面のことを開陳なさらぬのか。貴方は本を読んで知ったことをただ口真似なさるだけ。大切なのはあのこと(親しく自分で体験したこと)です。我らの問題とするのもただあのことだけ。貴方もあのことを語るようにしなされ」と。

或の人たち（ルーミーのところに押しかけてくる一般の人々）には彼方の世界に対する痛切な情熱というものがない。心はひたすら現世に向っておる。或る者は本当にパンを食うために来る。だが、或る者はパンをただ眺めに来る。つまりわしの口にする言葉を丸暗記しておいて、後で他人《ひと》に売ろうという魂胆だ。だがわしの言葉は花嫁のようなもの。嬋娟《せんけん》たる美女というところだ。艶に美しい乙女を始めから売りとばすつもりで買いつける、そんな男に女がなんで愛を抱くだろう、なんでいとしいと感じよう。その商売人の唯一の楽しみが買った女を高く売ることにあるとすれば、彼は不能者と同じことではないか。売るために女を買う。そんな男には女を本当に我がものにする男性の能力が欠けている。

性の抜けた男の手に、特製のインドの剣が渡っても、彼はただ売るためにそれを握る。英雄にふさわしい強弓が手に入っても、ただ売ることしか考えられぬ。始めからその弓を引くに足る膂力を持ち合せてはいない。ただ弓弦《ゆづる》が素晴しいのでその弓が欲しい。その弦《つる》を引くだけの力はないのだが、むしょうにそれが気に入ってしまう。だがその弓が売れれば、腑抜け男はたちまちその金でお化粧用の紅や藍を買う。そのほかにどうしようもないのだ。いや本当だ、弓を売って、お化粧品よりもっとましなものを買うといったところで何があろう。

だが、こういう言葉はシリア語だ（その深い意味は普通の人には全然分らない）。「分りました」などと決して言ってはならぬぞ。分れば分るほど、捉えれば捉えるほど、ますます分らなくなってゆくものだ。こういう言葉が分るということは分らないということなのである。お前がたの災難も不幸も不運もすべてこの分るというところから来る。分るということが身の縄縛《じょうばく》となる。何かでありたいと思うなら分ることから脱出しなければ駄目だ。

「私は革嚢に海水を入れたら、海がそっくり嚢の中に入ってしまった」などと言う。出鱈目にもほどがある。そうだ、「私の革嚢が海に呑まれてどこかへ行ってしまった」と言うなら話は分る。ここから全てが始まる。

理性は人を王様（神のこと）の宮殿の門まで連れてくる。そこまでは理性も立派だしなかなか結構なものでもある。が、宮殿の門まで到達したら、その場で理性を追い払ってしまわなくてはいけない。もうそこまで来た上は、理性は害になるばかり、行く手をはばむ追剝のようなもの。王様のところに来たからには、一切を王様にお委せするのだ。どうしてとかなぜとか言っている場合ではない。

例えばそなたがまだ鋏を入れてない反物を持っているとしよう。それで着物なり外衣なり作らせたいと思う。理性はそなたを仕立屋のところへ連れてゆくだろう。反物を仕立屋まで持ってゆく、そこまでは理性は立派なものだ。だが、そこまで来てしまったら、立ちどころに理性をお払い箱にして、今度は仕立屋に全権を委ねなくてはいけない。

同様に、病人の場合、理性は彼を医者のところへ連れてゆく。そこまでは理性で結構。しかし医者のところまで連れてきた上は、もう理性には用がない。病人は我が身をそっくり医者に委せてしまわなくてはならない。

そなたの秘かな胸中の叫びは、まわりの仲間たちの耳にちゃんと聞えている。誰にせよ、内に何かを持っている人、誠が心にある人、情熱に胸を焦がしている人は、おのずとそれが外に現われるものだ。列をなして行くたくさんの駱駝の群の中で、ただ一頭でもさかりのついたやつがいれば、目つき、歩き方、口の泡、その他からすぐそれと分る。

あの人々(本当に敬虔な信者)は顔を一目見ただけですぐそれと分る。跪拝のあと(額を地につけて拝むそのあと)があるので分る。(コーラン四八章二九節)

水を吸うのは地中の根だが、それが木の上の方、つまり枝や葉や実に現われてくる。養分を吸い上げずに枯渇した木は誰の目にもすぐ分る。人間というものはこういう意味で常にざわめき、喊声を発しているのだ。なぜそうなるかと言えば、ただ一言がたくさんの言葉として理解され、ただ一音節を発してもそれが無数のことを暗示するからである。それはちょうど、「ワスィート」(Wasīṭ. ガザーリーの有名なイスラーム法学概説。シャーフィイー派法学の名著として広く読まれた書物)やその他の詳しい法学書を勉強した人の場合と同じで、例えば「タンビーフ」(Tanbīh. 十一世紀のシャーフィイー法学者アブー・イスハーク・シーラーズィー Abū Isḥāq Shīrāzī の法学綱要のことであろうとフルーザーンファル教授は言う)のような教科書の中に使われているただ一言を耳にしただけでまるでその本の註釈を読んだように、一つの問題から全ての原理、全ての問題を一挙に理解してしまう。だから、与えられたその一語について実にいろいろなことが言えるのである。つまり、「この一語の下に私は多くのことを理解し、多くのことを見透すことができる。それというのも、もともと私はこの方面で大変苦労し、夜を昼に替えて勉強にいそしみ、ついに無上の宝物を見出すに至ったからである」と。

そなたの胸を拡げてやったではないか。(コーラン九四章一節)

胸を拡げるというが、胸は限りなくどこまでも拡がってゆくものだ。広く註釈を勉強した人は、ちょっとしたヒントを与えられても実に多くのことを理解する。これに反して初心者は、同じ一つの言葉を聞いても、その語の意味だけしか理解しない。そんな人になんで深い意味が分ろう、なんの感激があろう。およそ言葉は聴き手の資質に応じて出てくるものだ。聴き手の方で引っぱらなければ深い意味など出てくるものではない。自分が引っぱり、吸い取ってこそ叡知が降りてくる。そうでなければ、「妙だな、どうして言葉が聞えてこないのか」という次第となり、「妙だな、どうしてお前は引っ張らないのか」という答えが来るだけだ。こちらに他人《ひと》の言葉を聴く能力を授かっていない場合、もの言う側にもものを言いたいという衝動が湧いてこない。

預言者在世の頃の話だ。或る異端者が回教徒の奴隷を持っていた。この小僧、実はなかなかの代物《しろもの》だった。或る夜明け時、御主人は「手桶を持ってついておいで。これから風呂に行く」と言う。途中、預言者が教友がたと一緒にモスクで礼拝しておられるところを通りかかった。

「御主人様」と小僧が言う、「後生ですからこの手桶、ちょっと持っていて下さいまし。ほんの二、三回拝伏して参りとうございます。その後で御用を相勤めます」と。モスクに入って礼拝しているうちに、預言者は外に出てこられた。教友がたも皆出てこられた。小僧だけ独りモスクの中に残った。

主人はじっと待っているうち日もだいぶ高くなってしまった。「おい、さっさと出てこないか」と叫ぶ。「私を放してくれませんので」と小僧が答える。とうとうしびれをきらした主人は顔を戸口から突っ込み、どこのどいつが小僧を抑えているのか見ようとする。ところが目に入ったのはただ一足の靴ばかり。モスクの中は寂《せき》として人影とてもなく、人の動く気配もない。「一体誰がお前を抑えて外に出してくれないのだ」と尋ねる。小僧、答えて曰く、「貴方を中に入れて下さらぬお方です。貴方の目には見えないあのお方です」と。

元来人間には、まだ見ぬもの、まだ聞いたことのないもの、まだ理解できぬものが好きになるという性質がある。そういうものを夜となく昼となく追い求める。「まだ見ぬものの私は虜《とりこ》」というわけだ。一たん見てしまい、分ってしまったものにはすぐ飽きて逃げ出そうとする。だからこそ哲学者たちは人間が神を見ることができるということを否定するのだ（人間が神を直観できるかどうかということがイスラームでは哲学・神学で大問題であった）。見てしまうと、飽きて嫌気がさすことになりかねないから、と言う。だがこの考えは間違っている。

これに対して正統派の神学者たちは次のように考えている。（人が神を見るというのは実は）神がある一つの色を帯びて現われる時に起ることである。というのは普通、神は各瞬間ごとに何百という色を帯びて現われており、これは「日ごと日ごとに神は違った姿をとり給う」（コーラン五五章二九節）とある通りであって、たとい何万という形で顕現し給おうとも、ただの一つも同じ形はない。そなた自身本当は現に今、この瞬間に神を見ているのだ。神の様々な御業《みわざ》、様々な神の御《おん》働きの中に、瞬間ごとにいろいろに違った形で神を見ている。しかもそれらの御業の全てがそれぞれに違っている。嬉しい時の神の顕現、悲しい時、怖ろしい時、希望の時の神の顕現、それぞれみんな別の形での神の現われだ。

このように神の御業は様々に異なり、御業を通じての神の顕現は色とりどりで、一つとして似たものはない。とすれば神がその絶対的本質をもってそのまま顕現し給う場合も、御業を通じての顕現と同じく様々であるに違いない。神の本質顕現がどのようなものであるかは、御業を通じての顕現をもとにして想像できよう（神の働きとは要するに経験的世界の事物とそこに起る事件との全てのことであって、この意味では人はそれに気づくと気づかぬとにかかわらず、瞬間ごとに神を見ている。しかし神を絶対的本質において見ることは神秘家の直観においてのみ実現することであって、それがどんなものであるかは普通の人は想像するだけしかできない）。いや、そなた自身にしても、神の権能の一部である限りにおいて、瞬間瞬間に違った形を取って現われる。一瞬たりとも同じものではないのだ（認識主体である人間を始めとして、認識客体である一切の事物は瞬間ごとに新しく生起してゆく。「不断の創造」といって、これはイスラーム神秘哲学の根本テーゼの一つである）。

同じく神の僕《しもべ》であっても、コーランから出発して神のもとに赴くものもあれば、またこれより一段上の階位にある人々で、神から発してきてコーランをこの世に見出し、これが神の下し給うたものであることを認めるものもある。

この託宣は、確かに我ら（アッラー）の下したもの。それを守護するのもまた我ら。（コーラン一五章九節）

コーラン解釈学の専門家たちの意見では、これはコーランについて言われたことであるという。この見方も間違いではない。だが次のような解釈も成り立つ。つまり、「我らは汝の内部にゆるぎない精神の中核を置き、求める心、憧れの心を置いた。それが失われないよう、必ず所定の地点まで到達させるようそれを守ってゆくのも我らである」と。一たん神という言葉を口にしたからには、たといありとあらゆる災禍が雨のごとく降りかかろうとも、びくともしないだけの覚悟が必要だ。

或る人が預言者のところにやってきて、「私は貴方をお愛し申しております」と言った。預言者はこれに応《こた》えて、「自分の言葉にどんな意味があるのか、よく気をつけてものを言うがよい」と仰せられた。ところがその男、「私は貴方をお愛し申しております」と同じ言葉を繰り返す。預言者はもう一度「自分の言葉の意味をよく考えてものを言うがよい」と注意されるが、それでもなお、男は「私は貴方をお愛し申しております」と言う。すると預言者が言われた、「では、よいな、ぐらつくなよ。わしがこの手で今からお前を殺してやる。ああ、なんという哀れな男よ」と。

同じく預言者在世の頃、或る人が預言者にこう言った、「貴方のこの宗教、私は欲しくありません。本当です、欲しくないのです。返上いたします。貴方の宗教に入ってからこの方、一日たりとも安らぎを味わったことがありません。金はなくなる、妻には逃げられる、息子はどこかへ行ってしまう。尊敬も権力もすっかりなくなり、もはや欲情すら起りません」と。預言者は言われた、「はてさて、我らの宗教は不思議なものよ。行く先々で必ずそこの人間を根こぎにし、家をきれいさっぱり押し流してしまう。『浄められた者しか触れてはならぬもの』(コーラン五六章七九節)とはこのことか」と。

なぜこういうことになるのかというと、神は恋人のようなもので、こちらに髪の毛一筋ほどでも自己愛の情があれば、決して顔を拝むことすらできないのだ。ましてや思いを遂げることなど許される道理がない。近づくすべもありはしない。こちらが自分や現世につくづく嫌気がさし、我と我が身の仇《あだ》となるに及んで、始めて真の友（神）がその顔を示すことになるのだ。こういうわけで、我らの宗教が一たん誰かの心に宿ったが最後、その人を神のところまで連れてゆき、正しからぬ一切のことからその人を引き離してしまうまでは、決して手を引かないのである。

さて預言者は例の男にこう言われた、「そなたが心の安らぎを得ず、辛い目ばかり見たのは、そもそも辛い目に会うという経験そのものが以前の喜びや楽しみを全部吐いてしまうことだからだ。胃の中に前に食べたものが少しでも残っている限り新しい食べ物は一切与えられない。嘔吐の最中にものを食べる人はいない。吐くだけすっかり吐いてしまってから始めて何か食べるものだ。だから、そなたも辛抱せい。悲しむだけ悲しめ。悲しむことは吐くことだ。吐ききってしまえば、今度は悲しみのまじらぬ喜びがやってくる。棘のない薔薇が芽生え、酔いを残さぬ清酒が飲める。

考えて見るがよい。そなたはこの世にあって、夜となく昼となく平穏と安息を追い求めている。そんなものは、どうせこの世では手に入りっこないと分っているのに、それでも一瞬もやむことなく求めている。たといこの世でいささかの安息を見出したとしても、それはパッとひらめく稲妻のごとく、一瞬にして消えてとどまらぬ。しかもそれがまた、なんというものすごい稲妻だろう。霰が飛び、雨が降り、雪が舞うという始末で、さんざん苦労させられる。

別な譬えで説いてみよう。アンタリアに行くつもりで旅立った人が道を間違えてカイサリアの方向に歩いてゆく。自分ではアンタリアに到着するつもりだが、この道を行く限り絶対にアンタリアには行き着けない。それでも、その人はどこまでも断念しない。ところが、これに反してアンタリアへの正しい道を歩いてゆく人は、たとい跛《びっこ》でも病弱でも、ともかくもアンタリアにいつかは辿り着く。それが道の終点だからだ。

この世ではどんなことにせよ苦労なしに成就するものはない。来世のこともこれと同じ。いや、自分の苦労の全てを挙げて来世のために奉仕させなければならない。それでこそ苦労が無駄にならずにすむ。そなたは今わしに向って『預言者よ、私のこの宗教を取り上げて下され、これのお蔭で心が安らぎません』と言う。一度つかまえたら、目指すところに到着させるまでは絶対に放さぬもの、それが我らの宗教なのだ。」

こんな話がある。或る学校の先生が、貧乏のどん底で、冬のさ中だというのに木綿の上衣ただ一枚身につけていた。たまたま熊が激流に呑まれて山から流されてきた。頭は水の下に隠れていた。生徒たちがその背中を見てこう叫んだ、「先生、あれごらん。毛皮の外套が川に流れてる。寒い寒いとふるえていないで早くあれをお取んなさい」と。寒さのために絶体絶命のその先生、そのまま川にざんぶと飛びこんで皮外套を手につかんだのはよかったが、熊の方ではグイとばかり爪を先生にひっかけたので、先生は水の中で熊の虜《とりこ》になってしまった。それを見た生徒たち、「先生、早く外套をもっていらっしゃい。もし無理なら手を放して自分だけ上っていらっしゃい」と騒ぎ出す。先生曰く、「わしは外套を放しているのだが、外套の方でわしを放してくれんのだわ。さて、なんとしようぞ」と。

神の熾烈《しれつ》な愛がそなたを一たん捉えたら、どうして放してなど下さろう。己れの手中にある代りに神の御手に捉えられていることを感謝すべきではないか。

子供は幼い時は乳と母親しか知らぬ。だが神は子供をそんな状態に放っておくようなことはなさらない。パンを食ったり遊んだりするところまで育て上げて下さる。いや、さらに進んで理性の段階まで引き上げて下さる。この世の我々の在り方そのものが、かの世界に較べればまるで子供時代みたいなものであり、いわば別の乳房で養われているようなものだが、神は決してそのままに放っておくようなことはなさらず、必ずそなたをかの世界の方に進ませて、遂にはこの世での存在が結局子供時代以外の何ものでもなかったと気づくことができるようにして下さる。

全く驚いた、あの連中、首枷《くびかせ》を掛けられ、鎖で縛られ、無理やり天国に曳きずられてゆく。「ひっ捉えよ、縛りつけよ」(コーラン六九章三〇節)、それから天国の至福に曳きずり込んで焼き尽せ(このところコーランの原文では「それから地獄で焼いてやれ」とある)。次いで合一(神との合一)の火で焼き尽せ。次いで美の火で焼き尽せ。最後に完成の火で焼き尽せ。

専門の釣師は釣った魚を一気に引き上げたりはしない。鉤が魚の咽喉《のど》に入ったなと思うと、ちょっと軽く糸を引っ張って、血が流れ出し、魚が力を失い弱くなるのを待つ。そしてまた弛め、また引きして、とうとう魚を完全に弱らせてしまう。そのように、神の愛の鉤が人の咽喉に引っかかると、神は少しずつ少しずつ引き寄せなさる。それでその人の力が抜け、体内に溜っていた悪い血が少しずつ流れ出してしまう。「アッラーは御掌《みて》を引きしめ、また弛め給う」(コーラン二章二四六節)というが、まことにその通りである。

「アッラーのほかに神はない」(純正一神教としてのイスラーム公定の信仰告白。絶対者は唯一であるという信念を表白するこの文句はスーフィズムでは特に深い神秘体験的・形而上学的意義を与えられ、一種の公案のような役をする。ただ、この文句を表面的に理解すると、アッラーという特別な神を荘厳な姿に想像し、自分の外にある何か有難いものとしてその神像を崇めるというようなことになりかねない。ルーミーはそれを通俗信仰として批判するのである）というのは一般の善男善女の信仰でしかない。精神の道にもっと進んだ人々の信仰は「彼のほかには彼はない」とあるべきだ。（この違いを）譬えで説いてみよう。誰かが夢を見るとする。夢で彼は王様となり玉座に坐し、召使い、侍従、貴顕らがずらりとそのまわりに居列ぶ。それを見て彼は言う、「俺は王様であるに相違ない。俺のほかには王様はいない」と。これは彼が夢の中でつぶやく言葉だ。ところがやがて目がさめる。見ると家の中には自分のほかに誰一人いない。そこで彼は言う、「俺がいる。俺だけがいる」と（「我あり」そして「我のみあり」という。これはすでに神的自我の私語である）。ちゃんと目がさめていなくてはこれは言えない。眠っている目にはこういう現実を見る由もないし、また見なければならぬということもないのだ。

　いろいろな宗派や学派があって、お互いに相手を否認し合う。こっちでは「我らこそ本物だ。啓示は我らに下ったものであって、向うはまやかしものだ」と言う。ところが先方でもこれと全く同じことを言っているのだから面白い。世に七十と二の宗派があれば七十二がみんな互いに他を否認する。とすれば、どの一つも真の啓示を得ていないという点では衆議一決しているわけである。だから真の啓示はどこにもないということでは誰にも異論がない。但し、その中のただ一つだけが例外的に真の啓示を受けている、という。この点でもまたみんな一致して同意見である。それでは一体どの一つが本当なのか、それを判別するには真に事の黒白を識別することができて、頭がよくて、しかも深い信仰を持つ人を必要とする。「信仰者とは、機敏で、目利きで、明察力があって、正しくものを考えることのできる人」（ハディース）と言われている通りである。そしてこのように黒白を判別し、真偽をぴたりと把握する能力、それが信仰というものである。

誰かが口をはさんでこう質問した、「わけの分らぬ人間の数は多く、ものの分った人はとても少いのが実情ですのに、もしなんの素質もなく何も分らぬ連中と素質のある連中とを一々真剣に識別してゆくとなると、それはもうどこまで行ってもきりがないのではございますまいか」と。師はこうお答えになった。

なに、わけの分らぬ連中の数が多いといっても、その中の一部を知れば全部知ったも同じことだ。一握りの麦を知れば世界中の麦の堆積を残らず知ったと同じこと。砂糖をひとかけ味わったことがあれば、もう百種の砂糖菓子が出てきても、ちゃんと砂糖が入っていることがわかる。一度味わったことがあるからだ。ひとかけの甘味を自分で味わっておきながら、次に砂糖が出てきた時すぐそれと分らないようなのは、よほど甘いやつというほかはない。

お前がた、わしがこう言うと、またぞろ同じことを繰り返していると考えるかもしれないが、こんなことになるのも、実はお前がたが第一課すらよく分っていないからなのだ。だからこそ、毎日こうして同じことばかり言わなければならない。

或る先生のもとに一人の子供が預けられた。三カ月になるのに「誰それさんはなんにも持っていません」から一歩も前進しない。子供の父親がやってきて、「充分に謝礼も差し上げてあるはず。もしも不足なら、どうぞそうおっしゃって下さい。すぐにもっと持って参りますほどに」と言う。「いやいや、貴方の側には何も足りぬところはない。ただあの子がもうてこでも動かぬのじゃ」。先生、その子供を呼び出して「誰それさんは何も持っていません」と言ってごらんと言いつける。子供は「何も持っていません」とは言ったが、どうしても「誰それさんは」と言えない。「な、ごらんの通りの有様じゃ。ここから全然進まない。この文章すらおぼえられぬ子に、どうして第二課が教えられましょう。」父親はただ「讃えあれアッラーに、全世界の主に」とつぶやくばかりだった、という。

ところで、「讃えあれアッラーに、全世界の主に」というこの文句、これを我々が(食事のたびに)唱えるのは、何もパンや御馳走が足りない(のに、それを戴けるから有難い)という意味ではない。パンや御馳走は幾らでもある。ただ食欲の方が欠けている。お客の方が腹一杯で食べる気がない。だから(食欲があって食べられるのが)有難いというのだ。但しここでわしがパンとか御馳走とか言うのは、この世のパンや御馳走の話ではない。全然違うことを言っているのだ。この世のパンや御馳走なら、食欲がなくたって、無理に詰め込めば幾らでも食べられる。もともと物質なのだから、引っ張ればどこにでも来る。生命がないから、正当でない所へはわしは行かんとがんばることもない。だが叡知という神聖な御馳走は違う。これは生命のある御馳走だ。だからこちらに本当に食欲があり、真剣に食べたいという気持があってこそ、始めてこちらの言うなりになり、栄養になる。食欲もないのに無理して食べようとしても、それはできない。すっぽり顔を隠して、現われてこない。

聖者の示す奇蹟にたまたま話が及んだついでに、師は次のようなことをおっしゃった。

今ここに集まっているもののうち誰かが、ここからメッカの聖所まで、仮りに一日で、いや一瞬にして行ってしまったとしても、それはさして不思議なことでもないし奇蹟でもない。それしきの奇蹟なら砂漠に吹き荒ぶ熱風だってやっている。風は一日で、一瞬で、どんなところへでも吹いてゆく。

本当に奇蹟と言えるのは、人が卑《ひく》い段階から高い段階に昇らされるということだ。あんなところから出発して、こんなところまで辿り着いた、それが奇蹟なのだ。もともとわけも分らなかったものが理性的に考えるようになり、無生物が生命体となったことだ。考えてみれば、そなたも元来は土塊《つちくれ》であり無機物だった。それが植物の世界に連れてこられた。植物界から旅を続けて血塊となり肉片となり、血塊と肉片の状態から動物界に出、動物界から遂に人間界に出てきた。これこそ奇蹟というものではなかろうか。

神はこの長い旅をそなたが無事終えるように取り計らって下さった。途中でいろいろな宿に泊り、いろいろな道を取りながら、はるばるここまでやってきた。が、その間、そなたは自分でここへ来たいと思ったこともなかった。自分でどの道を選ぼうとか、どうやって辿り着こうとか考えたことも想像したこともなかった。ただ、ひとりでにここまで連れてこられてしまったのだ。だが、自分がここまで来たのだということだけは、まごうかたない事実としてそなたにも分っている。同じように、これとは違った種々様々な世界がまだまだ幾つもあって、やがて、そこにも連れてゆかれるのだ。疑心を抱いてはならぬ。このようなことを言って聞かせる人があったら、素直に信じることだ。

かつてオマル(預言者の後を継いだ第二代目の教皇)のもとに毒を盛った大盃が贈られてきた。

「一体、なんの役に立つのか」とオマルが尋ねた。

「おおっぴらに殺すとかえって世のためにならないような人物がある場合、ほんの少し飲ませますと、人知れず死にまする。また公然たる敵で、剣ではどうしても殺害できぬ場合、この毒の少量を用いますと、全く気づかれずに殺すことができまする。こういう効用がござります。」

「それはまたよいものを持参いたしたな。わしにくれ。わしが自分で飲む。わしの身体《からだ》の中には剣では殺せぬ恐ろしい敵がおる。わしにとって世にこれほど恐ろしい敵はないほどの大敵が。」

「それにしても、これを全部一度に飲まれることはありますまい。ほんのちょっとで事足ります。これ全部では、優に十万人は殺せましょう。」

「ところが、わしの敵も実は一人ではないのだ。というのはその男、千人力でな、すでに十万は人を斃《たお》しておる」と言ったかと思うと、その盃をつかんで、ぐっと一息に飲み干してしまった。居合せた人々は全てその場で回教徒になり、「貴方の宗教は本物だった」と叫んだ。ところがオマルは、

「お前がたみんな回教徒になった。だが、この不信心者(オマル自身を指す)だけは、まだ回教徒になりきってはおらぬ」と嘆じたという。

ところで、ここでオマルが言う信心とは一般の善男善女の信仰のことではない。そんな信仰なら始めから持っていた。普通以上に持ってもいた。いや、特別に厳正敬虔な人独特の信仰すら持っていた。彼が言うのは預言者たち、聖者たちのみに特有の信仰のことであり、絶対的な内的確実性のことだった。そういう信仰を彼は期待していた。

それにつけても憶い出される話がある。或る時、(不思議な)獅子の噂が世に弘まった。その噂にいたく感動した或る男が、その獅子を一目見たいというので遠路も厭わず、獅子の棲む密森目指して旅に出た。一年もの間、途中さん

ざんな目に逢いながら、旅路を重ねてとうとうかの森に辿り着き、はるか遠くから獅子の姿を望見した。ところがそこでそのまま止まってしまい、一歩も先に進めなくなってしまったのだ。その様を見た人たちが男に言った、「あの獅子に憧れて遠路はるばるこうしてやってこられた貴方ではないか。あの獅子には不思議な特性があって、誰でも勇敢に近づいていってやさしく愛撫してくれる人にはなんの危害も加えない。が、もしびくびくしたりおびえたりすると、たちまち猛然と怒り出す。それどころか、場合によると、俺に向って猜疑心を起すとは何ごとだと言って襲いかかります。貴方が一年がかりで逢いにこられたのはそんな性格の獅子。せっかく傍までこうして辿り着いておきながら、ここで立ち止まってしまうとはなんたること。さ、もう一歩です。踏み出しなされ」と。

ところが、このもう一歩という、それが誰にも踏み出す勇気がないのだ。「今まで何万歩も進めてきた。ここまでは造作なかった。だが、ここであともう一歩、それがどうしても進められぬ」と言う。オマルが信心という言葉で意味したのは、正にその「一歩」、つまり獅子の面前で、獅子の方に一歩を進めるということだったのである。この実に偉大な一歩、その一歩を進めることのできる人は稀にしかいない。これは特に選ばれた精神界の達人だけができることだ。そうして本当の意味で「歩を進める」とは、正しくこのことなのであって、その余はすべて歩いた後に残る足跡にすぎない。こういう意味での信仰は、己れの存在を捨てきった預言者たちの胸にしか起らない。

友達とはよいものだ。人は自分の友の面影を頭に浮べただけで力づき、成長し、生気が出てくる。だが考えてみればなんの不思議もありはしない。マジュヌーンにとってライラー（マジュヌーンとライラーの恋物語については前出）の面影が力となり、栄養となった。かりそめのこの世の恋人にすぎないものにすら、相手の生き甲斐になるほどの力と働きがあるとすれば、真の意味での友(神)の場合、その幻影ですら、陰になり日向になりして人に力を与えるとしても、なんの不思議もなかろうではないか。いや、これは幻影などというようなものではない。最も切実な真実そのものなのだ。そういうものを幻影とは呼べない。

一体、この世界は幻影の上に成り立っている。それなのに、この世界を人は現実と呼ぶ。それが目に見え、直接感覚に訴えてくるからだ。そして、この世界の存在の源となる形而上的なものを幻想と呼ぶ。本当は正反対なのだ。この世界こそ夢幻《ゆめまぼろし》である。かの形而上的なものはこのような世界を幾つでも現象させている。現象した世界はやがて朽ち果てて無に帰してゆく。するとまた新しく、前のよりもっとよい世界を現象させる。この(形而上的な)もの自身は決して古くはならぬ。古いとか新しいとかいうことを始めから超越しているのだ。そこから現われてくるものだけが古いとか新しいとかいう属性を帯びる。それらのものを現象せしめる源は古いも新しいもない。そういう区別の彼方にある。

建築家が家を心の中で製図する。家の影像が成立し、横幅は幾ら、縦は幾ら、床は幾ら、庭は幾らというふうにはっきり決まる。これを幻想とは呼べない。なぜなら正にこの「幻想」から、この「幻想」の産物として、いわゆる「現実」の家が出てくるのだから。

もちろん、専門の建築家でもない人がこんな影像を心に描いたのなら、それこそ幻想と呼ぶべきである。事実、世間でも、このように建築家でなく、専門の知識を全然持たない人がこんなことをすれば、「君は幻想家だな」と言うのが常である。

談話　其の二十七

清貧の境涯に生きる行者にはとやかく質問しない方がよい。質問すれば相手を唆かして、結局嘘を言わせることになる。例えばがちがちの物質主義者が何か質問したとする。質問されたからにはなんとか答えなければならない。だが答えるといっても、本当のことを言うわけにはいかない。そのような答えにふさわしい相手ではないからだ。そんな御馳走は先方の口が受けつけぬ。そこでどうしても向うの天性や星廻りに応じたような嘘を言って追い払う以外に手はない。もっとも、およそ本物の行者が言うほどのことなら真っ赤な嘘ということはあり得ないが、それにしても、彼自身にとって本当の答えであり本当の言葉であるものと比較すれば、どうしても嘘ということになる。聞き手の側からすれば、その程度でも立派に真理であり、真理以上であるには違いないけれども。

或る托鉢僧に一人の門弟がいた。門弟は師に代って托鉢して廻るのを常としていた。或る日のこと、持って帰って来たお貰いものの食物をその托鉢僧が食べた。その夜、彼は淫《みだ》らな夢を見た。

「あの食物をお前どこから持って来た。」

「綺麗な娘さんから頂きました。」

それを聞いて托鉢僧は言った、「なるほど、それで合点が行ったわ。わしはこの二十年が間、淫らな夢というものを見たことがなかった。確かにこれは今日食べたもののせいだ」と。

だからこそ托鉢僧たる者、見さかいなしに誰から貰ったものでも食べるようなことをしてはいけないのだ。行者の身はまことに感じやすい。どんなものにもたやすく影響され、それがまたすぐ色に出る。純白の衣服には、ほんのちょっとの黒点でもはっきり浮き出して見えるものだ。それが、永年の間、垢にまみれて白さを失い、真っ黒に変ってしまった白衣であれば、垢や脂が山ほどくっついたところで、自分にも他人にも全然見えはせぬ。

と、こういうわけで、托鉢の行者は、不義なす人々、罪人たち、物質主義者たちなどの食物を決して食べてはならない。そういう人たちの食物はたちまちよからぬ影響を及ぼす。縁なき食物の作用で、よからぬ想念《おもい》が胸に湧く。綺麗な娘さんのくれた食物を食べたお蔭で淫らな夢を見た例の托鉢僧の場合のように。

談話　其の二十八

神を求め修業の道を辿る人々の常住坐臥の務めは、ただひたすら精進し、心の限りを尽して神に仕えまつることにある。だから一日の時間がいろいろな仕事にきちんと割り振られていて、それぞれの時間がそれぞれの仕事の受け持ちとなり、習慣上、特定の時間がちょうど特定の仕事の監督者のような役をすることになっている。例えば朝、起きたばかりには、日中より心が静かで清らかだから、礼拝に適している。といった具合に、誰もがそれぞれ自分に一番適した仕方で、自分の清浄な心の力量に応じてお務めする。

我らは各々定めの部署にある。
隊伍整然居並んで
高らかに讃美の声を揚げている。（コーラン三七章一六四―一六六節）

部署といっても、何万もの段階があって、清浄な人ほど高い位置を占め、低級な人ほど低い位置に据えられる。

ずっと後列に列べておけ、あの者ども、
神御自身が定め給うた後列に。

というわけだ。だがこのことは話しだしたら最後、長話になる。どうしても短く切り詰めることはできない。この話を短く切り詰めると生命《いのち》が短く切り詰められてしまうようなものだ。もっとも「神がしっかり護り給う人」の場合は別であろうが。

（ごく普通の修行者ですらこんな調子だから）神人冥合の境に達したような偉い方々の日々の務めということになれば、これはもうお前がたに理解できる範囲のことしか語ることができない。この方々のところには毎朝必ず訪問者がある。第一に聖なる霊たち、次に清浄無垢な天使たち、それから「神のみぞ知り給う」（コーラン一四章一〇節）一群の人々（最高の聖者たちの目には見えぬ姿）、つまりあまりにも大切でもったいなくて普通の人間には明かされぬと言うのでその名を完全に隠された人々が訪れてくる。「人々群《むれ》なしてアッラーの宗教に入りくる有様が見え」（コーラン一一〇章二節）、「天使らが戸口という戸口から続々と入りくる」（コーラン一三章二三節）と言われている通りである。

そなたのような者には、たといすぐ傍に坐っていてもこの訪問者たちの姿は見えぬ。彼らが互《かたみ》に語り合い、挨拶し合うその言葉も、彼らの笑いさざめく声も聞えはせぬ。といっても別に不思議はないのだ。現にいよいよ臨終間近になると病人は様々な幻想《まぼろし》を見るが、傍に坐った人たちには何も見えはしない。幻想どもの語る言葉も聞えはしない。ところが今わしが話している訪問者たちは、病人の見るそんな幻想とは比較にならぬほど幽微な実在なのである。普通の幻想ですら、病気で死ぬ間ぎわにならなければ見えも聞えもしない。この幽微な実在の方は、死ななければ見えない。死んでしまった後でなければ見えてこないのだ。

このような訪問者たちですら、聖者がたがどんなに深玄な境地にあるか、どれほど偉大な方々であるかをよく知っており、朝早くからどれほど多くの天使や浄霊たちが続々と伺候してきているかを知り抜いているので、ずかずか入ってくるのを躊躇するほどなのである。こんな崇高なお務めの真っ最中にやってきて、尊師のお邪魔になってはならぬという心遣いからである。

譬えで言って見ると、たくさんの召使いどもが毎朝王様の御殿の戸口に参集してくる。それぞれが一定の位置を占め、それぞれが一定の仕事をし、一定の奉仕をする。それが彼らのお務めだ。中にはずっと遠くでお仕えする者もある。王様の目には入らないし、気がつきもなさらない。ただ近侍の者だけがその人たちの仕事ぶりを見ている。だが、そんな人たちの中の一人がもしたまたま王位についたとなると、今度は多くの召使いがいたるところからどっと押しかけてきてお仕えする。もう自分では誰に仕える身分でもないからだ。「神御自身の性質を己が性質とせよ」(後期のハディース)という慫慂が実現し、「わし(神の自称)自ら彼の耳で聞き、彼の目で見る」(有名なハディースの一部)という境位が実現したわけである(人間が召使いの位を超えて王者になるというのはスーフィズムでは人間が人間性を脱して絶対者と冥合し、神に融合し、神と区別がつかなくなることの象徴)。

この境位こそ至高の境位——と言うことすらはばかられるほど至高の境位である。口でシ、コ、ウなどと言ったところで真相の伝えられるようなものではない。もし本当にこの至高の境位のただひとかけらでも現出したら、至高のシの字もありはしない。シとも言えはしない。いや、そうなったら指一本動かせるものではない。口を開こうとする意欲すら起らない。燦爛たる光の大軍がどっとばかりに押し寄せて、全存在の都が一時に廃墟と化してしまう。「王者らが邑に入る時、邑は滅びて跡形もない」(コーラン二七章三四節)というわけである。

小さな家に駱駝が踏み込めば、家はこわれてめちゃめちゃになってしまう。ところがそのこわれた家の下から大判小判が続々出てくるのだ。

荒廃の地のあちこちに
キラリと光るは宝玉か(自我が滅びたところに始めて真我の宝玉が光り出る)。
殷賑を極める都の街《まち》角に
空《むな》しく響く犬の遠吠え。(サナーイーの詩句)

修行の道を辿りゆく旅人の境位についてこんなに長話をしてしまった今、すでに道の終点に達している人々の内的状態について何を語ったらいいだろう。幾ら話しても、これで終りということはないのだ。修行の途次にある人々の場合には終点がある。その終点は神との冥合だ。だが、すでに終点に達してしまった人に終点はありようがない。もう二度と別れのない合一の境地にいるのだから。甘く熟した葡萄は二度と酸っぱくはならない。熟しきった果実は二度と未熟《なま》には戻らない。

縁なき衆生に語るのは
　いけないことと分っていても、
そなたの話が出るごとに
　ついうかうかと長話する。(Asrār al-Tauḥid より引用)

いや、いけない。長話はすまい。短くしておこう。

我と我が血をわしは啖《くら》う、が
　そなたは酒でも飲ませたつもりか。
わしの生命《いのち》を取り上げながら、
　そなたは生命をくれたつもりか。(作者不明)

だが実は、この話を短く切り詰めることは、坦々たる大道を棄てて、わざわざ道なき荒野にさ迷い出るようなものだ、「あの本はもうすぐそこにある」などとつぶやきながら……。

談話　其の二十九（原文アラビア語）

キリスト教徒のジャッラーハ(Jarrāḥ al-Masīḥī. どういう人か不明)がこんなことを言った。「先だってサドル・ッ・ディーン師(ルーミーの活躍期に同じコニヤでその人ありと知られた神秘家。サドル・ッ・ディーン・コニヤウィーのこと。イブン・アラビーの思想を形而上学として確立した最初の、そしておそらく最大の神秘哲学者。ルーミー自身この人に交わってイブン・アラビーの神秘哲学の玄旨に触れた。歿年一二七三)のお弟子たちと一杯やる機会を得たが、その折、彼らが私に言うことに、『貴方がた(キリスト教徒)の主張される通り、確かにイエス様は神だ。我々はそれが真理であることを認めるに吝《やぶさ》かではない。ただ我々の公認の宗教が崩潰しないよう、それを隠し、敢えて否定しているだけのことだ』と。」

師はこれについてこうおっしゃった。

神に敵《あだ》なす者めが。嘘だ。とんでもない。サタンの酒に酔いしれて性根を失った者の言葉だ。ほんにあのサタンというやつはおそろしい誘惑者、卑屈で、卑劣で、神のお傍《そば》を追われたやつ。(イエスのような)脆弱《ひよわ》な男、ユダヤ人の奸策にかかるまいとてあちこち転々と逃げ廻り、身の丈五尺にも足らぬあの小男、なんで七つの天を一身に支えることなどできようぞ。一つの天だけでもその厚みは五百年の行程ほどもあり、天と天の間の距離は五百年の行程、しかも一つ一つの地の厚さは五百年の行程、地から地への距りも五百年の行程、(神に一番近い)玉座の下に波打つ大海の深さもこれまた五百年、神がその洋々たる大海を足下に踏み給えば、水面はようやくその御足首に届くという。いやその何倍も大きいそうな。これほどまでに巨大なものを、こともあろうにかの眇《びょう》たる存在が支配し主宰しているとは、まともな理性がなんで承認しよう。それに、イエスを俟《ま》つまでもなく、れっきとした天地の創造主がおられるのではないか。ああ、恐れ多いことよ。神に対してこんな出任せを口にするとは。

キリスト教徒に言わせれば、「塵なるものは塵に帰り、清きものは清きものに帰る」と。

これに答えて師は仰せられる。

もしイエスの清き霊が神であるとしたら、その霊は一体どこに帰りゆくのか。霊はただその太源に帰り、己れの創造主に帰る。もしイエス自身がその太源であり創造主であるとすれば、一体どこに帰るというのか。

キリスト教徒は答えて言う、「わしらの間では、これが先祖伝来の考え方なのだ。わしらはそれを受け容れて宗教にしたまでのことだ」と。わしはこう言いたい。

お前がた、たまたま父の残してくれた贋物の金を遺産として受け取った。真っ黒で、なんの値打ちもない贋造の金だ。ところが、本物で、純正で混ぜ物もごまかしもない金を提供されてもかし頑としてそれと取り換えようとはしない。贋物を後生大事に抱え込み、「これこそ有難い御先祖様の遺産だ」と言い張る。

あるいは、父親からの遺伝で麻痺した片手を頂戴したとしよう。幾ら良薬が見つかり、名医が現われて、麻痺したその手を癒してやろうと申し出ても、いっかな承知せぬ。「いや、わしの貰った手は始めからこの通り麻痺していた。今さらそれを変える気はない」などと言い張る。

もう一つ譬えれば、たまたま父親が死んだゆかりの地、自分がそこで育った土地に塩分の濃い水が出たとする。そうなったが最後、水がおいしくて、良質の草が茂り、住民は健康そのものという他の土地があることを聞いても、絶対にその土地に移住しようとはしない。どんなにそこの水がおいしくて、飲めば万病を癒すと分っていても絶対に飲もうとはしない。「懐しいこの土地、万病を惹き起すこの塩からい水、これは我らが父からの遺産として貰ったもの。せっかく貰ったものを手放すわけにはいかぬ（異本によりnatamassakuと読む）」と言い張ってきかない。

なんたることだ。およそ理性を備え、正常な感覚を持つ人間の、これがしたり言ったりすることか。せっかく神様から、自分の父親の理性とは別の独特の理性を授かり、父親の目とは別の独特の目を授かり、独特の分別を授かっている身であるからには、自分を正しい道に導かず破滅に連れてゆくような他人の理性に盲従して、己が理性、己が見方をぶちこわしてしまうような真似はすべきではない。

ユーラーシュ（このままではどういう人物か不明。フルーザーンファルによれば、正しくはYurāshではなくてYutāshであろうという。シャムス・ッ・ディーン・ユーターシュは十三世紀セルジューク朝の宮廷に時めいた貴人）にしても、もとはといえば父親は靴作りの職人だった。しかしスルターンの寵を得て宮廷に入り、王者の礼を学び、剣の扱いを習い、さてスルターンから高い地位を頂戴することになった時、「たまたま私の父は靴作りでございました。このような地位につきたくはございません。王様、どうかバザールの中に小さな店を一つ下さりませ。そこで靴屋をやりたく存じますので」とは決して言わなかった。

いや、あの本性下劣極まりない犬ですら、一たん狩猟の道を学び、スルターンお抱えの猟犬ともなれば、たまたま父や母から受け継いだ習性などさらりと忘れてしまう。芥溜《ごみた》めにひそみ、廃墟を徘徊し、腐肉をあさるようなことはもうしない。意気軒昂としてスルターンの馬の後につき、立派な獲物を追いかける。

鷹にしてもそうだ。スルターンの手でしこまれると、「わしの御先祖がたは人里離れた山奥に住み、死肉を食って生きていた。だから幾らスルターンが太鼓を叩いたってわしは踊らないぞ。狩の獲物などには目もくれぬ」とはもう絶対に言わなくなる。

このように、禽獣の理性ですら、己れの父母から譲り受けたものに勝るものを見つければ、それをしっかりつかまえて放さない。それなのに人間ともあろうものが、理性と分別の故に万物の霊長と称されるほどのものが、禽獣にも劣るとはなんたる恥辱、なんという情ないことであろう。そんなことがあってなるものか。

そうだ。イエスの主にましますす御方がイエスに特別の栄誉を与え、御傍近くに席を与え給うたと主張するのなら間違いではない。だから結局、イエスに仕えることは主にお仕えすることであり、イエスの命に順うことは主の命に順うことだと考えても構わない。だが、神がイエス以上の預言者を遣わし、イエスにもできなかったようなことを、いやもっともっと偉大なことをその人に為さしめ給うたからには、その預言者にこそ順うべきではなかろうか。それも、その預言者を慕うが故にではなく、神そのものを思う故にこそ、その預言者に順うべきなのだ。第一、自らの故に崇めらるべきものは神をおいて他にはない。そのもの自体の故に愛さるべきは神のみであって、神以外のものはただ神の故にこそ愛されるべきである。「一切は汝の主に帰着する」という。帰着するとは、何を愛するにしてもそのものならぬもののためにそれを愛し、何を求めるにしても、そのものならぬものをそこに求め、かくて遂には神に帰着して、神を神の故に愛するに至るという意味だ。

カアバの神殿に着物を着せて飾っても
　そんな飾りがなんになる。
「我が住む宿」と神言い給う、その我がこそが
　カアバを彩るこよなき飾りであるものを。（サナーイーの詩句）

眼のふちを黒く染めても
　黒い瞳の美に及ばない。（ムタナッビーの詩句）

糸目あらわに擦り切れた着物を着れば、せっかくの内なる豊満と優美さが隠されてしまうように、豪華な衣裳を着れば、清貧に生きる者の特質、彼らの美と内的完成は隠覆される。身にまとう衣がぼろぼろに破れる時、始めて清貧者の心は輝き出る。

談話　其の三十

黄金の頭巾でけばけばしく飾られた頭がある。かと思うと、黄金の頭巾と宝玉を鏤めた冠で美しい捲毛をそっと隠した頭もある。佳人の捲毛こそ恋慕の情をそそるもの、ときめく胸の秘めやかな隠れ家《が》だ。黄金の冠といえども一魂の無機物にすぎない。それを戴く黒髪こそ胸の憶いの的である。

ソロモンの(魔法の)指輪を至るところにわしは探し求めた。遂に、無一物の境涯にそれを見つけた。その境涯のこよなき美にわしは心の安静を味わった。ほかのどんなものにもこれほどの楽しみを見出すことはなかった。何を匿そう、わしは生来の女郎買い(絶対的美を求めて転々と世をめぐり歩く瓢客の意)。子供の頃からそうだった。わしは知っている、これ(絶対的美)こそ一切の障礙を取り除き、一切の幕帳《とばり》を焼き尽すものであることを。これこそありとあらゆる形での神への奉仕の根元であって、その他はすべて枝葉にすぎない。羊の喉をかき切らないでおいて(犠牲の羊を用意するに一番大切なことを怠っておいて)、やたらにその足に息吹きかけたところで何になる。

断食の行は自我を無化するに役立つ。あらゆる歓楽の究極点がそこにある。「そしてアッラーは苦しみによく堪える人々と共にいます。」(コーラン二章二五〇節)

バザールに行くといろいろな店がある。様々な飲物があり、商品があり、人々がいろいろな商売をしている。だが、それら全てのものは、人間の心中の欲望というただ一つの根源に統一されている。この根源は隠れていて目に入らない。何かが本当に必要になった時、始めて根源が動き出し、姿を現わす。これと同じ道理で、宗教も信仰も、奇跡も神業も、それからまた預言者たちのいろいろな境地も、全てそれらの根源は人間精神の中にひそんでいる。根源は、何かが本当に必要になった時に、始めて活動し顕現する。「どんなことでも全部明瞭な原簿につけてある」(コーラン三六章一一節)というのはこのことだ。

善行をなす人と悪事をなす人とは同一人物であろうか、それとも二つの別人であろうかという問題がある。この問いに対しては二つの違った答えが考えられる。つまり、人が善悪の間に躊躇して意を決しかねている場合、善と悪は相争っているのであって、この点から見れば確かに二人である。一人の人が自分と喧嘩するというのもおかしな話だから。けれども、また他面、悪は善から離れてはあり得ないという点から見れば、全く違った二つのものとは考えられない。事実、善とは悪を放棄することにほかならず、悪がなければ悪を放棄するといっても意味がない。善が悪の放棄であることは、悪に向う動機がなければ善の放棄もあり得ないということからも分る。

拝火教徒は(善悪二元論を取るので)、あらゆる善事の創造主はヤズダーン、あらゆる悪事、ありとあらゆるきたない事の創造主はアフリマンだと主張する。

この問題について、わし自身の意見はこうだ。きれいなことはきたないことから切り離しては考えられぬ。きたないことがなければ、きれいなこともあり得ない。なぜなら、一体きれいなことというのはきたないことの払拭にほかならないのであって、きたないことがなければ、きたないことの払拭といっても意味をなさないからである。喜びは悲しみが消えること。始めから悲しみがないものなら、悲しみが消えることもあり得ない。だから両方は結局不可分の一だ。

何事によらず、なくなってしまってからやっとその有難みが分るものだ。現に言葉にしても、一々の音が文の中に姿を没してから、始めて意味が相手に伝わる。だから、スーフィーが罵られるのも、(後になってみれば)結局、褒められたことになるのである。なぜなら、悪いと言われれば、当然スーフィーは批判を避けるためにその悪い性質を棄てようとする。とすれば、スーフィーはその性質の敵である。だからその性質を非難する人は、スーフィーの敵を罵ることになり、つまりはスーフィーを褒めるという結果になる。なぜならスーフィーは非難されたその性質を避けようとする。非難されるような性質を避けようとする人は賞讃に値いする。「およそ物事は、その反対を見ると本性が分る」と言われている通りである。

してみれば、スーフィーたるもの次のように心得てしかるべきではなかろうか。(現にわしを罵っているこの人は)わしの仇敵ではない。わしの糾弾者ではない。わしは繚乱と花咲き乱れる春の庭。わしのぐるりを塀が取り巻き、塀の上には様々な汚物と茨の棘がある。行きずりの人々には庭は見えぬ。塀と汚物だけが見える。それでこんなに悪く言う。庭にしてみれば、悪く言われたとて、何も腹を立てるには及ばない。悪く言う方が損するだけだ。きたない塀のところで止まってしまって、庭まで行こうとしないのだから。塀の悪口に気を取られ、お蔭で庭には一向縁がない。つまり我と我が身を滅ぼしているのだ、と。

「わしはにこにこ顔で人を殺す」と言われた預言者の言葉の意味もこれで得心が行く。つまり、「わしには仇敵というものがない。懲らしめたとて誰にも恨まれるおぼえはない」ということだ。預言者は不信心者を或る意味で殺す。だがそれは、不信心者が種々様々な意味で自分自身を我が手で殺すのを避けさせようがためである。殺しながらにこにこ笑っておられたのも当り前ではなかろうか。

談話　其の三十一

警官はいつも泥棒を追いかけ廻して捕えようとするし、泥棒は警官から逃げ廻る。泥棒の方が警官を追いかけ、捕えて縛り上げようとするなどという話はあまり聞いたことがない。

神がバーヤジード(バーヤジード・バスターミー。初期スーフィズムの傑物。西暦八七五年歿)に「そなたの望みは何か」とお尋ねになると、「何も望まぬことが私の望みでございます」とお答え申したという。「私が欲しないことを私は欲する《ウリード・アン・ラー・ウリード》」と。

欲するか欲しないか——人間はこの二つの状態の間を去来する。全く何も欲しなくなりきってしまうというのは、これはもう人間の属性ではない。それは自我がすっかり空っぽになって、ほんのひとかけらも残らないということだから。ちょっとでも残っている限り、必ずかの人間性の特徴が出るはずだ。欲したり欲しなかったりするはずだ。

だが神はバーヤジードを完璧の域に引き上げ、完全無欠なスーフィーに仕立て上げようと計り給うた。これを第一段として、次に神・人の区別も差別も入る余地のないような、完全な冥合と合一だけがあるような深遠な境涯を開いてやろうとし給うた。

そもそも一切の悩みは、とてもかなわぬことを欲するところから生ずる。何一つ欲することがなければ、悩みはすべて解消する。

同じ人間でもいろいろの種類があり、我らのこの道(神秘道)でも多くの段階がある。或る種の人々は自力で奮励努力して、心の中で何を欲し何を思おうとも、それを実際の行動には移さないでいられるという程度の境地に到達する。この程度なら人間の能力の範囲内である。しかし、心の中に欲望の疼きもなく、なんの想念も浮んでこないような境地というのは人間の能力の届かないところにある。神の方から引き寄せていただかなくてはそんな境地に至れるものではない。「真理《まこと》が現われた。虚偽《いつわり》は消え失せた」(コーラン一七章八三節)、「信仰ある者よ、さあ入るがよい。そなたから発する光がわしの炎を消した」(ハディース)とある通りである。虚偽《いつわり》なき信仰が信者の全身全霊に浸透する時、彼は神の為し給うことをそのまますする。もうそうなっては、神に引かれてすると言っても、自分の力に引かれてすると言っても同じことだ。

イスラームの預言者と彼に先行する預言者たちの後では、もはや誰にも啓示は下されなくなった、というのが世間一般に認められた通説である。どうしてそんなことがあろう。ちゃんと啓示は下っているのだ。それを「啓示」という名で呼ばないだけのことである。(名前こそないが)実質上それに該当する事実は現に生起している。「信仰ある者は神の光でものを見る」(スーフィーの間で有名なハディース)というではないか。神の光に照らして眺める人の目には一切がありありと見える。始めも見える、終りも見える。現在するものも現在しないものも、なんでも見える。神の光で照らし出されないようなものがどこにあろう。見えないものがあるなら、神の光ではない。とすれば、啓示とは呼ばないにしても、啓示に相当する精神的事象はちゃんと起っているのだ。

オスマーン(ムハンマド第三代目の後継者)が教皇《カリフ》になった時、彼は説教壇に登った。人々は彼がどんなことを言うかと固唾を飲んで待ち構えていた。ところが、黙りこくったまま何も言わない。ただ、じっと会衆を凝視している。その視線に魅されたように、会衆は世にも不思議な恍惚状態に引き込まれてゆくのだった。もう誰一人外《おもて》に出ることもならず、お互い同士相手がどこに坐っているのやら、それさえ皆目わからなくなってしまった。有難い教誨や説教を何百回聴いたところでこんな素晴しい気分にはなれっこないというようなものだった。どんなに自分で努力し、どんなに立派な説教を拝聴したところで到底望めないほど得るところがあり、玄妙な真理が開示された。

こんな調子でオスマーンは最後まで一言もものも言わず、ただじっと会衆を見詰めていたが、やがて説教壇から下りようとしてこう言った。「弁舌で人を動かす導師《イマーム》より、行為で人を動かす導師の方がよっぽどお前がたの身のためになる」と。

確かにその通りだ。なんのためにものを言うのか。相手に教え、感銘を与え、相手の人となりを改変するのがその目的なら、やたらに喋るより無言の方が何倍も効果がある。だからオスマーンの言ったことは確かに正しかった。

ところで、オスマーンは自分を「行動の人」と言ったけれど、説教壇の上にある間、肉眼で見えるような外面的な行為は何一つしなかった。お祈りしたわけではない。巡礼に行ったわけではない。喜捨したわけではない。唱名したわけではない。いや、説教すらしなかった。してみれば、行為とか行動とかいっても、決して外部に見える普通の意味での動きだけが行為や行動ではないことが分る。いや、むしろ、目に見える行為は目に見えぬ行為の外側に過ぎず、目に見えぬ行為こそ目に見える行為の魂である(異本により jān を jān-e in とする)。

現に預言者の言葉にも、「我が教友たちはすべて大空の星のようなもの。どの一人に案内を頼んでも、決して道を間違える心配はない」(ハディース)とある。誰にせよ星を頼りに進んでゆけば必ず正しい道を行ける。星はもの言わぬ。だが、星さえ眺めていれば、どこに道がありどこに道がないかはっきり分り、自然に目的地に行き着いてしまう。それと同じことで、神に選ばれた最高の聖者たちをじっと見詰めていさえすれば、ひとりでにその作用がこちらに及んできて、黙々として、ああだこうだと議論する必要もなく、いつの間にか目的地に着いてしまう。つまり神人冥合の境地にいやでも連れてゆかれてしまうのだ。

その気になったら、このわしを
じっと見詰めているがよい。
澄みきったわしの瞳に見入られて、
私意の無力を知るがよい。(ムタナッビーの詩句)

この世の中で、馬鹿げたことをそれと知りながら我慢しなければならぬことほど辛いことはない。例えばそなたが本を一冊読み終えたとする。本文の誤りを訂正し、文法を正確に、意味も正しく理解したとしよう。ところが誰か隣りの席にいる男がその同じ本を間違いだらけに読んだとしたら、そなた我慢できるか。我慢できるはずがない。そなた自身がまだ読んでいないのなら、向うが出鱈目に読もうと正確に読もうと構ったことではない。自分でも何が出鱈目で何が正確なのか区別もつかないような状態なのだから。というわけで、馬鹿馬鹿しいと知りつつ我慢するのはまことにもって気骨の折れることである。

だが預言者や聖者がたはどうだろう。修行の途次にこの種の苦労をさんざんしていなさるではないか。あの方々の苦労といえば、先ず己れを殺し、一切の欲望や欲情を抑えることから始まる。これがまた凄まじい聖戦だ。しかもやっと道の終点に辿り着き、さてこれで安心という境位に達してみると、曲ったことと真っ直ぐなことが見えてくる。正邪の区別が分り、何が正、何が邪とはっきり見透せてしまう。そうなると改めて別の苦労が始まる。というのは、世の人のすることなすことがみんな曲っているのがありありと見えているのに、それをじっと我慢しなければならないからだ。もし我慢しないで、世の邪悪を一々指摘でもしようものなら、一人残らず逃げてしまうだろう。誰からもまともな挨拶一つしてもらえなくなってしまうだろう。

だが神様はこの方々に並はずれた寛容の心と我慢強さを与え給うた。だから立派に辛抱してのける。百の邪悪を見ても、その中の一つだけしか指摘しない。相手を頭ごなしにやっつけないようにしようとの心遣いからだ。残りの九十九は見て見ぬふりをしておく。いや、それどころか、曲ったことも真っ直ぐなように言いたして逆に褒めさえもする。そうやって時を稼いでおいて、少しずつ全ての邪悪を取り除いてゆこうというのである。

譬えば、学校の先生が子供に字の書き方を教えている。いよいよ一行続けて書く段になる。子供は一行書き上げると先生に見せる。先生の目から見れば、全部駄目だ、まるでなっていない。しかし先生は方便上、甘い顔をして見せる。「全部よくできた。よく書いた。なかなかうまいじゃないか。だがこの一字だけどうもよくない。こう書かなくちゃ駄目だ。あ、そう言えば、あの字も間違ってる」といった具合にして、結局その一行のうち幾つかの文字が駄目であることを指摘し、正しい書き方を教えてやる。そして残りは全部よくできたと言う。こうされると子供の方も勉強に嫌気がささない。生来の弱さが、褒められることで力を得、次第に勉強が促進される。

願わくは神の御加護によって、宰相公(パルヴァーネ宰相のことであろう)がその意図を余すところなく実現されますように。今現に胸に描いておられることはもちろん、さらにまた御自分では想像もせず、どんなことか知りもせず、従って望むすべもないような幸福が全て実現されますように。そういう幸福が目の前に実現し、そういう神の賜《たまもの》が手に入った暁は、御自分が以前に願い欲しておられたことを省みて恥かしいと思われることであろう。「あんなものがわしの望みだったのか。こんな素晴しい幸福が現にあるのに、いやはや、わしとしたことがなんであのようなものを欲しがっていたのだろう」と恥じ入りなさることであろう。

そもそも賜とは、思いもよらなかったもの、想像もしていなかったようなものだからこそ賜というのだ。およそ頭に思い浮ぶほどのものは、全てその人その人の意図の大小に比例し、能力の大小に比例する。しかるに神の賜は神の力に比例する。だから真に賜と呼ばれるにふさわしいものは神に準じたものであって、人間の想像や意図に準じたものではない。これを「目に見たこともなく、耳に聞いたこともなく、心に浮んだこともないもの」(有名なハディースの一部)という。つまり「そなたがわしから貰いたいと始めから期待しているようなものは、どれも今までに目で見たことのあるもの。耳で聞いたことのあるようなもの、心に描いたことのあるようなものばかり。だがわしの賜はそういう一切のものの彼方にある」ということだ。

談話　其の三十二

確固不動の信念は(神秘道で譬えれば)完全な師、すべて正しい想念はその門弟というところか。同じ門弟にもいろいろ違った段階がある。第一段は「そうかもしれない」という考え、次は「恐らく間違いあるまい」という考え、次は「確かに間違いない」という考え。といった具合で、段階が進むにつれて絶対的確実性に近くなり、それだけ拒否から遠くなってゆく。「アブー・バクル(ムハンマド第一代の後継者)の信仰を天秤にかけて計ったら」(ハディース。後半「世界中の全ての人の信仰を一つにまとめた重みよりもっと重い」)というわけだ。

全て正しい想念は絶対的信念の乳を飲んで育つ嬰児《みどりご》のようなものである。乳を飲んで育つとは、想念が知識と行為で次第に成長してゆくことを指す。そのまま成長を続ければ、一つ一つの想念は遂には絶対的信念に変貌し、絶対的信念の中にすっかり消融してしまう。絶対確実性の域に達すれば、想念はもはや想念ではない。

この経験的現実の世界において(神秘道の)師と門弟となって現われているものは、実は今話した絶対的信念という師と(想念という)その門弟たちの現象的な写しにほかならない。写しである証拠には、時代から時代、世代から世代へと変ってゆく。これに反して(そのもとになる)かの絶対的信念という師と、正しい想念という息子たちは確固として、時の流れ、時代の推移にかかわらず永遠に変らない。

ここでちょっと附言しておくが、誤った想念、道に迷い、真理を認めまいとする想念などは絶対的信念という師から破門されたやからであって、日一日と師から遠ざかり、卑しくなってゆく。それは日一日と増長して、邪悪な考えを増大させてゆくからである。「彼らの心中には病患《やまい》が宿る。願わくはアッラーがその病患を益々悪化させ給わんことを」(コーラン二章九節)というわけだ。「殿様がたが実を食えば、囚人《めしうど》たちは殻を食う」(通俗的諺)とも言う。また、「アッラーは仰せられる。一体あの者ども駱駝を眺めたこともないのか、その見事な出来ばえを」(コーラン八八章一七節)とも。だがしかし、「ただし、改悛して信仰に入り、義《ただ》しい行いに励む者は違う」(コーラン一九章六一節)、「なぜならば、こういう人々は、アッラーが、犯した悪事を全部そっくり善行にすり替えて下さろうから」(コーラン二五章七〇節)とも言われている。

もしそういうことになれば、今まで悪いことばかり考えようとしてきた動力が、たちどころに善いことを考える力に早替りする。ちょうど、頭のいい泥棒が改悛して警官になったようなもので、今まで使ってきた様々な盗みの手が、そのまま善行と義行への力に転成する。こういう警官は、前に泥棒だったことのないほかの警官たちよりはるかに勝る。自分で泥棒した経験のあるその警官には泥棒という商売がどんなものかよく分っているからだ。泥棒が何を考え何をするか、一々手に取るように彼には分る。そんな人間がもし神秘道の師になれば完璧だ。万人の長《おさ》となり、時の指導者ともなれる。

談話　其の三十三

近づくな、近寄るでない
　と言われても、なんで
寄らずにいられよう。そなたこそ
　頼みの綱であるものを。（アラビアの古詩より）

人は誰でも、どこにおろうとも、必ず己れの欲求にぴったり寄り添っている。いや動物でも、必ず己れの欲求にぴったりくっついて離れない。「父よりも母よりも親しいものは欲求で、離れようにも離れられない」とある通りである。欲求こそは人を繋ぐ絆《きずな》。人はこいつに引っ張り廻されて、あっちにふらふら、こっちにふらふら。駱駝の鼻に通した留木よろしくだ。束縛から遁れようとしているくせに、自分で自分を縛りつけるというのだから妙な話ではないか。自由を求める人が、絆を求める道理がない。してみれば、どうしても誰か他人の手で縛られたものと考えざるを得ない。例えば本気で健康を求めているのに、自分で我が身を病気にする馬鹿がどこにある。同じ一人の人が同時に健康を求め病気を求めるというのは不合理だ。

ところで、己れの欲求にぴったり寄り添っている人は、当然、その欲求を惹き起す人に寄り添っている。自分の留木から離れない人は、当然、留木を引っ張る人から離れない。だが、目が留木だけに向いているので、そのために骨抜きみたいになって、なすすべを知らないのである。もしも留木をあやつっている者に目が向きさえすれば、留木から遁れることもできるであろうに。留木そのものを変じて留木引きとなすこともできるであろうに(自由を束縛するための留木をして自由自在に自らをあやつる力たらしめることもできるであろうに、の意)。

もともと留木を掛けるのは、留木なしには、御主人の思うがままに後についてこないからだ。留木を掛けられたものは留木を引っ張る人を見ていない。だからどうしても、「よし、いまに鼻面にぺったり極印押してやろうぞ」(コーラン六八章一六節)ということになる。その趣旨《こころ》は、「あの者の鼻に留木を掛けて、否応なしに引っ張ってやらずばなるまい。留木で引っ張らねば、こっちへこようとせんのだから」ということである。

八十過ぎの老いぼれに
　遊べる場所があろうか、と
　　言う者がある。さ、それならば、
八十前の若い頃
　遊べる場所があったろうか、と。(アラビアの古詩。但し原詩のもとの形では「八十」の代りに「三十」とある)

恵み深い神様は時として老人の胸に、若者の与り知らぬような若やいだ情熱の火を置き給うことがある。元来、人が青春時代、潑剌たる生気に気負い立ち、跳んだりはねたり、笑いさざめき、無性に遊びたくなるのも、世界が生き生きと新鮮に見えて、幾ら見ていても見飽きることがないからだ。そこで、こういう老人たちも、世界が新鮮に見えるものだから、ついふざけたくなって、跳び廻わり、皮膚の色艶は増し、身体は肥えてくる。

ああ、素晴しきかな老年よ、
　頭に白髪《しらが》の出るごとに
　　遊びの悍馬が跳びはねる。（同じくアラビアの古詩）

そこで（つい人はこう考える、）あらがいがたき老年の勢威、それは神の勢威にもいや勝るものではなかろうか。青春は神の勢威の繚乱と咲き出でる季節。が、忍び寄る老年の秋には抗すべくもない。秋は決して己が本性を失いはせぬ。束の間の春に神の恵みが現われるとはいえ、やがて歯が次々に抜け落ちてゆくにつれ、神の春の微笑《ほほえみ》は次第に影薄れ、頭に白髪の数の増すごとに、神の恵みの瑞《みず》々しさは消え、時雨降る秋の涙に実在の花園は荒れまさる、と。

まことに大それたことを言う人があるものだ。だが、こんな不敬なやからの思いも及ばぬ遠い彼方に神はいます。

談話　其の三十四（原文アラビア語。冒頭の一節と引用の詩句のみペルシャ語）

わしはあの男を見た（ルーミーが門弟の一人の隠れた本性をイマージュの形でありありと見る。異様なヴィジョン体験）。野獣の姿で、狐の皮を着ておった。二階の張り出しにいて、階段からこっちを見おろしている。捉まえてやろうとすると、片手をひょいともち揚げて、ぴょんぴょん跳び廻る。

ふと見ると傍にタブリーズのジャラール（不明）もいる。こいつは貂の姿をしていた。逃げようとするところを捕まえた。わしを噛もうとしてもがく。頭を足で踏みつけておいて、ぎゅうっとしぼり上げてやったら、脳味噌がすっかり流れ出してしまった。見ると毛皮が実に美しい。わしは思った、「金や宝石や真珠や紅玉を入れるにいいぞ。いや、もっと高貴なものでも入れられる」と。だが思い返して、こう言った、「欲しいだけのものは全部取ってやった。逃げるなら勝手に逃げろ。どこへでも好きなところへ跳んでゆけ」と。

もともとあいつがぴょんぴょん跳びはねるのは負かされたくないからだ。負けきってこそ浮ぶ瀬もあるということが分らないのだ。

確かにあいつの身体は隕石のかけらなどでできている。何もかも手に入れてやろうとしているうちに、隕石の瘴気に当てられてしまったのだ。乗りかかった舟とばかりそのやり方に執心し（神秘道に踏み込んだことを指す）、それで結構楽しみもしたが、どうせできることではない。なぜなら、真の悟達の師というものは、こんな網には引っかからないような境地にいるからである。たといその事自体はまっとうで、意図するところは正しいにしても、こんな網でこんな獲物を捕まえられるわけがない。悟達の師たるもの、誰に自分を捕えさせるかは全く意のままなのであって、師の方でその気にならない限り誰にも捕えられるものではない。

獲物を引っかけようとして待ち伏せする。だが獲物の方ではちゃんとこっちを見ている。どこに隠れているかも分っているし、こちらの手の内も見えている。だから自分の思いのままだ。必ずどこを通ると決められているわけではないので、こっちの隠れている場所など通りはしない。自分で選んだ道を取る。しかも「アッラーの大地は茫々として限りなく」(コーラン三九章一三節)、「その広大な知の一部だに、御心《みこころ》ならでは何人も知り得ない。」(同二章二五六節)のみならず、そのような幽玄な真理も、ひとたび人間の舌に乗り、人間の知解に入ってきた上は、もう幽玄でもなんでもない。人間に触れることで腐ってしまうのだ。反対に、悟達の人に把握されてその舌に乗る時は、悪いものだろうと良いものだろうと、全てたちまち変質し、この世のものならぬ精神の香気に包まれてしまう。例えば知っての通り、モーセの手に握られた杖は変貌し、杖の本質の跡もとどめぬに至ったではないか。同様に預言者(ムハンマド)に抱かれた嘆きの柱(かつて預言者がよりかかるのを常としていたメディナの神殿の柱が、新しくでき上った正式の説教壇にその役目を奪われて嘆き、預言者に抱かれて悲しげにすすり泣いたという。「マスナウィー」第一巻にある話)、その手に握られた杖、モーセの口につぶやかれた祈りの言葉、ダビデの手の中の鉄、ダビデの眺めた山々、いずれもその本質を喪失して、全く新しいものに生れ変ったという。これと同じ道理で、どんな幽玄な真理も、祈りの言葉も、粗悪で暗い人間の所有するところとなれば、たちどころに変質してしまうのである。

せっかくのメッカの神殿も
お前が詣でたのでは酒場も同じ。
お前のものである限り
その本質はお前と同じ。（サナーイーの詩句）

「信仰心のない者は七つの胃袋に食物を詰め込む」（有名なハディース。原文に bi-akl とあるのは ya'akulu の誤り）というが、あの無知蒙昧な絨毯係り（誰を指すのか具体的には分らない）が自分で選んできた驢馬（下劣で愚劣な下働きの男）は七十の胃袋で食いまくる。たとい現実には胃袋一個で食うにしても、七十の胃袋で食うのと同じことだ。忌わしいやつのものは何でも忌わしいし、愛《いと》しい人のものは何でも愛しい道理だからそういう勘定にならざるを得ない。

もしあの絨毯係りが今ここにいるなら、わしは早速にも押しかけていって忠告し、あの驢馬めを追い出し遠ざけてしまうまで、いつまでもねばってやるのだが、あの驢馬が彼に取っついて彼の信仰を堕落させ、彼の心情と精神と理性とを滅茶滅茶にしているのだ。ええ、いっそ、同じことなら何か別の悪さにでも誘えばいいのに。酒を飲むことでも、女郎買いでもなんでもいい。その種のことであれば、神の恩寵を受けた誰か偉い人とでも交われればすぐ治ってしまう。だが、驢馬めがお屋敷中に（けがらわしい）絨毯を敷きつめる。ええ、いっそのこと、あの絨毯に巻き込んで一度に燃やしてしまいたい。そうすれば絨毯係りも驢馬の難を遁れて自由の身になれるであろうに。あんな驢馬を抱え込んでいるばっかりに、信仰は乱れて恩師の言うことも聴かれなくなり、あまつさえ面と向って恩師に毒づく有様だ。なんでも驢馬めの言いなり次第、ただ指をくわえて己れ自らを滅亡の道に駆り立ててゆく。数珠をつまぐり、祈りをつぶやき、祈禱の絨毯を敷き広げる驢馬の姿に騙されて、ころっと参ってしまったのだ。

願わくはいつの日か神の御計らいで目が開け、己れの迷妄の原因がどこにあったか、己れを恩師の慈愛から遠ざけたものはなんであったかをはっきり見定めてもらいたい。己が手で驢馬めの頸を切り、こう言うだけの気力を得てもらいたい。「よくもこのわしを台無しにしてくれたな。貴様のお蔭で、こんなにたくさんの罪の重荷が、こんなにたくさんの悪業のどぎつい色絵がわしの一身に集まってしまったわ。わしの後ろに、家の隅に、ごっそり溜った醜悪な行為、邪悪な信念の塊りが誰の目にもはっきり見えるほどになってしまったわ。それをわしは背中の後ろにかためて、恩師に見つからぬよう隠しているが、恩師はわしの隠しているものをすっかりお見透しで、『そなた、そこに何を隠している』とおっしゃる。わしの生命《いのち》を御手《みて》に握り給うお方(神)の御名にかけてわしは誓う。もしわしがあの醜悪なものどもに声をかければ、たちまちやつらはぞろぞろと出てきて姿を現わし、己が正体を暴露して自分が何者であるかを公言し、自分の中にひそむ悪をさらけ出して見せるに相違ない」と。

ああ願わくは、このような手合いの哀れな犠牲となっている人々を神が救い出し給わんことを。敬虔な態度を売りものにして、神への道を塞ごうとする追剝のごとき人々の手から救い出し給わんことを。

王者たちは都大路でポロ競技に打ち興じる。本当の戦争では、兵士らが猛然と襲撃し、敵の頭を切り落し、切られた頭は競技場のボールのようにころころ転がる。わーっと攻めかけ、突っ込み、さっと退《ひ》く。そういう実戦の有様を自分で直接目撃することのできない都の人々に、ポロ競技は演技の形で再現して見せる。こうした意味で、競技場でのこの遊戯は、実戦の生々しさを映し出す役目をする、ちょうど天体の配置を図化して映す観測儀のように。同様に、スーフィーたちの礼拝と舞楽の集いは、彼らの心底深く展開している彼ら独特の、神の命令と禁止への恭順を見物衆に見せる演技だ。舞楽の会の詠唱者は、礼拝の典儀における導師《イマーム》に当る。踊り手たちは打ち揃って彼に順う。緩やかに彼が歌えば、彼らも緩やかに踊り、軽やかに彼が歌えば、彼らも軽やかに舞う。その動作は命令と禁止の呼びかけにたいする彼らの内心の恭順を映す。

談話　其の三十五

コーランを諳《そら》んじている専門のコーラン読みのくせに、スーフィーの意識の深さがまるっきりわからない。実に不可解なことだ(誰かスーフィーの悪口を言って廻るコーラン読みがいたのであろう)。コーランにもちゃんとこう書いてある、「神かけて、とやたらに誓言するからとて、誰かれの見境いなしに信じてはならぬぞ」(コーラン六八章一〇節)と。「誰それさん(誰か指導的地位にあるスーフィーを指す。恐らくルーミー自身か)が何を言おうと、決して耳を借しなさるな」などと触れ廻るやつ、それこそ正真正銘の陰口家だ。お前のこともきっと他人にそう言って廻っているに違いない。「やたらひとを中傷し、悪口ふり播いて歩くやつ、善事の邪魔する不埒者」(コーラン同章一一―一二節)とは正にこんなやつのことだ。

それにしてもコーランというものは実に不思議な魔術師だ。秘密は絶対に知らさない。敵意を抱く者と見るやたちまち魔術にかけ、耳にはっきり分るように語りかけるのに、それでいて、相手は全然意味がつかめない。一向面白いとも感じない。ちょっと興が湧いても立ちどころに取り上げてしまう。「アッラーは封緘《ふうかん》をもって彼らの心を閉ざし給うた」(コーラン二章六節)とある通りである。

なんたる優雅さか、聞いても分らず、喋っても意味が分らぬ人の心を封緘で閉ざし給うとは。神は優雅だ。憤怒も優雅、閉ざすも優雅。だが一たんおろした錠前をはずして下さる、その優雅さに至っては、もう筆舌に尽せるものではない。

わしの五体が千々に割れ砕けて無に帰する。これはただひとえに神の限りなく優雅なお心尽しだ。錠をはずしてやろう、門を大きく開いてやろうという思召によるものだ。

こういうわしを見て、病気になった、死にそうだなどと、ゆめゆめ思い違いしてもらっては困る。これはほんの見せかけにすぎない。わしを殺すものは、ただ神のこの限りなき温情、譬えようもない御姿のみだ。鞘を離れた短剣の、いや、長剣のこのきらめきは、縁なき衆生の目を眩まして、わしが殺される場景を不吉で不当で不純な人々の目にさらすまいとの心遣いだ。

談話　其の三十六

外なる形は内なる愛の枝葉である。愛を中に宿さぬ形には三文の値打ちもありはしない。派生物は根源がなくては存立し得ないから派生物なのである。だからこそ神を「形」とは呼ばない。形は派生物であるからだ。まさか神を派生物とは呼べないではないか。

異を立てる人があって、「でも、愛だって形がなければ結晶せず、何か得体の知れぬものにすぎない。してみれば、むしろ愛の方が形の派生物なのではなかろうか」などと言う。

これに対するわしの反答はこうだ。形のない愛は得体が知れないというのはおかしい。愛は自らにして形を喚び起す。何万という形が愛から生起してそれぞれに愛を映し、愛を具現する。画家がなければ絵はあり得ない。が、絵がなければ画家もあり得ない。しかし、それにもかかわらず絵は画家の派生物である。有名な「手の動きと鍵の動き」(哲学者の間でよく使われる例。原因と結果が時間的には同時でありながら、しかも原因は結果に先行することを示す)と同じことだ。

家に対する愛がない限り、家の形を頭に描く建築家はどこにもいない。同様に、小麦の値段も、今年は金のように高いかと思うと、来年は泥同然。小麦の形は全く同じなのだが、その同じ形の値打ちと値段が愛の如何によって上下する。また、お前がたが探求し、愛している学問にしても、現在のお前がたにとってこそ価値あるものだが、誰一人学問などというものに関心のない時代には、誰も勉強する者はないし、それを業としようとする者もない。世間でもよく人が言うように、愛とは要するに何かが欠けている、何かが必要だと感じることである。だから必要を感じるということが根源であって、必要の対象は派生物である。

お前がたが何かものを言う。必要があるからものを言うのだ。だから、お前がたが口にする言葉はお前がたの感じる必要から生起する。ものを言いたいという衝動があって、始めて言葉が生れるのだ。必要が先行し、そこから言葉が出てくる。つまり、言葉がまだないうちに必要は存在するのである。必要、すなわち愛は決して言葉の派生物ではない。

こう言うと、反論する者があるかもしれない。必要、必要とおっしゃるが、言葉はその必要の目指す対象なのではなかろうか。目指す対象が派生物だとはどうも合点が行かぬ、と。わしは断言する。どんな場合でも、目指す対象は派生物にすぎない。木の根が目指すところが(果実なら、果実は)木の派生物である、と。

談　話　其の三十七

今この娘(誰を指すのか確実には分らない。フルーザーンファル教授の考えでは、恐らくタブリーズのシャムスの妻であろうという)とかくの噂を立てられているが、あれは根も葉もない作りごとだ。しかし、とにかくこの程度で止まってしまうだろうと思う。むしろ問題は、この教団の人々の想像裡に何かが取りついたという事実である。一体、人間の想像とか心とかいうものは、いわば家の玄関口に当る。いろいろなものが先ず玄関に入って、そこから家の中に入りこんでくる。世界全体が一軒の家。その中に、つまり玄関に踏み込んでしまったものは、必ずややがて家の中に姿を現わす。例えば現に我々がこうして坐っているこの家にしても、先ずその形象が建築家の心に浮んで、次にこの家となったのである。だからわしは言うのだ、全世界が一軒の家だと。想像と思想と想念とがこの家の玄関に当る。玄関に姿を現わした以上、どんなものでもきっと家の中に現われる。間違いはない。今、この世に現われているすべてのものは、善いものも悪いものも、みんな最初は玄関に現われて、それからここに出現してきたものばかりだ（根源的イマージュの世界――それをスーフィズムでは超越的でありながらしかも可視的な一種の存在領域として立てる。この世の一切の事物は先ずこの存在領域に玄微な形で生起し、そのあとで経験的存在領域に顕現する）。

この世には実に種々様々なものがある。珍奇なもの、不思議なものがある。庭園あり、花園あり、牧場あり、かと思えばいろいろな学問や技術がある。神がそのようなものをこの世に現わそうとし給う時、そういうものへの欲求と要求とを人の心に生起させ給う。そこから始めて出現してくる段取りである。

この意味で、そなたがこの世で見るものは、全てあの世のものであると知るべきだ。一滴の露の玉の中に見えるほどのものは、いずれは必ず大海の中に現われる。この露はもともとあの大海のものなのだ。こういうわけで、天地の創造も、神の玉座と御足台の創造も、その他一切の不思議なものの創造も、すべて最初に神がそういうものへの切望を太古の聖人がたの胸中に惹き起し給うたことに起因する。世界はそれに合せて出現した。そうならざるを得なかったのである。

この世界には始めがないと主張する人々がいる（世界を過去の方向にどこまで遡っていっても始点にはぶつからないという、つまり世界の時間的創造の否定はイスラーム哲学の一大テーマであった）。こんな連中の言葉をなんで有難く拝聴しておられよう。

世界には始めがある、と言う人々もある。それは聖者たち、預言者たちである。この方々は世界よりももっと古い（その純霊的実存において世界の創造に先行する）。神は彼らの精神の中に、この世界が創造されてほしいという悲願を起し給うた。それから後で世界は現われたのである。だから彼らは世界に始点があることを本当に知っている。それは彼らの実在体験であり、その境位から彼らの発言はなされているのである。

譬えで言えば、現にこうしてこの家の中に坐っている我々の年齢は六十とか七十とかである。この家がかつては存在していなかった事実を我々はこの目で見て知っている。家が建ってから、もう数年になる。蝎や鼠や蛇や、そのほか今この家に住みついている下等な動物どもが戸や壁から生れてくるものとしよう。動物どもが生れてくる時、家はもう始めからそこに建っている。それを見て、彼らが「この家には始めがない」と言ったところで、なんの証言にもなりはしない。なぜなら、我々はこの家に始めがあったことをちゃんと知っているからだ。

今言った動物ども——たまたまこの家の戸や壁から生れてきて、この家しか何も知らず、この家のほかには何も見たことのないこの動物どもと全く同じように、世界というこの家からふいに生れてきた人間どもがいる。碌でもない連中だ。この世界からぴょいと出てきて、またこの世界の中に消えてゆく。こんな連中が、この世界には始めがないなどと言いたてたところで、聖者や預言者がたの証言をなんで覆すことになろう。この方々は世界が創造される数万年も、数十万年も、数億年も以前に存在しておられたのだ。いや、年数など問題ではない。数も限りもないのだから。

そして世界が時間の中で創り出されるところを自分で目撃しておられるのである、ちょうどそなたがこの家の成り立ちを目で見て知っているように。

それでも哀れな哲学者めはまだしつこく神学者に喰い下り、「世界に始めがあることが、君にどうやって分る」などと言う。馬鹿め、お前の方こそ、どうやって世界の無始性が分ったのか。世界の無始性とは要するに「世界は時間的に創られたものではない」ということだ。これは「……でない」という否定の証言にすぎない。一体、肯定的証言の方が否定的証言よりはるかに直截である。なぜなら、否定的証言は例えば「この男はこれこれのことをしなかった」ということだが、しなかったことを確実に知るのは非常に難しい。或る人がこれこれのことを絶対にしなかったと確実に証言できるためには、証言者は相手に一生、始めから終りまで、ぴったりくっついていなければならない。昼も夜も、寝ている間も起きている間も。いや、それでもなお間違うかもしれない。ついうとうとすることもあろう。相手が便所にでも行けば、まさかぴったりくっついているわけにもゆかぬ。だから否定的証言は法的に効果がない。絶対確実性が望みがたいからである。これに反して、肯定的証言は立派に可能だし、またやさしくもある。例えば、「私は数分間あの男と一緒にいた。その時彼は確かにこう言った、こうした」と言う。当然この証言は受理される。どこから見ても人間の能力内のことだからである。

今言ったことに照らしてみれば、お前がいかに馬鹿でも分るであろう、世界には始めがあると主張することの方が、世界には始めがないと証言するよりはるかに容易であるということが。要するにお前の証言は世界が有始的ではないという、つまり否定的証言にすぎない。世界が有始的であるにせよ無始的であるにせよ、とにかくどちらも論理的に証明することはできないし、さりとて目撃したわけでもない現状にあって、お前が相手に「世界が有始的だとどうして分る」と問うなら、向うも負けずにやり返す、「この抜け作め。そんなら無始的だとどうして分る。比べてみれば、お前の主張の方がもっと根拠薄弱で、もっと理屈に合わないじゃないか」と。

談話　其の三十八

預言者が教友がたと坐っておられるところへ、無信心者どもがやってきていやがらせを言い出した。その時、預言者はこう言われた。「しかし、そう言うお前さん方だって、ともかくこの世に誰か天啓を受けている人が一人いる、ということだけは認めている。つまり啓示は特にその人に下るのであって、誰かれの見境いなしに下るわけではない。その人には特別の印《しるし》、特別の表徴がある。その人のすることにも、言うことにも、面相にも、いや身体のどの部分にも、それとわかる目印がちゃんとついている。これだけはお前がたにも異論のないところ。ならば、現にこうしてその印をその目で見た上は、その人の方に顔を向け、その人にしっかり縋りつき、手を取ってもらったらどうだ」と。

さすがの無信心者も、こう言われては返す言葉もなかったそうな。だが、今度は直接行動に出て、腕ずくでもとばかりますます教友がたを迫害し、攻撃し、無礼を加えだした。

時に預言者が教友がたに申されるよう、「じっと耐え忍ぶのだ。決して腕力でこちらをやっつけたなどと言わせまいぞ。要するにあの者どもは腕ずくで我々の宗教を弘めようとしておるにすぎない。これもみんな我々の宗教を弘めようという神の御計らいだ。」と。

こうして久しい間、教友がたはひそかに隠れて礼拝し、預言者の名前すら公けに口にすることを慎んでおられた。だが、遂に断乎たる天啓が下った、「お前がたも剣を抜け、堂々と戦え」と。

世人は預言者を指して目に一丁字ない無学文盲の人と言う。しかしこれは、字が書けないとか、学問ができないとかいう意味ではない。字や、学や、叡智が生得の素質であって、後天的なものではないという意味で無学と言ったのだ。月の表面《おもて》に文字を書くほどの人物が、どうして字が書けないことがあろう。大体、この世界で、この方が知らないものがどこにある。何かを学ぶといえば、誰でもみんなこの方に教えていただくのではないか(ここでは預言者ムハンマドは歴史的実在の個人ではなく、神秘哲学にいわゆる「ムハンマド的実在」、すなわち宇宙的知性として表象されている)。個別的知性が知っていることで、宇宙的知性の知らないことなどあるものか。個別的知性には、自分がまだ見たこともないものを創り出す能力など全くない。

確かに人間はいろいろなものを発明し、器用な細工をし、斬新な建物を建てる。だが実はちっとも新しいものではないのだ。いつかどこかで見たことのあるものを基にして、その上に何かを附加するだけだ。本当に自力で何かを創造し発明する人があれば、それはもう宇宙的知性なのである。個別的知性にできることといえば、学ぶことだけ。だが、学ぶには先生が要る。その先生が宇宙的知性である。宇宙的知性には先生は要らない。現に世に行われている様々な職業も、その源《もと》を探ってみれば、みんな天啓に端を発している。つまり、みんな預言者たちから教わったものだ。預言者はすべて宇宙的知性である。

例の鴉の話がある。アベルを殺害したカインが、さてこの死骸どう始末したものかと途方に暮れていた時、一羽の鴉が別の鴉を殺し、土を掘って埋め、上から泥をかぶせるのを目撃した。それにヒントを得て、カインは墓を作り、死骸を埋めるという手を覚えたのだった。

人間の一切の技能も全くこれと同じことで、個別的知性をもって生れた人間は、他人《ひと》から教えてもらうということが必要である。この意味で、宇宙的知性は万有の創始者だ。そして個別的知性を宇宙的知性に結合し、二つを一つにするのが預言者たちであり聖者たちなのである。

人間の(身体に)なぞらえて言うと、手も足も目も耳も、一切の感覚器官も、心と理性から教えを受ける能力を生来備えている。例えば足は歩くすべを理性から学ぶ。手は理性と心からいかにしてものをつかむかを学び、目と耳はそれぞれ見るすべ、聞くすべを学ぶ。もし心や理性がなかったら、五官は働くことができるだろうか。その機能を発揮することができるだろうか。

理性と心に比すれば、我々の肉体は鈍重で粗雑なものだ。理性と心は精細だ。粗雑なものは精細なものを基にして存立している。もし肉体に幾らかでも精細で瑞々《みず》しいところがありとすれば、それは理性と心から貰ったものであって、この貰いものがなければ、なんの役にも立たない。不潔で、鈍くて、卑猥なものにすぎない。それと同じく、個別的知性もまた、宇宙的知性に対してはただの道具であり、宇宙的知性の指示を受けて、ようやくそのお蔭でなんとかものの役に立っているのである。宇宙的知性に比すれば、全く鈍重、粗雑というほかはない。

誰かが言った、「先生の御念力を以て、どうか我々のことを念じて下され。一番大切なのは念力なのですから。言葉がないなら、言葉なしで結構です。どうせ言葉は二の次にすぎません。」

師はこうお答えになった。

いや、念力なら、この物質的事物の世界が現われる以前から、純霊の世界にちゃんとあった。我々がこの物質的事物の世界に、なんの目当てもなしに引き出されてきたとでも思っておるのか。とんでもないことだ。だから、言葉にもそれなりの役割がある。杏の種を播くに、その中核だけ地中に埋めたのでは何も生えてこない。外皮と一緒に播いて始めて芽を出す。これを以てしても、形式にもそれなりの役割があることが分る。礼拝にしてもその通り。元来、礼拝は内心の事柄。「心を伴わぬ礼拝は礼拝でない」(ハディース)と言われているごとくである。だが、これを必ず一定の形式に入れなければいけない。形式的にひざまずき、ひれ伏す。そうして始めて礼拝としての効果があり、礼拝の目的が果される。「始終、礼拝に精出している人々」(コーラン七〇章二三節)というのがそれだ。但し(第一義的には)この聖句は精神の礼拝を指している。形式上の礼拝(のことを言っているのではない)。形として目に見える礼拝はその時限りであって、始終ではない。精神の世界(ʿālam-e rūḥ と読む)こそは洋々として際涯なき大海。肉体は岸辺であり、狭く限られた陸地にすぎぬ。だから始終続いている礼拝というのは精神の次元においてのみあり得る。

こんなわけで、精神の次元でも人はひざまずいたりひれ伏したりしている。しかしこの内的行為は外面的に目に見える形として現わされなければならない。内なる精神と外なる形とはもともと緊密に結びついたものである。二つが一緒にならなければ、なんの役にも立たない。

外なる形は内なる精神の派生物であり、形は家来で精神が王だ、などと言うけれども、実は内と外とは相関的概念である。例えばよく、これはあれの枝葉だと言うが、枝葉がない限り根が根であるということも意味をなさぬ。枝葉があっての根であって、枝葉がなければ根とも呼べない。女というからには必ず男がある。主人というからには必ず召使いがある。支配者というからには支配される人がある。

談話　其の三十九

ホサーム・ッ・ディーン・アルザンジャーニー（不明）という人は、托鉢僧に近づいてその仲間入りする前は、それはもう大変な議論好きだった。どこへ行っても、坐るや否や議論をしかけ、猛烈に論争する。それがまた実に弁舌さわやかで、議論がうまかった。ところが、托鉢僧と交わるようになると、すっかりその議論熱がさめてしまった。

一つの情熱を断ち切るためには
　も一つ別の情熱が要る。（ファハル・ッ・ディーン・グルガーニーの詩句）

と言われるゆえんである。「いと高き神と坐を共にしたい人は、スーフィーたちと坐を共にせよ」（ハディースとして、スーフィーの間に伝えられた言葉。もちろん預言者ムハンマドの本当の言葉ではあり得ない）とはこのことだ。

世の人はいろいろな学問に熱中する。しかし、スーフィーの内的体験に比すれば、ほんの子供だましみたいなもの、人生の無駄遣いにすぎない。

どうせこの世は束の間の遊び、ただひと時の戯れだ。（コーラン四七章三八節）

だが人間も大人になり、理性が発達し、人間として完成の域に達すると、もうやたらに遊びはしない。遊ぶなら、恥かしいので、誰にも見られないようにこっそりやる。

この世にあって人はやれ学問だ議論だ情熱だと憂き身をやつす。そんなものはみんな一陣の風。人間は舞い上る塵。風が塵に混じって吹きまくれば、至るところで目が痛む。痛い痛いと大騒ぎになるばかり。だがしかし、塵土のごとき身ながら、人間はほんのちょっとした言葉を耳にしてもすぐ感動して泣き出し、涙は流れる水のごとくとめどない。

見るがよい、この人々、感激の涙が目に溢れ出る。（コーラン五章八六節）

けれど、この同じ塵土に風でなくて雨が降り灑ぐ時、まるで反対のことが起るのだ。言うまでもない。土が雨に遭えば、木々は実り、青草は萌え、馥郁と香草は匂い、すみれが芽生え、薔薇園に薔薇が花開く。

心中無一物の道、これこそはあらゆる願いを叶えてくれる道。どんなことでも、望むことはことごとく叶えられる。押し寄せる大軍を打ち破りたい、敵を負かしたい、国々を攻略したい、人々を屈服させたい、己れの仲間の上に出たい、美しい言葉を喋りたい、弁舌巧みでありたい——その他これに類する何であれ、すべては思いのまま。無一物の道を選びさえすれば、こんなことはなんでもたやすく手に入る。この道を辿って、後でしまったと思った人など見たことがない。

別の道ではとてもこうはいかない。別の道を取れば、どんなに苦労したところで、万に一つも目的を達すればいい方で、それも到底気が晴々として、これですっかり落ち着いたなどということはない。無一物以外の道の場合には、必ず縁因というものがあり、それぞれの目標に到達する特別の方法がある。縁因を通してでなければ決して目標には行き着けぬ。これは実に迂遠な道だ。至るところに陥穽《かんせい》があり障碍が待っている。それに縁因なるものがそう思い通りに現われてこないことがある。

しかしお前がたがこうして無一物の世界に踏み入り、無一物を事とする身となった上は、いと高きにいます神が、今まで想像だにしたこともないような国々を、いや全宇宙をお前がたに授けて下さるのだ。昔、願っていたこと、欲しがっていたものが恥かしくなって、「やれやれ、なんとしたことだ、こんなに素晴しいものがあるのに、あんなけちなものを追い廻していたとは」と嘆く。すると神様がこうおっしゃる、「今でこそ、そなた、あんなものには用がない、要らない、いやらしい、など言っておるが、あの頃はあれがそなたの念願であった。それをわしのためにこうして潔《いさぎよ》く棄ててくれたからには、わしも無限の好意を示してつかわそう。そなたの棄てたものをきっとわしがそなたに返してやろう」と。

預言者にも正にそういうことが起った。預言者は、まだ有名になられない以前、アラビア人特有のあの美しく力強い言葉の使い方を見て羨ましく思い、「なんぞしてわしもあんなに弁舌爽やかになりたいもの」と願っておられた。

それが、いよいよ不可視の世界が開示され、自らは神に酔いしれる身となられるや、そんな熱はすっかりさめてしまった。

「そなたが常日頃願い求めておった美しい言葉、爽やかな弁舌を授けてつかわしたぞ」と神がおっしゃる。

「主よ、あんなものが私になんの役に立ちましょう。御免こうむります。要りませぬ」と言う。

「思い煩うことはない。受けておけ。それでそなたの心が乱れるわけではない。なんの害にもなりはせぬ」と神がおっしゃる。

こうして神様が授けて下さったあの言葉、それを世界中があの頃から現代に至るまで寄ってたかって註釈し、浩瀚ただならぬ書物を書き、今なお書いているが、それでも解明しきれない。

その上、神様が仰せられることには、「そなたに従う者どもは、気が弱く、生命《いのち》が惜しく、敵の嫉みが恐ろしさに、そなたの名を公けに口にするのもこれまでは憚ってきた。だが今や、わしはそなたの真価を広く世界に知らせよう。世界の至るところで、高い塔の上から、日に五回、朗々たる音声《おんじょう》と美しいメロディーを以て、そなたの名を呼ばせ、西にも東にも弘めてとらせようぞ」と。

こういうわけで、およそこの(無一物の)道に身を投ずる者は、すべて心に願うことを必ず叶えられるのだ、来世に関わる願いごとであろうと、現世に関わる願いごとであろうと。この道を行って、後悔した者はかつてなかった。

わしの言葉はすべてこれ本物の金貨。余人の言葉はそれの写しだ。写しは所詮、第二義に堕す。本物の金貨を人間の足そのものとすれば、それの写し(naqdをnaqlと読む)は木で作った足型に当る。本物の足から形を盗み、寸法を取って木の足型を作る。世に足というものがなかったら、どこから足型を取ってこよう。というわけで、本ものの言葉もあれば、それの真似ものもある。両方よく似ているので、本ものを真似ものから見分けるには鑑識眼を備えた専門家が要る。鑑識眼は信仰だ。無信仰では鑑識できない。

考えてみるがいい。古代エジプトのファラオの時代に、モーセの杖は蛇に変幻した。しかし、(モーセと術を競った)妖術師どもの杖や縄も蛇に変ったのだ。鑑識力のない者の目にはどっちも同じに映った。全然見分けがつかなかった。鑑識力のある者だけが妖術と真実とを識別し、この鑑識眼のお蔭で正しい信者になった。信仰が鑑識力であるということがこれではっきり分る。

お前がたも御存知の回教法、あれも源《もと》は啓示(具体的にはコーランを指す)だった。だが人間の思惟と感覚に混じり、いろいろ人間にひねくられているうちに本来の純清さはなくなってしまった。現に行われている回教法は啓示のもともっていた幽玄さとは似ても似つかぬものである。

同様に、今ここ、トルート(コニヤの一地方)の地を都に向って流れてゆくこの川。水源の泉のところでは、見るがいい、水がどんなに清らかで澄みきっていることか。ところがこの水が流れ流れて都に入って庭園を通り町々を過ぎ、町の住民の家々を通過して行くうちに、人々が手を洗い、顔を洗い、足を洗い、身体を洗う。着物も洗えば絨毯も洗う。人が小便をする。馬や駱駝の糞尿が流れ込む。こういうものがみんな水に混じる。この川が都の向う側から流れ出てくるところを見るがいい。相変らず涸れた地を湿らせ、喉のかわいた人の渇をいやし、沙漠をば緑にする。この水には様々の汚物が混入していて、もとの清純さはもうないのだということは、よほどしっかりした鑑識眼をそなえた人でなくては分らない。「信仰者とは、機敏で、目利きで、明察力があって、正しくものを考えることのできる人」(ハディース。前出、談話二十六)というわけである。

幾ら年を取っていても、遊び惚《ほう》けているような者は決して「正しくものを考えられる人」ではない。百歳になってもまだ未熟だ。子供にすぎない。子供だって遊びにうつつを抜かさなければ、本当は大人である。この場合、年齢など問題ではない。

ここで一番大切なのは「絶対に腐ることのない水」(コーラン四七章一六節)というものだ。腐らぬ水とは、この世のあらゆる汚れを浄め、いかなる汚れにも染まず、いつまでも元通り清く澄みきって、胃の中に入っても本性を失わず、変質せず、腐敗しない水のこと。「生命《いのち》の水」とはこのことである。

礼拝の最中に突然絶叫したかと思うとわっとばかり泣きだした男がいる。その男の礼拝は無効になったかどうか。この問題に対する答えは具体的な事情によって異る。もし何か超感覚的形象の世界が見えたので泣いたのであれば、その涙を特に「目の水」(スーフィーの用語。「マスナウィー」五巻、一二六行以下に詳論)と呼び、何を見たかによってその意義が決まる。もし特に礼拝と同質で礼拝を完璧にするたぐいのものを見たのであれば、それで礼拝の目的はとどこおりなく達成されたわけであり、その人のその礼拝は完全であり、完全以上ですらある。だが、もしこれとは反対のものを見て、浮世のために泣いたとか、敵にやられたので悔《くや》し泣きに泣いたとか、または誰かに嫉妬して、「あいつはあんなにいっぱい持っているのに、俺にはなんにもない」などと言って泣いたとかいうのであれば、その礼拝は片輪で疵物で、無効である。

以上のように考えてみれば、信仰とは真偽を分ち、本物の金貨と贋金を区別する鑑識力であることが納得できよう。鑑識力を欠く人は哀れな者だ。わしがこうして喋っている言葉も鑑識力のある人なればこそその有難味が分るのであって、本物と贋物の区別のつかぬ人に言って聞かせても役には立たぬ。

田舎者が気の毒だというので、頭のいい都《まち》の有資格者が二人して出ていって証言台に立ってやる。だが田舎者の方は馬鹿だから二人の言うことと反対のことをべらべら喋る。そこでせっかくの二人の証言も無駄になってしまう。それを見て世の人は言う、「あの田舎者、立派な証言を得ておきながら、酒に酔ったみたいに頭も朦朧として、一体本当に鑑識力のある人がいるのかいないのか、こういう証言をするだけの資格が立派にあるのかないのか、ということを考えてみもせずに、自分で出鱈目な言葉を吐き散らす」と。乳がひどく張った女が、痛くてたまらず、苦しまぎれに近所の犬の仔をみんな呼び集めて乳を飲ませるようなものだ。

たまたまわしの言葉も、鑑識力のない人に聞かれてしまった。まるで、高貴な真珠が、値打ちを知らない子供に偶然道で拾われた、といったところか。だが、その子が先へ歩いてゆくうちに、誰かに林檎を握らされて、まんまと真珠を取り上げられてしまう。鑑識力がないからそんなことになる。いや、鑑識力というのは大したものだ。

バーヤジード(バスターミー。前出。初期スーフィズムの巨匠)がまだ幼少のころ、法律を勉強させようというのでお父さんが学校に連れていった。先生の前に連れていかれるや、「それはアッラーの法律ですか」と尋ねる。先生が、

「これはアブー・ハニーファ(西暦八世紀の法学者。イスラーム正統派の四大学派の一つ、ハナフィー派法学の始祖)の法律じゃ」と答えると、「僕の勉強したいのはアッラーの法律です」と言う。

今度は文法の先生のところへ連れてゆくと、「それはアッラーの文法ですか」と尋ねる。「いや、これはスィーバワイヒ(西暦八世紀ペルシャの大文法学者。古典アラビア文法の大成者)の文法学じゃ。」すると「僕の勉強したいのはアッラーの文法です」と言う。

こんな調子で、どこへ連れていっても同じようなことを言う。さすがの父親もほとほと手を焼いて、もう勝手にしろと言った。

後日、志を立ててバグダードの都にやってきたバーヤジードは、そこでジュナイド(初期スーフィズム・バグダード派の最高峰。西暦九一〇年歿)にめぐり逢った時、「これこそアッラーの法律だ」と叫んだとか(但しバスターミーは八七四年、遅くとも八七七年には死んでいるので、この話は歴史的には問題である)。

自分がその乳を吸って育った生みの母を見忘れる仔羊がどこにあろう。この自然の認知こそ知性と鑑識眼から生れるもの。形なんかどうでもいいのだ。

(とは言え、形には形の意義がある。)昔、自分の門弟たちに、いつも恭しく胸に手を組ませ、立ちっぱなしにさせておく神秘道の師があった。

「先生、なんでこの連中を坐らせてやりなさらんのか。これは托鉢僧の慣習《しきたり》ではありません。王侯貴族のやり方です」と言われて師はこう答えたという。

「いや、いや。差し出口御無用に願いたい。わしはこの者どもにこのやり方の有難味を分らせてやりたいのじゃ。こうやっておれば必ず得るところがある。もちろん、(己が師に対する)尊敬は心内のことではあるが、しかし『外面《おもて》は内面《うち》の標識』とも(諺に)言われておる。標識とはなんのためにあるのか。手紙の上書を見れば、その手紙がなんのために書かれたものか、誰に宛てたものか、すぐ分る。本の表題を見れば、その本が何を扱いどんな問題を論じているのか、すぐ分る。形に尊敬を表わし、頭を下げ、じっと立っている――それで(師に対して)内心どの程度の尊敬があるのか、つまりどんなふうに神を尊敬しているのか、がすぐ分る。もし外面《おもて》になんの尊敬も表わさないようであれば、それはこの連中が内心では傍若無人、神に仕える人々(神秘道の師)になんの尊敬も抱いておらぬことの何よりの証拠じゃ」と。

談話　其の四十

スルターンの侍者ジャウハル(不明)が次のような疑問を提出した。

「まだ生きているうちに五回も繰り返して呪願《じゅがん》を唱えてもらっても、言葉の意味も分らず、覚えることもできませぬ。死後どんなことを訊問されるのかせっかく習っておいたところで、死ねばころっと忘れてしまうとすれば、一体死後の訊問がどのようなことになることやら、まことに心もとない次第ですが」と。

わしの答えはこうだ。習い覚えておいたこともすっかり忘れてしまえば、それこそ綺麗さっぱりではないか。それでこそ、まだ習わないことを質問される資格ができるというものだ。

現に、そなた、さっきからこの瞬間まで、わしの言葉をずっと聞いている。或る部分は、以前にも似たことを聞いた覚えがあるし、自分で納得したことでもあるので、そのまま納得できる。或る部分は半分だけ納得する。また或る部分については気持が決まらない。そなたの心の中で起る拒否、受諾、思案、こういうものは他人には一切聞えない。聞く手段がないのだ。第一、幾ら聞き耳を立ててみても、我と我が耳にすら全然声は聞えてこない。自分の内部を探してみても、話し手は見つからぬ。

そなたがこうしてわしを訪ねてくる。これも「どうか私に道をお示し下され。示した道はもっとはっきりさせて下され」という一種の言葉なき歎願ではなかろうか。また、わしがこうしてそなたと坐っている。ものを言うにせよ、言わぬにせよ、これまたそなたの無言の問いかけに対する答えではなかろうか。

そなたがここを出て王様のお傍に帰ってゆく。それもまた王様に対する問いかけであり、答えでもある。王様の方でも毎日、言葉なしに御家来たちに問いかけておられるのだ、「お前たち、どんなふうに立っておるか、どんなふうに食事しておるか、どんなふうにものを見ておるか」と。

もし内心の見方が歪んでおれば、答えも必ず歪んで出てくる。真っ直ぐな答えをしようと思ってもできるものではない。生れついての吃りには、正しい発音がしたくともできないのと同じことだ。金細工の職人が金を石で磨《す》る。こうして金に問いかけるのである。これに答えて金の方では、「もうすっかり純粋です」とか「まだ混じっています」などと言う。

炉《ろ》の中で悶えるお前に炉が告げる
　確かにお前は純金だ、いや、
　　金をかぶせた赤銅だ、と。（サナーイーの詩句）

腹がすいたということも自然の一種の歎願である。「身体の家に隙間ができた。煉瓦をくれ。泥をくれ」と。食べることはそれに対して「さあ、取りなさい」と答えることだ。食べないこともまた答えである。「いや、まだその必要はない」とか「その煉瓦はまだよく乾いていない。まだ叩いてはだめだ」などと言う。

医者が来て脈をとる。それは問いかけ。血管の搏動はその答え。医者が小水を検査するのも大げさな言葉を使わぬ問いと答えだ。

地中に種を播く。それは「どれそれの木に生えてもらいたい」という頼みごとであり、木が生えるのは黙々たる答えである。答えが無言なら、頼みも無言でなければならない。しかし、種が地中で腐ってしまって木が生えてこないのも、これまた一種の問いと答えである。「返事せぬのも返事の一種、とは知らないか」（アラビアの諺）とはこのことだ。

さる王様が、届いた手紙を三遍も読まれたが、返事は出されなかった。先方は不平を訴える手紙を書いた。曰く、「もう三回もお手紙を陛下に差し上げました。せめて届いたとか、届かないとかぐらい……」と。王様はその手紙の裏側にこう書かれたという、「返事せぬのも返事の一種、とは知らないか。馬鹿に与える答えは沈黙、と知らないか。」（これもアラビアの諺）

木が生えてこないのは答えないということであり、つまりそれが答えなのである。人が動けば、どんな動きでも問いかけであり、悲しみであれ喜びであれ現われてくるものがその答え。いい答えを聞いたなら、謝意を表すべきだ。いい問いかけをしたお蔭でいい答えを戴いたのだから、また同じ種類の問いかけをするのが謝意を表わすというものである。逆に、よくない答えを貰ったら、その場で悪かったとあやまって、二度と再び同じような問いかけをしないことだ。

ああ、せめて我ら(神の自称)の鉄槌が彼らの頭上に打ち落された時なりとも、心の低い人間になってくれさえしたらよかったに。だが、彼らの心は石のように硬かった。(コーラン六章四三節)

つまり、自分の問いかけに見合ったような答えが与えられるということがその連中には分らなかったのである。

シャイターン(サタン)の詐《いつわ》りで、彼らにはなんとなく自分のしていることが立派な行為であるかのように思われた。(同上)

つまり、己れの問いかけに対する答えを目《ま》のあたりに見ながら、そのいやな答えが己れの問いかけに見合ったものであるとは気づかなかった。煙が出るのは薪のせいで、火のせいではないということを彼らは知らなかった。薪は乾いていればいるほど、出る煙が少いということを知らなかった。花園を庭師にまかせて、もしいやな匂いがたつようなら、庭師が悪いのだ。花園のせいではない。

「自分のお袋をお前なぜ殺した。」

「よからぬことを目にしたからだ。」

「相手の男を殺してやればよかったじゃないか。」

「でもそんなことしていたら、毎日一人ずつ殺さなきゃならなかったろうよ。」

どんなことが起ろうと、己れ自身を責めるがよい、そうすれば毎日誰かと喧嘩することもなくて済む。「すべてはアッラーの御心《みこころ》のまま」（コーラン四章八〇節）という口実を構えるなら、わしはこう言ってやりたい、「それなら当然、我が身一つを責めて他人《ひと》を赦すのも、これまたアッラーの御心であろうがな」と。

それで憶い出す話がある。杏の木から杏を打ち落して食う男があった。果樹園の持主がそれを咎めて、「こんなことをして、神をこわいとは思わんのか」と言う。「なんでこわいことがあろう。もともとこの木は神のもの、わしは神の奴僕《しもべ》。神の奴僕が神のものを食うだけのこと。」「よし、そういうことなら、こっちの言い分を聞かせてやろう。これ、みんな、縄を持っておいで。こいつをこの木に縛りつけて、答えがはっきり出るまで殴ってやれ。」

その男、ついに悲鳴をあげ、「こんなことをして神をこわいとは思わぬのか」とわめく。すると果樹園の持主が言うことに、「なんでこわいことがあろう。お前は神の奴僕《しもべ》、この棒は神の棒。神の棒で神の奴僕を殴るだけのことではないか」と。

要するに、この世界は山のようなもの。善いことでも悪いことでも何かこちらが叫べば、それと同じ言葉が山から返ってくる。「わしが綺麗なことを言ったのに、山は汚い言葉を返しおった」などと考えたら大間違いだ。鶯が山に囀れば、山に鴉の鳴き声がする、人の声がする、驢馬の声がする——そんなことがあってたまるものか。驢馬の声が返ってきたら、こちらが驢馬の声を出したのに間違いはない。

美しい声を出せ、
　山の麓を過ぎる時。
驢馬声でなぜわめくのか、
　わめけば山に聞かれるぞ。（サナーイーの詩句）

聞け、うるわしいそなたの声が
　遙々《はるばる》と蒼穹にこだまする。（同じくサナーイーの句）

談話　其の四十一

我々はみんな水面《みなも》の浮ぶ盃だ。水面に揺れる盃の動きは水の思いのまま。盃の自由にはならぬ。

これを聞いて誰かが言った、「それは万人に当てはまる漠然たる立言なのであって、問題はむしろ、自分が水に浮んで流されていることを意識している人もあり、意識していない人もあるという点にあるのではございますまいか」と。

師はこうお答えになった。

これが広すぎて漠然としているというなら、「信者の心は慈悲深き神の二指の間にはさまれている」(有名なハディース)という立言はあまり狭すぎて正しくないということにでもなるのか(万物一つも余さず神の手の中にあるのに、特に「信者の心は」と限定し、特殊化したのでは正しくあるまい、の意)。また「慈悲深き神はこのコーランを教え給うた」(コーラン五五章一—二節)という神のお言葉もある。まさかこれを普遍的立言だとは言われまい。だが、実はありとあらゆることを教え給うたものは神である。とすれば、特に「このコーランを」と限定し特殊化したのはどうなるか。

それからまた、「神は天と地を創り給うた」(コーラン六章一節)ともある。あらゆるものを、ただ一つの例外もなしに創造し給うた神であるものを、「天と地」と限定したのはどういうことか。まことに、すべての盃は神の権能と意志の水面に浮ぶ。だからといって、特に下劣なものを取り上げて神の創造に帰することは神に対して礼を失する。例えば「神よ、糞《くそ》の創造主よ、屁の創造主よ、すかし屁の創造主よ」などと言ったらどんなことになる。やはり「七つの空の創造主よ、知性の創造主よ」でなければ駄目だ。

して見ると、特殊化して表現することにはそれなりの意味がある。たとい内容は普遍的であっても、その内容を何かに限定して表現することは、そのものが特に選ばれたものであることを表わしている。

要するにわしの言いたいことはこうだ。或る盃が水に浮ぶ。水に流れてゆくその盃をほかの盃が、みんなうっとり見とれてしまう。ところが、水に流れるもう一つ別の盃がある。ほかの盃はみんな本能的にそれを避け、思わず目をそむける。水がみんなに早く逃げろと誘いかけ、逃げる力を惹き起してくれるのだ。「神よ、何とぞ我らをこのものから遠ざけ給え」というわけである。これに反して、一番目の盃を見ては、誰もが「神よ、何とぞ我らをこのものに近づけ給え」と祈る。

ここに普遍性を見る人は、「この二つの盃は、従属性という観点よりすれば、共に水に従属するが故に一つである」と主張する。この主張に対しては次のように反論できよう。もしこの盃の水に漂う優美で優雅な姿に目が向くなら、普遍的属性がどうのこうのと賢《さか》し顔する気にもなるまい。自分の愛《いと》しく思う女《ひと》も、存在という観点から見れば、ほかのみんなと同じく糞もすれば小便もする。だが、誰だって自分の恋人を憶って、「俺の恋人もほかのみんなと同じに汚物で充満している。これは普遍的属性だ。俺の恋人であろうとなかろうと、いずれも肉体として空間に位置を占める六面体であり、時間的事物の一つであり、死の可能性を抱いた存在である、等々、万人に通ずる普遍的性質を備えている」などと考える者はいない。そんな考えが胸に浮んでくるはずがない。それどころか、もし誰か他人が、このいわゆる普遍的属性なるものを自分の恋人に当てはめでもしようものなら、そんなやつは俺の敵だ、俺のサタンだということになろう。

ところが今、そなたの性質として、わしを視るにも、どうしても普遍的側面にばかり目を向けようとする。ということは、わし特有の美を直視するだけの資格がそなたにはないということだ。そんなそなたと議論するわけにはいかない。わしの議論には美が混じっているからである。資格もない者に己れの美を見せるのは罪悪だ。美とは資格ある者にだけ見せるもの。「叡知心をふさわしからぬ人々に与えるな。与えれば叡知に仇なすことになる。叡知をば、ふさわしい人々に向って出し惜しむな。惜しめば彼らに仇なすことになる」(前出。談話十五)とはこのことである。

これは直接に見て知るべきものであって、議論で知るべきものではない。あの美しい花々も秋には咲かぬ。秋に咲こうとすれば論争になってしまう。つまり、秋を仇敵と見做してこれに対立し、これと対抗することになってしまう。秋と対抗するということは花々の性に合わない。うらうらと春めく陽光が照りそめる頃、花は駘蕩たる春風裡にようやくその姿を現わす。そうでなければ、頭をひっこめて、さっさと自分の根元に帰ってしまう。「それでも貴様、生気の通《かよ》う枝なのか。やい、男なら出てこい」と秋に罵られても、「お前の前ではわしは枯枝だ。男じゃない。なんとでも好きなように言うがいい」と答えるばかり。

王者よ、真理を語る人々の王よ、
　卑怯者だとこのわしを思わば思え。
生者と共に生き、死者と共に死ぬ、
　これぞこの、わしという男。(ルーミー自作の詩句)

バハーウ・ッ・ディーンの名を名乗るそなたではあるが(バハーウ・ッ・ディーンとは字義通りには「宗教の栄光」といういかめしい名)、もし今、蜥蜴の背中みたいに皺くちゃな顔した歯抜け婆さんがそなたの前に現われて、「お前も男なら、お前も若者なら、さ、妾《わたし》を抱いておくれ。若駒にたわむれる美女。花咲く牧場。男なら男らしくやってみな」とでも言おうものなら、幾らそなたでも、「それだけは御勘弁、助けてくれ。わしは男じゃない。お前がみんなから聞いてきたこと、あれは全部嘘だ。お前みたいなのが相手では、男でない方がずっとましだ」と言うだろう。

蝎がやってくる。尻をぐっともち上げ、今にもひと刺ししようという気構えを見せながらこんなことを言う、「噂ではお前はよく笑う男、陽気な男であるそうな。さ、笑ってごらん。どんな具合に笑うのか見てやろう」と。「いや、お前がこうして来た上は、もうわしには笑えない。陽気な性分でもない。お前がみんなから聞いてきたこと、あれは全部嘘だ。笑いたい気持などどこへやら。ただもうお前にあっちへ行ってもらいたいという気持だけで一杯だ。」

「先生が溜息をつきなされたとたんに、せっかくの三昧境が消えてしまいました。どうか溜息などおつきにならないで下さい。瞑想が乱れます」と誰かが言った。この人に師はこうおっしゃった。

だが、溜息をつかないと、三昧境が消えてしまうこともある。時と場合によって違ってくる。それだからこそ、「まことにアブラハムはよく溜息をつく穏やかな人である」(コーラン九章一一五節)と神は仰せられたのである。また、そうでないなら、懼敬《くぎょう》の心(溜息は懼敬心の表現)など外に表わさない方がいいのだ。およそ内心の状態を外に表わすことは、すべて一種の三昧なのであるから。

そなたが今言ったことは、三昧境を味わいたいという下心があって言ったこと。つまり、三昧の状態に引き入れてくれる人があれば、そういう人の傍《そば》にいて、三昧境を味わわしてもらいたいという気持がそなたにはある。

これはちょうど、ぐっすり眠っている人に誰かが大声で、「さあ、起きるんだ。もう日も高い。カラヴァンが発《た》ってしまうぞ」と怒鳴る。すると他の人が、「怒鳴るんじゃない。この人は今、三昧にある。怒鳴ると三昧がくずれてしまう」とたしなめる。今問題になっていることもこれによく似ている。第一の人の言い分は、「今、この男が沈潜している三昧は彼の破滅だ。あっちの三昧こそ破滅からの救いだ」ということ。第二人の人の言い分は、「この男の心を攪乱してはいけない。そう怒鳴り立てては三昧の障りになる」ということ。すると第一の人が言う、「いや、こうして怒鳴ってやってこそ、三昧に入れる。さもなくば、あんなにぐうぐう眠っていて、何が瞑想だ。目が覚めてから、ゆっくり瞑想させようとでも言うのか」と。

してみると、同じ怒鳴るにも二種類あることが分る。もし怒鳴る人が相手よりも実在認識において上位にある場合は、怒鳴られた人の瞑想は深まる。というのは、この場合、目を覚まさせてくれる人が深い実在認識の持主であり、神的自我の意識があるので、こういう人に昏迷の眠りから喚び覚ましてもらうと、自然、その人の世界に目覚め、その人の世界の方に引かれることにもなるからである。高い境位から声をかけられると、瞑想もそれだけ高く昇る。反対に、喚び覚ます人が自分より知性的に低次にある場合は、喚び覚まされた人の視線はどうしても下に向く。喚ぶ人が自分より下にいるのだから、当然、視線は下に向い、憶いは下の世界に赴く。

談話　其の四十二

ここで修行した人、現に修行しつつある人たちは、こんなところにあまり長くいると、せっかく今までに身につけてきた知識を忘れ果て、結局全部棄ててしまうことになると考えがちである。とんでもない。ここに来れば、今までの知識に魂が入る。世上の知識はすべて抜けがらの如きものであって、これに魂が入ると、始めて生命のない身体の中に生命が宿ったようなことになるのだ。

この世のあらゆる知識の源はかの地にある。すなわち音も声もないかの世界から、音と声のこの世界に移ってきたものである。かの世界では、ものを言うのに音も声も使わない。「アッラーはモーセに直接語りかけ給うた」(コーラン四章一六二節)とある如くである。

確かに神はモーセに語りかけ給うたが、音や声で話されたのではない。喉や舌で話されたのではない。音声が外に聞えるためには喉や唇が要る。だが神に唇や口や喉はない。

従ってまた預言者がたが、音も声もないかの世界で神と言葉を交す対話は、普通の人間の限定された理性の表象力などには到底ついていけないような仕方でなされる。しかしそれにもかかわらず、預言者がたは音も声もない世界から音声の世界を訪れてきて、この世の童蒙のために自ら子供になりなさる。「童蒙を教えるためにわしはこの世に送られてきた。」(ハディース)

ところで、音声の世界を一歩も出たことのない大衆には、預言者がたの意識の深みなど分りっこない。が、それでも、それに触れることによって力を得、育ち、成長し、心の安らぎを得る。ちょうど、嬰児が、母親をはっきりとは見知っていないのに、なんとなくその胸で心が安らぎ、力を得るようなものだ。果実は枝の上に安らぎ、次第に甘くなり、熟してゆく。だが、木がどんなものか全然知ってはいない。同様に世の人は、精神界の偉人や、その音声については何も知らず、また知るすべもないけれども、とにかくそこから力を得、それで育ってゆくのである。理性と音声の彼方に何かがあると、何か大きな世界があると、この人たちは直観的に感じている。見るがいい。みんなが瘋人《ふうじん》に心ひかれて訪ねに行く(理性の彼方なるものは理性を喪失した狂人の中にあるだろうと誤解して)、「これこそあれに違いない。確かだ。こういうものが本当にあるのだ」と呟きつつ。だがこの人たちは場所を間違えている。確かにあのものは理性の中にはない。が、それだからといって、すべて理性の中にないものがあれだとは限らない。「胡桃はみんな円いけれど、円くさえあればみんな胡桃だとは限らない」(古アラビアの格言)。それが証拠に、さっきも言った通り、聖者にも、独特の内的深みというものがあって、それは言葉を超え、言葉では捉えられぬものではあるが、とにかく普通の人の理性や魂がそこから力を得、それによって成長するということは事実である。ところが今この人たちに取り囲まれている瘋人どもにはそんな事実はない。瘋人のお蔭で意識が変貌したり、瘋人のところにいると心が安らぐというようなこともない。仮りに心の安らぎを見出したと自分では考えておろうとも、そんなのはわしの言う心の安らぎではない。譬えば嬰児が生みの母親から離されて、一時、ほかの女の胸に安らぎを得たとしても、それを本当の心の安らぎとは呼ばない。間違っただけのことだからである。

医者の説によると、なんでも自分の体質にぴったり合って、自分でも欲しいと思うようなものが身体を強化し血を純化する、という。だが、これは病気でない場合にだけ通用する。もし泥を食う病気の人がいたと仮定すると、その人にとっては当然泥は美味しい食物である。しかし、いくら美味しくとも、それが客観的に見て身体のためになるとは言われない。胆汁の出方に異常のある人は酸っぱいものを旨《うま》いと思い、砂糖をまずく感じる。が、これは病気の上での判断であるから、本当の旨さの基準にはならない。病気になる前、もともと旨いと感じるものこそ本当の旨さである。

例えば腕を切り落された人、いやもっといい例としては、腕が折れて吊っておくうちに拗《ねじ》れてしまった人があるとする。骨接ぎの医者がその曲った腕を真っ直ぐにして、もとの形に戻そうとする。もちろん、本人にしてみればいい気持ではない。痛い。つまり拗れている方が気持がいいわけである。そこで骨接ぎが言う、「最初は手が真っ直ぐなのがいい気持で、落ち着いていた。拗れた時には痛い痛いと苦しがった。それを今では拗れているのが快適だという。幾ら快適でも、それは偽りだ。頼りにはならぬ」と。

同様に、人間の霊も、かつて聖なる世界にいた頃は、神を念じ神の思いに沈潜することに無上の喜悦を感じていた。天使らと同じだった。それが、肉体と結合するに及んで病《やまい》に伸吟する身となり、泥を食らってそれを旨いと思うようになってしまった。お医者様に当る預言者や聖者方がこう言って聞かせなさる、「本当に美味しいのではない。この美味しさは偽りの美味しさにすぎない。本当に美味しいはずのものをそなたは忘れてしまったのじゃ。その昔、もともと美味しいと思っていたもの――あれこそ、そなた本来の、健康な素質に合った美味しさじゃ。今そなたは、病気にかかりながら実に快適だなどと言い、これこそ幸福だと思い込んでおる。(己れの感覚を)軽々しく信ずるでないぞ」と。

さるスーフィーが文法家の前に坐っていた。文法家が言った、「およそ言葉なるものは、名詞か動詞か助詞か(伝統的アラビア文法学の三範疇)、必ずこの三つのうちの一つでなければならない」と。これを聞くや、スーフィーは着ていた衣をぴりっと引き裂き、「ああ、なんということだ、情ない。生涯の二十年にもわたるわしの努力も探究も風に吹き散る塵のごとし、か。そのような言葉の彼方に、もっと別の言葉があるとばかり信じ込んで、それを求め求めて努力してきたに。貴方に言われて、夢も希望も烏有に帰した」と叫んだという。無論、このスーフィー、目指す「彼方なる言葉」にはとっくに到達していたのだが、ただ、こんなふうにしてその文法学の先生の目を開けてやろうとしたのである。

（こういう教え方の例として）次のような伝承がある。ハサンとホセイン（第四代の教皇アリーの二子。シーア派ではアリーと共に狂熱的尊信の対象である）がまだ頑是ない子供だった頃、或る人が滌身《てきしん》しているところに来合せた。見ると、身体の浄め方がまるでなってない、法にかなっていない。そこで、二人はもっと立派な浄め方を教えてやろうと思いついた。つかつかと男に近づいてゆくと、一人が声をかけ、「おじさんのお浄めの仕方がなってないってこの子が言ってるよ。今からおじさんの前で僕たち二人でやって見せるから、どっちのお浄めが法にかなっているかを見てごらん」と言う。そして二人並んで滌身してみせる。見ていた男は感心して、「子供ながらに大したものよ。お前たちのお浄めの仕方は本当に法にかなっている。立派なものだ。見事なものだ。情ないことだが、わしのお浄めはなっていなかった」と言ったそうな。

客の数が多くなれば、自然と家も大きくなる。家具も増え、作る食物もそれだけ多くなる。考えてみるがよい。ちっぽけな子供は背丈も低いが、お客さんとして訪ねてくる思想も身体の容積に応じて少い。赤ん坊は乳と乳母しか知らない。それが、段々大きくなってくると、それにつれて、理性、知覚、分別其他のお客さんたちが多くなる。お客を迎える家も建て増ししてゆかなければならない。そして、いよいよ恋という客人が訪れてくる。そうなると家にはどうしても入りきらない。古い家はこわれてしまい、新しく家を建てかえるということになる。

王者（神を象徴的に王として表象する。恋と情熱の究極の対象である）の使う幕帳《とばり》、露払い、軍隊、侍衛の人々、これを全部家にお迎え申すことはできない。王の持参される幕帳は戸口に掛けても不似合いだし、それにこんな大勢の供回りを容れるにはうんと大きな場所が要る。

一たん王者の幕帳が張り回らされれば、あたり一面、耿々たる灯火がともり、仕切り幕はすっかり取り払われて、今まで隠してあったものが全部明るみにさらけ出される。この世の幕帳は掛ければ掛けるだけものが見えなくなるが、王者の幕帳はその反対である。

くさぐさの恋の悩みを私は歌う
それとなく、そこはかとなく私は歌う。
言い分も恨みつらみも胸にはあるが
やたらに他人《ひと》には知らせない。

さめざめと蠟燭が泣く、その蠟燭の

涙の原因《もと》を誰が知る。
燃える火に焦がれるための苦しみか、はたはまた
　蜜との別れが辛くてか。

「今のは法官アブー・マンスール・ヘラウィー(Qādī abū Mansūr Herawī は西暦十一世紀、ホラーサーン地方に活躍した第一級の詩人)の作でございますな」と誰かが言った。

それに応えて師はこうおっしゃった。

そうだ。法官マンスールはわざと言葉をぼかし、ためらいがちに表現している。彼の言葉はどうにでも意味が取れるようにできている。反対に、(もう一人の)マンスール(前出の神秘詩人ハッラージュを指す。神人冥合の境地を恋の睦言の形で直截に表現したために遂に異端者として処刑された)は己れを制御できず、あらわに、むき出しに表現した。いずれにしても、人間は誰も宿命の俘囚《とりこ》、そして宿命は美人の俘囚だ。美人は秘めた憶いをあばき出す。隠しておいてはくれない。

「法官マンスールの言葉を一頁ばかり朗誦していただけませんでしょうか」と誰かが言った。快く師は朗誦して下さった。そしてそれに続いてこうおっしゃった。

スーフィーの中にも特に親しく神にお仕えする偉大な方々がある。この方々は、面紗《ベール》に顔を隠した女を見るとこう言いつけなさる、「面紗を取って、顔を見せてくれ。そなたがどんな女《ひと》か、どんなものか、わしは知りたい。そのよう

に面紗に隠れて通りかかると、そなたの顔が見えぬ。一体誰だろう、何者だろうとわしの心は乱される。たといそなたの顔を見たからとて、妖しい気持をかきたてられ、そなたに執着するような人間ではわしはない。神様の御取計らいで、もうずっと以前から、そなたたちとはきれいさっぱり縁を切っているこの身だ。そなたたちの姿を見ても、心は乱れぬ、誘惑もされぬ。その点だけは間違いない。かえって、見えないと、どんな女《ひと》かと心が乱れる」と。

この方々はほかの人たちと全く違う。ほかの人たちは情念の赴くまま。美しい女の顔を目《ま》のあたり見ると、たちまち欲情を煽られて惑乱する。だから、こういう人たちにとっては、女が顔をあらわに見せない方がいいのだ。見せれば誘惑のもとになる。反対に、精神に生きる人々にとっては、女が顔を見せた方がいい。見せねば誘惑のもとになる。

或る人がこんなことを言った。「ハーリズム地方では、あんまり美人が多いので、誰も真剣に恋をする人がいないと申します。ちょっと美しい女《ひと》がいたと思って心を留めると、すぐにもっと美しい女が現われるので、たちまち最初の恋がさめてしまうそうで。」

師はこうおっしゃった。

たといハーリズムの美女たちに恋する男がいなくとも、限りなく美人のいるハーリズム(ここでは精神のハーリズム、すなわち精神的美の国としてのハーリズムを指す)に恋する人はいるはずだ。かのハーリズムこそは無一物の境涯。精神の美女、超感覚的美形が数限りなくいるところ。一人の美人にめぐり逢って、それに心を留めたかと思うと、たちまち別の美人が現われて、最初の美人を忘れてしまう。これが無限に続いてゆく。

こういう美人たちの住む無一物の世界そのものに恋する人でわしはありたい。

談話　其の四十三（原文アラビア語）

とうとうサイフ・ル・ブハーリー（ブハラのサイフ、誰のことか分らないが、恐らくルーミーが愛していた門弟の一人であろう）もエジプトに発っていった。

誰でも鏡を愛している。だが、自分の本当の顔を知らずに自分の性質や業績の映像ばかり愛している。顔隠しの布《きれ》を見て顔だと思い、その布の映像を顔の映像だと思い込む。面紗《ベール》をはずして顔を出すがよい。そうすれば、このわしがそなたの顔の鏡であることが分ろう。わしが鏡であることがそなたにも納得できよう。

「俺にははっきり分っている。預言者とか聖者とかいうのは、幻想の基盤の上に立っている連中だ。ただ偉そうなことを言っているだけで、本当はなんにもないのだ」と言い張る人がある。これについて師はこうおっしゃった。いいかげんな出まかせを言っているのか。それとも、ちゃんと見て、その上で言っているのか。もし見て言っているのであれば、それだけでもう「見」《ヴィジョン》なるものの実在を自分で認証したことになる。

世に「見」ほど有難く高貴なものはない。預言者の信憑性を保証するのも「見」である。もともと預言者たちの主張することは、ただ「見」の一字に尽きる。それをそなたは自分で認めたことになるのだ。

のみならず、「見」という現象は見られる対象があって始めて実現するものである。「見」、すなわち見るということは、(文法的に言えば)目的語を要求する他動詞であって、見るからには見るものと見られるものがなければならない。見られる客体は求められるもの、見る主体は求める人。もっとも逆の場合もあるが(神秘主義的体験の或る段階においては、「見」の主体と客体の関係が逆転する)。

だから、そなたが否定すれば、正に否定するそのことによって、見るものと見られるものと「見」の三つの実在性が確立されるのである。というのは、元来、神と人間の関係においては、否定はすなわち肯定であり、否定されたことは必然的に肯定されることになるからである。

「この連中はあの間抜け老爺《おやじ》(能力も資格もないスーフィー。具体的に誰を指しているのか不明だが、そういう師匠がたくさんいたことは事実である)を師と仰ぎ、やたらに崇め奉っている」という批判の声を耳にして師が言われるには——

幾らあの先生が間抜けだといっても、まさか石ころや偶像以下ということはあるまい。木石を拝む人たちは、一心に木石を崇め、尊敬し、希望をかけ、憧れ、いろいろなことをお願いし、要求し、涙を流す。石ころの方では、そんなことは全然分りもしないし、感じもしない。とすればこれもつまりは、自分では何も分らぬ偶像が機縁となって、人々の心にこれほどの至誠真実が生れるという神の御計らいである。

お前がたも知っているあの法学者、或る日お付きの男の子を打擲しているところを、通りがかりの人にとがめられた。

「なんでその子を打擲なさる。なんの罪がありますのか。」

「いや、お前さん方には分るまい。この碌でなしめが、せっかくのあのことを台無しにしてしまいおる。」

「とおっしゃると、何をしますのか。一体、どこが悪いので。」

「さあこれからというところで、するりと逃げてしまいおるのじゃ。と申すのはつまり、いよいよという大事な瀬戸際に、こやつめの幻は消え、わしの精が萎えてしまうのですわい。」

法学者先生の色恋の相手が、その子の美しい幻影であったことは明らかだ。その子の方ではそんなことは全然知りもしなかった。

先刻話したあの連中もこれと同じこと。彼らの愛慕の対象は間抜けな先生の美しい幻影であって、先生の方ではあの連中が自分を相手に経験する独り寝の悩み、逢瀬の悦び、胸の憶い（いずれもスーフィズム独特の象徴的術語）などまるで御存知ない。心を惑乱する偽りの幻影に対する恋でさえ、かくもすさまじい陶酔に人を惹き入れる。だがそれは、本当の恋人、自分を愛してくれる人の胸のうちを底の底まで知り抜いた本当の恋人を相手に、互《かたみ》に愛し愛される場合とは比較にもならない。暗闇の中で、恋人と間違えて柱に抱きつき、涙を流し愁訴する——そんな男もそれなりに愛の快楽を味わっているのかもしれないが、意識のある生きた本ものの恋人を抱く悦びには比ぶべくもない。

談話　其の四十四

誰でも、どこかへ行こうと決心して旅立つ時は、理屈に合った考えが心に浮ぶ、「あそこに行けば、いろいろいいことがある。仕事もうまく運ぶだろうし、身辺もきちんと片づいてくるだろう。友人たちは喜んでくれようし、仇敵は降参するだろう」と。これは人間の胸算用というもので、神様の意図し給うところはまた別である。だから、ああもしようこうもしようと計画し、企画するが、一つも思うようにはゆかぬ。しかしそれでもなお、人は自分の計画、自分の意志に頼ることをやめない。

運命の赴く先を知らないで
　人は勝手に企画する。
哀れなものよ、その思惑は
　神の定めと喰い違う。（ルーミー自身の詩句）

譬え話で説明しよう。或る人が、ふと見知らぬ都《まち》に迷い込んだ夢を見る。知り合いは一人もいない。誰も彼のことを知らないし、彼は誰も知らない。すっかり面食らったこの男、思いは乱れ、悲しみに胸つぶれて、「知り合いも友達もいないこんな都に、ああ、おれはなぜやってきたのだろう」と口惜し涙にくれながら、手を揉み唇を噛む。目が覚めて見れば、都もなければ人もない。あんなに悲しがり、嘆き口惜しがったのも夢まぼろしであったと悟り、今度はそんな経験をした我が身を顧みて、なんという空しいことかと口惜しがる。

そのうちに、また眠りに落ちて、もう一度夢を見る。ところが今度もまた前とそっくりな都《まち》にいるのだ。そしてまたもや同じ苦しみと悲しみを感じて後悔し出す。なぜこんな都に来たんだろうと口惜しがる。「目が覚めていた時、私は自分が悲しがったことを後悔したではないか。すべては空しかった、夢だった、無駄だった、とちゃんと知っていた」と憶い出せばよかりそうなものを、そんな反省の力は全然ない。

さっき話したこともこんなようなものだ。人間は自分の意図や計画が水泡に帰し、思い通りに事が運ばないことも何万遍も身を以て経験している。それなのに、神様の御計らいで忘却に打ち負かされ、全部けろっと忘れてしまい、いつまでも己れの想念と意志にくっついてゆく。「アッラーは人間とその心との間を隔て給う」(コーラン八章二四節)とはこのことである。

イブラーヒーム・アドハム(初期スーフィズムの代表的人物の一人。もとバルフの王子だったが、突然悔い改めて神秘道に入った。王位を棄て王宮の歓楽を棄てて行者となるその生涯が仏陀のそれによく似ていることがつとに指摘されている。因みに彼の故郷はその昔仏教の一大中心地であった。歿年西暦七七七)がまだ王子だった頃のことである。或る日狩に出た彼は、一匹の羚羊《かもしか》を逐って馬を駆ったが、そのうちお供の兵士たちから遠く離れてしまった。馬は疲れて汗びっしょり、それでもなお無理に駆り立ててゆく。広漠たる沙漠の真っ只中で、ついに精根尽き果てた時、突如、羚羊が言葉を語りだした。くるっと振り向いたかと思うと、「こんなことのために創られた貴方ではあるまいに」と言う。こんなことをさせようとして神は貴方を創造なさったのではあるまい。私を狩の獲物にするために、わざわざ無から存在界に移しなさったわけではあるまい。仮りに私をつかまえたとしても、それが一体何になろう、ということだ。

それを聞くやイブラーヒームは一声絶叫し、馬から跳び下りる。見渡せど、この広い沙漠に人影もなく、たった一人だけ羊飼いがいた。きらびやかに宝玉を飾った王者の衣を武器や馬もろとも差し出して、「さあ、これをみんな上げる。その代り、そなたの荒織りの着物をわしにくれ。誰にも言わないでくれよ。わしの身に何が起ったか一切話してくれるなよ」と懇望し、その羊飼いの着物に着替えて、いずこともなく立ち去っていった。

考えてみられよ。彼の始めの目的がどこにあったか。そして神の意図し給うことがどこにあったか。彼は羚羊を狩りするつもりだった。が、神は羚羊を使って彼を狩りし給うた。これで分る通り、この世に起ることはすべて神の欲し給うことのみ、何を望み給おうと思いのまま、目指されたことはことごとく御意のまま。

オマル(第二代目の教皇。もと癇癪持ちの乱暴者で知られていた)がイスラームに改宗する以前のことである。或る時、妹の家に立ち寄ったところ、妹はちょうどコーランの「ター・ハー。我らが汝にコーランを下したのは……」云々という一節を声高く朗誦していた。兄の姿を見ると、彼女はさっとコーランを隠し、口をつぐんだ。オマルは剣を抜き、「言え。何を読んでいた。なんで隠した。言わないと、この場で首をたたっ切るぞ。絶対に容赦はせぬ」と言う。

妹はおびえた。兄さんがかっとなれば何をするか分らないことはよく知っている。これではきっと殺されると思い、白状してしまった、「近頃、ムハンマド様に神が下し給うたあのお言葉の一節を読んでいました」と。「よし、もっと読め。聞いてやる」と兄が言う。妹はしかたなくター・ハーの章(コーラン二〇章)を朗誦する。

オマルはもの凄く怒った。聞く前より百倍も烈しい怒りだった。「今ここでお前を殺せば、ただの弱いもの殺しになるだろう。先ずあいつの首を切って、その上でお前の片をつけてやる。」

そう言い残したまま、怒りに駆られたオマル、抜き身の剣をひっさげて預言者のいる礼拝堂に向ってゆく。途中でクライシュ(全アラビア半島の経済力を一手に集める古アラビアの名門。ムハンマドも元来この部族の出身であるが、彼が預言者としてイスラームを興してからは、一族こぞってその仇敵となった)の首長たちがそれを見て口々に、「あれ、オマルがムハンマドを殺しにゆく。こりゃうまい。何か事が起るとすれば、ここから起るぞ」と言う。

それというのは、オマルは音に聞えた豪の者だったからだ。どんな大軍を向うにまわしても、オマルなら必ず勝つ。切り落した敵の頭《こうべ》をぶら下げて意気揚々と凱旋してくる彼だった。預言者ですら、「神よ、何とぞ我が宗教をオマルによって勝利に導き給え。オマルか、さもなくばアブー・ジャフルによって」といつも言っておられるほどだった。当時、この二人は腕力と侠気と男らしさで世に知られていた(アブー・ジャフルもクライシュ族の首領の一人。新興宗教イスラーム打倒のためにクライシュ軍の指揮者としてムハンマドを悩ました)。

後で回教徒になってから、オマルはいつも、さめざめと涙を流しつつムハンマドに述懐したものだ、「神の使徒よ、もしあの頃貴方が私よりアブー・ジャフルを先にして、『神よ、何とぞ我が宗教をアブー・ジャフルによって勝利に導き給え。アブー・ジャフルか、さもなくばオマルによって』と言っておられたら、それこそ大変なことになるところでした。今頃はこの私はどうなっていたことやら。今でもきっと迷妄の淵に沈んだままでいることでしょうに」と。

話が前後したが、オマルは抜き身の剣をひっさげて、神の使徒の礼拝堂に向ってゆく。まだ到着しないうちに、天使ガブリエルが預言者に天啓を伝えて、「よく聞け、神の使徒よ。今オマルがイスラームに転向しようとやってくる。温く受け容れてやるがよい」と告げる。

オマルが礼拝堂の中に踏み込むと、とたんにぴかっと鋭い閃光の矢が預言者から飛んできて、彼の心臓に突き刺さった。一声絶叫し、気を失って彼は倒れた。やがて言い知れぬ愛《いと》しさ、恋慕のような情熱が心に沸き上ってきて、預言者という人物の中に融けてしまいたい、愛の烈しさにこの身を無にしてしまいたいとまで思うのであった。

「預言者よ、どうか信仰を与えて下され。祝福されたかの言葉を唱えて、わしに聞かせて下され」と彼は叫んだ。

こうして回教徒になった彼は、「抜き身の剣をひっさげて貴方を殺しにやってきた償いとして、お返しとして、これからは、貴方のことをちょっとでも悪しざまに言う者があったなら、聞くなりその場で、容赦なくこの剣で頭と胴体を別々にしてやります」と言った。

礼拝堂から外に出ると、はからずもそこに自分の父がやってきて、「貴様、宗教を変えおったな」と言う。その言葉を聞きもあえず、オマルは父親の首をばっさり打ち落し、鮮血したたる剣を手にしたままその場を立ち去った。

行くほどに、クライシュ族の首長らが血塗りの剣を見て言葉をかける、「あいつの首を持ってくると約束したっけな。首はどこにある」と。

オマルは(己れの頭を指さして)「ほれ、ここにある」と答える。

「それはもとからそこにあった首じゃないか」と言われて、オマルは言った、「いや違う。これはあの首じゃない。これはあの首だ」と。

さあ、考えてみるがよい。オマルには自分の計画があった。しかし神はそれを機として、全く違ったことを意図し給うた。すべては神の意図のままになるということがこれでも分る。

抜き身の刀ひっさげて
　預言者の生命《いのち》を狙ったオマルだが、
神のしかけた罠に落ちて、
　有難や、目が覚めた。（ルーミーの詩句）

今度はお前がたの出番だ。「何を持参いたしたか」と聞かれたら、「首を持って参りました」と言うのだ。もし「その首は前に見た覚えがあるぞ」と言われたら（異本により wa-agar gūyand と読む）、「いえ、これはあれではございませぬ。この首は別の首でございます」と答えるがよい。（別の）本当の首、それは中に玄旨を秘めた首。中身が空っぽの首なら、千個あっても一文にもならぬ。

みんなで次の聖句を朗誦したことがあった。

また我ら（神の自称）がかの聖殿を万人の訪れくるべき場所と定め、無危害地域に定めた時のこと。「汝らアブラハムの立処《たちどころ》(カアバ神殿の中にある聖石。かつてアブラハムが立った所と伝えられる)を祈禱の場所とせよ」と(我らは命じた)。(コーラン二章一一九節)

(この聖句の下された時の事情を、師は次のように説明なさった。)

アブラハムが、「神よ、かたじけなくも私は御容認の御衣《ぎょい》を賜わり、特に(預言者として)お選びいただきました。この上は、何とぞ私の子々孫々までもこの恩寵に与らせて下さりませ」とお願いすると、「わしの契約は不義なす者どもには適用されぬ」(コーラン二章一一八節)との神のお答えであった。すなわち、不義のやからは、栄誉の衣、つまり神の恩寵には値いしない、という意味である。

こうしてアブラハムは、不義不正をなすやからに対しては神はなんの関心もお持ちにならぬことを知ったので、今度は条件つきでお願いしてみた、「神よ、もし信仰を抱き、不義を働かぬ者があれば、そういう者どもにだけは日々の糧《かて》を惜しみなく与え給え」と。これに対して神は次のように答え給うた。「日々の糧は万人に与えられるもの。誰でもそれに与ることが許される。この世の宿に泊る旅人はみんなその恩恵を受け、分け前が貰える。だがしかし、わしに認証され、受け容れられ、晴れの座に据えられ、わしの恩寵を受けるという栄誉は、特に選ばれた少数の人にしか与えられないのだ」と。

ところで、コーランを言葉の外面的意味に取って解釈する註釈家たちの意見によると、さっき引用したコーランの一節で「聖殿」とあるのはカアバ、すなわちメッカの神殿のことである、という。確かに、カアバの聖域に逃げ込んだ罪人は罰を免れて身の安全を保証され、そこでは一切の狩猟は禁制であり、何人たりともこれに害を与えてはならない（これはイスラーム以前の無道時代《ジャーヒリーヤ》にまで遡る古いメッカ聖域の掟）。神が選び給うた特別の場所だからである。

この解釈は正しいし、それはそれとしてまことに結構である。が、要するにこれはコーランの外面的意味にすぎない。聖典の秘義を知る人々の解釈は違う。彼らによれば、「聖殿」とは人間の心の深奥ということである。従って（アブラハムの）言葉は次の如き意味に取られなければならない。すなわち、「神よ、我が内面から、欲情の誘惑と雑念とを取り除き給え。暗い情念とよからぬ妄念から清め給え。我が胸に恐怖の影もとどめず、心は明るい静謐に充ちて、ひたすら汝の啓示の下るべき場所となりますように。悪鬼らとその囁きの近づくすべもなき場所となりますように」と。

神は天上の諸処に流星を置いてサタンらを拒け、天使たちの秘密の語らいを盗み聴きしないように計らい給うた、という。だからこそ天使たちは、その秘密を何者にも伺われることなく、あらゆる災害から超然としていられるのだ、という。

この伝承に準じて解釈すれば、（アブラハムの祈りは）次のような意味になる。「神よ、（天に流星を置き給うた）その如く、我が内心に汝の御配慮の監視を置き、悪霊どもの囁きと欲情の奸計《たばかり》を遠ざけ給え」と。これが聖典を内的に理解し、その玄旨を識る人々の解釈である。

人は誰でも自分の境位に応じて行動する。コーランは表と裏のある織物だ。表側を美しいと思う人もあり、裏側が素敵だという人もある。両方の人たちがそれぞれコーランから学ぶところあるようにというのが神の御心である以上、どっちの見方も正しい。ちょうど、女が夫と乳呑児を抱えているようなものだ。両方ともそれぞれ得るところがある。赤ん坊は乳房と乳を楽しみ、夫は性を楽しむ。

大衆は神の道における乳呑児であって、彼らはコーランの顕義を楽しみ、外面的な乳を飲む。これに反して、悟達の域にある人々はコーランの秘義を見てそこに特別の喜びを感じ、全く別の理解をする。

現にアブラハムの立処《たちどころ》、祈禱の場所にしても、あれはもともとメッカ神殿の近くにある一地点なのであって、顕義主義者は、ここで参詣者は二回跪拝すべしと規定する。それはそれで結構だ。少しも間違ったところはない。しかしながら、コーランの秘義に通じた人に言わせれば、アブラハムの立処とは、「アブラハム(のごとく)汝も神を思うて己れを火炎の中に投げ入れよ。神の道に勤め励んで、この境位まで到達せよ。かなわぬまでも、せめてその近くまで。この境位こそ、かのアブラハムその人が、神に己れを捧げ尽したところ。己れを空無に帰し、己れのために怖れおののくことを止めたところ」ということを意味する。

アブラハムの立処で参詣者が二回跪拝する。それは結構だ。だが本当は、立ってはこの世にあって祈り、跪拝してはかの世にあって祈るというような礼拝であってほしい。メッカの神殿とは預言者や聖者がたの心の秘処、神の啓示の下る場所のことであって、建物としてのメッカの神殿はこの(心の中の)神殿の影にすぎない。内面的精神がなければ、メッカの神殿が何になろう。預言者や聖者は、己れの欲するところなどきれいさっぱり切り棄てて、ひたすら神の欲し給うところに従う人々。神の命とあらばなんでもする。が、神の好み給わぬものは、たとい己れの父母であっても棄てて顧みぬ。いや、むしろ父母でさえ彼らの目には敵として映る。

心の手綱をそっくりそのまま
　君の御手にお任せ申す
君に「煮えた」(精神的に成熟し切った)と言われるごとに
　「燃え尽した」とわしは言う。(誰の作か正確には不明。ルーミーにこれとよく似た句がある)

わしが好んで語るものは、すべて象徴であって、ただ似たものを例として出すのではない。象徴は、ただ似たものというのとは違う。神がその光を灯火に譬えておられるのは、あれは象徴だ。聖者の身体を玻璃に譬えられるのも象徴だ。もともと神の光は場所や空間に容れられるようなものではない。それがどうして玻璃や灯火の中に入ろうか。宇宙に遍満する神の光が誰の心の中に入ろうか。だが、それを探すとなると、心の中に見つかるのだから妙である。といっても、心が何か容器のような役をして、神の光がその中に入っているわけではない。心の深みから湧出してくるのが見えるのだ。鏡をのぞくと、そこに自分の姿が映って見える。別に鏡の中に姿形が本当に存在しているわけではない。それなのに鏡をのぞきこんでみると、ちゃんとそこに自分がいるのだ。

何かが理性ではどうにも分らないように思われる場合、これを象徴的な言語に託して表現すると、たちまち理解可能になり、理解可能になればそのまま感覚化することが可能となる。例えば或る人は、目を閉じるとたちまち世にも不思議なものが見える。様々な形象や形姿がまざまざと見える。だが、目を開くと何も見えない。こんな現象を誰だって理性的に理解できるとは思わないし、信用もしない。けれども象徴で言えばすぐ理解できる。これは、目が覚めている時は何一つ見えないものが、眠っている時は何万となく見えるようなものだ。あるいはこう考えてもいい。建築家が心の中で家の像を描く。幅も長さも形もすっかりでき上る。この段階では、まだ誰にも理解可能なものではない。だが、彼がこの心象を紙の上に写せば、その家がはっきり現われてくる。細部にわたるまできちんと決めて提示すれば、その家のあり方がすっかり理解可能になる。そしてさらに一歩進めて、このように理解可能になった家を、そのモデルに合せて実際に建てれば、家は完全に感覚化される。

こうしてみると、すべて理性で捉えることのできないものは、象徴を使うことによって理解可能となり、次いで感覚可能となるのである。

例えば、よく言われることだが、かの世界では書物が、或るものは右に、或るものは左に、自由自在に飛び廻る、という事実がある。また、天使だとか玉座だとか、地獄と天国だとかいうものがある。秤り（生前の行為の重さを量る道具）や、勘定（最後の審判で全ての人がそれぞれにこの世での行為の決算を強いられる）や、記録帳（この世での人間の行為を全部天使が記録しておく）というようなものもある。この種のことは象徴的に描かない限り全然理解されない。我々の経験的世界にはこれに似たものは全くないけれども、象徴を使えばはっきり分ってくるのである。経験的世界でこのようなことの象徴となり得るものを挙げるとすると、例えば人はみんな夜眠る。靴屋も王様も眠る。裁判官も仕立屋も、そのほかの誰でも眠る。眠れば一切の想念は彼らから飛び去って、誰のもとにも、ただ一つの想念も残らない。だが、やがて東の空が暁の光に白む頃、天使イスラーフィールの嚠喨たるラッパの響きが鳴り渡ると、それを合図に人々の肉体の粒子が甦って、一人一人の想念が、まるで（さっき話した）飛行する書物のように、各人のところへ還ってくる。

間違いは全然起らない。仕立屋の想念は仕立屋のもとに、法学者の想念は法学者のもとに、鍛冶屋の想念は鍛冶屋のもとに、悪人の想念は悪人のもとに、善人の想念は善人のもとに、きちんと戻ってくる。夜、寝た時は仕立屋だったが、朝目が覚めたら靴屋だった、などということは絶対にない。眠る前に、もともとやっていた仕事、覚めれば必ずまたその同じ仕事をやり出すのである。

これを象徴と考えれば、かの世界の事情もこんなふうだろうということは、およその察しがつく。決してあり得ない事ではない。何しろ、この世界では現実にそうなのだから。

それ故、このような象徴を用いて、その糸を端まで辿ってゆけば、かの世界の一切の状態をこの世界に目睹し、かの世界の移り香をこの世に嗅ぐこともできる。つまりかの世界が顕現して、全てが神の権能の中に含まれていることを悟るのだ。

無数の白骨が墓の中で腐朽している光景が目に見える。だがあの白骨は、それなりに快い憩いを味わいつつ、甘い眠りに酔うておるのだ。しかも己れの快楽と陶酔を意識してもいる。

よく「死者の上にこの地が快くありますように」(埋葬時の文句)と言うが、あれは決して根も葉もない出まかせではない。土に返ったものが全く快さを感じないとするならば、誰が次のような詩を作る気になろう。

皓々たる月の顔《おもわ》の艶人《あで》よ
　百年の末までも、変らずそのままでいてほしい。
あの女《ひと》の地下の嘆きが矢であれば

我がこの胸の楯に受けたい。
あの女《ひと》の永遠《とわ》の宿りの戸口の土に
いそいそと息引きとったわが心。
今はの際《きわ》の願いの筋は
「神よ、この土に幸《さち》あらしめ給え」。（ルーミーの詩句）

以上は一つの象徴だが、これに当るものはこの感覚的世界に現実として存在する。例えば、今、二人の人が同じ一つの寝床に眠っている。一方の人は自分が宴《うたげ》の座に連なっている夢を見る。あたりは百花繚乱たる天の楽園。もう一人の見る夢は、自分が蛇や蝎に取り巻かれ、地獄の獄卒どもに責め苛まれている光景だ。しかしいずれも（一場の夢にすぎない）。少し深く詮索してみれば、こちらもない、あちらもない。

とすれば、一人の人間が二つに分れて、一方は墓の中でも歓楽に酔いしれ、悠々たる心境にあり、他方は現に罰と苦痛と災禍を受けながら、実はどちらも本当には起っていないというようなことがあったとしても、なんの不思議もなかろうではないか。

ともかくこう考えてくれれば、理屈では分らぬことが象徴を使えばすっきり分るようになるということは明らかである。但し、象徴は（先刻も言った通り）ただ似ているというだけのことではない。例えばスーフィーたちの用語で、心伸びやかに、楽しくなごんだ状態を「春」と呼び、反対に胸が詰まり、悲しみに鬱結した状態を「秋」と呼びならわしている。表面的には、嬉しさは全然春に似ていないし、悲しみは秋に似ていない。だが、象徴としては立派に意味があるのであって、こう言わないと、理性にはそれがどんなものか全く想像も理解もできないのである。

これと同じ性質のものに、「盲《めくら》と目明《めあき》では大いに違う。闇と光、日蔭と暑い日向も大いに違う」(コーラン三五章二〇節)という神の御言葉がある。ここでは信仰が光に、無信仰が闇に譬えられている。また信仰を涼しい日蔭に、無信仰を容赦なく照りつけて脳味噌まで煮えたぎらせてしまうような酷熱の太陽になぞらえている。信仰の明るさと快さが、かの世界の光明となんの関わりがあろう。無信仰の汚らしさと暗さとが、この世界の闇となんの関わりがあろう。

わしが喋っている間に眠り込んでしまう者があっても、それは無関心から来る眠りではない。安心感から来る眠りだ。例えば闇夜、難所の多い恐ろしい道をカラヴァンが進んでゆく。敵に襲われはしないかと、恐怖に駆られて道を急ぐ。だが、犬の吠える声、鶏の鳴き声が聞え出し、聚落に着くと、ほっとして、ゆっくり足を伸ばし、快く眠る。闃《げき》としてあたりに物声一つしない静まり返った道にあっては、恐怖のためにまどろみもしなかった人間が、人住む里に着いて安心すると、騒々しい犬の声、けたたましい鶏の声の喧噪の只中でのんきに、気持よさそうに眠り込む。

わしの語る言葉もまた人住む里、平和の村からやってくる。すなわち、預言者や聖者がたが(わしの口を通して)語られるのだ。人間の精神は、聞き覚えのある言葉を聞いて安心し、恐怖から解放される。なぜならこういう言葉には希望と幸いの匂いがするからだ。

あやめもわかぬ闇の夜に、カラヴァンに加わって旅する人は、怖ろしさの余り、盗賊がこのカラヴァンにまぎれ込んでいるのではないかという妄想に絶えず悩まされて、仲間の声を聞きたがる。自分の声を仲間に聞かせようともする。仲間の言葉が聞えると、ほっとする。「言え、ムハンマドよ、読誦せよ」(コーランの啓示の文句を模した表現)というわけである。「読誦せよ。そなたの本体は幽微で、見れども見えぬ。そなたがもの言う時、人々はその声に始めてそなたが精神の友であったと知って安堵し、心が静まる。言葉を語れ、ムハンマドよ。」

見よ、瘦枯《そうこ》たる俺のこの身体《からだ》
もし俺がもの言いかけねば
お前の目には俺は見えまい。(アラビア詩人ムタナッビーの句)

麦畑に棲む小さな動物がある。余り小さくて目にもつかないが、こいつが声を立てると、その声ですぐそれと分る。つまり普通の人間は現世という麦畑の中で我を忘れていて、そなたがそこにいるのに、あまりに幽玄なその姿が目につかぬ。もの言ってくれ。もの言ってそなたのいることに気づかせてやってくれ。

人がどこかへ行こうと思う時、先ず最初に心がそこへ出かけていってあたりの情勢をつぶさに視察する。それから心はまた帰ってきて、その上で身体を引っ張ってゆく。ところで、一般の大衆というものは聖者や預言者に対しては身体に当る。この世界の心に当るものは聖者や預言者がたである。彼らが先ず最初に、人間性を脱却し、肉と皮の外に出て、かの世界に旅行する。かの世界とこの世界を上から下まで踏破して、あらゆる宿場を経過し、どの道を取ったらいいのかすっかり調べた上で、また戻ってきて大衆を誘う、「さ、行こう、あの根源の世界へ。この世は廃墟だ、滅亡《ほろび》の館《やかた》だ。わしらがもっといい場所を見つけてきた。それを教えに来たのだ」と。

これを以てしても分ることだが、心は、どのような状態にあっても、己れの真に愛する対象から離れない。そして（そこへ行くには）次々に宿場を越えることも要らないし、追剝にやられる心配もなく、騾馬に荷鞍を置くことも要らない。こんな厄介なものに縛られているのは哀れな肉体だけである。

私は心を咎めて言った「心よ
　お前の無知ゆえに
お供できずにいる方が
　どんなお方か知っているのか。」

心が私に言うことに、「お前の
　読みは浅すぎる。あの方に
私は仕えて変らない。
　迷っているのはお前じゃないか」。（ルーミーの詩句）

どんな所にいようとも、どんな気持でいようとも、常に愛する人、恋する人であろうと努めよ。愛がそなたのものとなれば、そなたはいつも愛する人だ、墓中にあろうと、復活で出会そうと、天国におろうと、いつまでも、いつまでも愛する人だ。小麦を播けば必ず小麦が生える。貯蔵庫に積まれるものも小麦だし、炉で焼かれるのも小麦だ。

マジュヌーン(前出、恋する男の典型)がライラーに手紙を書こうと思いたった。筆を取ったが、ただ次のような詩句ができただけであった。

君が面影は我が目に浮び
君が名は我が唇に浮び
君が憶いは我が心に浮ぶ。
どこに送ろう、恋の手紙を。(前出、談話其の十一)

君の面影は我が目に宿る、という。君の名は我が舌を一瞬も離れることなく、君への思慕は我が魂の奥処《おくが》に住まう。君はこのように、至るところ神出鬼没。一体どこの君に手紙を宛てたらよかろうか、と。筆は折れ、紙は破れた。

心がこのような言葉で一杯になっている人はたくさんいる。ただ、どうしても表現できないのだ、これほど愛し、これほど求め、これほど恋い焦がれているのに。だが、なんの不思議もない。愛の妨げにもならぬ。いや、究極の根源は心だ。本当に憧れることであり、愛することであり、恋することだ。

赤ん坊は乳の恋人である。乳を飲んで育ち、乳から力を得る。それなのに、乳とはなんぞやと説明することもできないし、言葉で定義し表現することもできない。あれほど乳が飲みたくて、まさに乳の恋人であるくせに、乳を飲むことにはこれこれの快感があり、乳を飲まなければどんな具合に身体が衰弱し、どんな苦痛を感じるか、などとは言わぬ。反対に大人は、幾らでも違ったふうに乳を説明し描写してみせることができるのに、実際に乳を飲んでも一向嬉しくない。なんの感動もない。

談話　其の四十五

あの青年、名はなんといったかな。

サイフ・ッ・ディーン(Saif al-Din. 字義通りには「宗教の太刀」すなわち護法の剣を意味する)でございます。

刀は鞘におさまっている時は目には見えない。「宗教の太刀《たち》」というからには、宗教のために戦い、渾身の力を絞って神にお仕えし、正邪の別を知り、真理と虚偽を的確に判別し得る者であるはずだ。但しその戦いは先ず何より己れ自身との戦いでなければならない。つまり己れ自身の根性を撓めることだ。「汝自身より始めよ」(ハディース)とあるごとくである。だから、いろいろ忠告したいことがあれば先ず己れにそれを向ける。「お前も人間だ。手も足もあり耳もあり、理解力を備え、目と口を持つ人間だ。しかし、言詮不及の至福の境に入り、究極の目的地に到達した預言者や聖者がただって、やっぱり人間だった。」「預言者や聖者がたも、この俺と全く同じに耳や舌や手や足や理性を備えておられた。それなのに、あの方々にはおのずと道ができ、戸が開かれ、俺だけは駄目というのは一体どうしたことだろう」と反省する。こういう人は己れ自身の耳に非難の言葉をこすりつけ、夜となく昼となく己れ自身と戦う。「お前は何をしでかしたのだ。お前がこうして受け入れていただけないのは、一体どんな行為がお前から発出したからなのか」と反省しながら。そして遂には「神の太刀」「絶対者の舌」ともなる日も来るのだ。

例えばここに十人の人があって或るお屋敷の中に入れてもらいたいと思っている。中の九人は道を見つけるが、一人だけは全然道が開けないのでいつまでも外に居残っている。そんなことになったら、その一人はきっと心の中で思い悩み、愁訴の声をあげて、「俺だけ中に入れてくれないのは、俺が何をしたためか。知らずに何か失礼でもしてしまったのか」と嘆くであろう。己れ自身に罪を着せ、自分が悪いのだ、自分が何か失礼なことをしでかしてしまったのだと考えるべきであって、「俺がこういうふうになるように神様が計らっておられるんだ。これが神様の意志であるからには、俺にはどうにもしようがないわ。もともと神様の意志次第で、俺にも道を開いて下さることもできなんだから」などと考えてはならない。こんなふうに考えること自体、神を誹謗し、神に向って刀を振り上げることである。この意味では、そんな人は「神に仇なす太刀」であって、「神の佩刀《みはかし》」ではない。

家族だとか親族だとか、そんなものには神は全く関わりがない。だから「子もなく親もない」(コーラン一一二章三節)という。従ってまた人間が神に至る道を見出すにも、ただひたすらお仕え申すこと以外に頼るべき手段はない。「アッラーは超然として無依。汝らはただこれ依存」(コーラン四七章四〇節)とある通りである。

神への道を見出した人をつかまえて、あれは俺より神への親近度が高かったのだとか、俺よりもっと付き合いが長かったのだなどと言うことは許されない。俺よりもっと神に依存していたからああなったのだとも言えない。神に近づくための唯一の道は、ただひたすらお仕え申すことにあるのみ。

神は絶対無条件的な意味で施与者である。神こそは洋々たる大海の裾を真珠で満たし、野茨に美しい花の衣を着せ、一つまみの土塊《つちくれ》(人間はもともと一握の土にすぎない)に生命を賦与し給うたお方。しかもそこにはなんの思惑もなければ先例もなかったのだ。それなのにこの世界の隅々まで、あらゆるものが神の賜から分け前を戴いている。

どこそこの都に気前のいい人がいて、誰にでも物をくれる、大変な慈善家だという噂を耳にすれば、誰だって自分も一つそこへ行って、恩恵に与かろうという気になるものだ。とすれば、神の雅量が隠れもない事実であり、万人が神の慈愛のほどを意識しているのに、その神から物乞いしない道理はない。恩賜の御衣が戴きたい、施物を頂戴したいと願わないのがかえって不自然である。それを、うつけのように坐り込んで、もし神様の方でお望みなら俺にも何か下さるはずだとばかり、全然おねだりもしないでいる。理性もない理解力もない犬だって、腹が減ってパンがなければ、近寄ってきて尻尾を振る。「パンを下さい。私にはパンがありませぬ。貴方はそんなにお持ちじゃありませぬか」というわけだ。犬ですらこの程度の分別は持っている。そなたが犬以下ということはあり得ない。炉端にべったり寝そべって、「もし御主人の方でその気になれば、自分から進んで私にパンをくれるだろう」などとうそぶくようなことは犬はしない。キャンキャン鳴いて訴えかけ、尻尾を振る。そなたも負けずに尻尾を振るのだ。欲しいものがあったら神にどんどん申し上げ、おねだりするのだ。物乞いといっても、相手が神ほどの施与者であれば、物乞いは立派な行為である。そなたに幸福がないなら、絶対に物惜しみということがなく、無限の財を所有するお方から幸福をおねだりするがいい。

神はそなたのすぐ近くにおられる。そなたが何を考え、何を思い浮べようとも、神は必ずそこにある。もともと、その想念、その心象に存在を与え、それをそなたに提示し給うたのはほかならぬ神だからだ。但し、あまりに近くにいますので、そなたには神が見えない。といっても、別に不思議はないのだ。現にそなたが何かする場合、そなたの理性はちゃんとそなたのところにいる。行為の口火を切るのは理性である。それなのに、理性は全然そなたには見えない。出てくる結果によってそれと分りはするが、理性そのものを目で見ることはできない。

譬えで言ってみよう。誰かが風呂屋に行って、すっかり温まったとする。浴室のどの場所に行っても火はその人と共にある。火の熱気の働きで温まるのだ。しかし火そのものは全く見えない。外に出てきて始めて火が見え、そこで始めて自分が温まったのは火のためだということが直証される。風呂場の温かさそのものも火の作用であったことがはっきり分る。

人間の身体もまた一つの立派な風呂場のようなものだ。内部には理性と生気と欲情との熱気が立ち罩めている。だが、この風呂場の外に出て、かの世界に踏み込んだ時、始めて人はじかに理性それ自体を見、欲情の本源そのものを、生気の本源そのものを目睹するのである。そしてその時はっと気がつくのだ、(自分がこの世で示してきた)あの賢さも実は理性の発する熱気であったことを。また、あの様々なまやかしと謀《たばか》りが実は欲情の働きであり、己れの生命が生気そのものの働きであったことを。つまり理性と欲情と生気のそれぞれの本体が直接に見えるのである。だが、自分が風呂場の中にいる間は、火を感覚的に直接見ることはできない。ただその働きの結果を通して間接的に見るだけである。

今まで流れる水というものを見たことのない人が目隠しされて川の中に投げ込まれる。何やらやわらかい濡ったものが身体に触れていることは感じるけれど、それがなんであるかは分らない。目隠しを解いてもらうと始めて、ああ水だったのかと分る。最初は作用を通じて水を知っていた。それが今は水そのものを見るのである。だから、どんどん神に物乞いするがいい。なんでも欲しいものがあれば下さいと言うがいい。決して無駄にはならぬ。「わしを喚べ。必ず応えよう」(コーラン四〇章六二節)と言われている。

サマルカンドにわしら一家が住んでいた頃のこと。ハーリズム・シャーがサマルカンドを包囲し、陣を布いて攻めてきた。わしらの町に並はずれて美しい乙女がいた。その右に出る者がないほど実に美しい娘だった。

「神様、私があの悪者どもの手に落ちることを貴方がお許しになろうなど、どうして考えられましょう。私には分っております。そんなことをお許しなさるはずがございません。お信じ申しております」と、その娘が繰り返し繰り返しこう言うのをわしは聞いた。

やがて敵軍は都を攻略し、住民はことごとく捕虜にされた。もちろん、例の娘の侍女たちは全部捕虜にされたが、彼女だけにはなんの災禍もなかった。あれほどの美貌を持ちながら、誰も見向きもしなかったのだった。

これがいい証拠だ。誰にせよ、神にすっかり己れをお委せきってしまった人はすべての災害を免れ、安全無事でいられるのである。いかなる人にせよ、願いの筋を申し上げれば、決して空しく終るということはない。

或る托鉢僧が自分の息子を躾けるに次のような方法を取った。つまり、息子がなんでも欲しがると、父は「神様におねだりしなさい」と言う。子供は泣き出し、神様にお願いする。そうなった上で欲しいと言ったものを出してやる、というやり方である。こんなふうにして数年が経った。

或る日のこと、その子はたった独りで家に残っていた。麦粥が欲しくなったので、いつもの調子で「麦粥が食べたい」と言う。すると不思議や、麦粥が一碗本当に不可視界から現われてきたのだ。子供は腹一杯それを食べた。そのうち両親が帰ってきて、「坊や、何も欲しくないの」と尋ねる。「もう麦粥をお願いして、食べちゃったよ」と子供は答える。それを聞いて父親は、「ああ、有難い、もったいない。お前はいつの間にかそんなに偉くなっていたのか。神様に対するお前の信頼の心がそれほどまでに強くなっていたのか」と叫んだという。

マリアの母がマリアを生んだ時、神に誓約して、娘を神殿に捧げることに決めた。自分では一切娘の世話をせず、神殿の一隅に置いたままにした。

ザカリアは自分が世話したいと思った。が、ほかの人たちもみんな世話したがったので、とうとう争いが起った。ところで、その頃の慣習として、そんな場合、銘々が棒を水に投げ込んで、その棒の沈まなかった者が権利を得るということがあった。やってみると、ザカリアが籤に当った。みんなも「これはザカリアのものだ」と承認した。

こんな次第でザカリアが毎日マリアのところへ食物を運んでくることになったのである。ところが、運んできて見ると、いつも決まって神殿の一隅に、それと同じような食物がちゃんと置いてある。

「これマリア、わしがお前の世話係りだぞ。こんなものお前どこから貰ってきた」と尋ねる。

「食物が欲しくなると、なんでも欲しいものを神様が届けて下さるの。どこまでお心が寛《ひろ》いのか、どこまでおやさしいのか底が知れないくらい。誰でもお縋り申す人があれば、決して拋り出したりはなさいませぬ」と答える。

これを聞いてザカリアは、「神よ、あらゆる願いを聞き容れ給う神よ、私にもお願いの筋がございます。どうかお聞き届け下さりませ。汝の友たるにふさわしく、私がとやかく言わずとも自分から進んで汝に親しみ奉り、全身全霊をあげて汝にお仕え申すような息子をお授け下さりませ」と言った。

これに応えて神は彼にヨハネ(原名ヤフャー)を授け給うた。その頃ザカリアはすでに腰は曲り、体力は衰えた老人だった。母親の方は青春時代に一度も子供を産んだ経験もない老女だったのに、それが突然月のものがあって妊娠したのだった。

これを見ても分る通り、全てこのようなことは、神の絶対的権能にとっては仮りの方便にすぎないのである。一切は神に淵源し、ありとあらゆる物事は絶対無条件的に神の判定のまま。だから、この壁の向う側に誰かがいて、我々の経験の一切、その一つ一つを知悉しておられる、そしてこちらにはそのお姿は見えないけれど、あちらでは何もかも見ておられる、ということにはっきり気づき、それが不動の確信になっている人——そういう人こそ本当の意味での「信仰者」でなければならない。反対に、「そんなことがあるものか。みんなでっち上げの嘘八百だ」とうそぶいて信じようとはしない人がある。そんな人は、今に時が来て、横面をいやというほど張りとばされて急に後悔し、「ああ、とんでもないことを言ったものだ。俺が間違っていた。すべては神であったのに、その神を否むとは」と嘆くことになる。

身近な例を取って見ると、現にそなたは琴を弾いており、わしが壁の向う側にいることを知っている。だがそなたはあくまで弾き続け、指を止めない。それは元来そなたが琴弾きだからだ。

それからまた日々の礼拝にしても、別に一日中ぶっ続けで立ったり坐ったりひれ伏したりしていろというわけではない。ただ問題は、礼拝している時間に生起する心の状態を四六時中保持し続けなければいけないということだ。眠っておろうと、目覚めておろうと、ものを書いている時でも本を読んでいる時でも、どんな状況にあっても決して神への思いから離れてはならぬということだ。そうやっているうちに、いつか「始終お祈りに精出している人」(コーラン七〇章二三節)になれるのである。


ものを言い、沈黙し、食べ、眠り、怒り、赦す——これら全ての状態はめぐる水車の輪のめぐりだ。水車が廻るのは、間違いなく水のお蔭である。水がなければどんなことになるか、水車は経験で知っている。とすれば、もし水車が、自分の廻転は自分自身の力だと考えるとすれば、それこそ愚の骨頂、無知蒙昧も極まれりというべきではなかろうか。

こうして水車はぐるぐる廻る。廻るけれども、その場所は狭い。狭いのがこの世のあり方というものだ。神に向って思いきり呻き声を上げるがよい。「神よ、狭いこの世に跼蹐《きょくせき》しつつぐるぐる廻っている私に、どうか広々とした精神の廻転の機会をお与え下さい。人間のあらゆる願いは汝の実現し給うところ。しかも汝の寛容の御心と御慈愛とは万有を覆って余りあるところ」と。

願いの筋は刻々に申し上げるがよい。但し決して神を思うことを忘れずに。神の思いこそ精神の鳥にとって力であり、羽であり、翼であるのだ。そしてこの究極の目的さえ到達されるなら、正しく「光の上に光を加えて照り映える」(コーラン二四章三五節)ということになる。

そうだ。神を思い続けることによって、そなたの内面は少しずつ、少しずつ光に照らし出されてゆく。そしてそれにつれて、少しずつ、この世への執着から離れてゆく。

譬えば、鳥が大空に飛び上ろうとする。たとい本当に大空までは到達できないにしても、とにかく一瞬また一瞬と地上から遠くなり、ほかの鳥どもより高く昇る。

も一つ譬えで言うと、香箱の中に麝香が入れてある。箱の口が狭いので、手を中にさし込んでも麝香を引き出すことができない。だが、それでも、とにかく手は香気を帯びて、馥郁と鼻に快い。

神を思うこともこれと同じだ。神そのものに到達することはかなわずとも、ただ神を思えばその効験がこちらの内面に現われる。神を念ずることから生じる効験はまことに絶大なものである。

談話　其の四十六

イブラーヒーム師(ルーミーの師タブリーズのシャムス・ッ・ディーンの愛弟子。前出、談話十四)は実に大した托鉢僧だ。あの方を見ていると、親しい友の面影が次から次に心に浮んでくる。シャムス・ッ・ディーン師もあの方を寵愛しておられて、常々「わしのイブラーヒーム師」と言っておられた。特に御自分のものと言明しておられたわけである。

（寵愛と言えば）神の恩寵は、人間の側の個人的努力とは全然別ものである。預言者がたが預言者の位置に到達されたのは決して個人的努力の賜ではない。あの至福は神の恩寵によって得られたものだ。しかし預言者の慣習として、およそ預言者となった者はその日常生活においては努力と善行に励むことを以て基調とするということがある。それもまた一般大衆のためにすることであって、こうすることで大衆をして彼らを信頼し、彼らの言葉を信頼するように導こうというのである。元来、大衆の目は物事の内面には届かない。大衆は外面ばかり見る。だが、大衆が外面を（正しく認知して、それを）追ってゆけば、それを通じて、それのお蔭で、内面への道を見出すものである。

あのファラオにしても、金を費い、善事を行い、世に善を弘めることにかけては相当な努力家だった。ただ、惜しいかな神の恩寵がなかった。だから当然、彼がどれほど神を崇め、努力し、善事に励んでも、そこには光るものがなかった。全部暗闇に隠されてしまった。

譬えば一城の主《あるじ》としての将軍が、城内の住民に対してすこぶる親切で、盛んに善事をする。ところが彼の本心は、いずれ国王に反旗をひるがえし、逆賊になろうとする下準備なのである。とすれば当然、彼がどれほど善事をなそうとも、それには価値も光もないわけである。

しかしまた、ファラオに神の恩寵が皆無だったとも言いきれないところがある。神の隠れた恩寵がファラオに働いていて、何か世のためにならせようがために、わざわざあのような悪事に走らせた、ということも可能だからである。

およそ王者たるものには威怒と慈愛の二面があるのを常とする。恩賜の御衣と牢獄――両方とも王者には欠かせない。だから物事の内面を感得する人々はファラオに神の恩寵が絶対皆無だったとは言わない。これに反して物事の外面しか見ない学者先生がたは、ファラオを神に完全に見放された男と見る。この第二の見方には、社会の外面的秩序の維持に資するという長所があるのだ。

王様が誰かを絞首刑に処する場合、集まった民衆の面前で、罪人をものすごく高い所に吊り下げる。人目の及ばぬ家の中で、もっと低い釘に吊すことだってできないわけではない。だが、みんなに見せて、見せしめにし、王様の命令とその遂行がどんなものか万人の目に映るようにしようというのである。

注意しておくが、絞首台は全部材木でできたものとは限らない。高位、高官、現世の栄達、そんなものもまたものすごく高い絞首台だ。神が誰かを懲罰しようとし給う時には、その人を現世で高い地位につけ、強大な王国の主となし給う。ファラオやニムロードなどがそのいい例だ。こういう高位はいずれも絞首台のようなもの。神は彼らをそこに吊して、万人の目にさらし給う。

神自らこう言っておられるではないか。「わしはかつて隠れた宝物であったが、知られたくなって（世界を創った）」（有名なハディース）と。つまり、わしはこうして世界を創造したが、その目的はわし自らを、或る時は慈愛の側面において、また或る時は威怒の側面において、顕現させることにあった、という意味である。神は、国中にたった一人の告知者があればそれで事足りるというような小っぽけな王様ではない。全世界を構成する全ての原子が挙げて告知者となってこの王様がどんなお方か知らせようとしたところで、足りもしないし、第一できるわけもない。

こういうわけで、あらゆる人が夜となく昼となく神を顕現しているのだ。或る人々にはそれが分っている、つまり、自分があらゆる瞬間に神を顕現しているということをはっきり意識しているが、或る人々は意識していないだけの違いである。が、いずれにしても、神の顕現ということは確かな事実だ。

譬えば、殿様が誰かを打擲して懲らしめよと命令なさる。打たれる方はキーキー叫んで泣きわめく。だが本当は(打たれる方だけでなく打つ方も)両方とも殿様の命令を形で現わしているのだ。打たれる方だけが痛さのあまり泣き叫ぶけれど、実は打つ方も打たれる方も同じく殿様の命令の対象であることを誰でも知っている。そして、この点からすれば、両者ともに殿様の命令を顕現しているのである。

神ありと主張する人が、常時、神を顕現しているのはもちろんだが、神なしと主張する人もまた同じく神を顕現しているのである。そもそも肯定というものは否定がなければ考えられないことだし、それに第一、味もそっけもありはしない。例えば議論の席で誰かが或る主張を提出する場合、そこに反論者がいて、「私はその説を認めない」と言わないなら、肯定したところで何になる。せっかくの論点も全く味がなくなってしまう。元来、肯定なるものは、否定とぶつかって始めて面白くなるのだ。この世もまた神の顕現についての論争の場だ。肯定者と否定者があってこそ、その場が煌《きら》めく。両者がともに神を顕現するからである。

志を同じうする大勢の人が町の長《おさ》のところに押しかけていった。長は怒って、「お前たち、大勢でやってきて、何をしようという積りだ」と尋ねる。人々が答えて言うことに、「我々がこんなに大勢集まって気勢を上げているのも、別に誰かをやっつけようがためではありません。ただお互いに助け合って一緒に苦難に堪えてゆこう、お互いに真の友でありたいと思うだけです」と。

同様に、お通夜の席にみんなが集まってくる。別に寄ってたかって死を追い払おうというつもりではない。ただ少しでも喪主の心を慰めて、悲しみをなくしてあげようという心尽しだ。

「すべての信仰者は一心同体」(ハディース)という。無一物の精神に生きるスーフィーたるもの、全てが一つの身体《からだ》のようになっていなければならない。身体のどこか一部が痛ければ他の全ての部分が苦しむ。目は見ることをやめ、耳は聞くことをやめ、舌はもの言うことをやめる。一切がその一箇所に集中するのだ。

一体、本当の友であることの条件は、己れを友のために棄てて顧みず、友のためには敢えて己れを騒擾の真っ只中に投じるだけの心意気を持つことだ。なぜそうなるのかというと、みんなが心を一つにして同じところを目指し、同じ一つの海に溺れた人だからである。信仰の効験とはかくのごときものであり、イスラームの条件も正にこれである。肉身に負う重荷のごとき、精神の負う重荷に比すれば何ほどのことがあろう。「なんでもありませぬ。主《しゅ》のみもとに還りゆく我らですもの」(コーラン二六章五〇節)というわけである。

信仰者は己れを神の犠牲に捧げた人。災禍や危険、手や足のことをなんで思い煩うことがあろう。神のみもとに赴く身に、手や足がなんの用があろう。もともと、手や足は神のみもとからこの世に向ってくるために戴いたもの。その手を作り足を作って下さったお方のもとに帰ってゆく今、たとい手が効かなくなり、足が萎えたとて、いや、ファラオの妖術師たちのように、手をなくし足をなくしてしまったとて、なんで悲しむことがあろう。

うるわしい友の手から受ければ
毒汁も美味しく飲めるもの
苦くて辛い言葉でも
砂糖のように飲めるもの。

ああ、なんという塩かげん
程よくきかしたこの塩かげん
塩さえうまくきかせてあれば
苦い肝でも食べられるもの。（作者不明）

だが、この先は神のみぞ知り給う。

談話　其の四十七　（原文アラビア語）

いと高きにいます神は善をも悪をも意志し給う。が、善にだけ満足し給う。これは「わしはかつて隠れた宝物であったが、知られたくなって……」云々という御言葉（ハディース。前出、談話四十六）からも分る。

命令し禁止することがともに神の御意志であることには疑いの余地がない。だが、そもそも命令というものは、命令される人がその命令されたことに対して元来嫌悪の情を抱いている場合にのみ有意義である。(腹をすかして始めから食べたがっている人に向って)「さぞ腹が減っているだろう。さあ甘いものをお食べ。砂糖をおあがり」など普通は言わない。もし言うとすれば、それは命令ではない。やさしい思いやりだ。反対に禁止は人がもともとそのものをいやがっている場合には意味がない。「石を食べるな。茨を食べるな」などと言うのはおかしい。言うとしても、それは禁止ではない。

だから善を有意味的に命令し、悪を有意味的に禁止するには、そこに始めから悪を欲する心がなければならない。そしてこのような心を存在させようとする神の御意志は、要するに悪を存在させようとする意志である。但し神は悪に満足はされないのである。でなければ、善を命令されるわけがない。

これに類する例として誰かが他人《ひと》を教育しようと意志する場合を考えてみよう。その人は、自分の教えようとする人の無知を望む。なぜなら教わる方が無知でなければ教えることも不可能だからだ。そして何か(ここでは教育)を意志する人は、それに付随する一切のこと(ここでは相手の無知)をもまた当然意志するわけである。但し、相手の無知をよしとするわけではない。でなければ、教えようとするはずもないのだから。

同様に医者は、自分の医術を実際に働かせたいと思えば、他人の病気を望む。病人がなければ医者としての能力を発揮すべくもないからである。だがそれだからといって、人々が病気になることをよしとするわけではない。でなければ、わざわざ人々を治療したりするはずがない。

同様にパン屋は自分の生活の資を獲得し、生きてゆくために、人々が飢えることを望む。だが、人々が飢えることをよしとするわけではない。でなければパンを売りなどしないであろう。

将軍や騎馬隊の兵士たちは自分の仕える君主に敵があることを望む。敵がいなければ、自分の勇気を示すこともできず、君主に対する至誠の情を示すこともできないし、それに君主の方でも彼らを別に必要としないから、彼らを自分のまわりに集めることもしないであろう。しかし、敵がいることをよしとするわけではない。だからこそ敵と戦うのである。

これと全く同じ道理で、人は己れの内部に悪への誘いがあることを望んでいる。なぜなら、神は感謝の心を持ち、恭順で信仰厚い人間を愛し給うからであり、しかもこういうことは心の中に悪に向おうとする衝動がなくては実現し得ないからである。そして(さっきも言ったように)何かを意志することは、そのものに付随する一切のものを意志することでもあるからである。だが、彼は決してそれで満足しているわけではない。だからこそ、そういう要素を自分の心から取り除こうとして努力するのだ。とすると、人は一面においては悪を意志し、また一面においては悪を意志しない、と考えざるを得ない。

だが、この議論に反対する人はこう言うだろう。「いや、人は絶対に悪を意志することはない」と。けれども、何かを意志しつつ、それに必然的に随伴するものを意志しないなどということは理屈に合わぬ。本性的に悪を欲し、かつ本性的に善から遁げようとする頑迷な魂があるということこそ、神の命令と禁止の必然的随伴要素の一なのだから。しかもこの魂たるや、この世にありとあらゆる悪を必然的に伴うものなのだ。従って、もし神がそれらの悪を全然意志し給わぬものとすれば、神は魂の存在を意志し給わないことになり、魂の存在を意志し給わぬとすれば、魂をその必然的随伴要素として始めて成立するところの命令と禁止とを意志し給わぬということになろう。また魂の現状にすっかり満足しておられるとすれば、命令したり禁止したりもなさりはしないであろう。要するに、悪は何か他のもののために要請される、というのが結論である。

論敵はさらにこう言うかもしれない。「もし神がすべての善を意志し給うなら、悪を防ぐことも善の一つであるからには、悪を防ぐことを意志し給うに違いない」と。だが、悪が存在していてこそ、悪を防ぐこともできるのではないか。

また、こう言うかもしれない。「神は信仰を意志し給うのみ」と。だが、無信仰があるからこそ信仰というものも成り立つのである。この意味で、無信仰は信仰の先行条件である。

要するに、悪を意志することは、それをそれ自体のために意志する場合にのみ咎むべきものなのであって、善のために意志する場合は少しも咎むべきところがない。

神の御言葉にも、「報復法(「目には目、歯には歯」という原則に基き、殺人が行われた場合、受けた損害の程度に応じて復讐することを定めたイスラームの法規)こそは汝らにとって生命の源《みなもと》となるもの」(コーラン二章一七五節)とある。もちろん、仇討ちは悪である。神の建造物を破壊することだから。しかし悪ではあっても部分的悪にすぎない。これに反して万人を殺害から守ることは全体的善である(イスラーム以前の部族社会では、或る部族の一人が他部族の誰かに殺されると、加害者だけでなく彼の所属する全部族民を皆殺しにするのが仇討ちの倫理であった)。全体的善を欲するが故に部分的悪を意志することは決して咎むべき行為ではない。全体的悪をこそ、神の部分的意志を棄てて顧みないことこそ咎むべきである。

これに似た状況として、例えば母親が我が子を叱責したがらない場合を考えてみる。母親が子供を叱ろうとしないのは部分的悪にばかり目が向いているからである。これに反して父親の方は子供を叱責することをよしとする。それは彼の目が全体的悪に向っているからである。つまり、悪をまだ蕾のうちに摘んでしまおうというのである。

神は寛恕、寛大でありながら、その報復はまことに凄じい。こういう性質が神について真であることは、果して神御自身の意志であろうか。そうだ、どうしてもそう言わざるを得ない。だが寛恕、寛大であることは、現に罪があるから成り立つのである。何かを意志することは、そのものに必然的に付随する一切のものを意志することだというのは正にこれである。同様に神は我らに向って他人の過ちを赦せ、平和を守れ、仲睦じかれと命じ給うた。このような命令は、始めから敵対関係がないところでは意味をなさない。

サドル・アル・イスラーム(フルーザーンファル教授の考証によれば、西暦十世紀末の有名なハナフィー派の法学者アブー・アル・ユスル・バズダウィーのことであろうという)が、これと同趣旨の言葉を吐いている。曰く、「生計の資を稼ぎ、財を作ることは、いと高きにいます神の我らに対する御命令である。これは『アッラーの道に、汝ら惜しみなく財を使え』(コーラン二章一九一節)という御言葉に基く」と。しかし財産がなければ、財産を使いようもない。だから、財を作るということは神の御命令なのである。誰かに向って「さ、立ち上れ、礼拝せよ」と命令する人は、顔や手足を水で浄めることも、そのための水を見つけることも、その他礼拝の前提となる一切のことを暗黙裡に命令しているのである。

談話　其の四十八（原文アラビア語、一節のみペルシャ語）

感謝は一種の狩であり、福利を捉まえる罠のようなもの。感謝の言葉を聞けば、こちらはついもっとやろうという気になる。

神が誰かを愛し給う時、先ずその人に苦難の試錬を下して、もしよく辛抱すればこれを拾い上げ、もし感謝するなら特別に選びの人となし給う。神に感謝するといっても、神の威怒に感謝する人もあり、神のお情深さに感謝する人もある。が、どっちにしても悪かろうはずがない。なぜなら、感謝の心こそ万能薬であって、炎々たる瞋恚《しんい》をも直ちに転じて慈愛となしてしまうからである。

完全無欠な知者とは、どんなひどい目に逢わされても、相手の面前であれ、相手のいないところであれ、そのひどい目に逢わされたことを感謝する人のこと。それこそ神が特に選び給うた人。たとい神の御意志で奈落の底に陥ちこむはずの人であってもその運命を感謝するだけの気持があれば、すぐそのまま（救済）という最終の目的に到達できる。いたずらに外面的に不平不満を訴えれば、却って内面的愁訴の力が減る。預言者（ムハンマド）の言葉に、「わしはにこにこ顔で人を殺す」（前出、談話三十）とある。その意味は、わしは自分を虐める人に向ってにこにこ笑う、その笑いが相手を殺すことになるのだ、ということである。ではなぜ笑うのかというと、不平不満をぶちまける代りに感謝するのである。

こんな話が語り伝えられている。預言者の教友がたの一人の隣にユダヤ人が住んでいた。このユダヤ人は、二階の部屋に住んでいて、ありとあらゆる汚物や不浄がそこからこちらに落ちてくる。子供たちの小便は流れてくる、着物を洗濯した水は流れ込んでくる、という始末。だのにその方はいつもユダヤ人に感謝し、奥さんにも感謝の心を忘れぬよう命じておられた。こうして八年の歳月が流れ、この教友は亡くなられた。

ところでそのユダヤ人、お悔みにやってきて驚いた。家の中は汚物だらけ。しかもそれがみんな二階の自分の部屋から流れ出してきたものであることは歴然としている。過ぎる年月、どんなことが起っていたかに気がついて、激しい後悔の念にさいなまれ、家族の人たちにこう言った、「いやはや、なんということ。どうして知らせては下さらなかった。いつも有難う、有難うとばかり言っておられたので……」と。「いえ、常々主人から感謝するように申しつけられておりました。感謝しないと承知せんぞと言われておりましたものですから」と。それを聞いたユダヤ人はその場で回教徒になった、という。

徳高き人々の話を聞けば、おのずから
　人々は徳に精出す。
歌手《うたびと》の妙《たえ》なる歌に、おのずから
心ははずみ、酒を飲み飲む。（サナーイーの詩句）

されればこそ神はコーランの中で預言者たちや有徳の信者たちについて語り、全能にして寛恕限りなき神のために彼らがなしたことに対して感謝の意を表わし給うたのである。

乳を吸われて有難い、と
　思う心で乳を呑ませる。
この張りつめた乳房でも
　吸ってくれねば乳は出ぬ。（作者不明）

誰かが質問した、「感謝する気持が起らないのは何故でしょうか。一体、何が感謝の心を妨げるのでしょうか」と。師はこうお答えになった。

感謝の心を妨げるもの、それは生《なま》の貪慾だ。どんなものを戴いても、前以てそれ以上を欲しがっていた。生のままの貪慾がそうさせるのだ。そこで、実際に手に入ったものが前以てこれだけはと狙いをつけていたのより少い場合、当然、感謝の気持は起らないのである。そうなればもう自分の欠点のことなどお構いなし、自分の方で提供する贋金の質の悪さなどすっかり忘れてしまう。

生《なま》の貪慾というものはちょうど未熟の果物、生焼けのパン、生煮えの肉と同じで、食べればどうしても胸が悪くなる。つまり感謝の気持が起らないのである。自分が何か有害なものを食べてしまったと気づけば、どうしても吐かなければならない。神がその限りなき叡知を以て、その人に感謝できないという苦痛を味わわせ給う。それで、胸にわだかまるものを一気に吐き出し、有害無益な想念を棄て、一つの病気が百の病気にならないようにと計らい給うのである。「我ら(神の自称)はいろいろと嬉しいこと苦しいことで彼らを試みた。もしかしたら正道に立ち還るかもしれないと思って」(コーラン七章一六七節)。つまり、わしは彼らが思いもかけなかったようなところから──「思いもかけないところ」とは存在の不可視的次元を指す──彼らに日々の糧《かて》を与えた。だから今までは、彼らの目は第二次的原因(一切の物事の第一次的原因は神自身であり、いわゆる「原因」は第二次的原因にすぎない)には向わない。第二次的原因は神とその神性を分かつものである(いわゆる「原因」を本当の原因として認めることは、神以外のものに創造力を認めることであり、これは一種の多神崇拝である)、というのである。

アブー・ヤズィード(偉大な神秘家バーヤジード・バスターミーについては前出)が言った、「主《しゅ》よ、私は汝以外に神を認めたことはかつてありません」と。すると神が言われた、「アブー・ヤズィードよ、あのミルクの夜でもか。或る夜そなたはこう言いはしなかったか、『ミルクにひどい目に逢わされました』と。ひどい目に逢わせるのも、よい目に逢わせるのも本当はわしだけではないのか」と。

つまりアブー・ヤズィードは第二次的原因を認めたので、たちまち神に多神教徒と見做されたのである。「ミルクの後も、ミルクの前も、そなたを苦しませたのは、このわしじゃ。ただ、わしはあの時、ミルクを罪の代りとなし、かつまた学校の先生が生徒を矯正するために使う懲らしめの痛みとなしたのじゃ」と神は仰せられたのだった。

学校の先生が果物を食べてはいかんと言うのに生徒が食べてしまう。そこで先生は生徒の足の裏を打擲する。この場合、まさか先徒は「俺が果物を食べたら足が痛かった」と言うわけにはゆくまい。

以上説いて聞かせた原則によって、誰にせよ、己れの舌がいささかでも多神を認めるような言葉を吐かぬよう心がける者に対しては、神御自身がその者の心を浄める役を引き受けて、決して多神崇拝の芽が出ないようにして下さる。ほんの些細なことが、神のもとでは大きな意義をもつのだ。

讃美と感謝の間には違いがある。感謝とは受けた恩恵に対するものであって、「あの人の美しさ、あの人の勇敢さに私は感謝する」とは言わない。讃美の方はもっと範囲が広い。

談話　其の四十九

或る人が礼拝の導師《イマーム》を務めるついで、たまたま、「無信仰と偽善にかけては、アラビア沙漠のベドウィンたちは一段と頑強である」(コーラン九章九八節)という句を朗誦した。折悪しくベドウィンが一人礼拝に加わっていて、いきなり導師の横面をいやというほど張りとばした。次の跪拝の動作に移る時、コーランの朗誦は「だがまた同じベドウィンの中にも、アッラーと終末《いやはて》の日を信じて疑わぬものもある」(同章一〇〇節)という箇所にさしかかった。するとそのベドウィンは言った、「ははあ、殴ってやったら大分よくなりおった」と。

瞬間瞬間に我らはみんな神秘の世界から横面を張りとばされているのだ。何かやろうとしては張りとばされて遠ざかる。また何か別のことをやろうとして、また同じ目に逢う。

「我々にはなんの自力もありはせぬ。ただ嚥《の》みこんでは吐き出すだけ」という言葉がある。また、「つなぎ目を裁ち切るのは造作ない。つながりを裁ち切ることがむずかしい」という格言もある。ここで「嚥みこむ」というのはこの世に降りてきて、この世の人になること。「吐き出す」とは心から払い棄ててしまうこと。ちょうど、人が何か食べて、食べたものが胃の中で酸化し、吐いてしまうようなものだ。酸化せず、吐き出しもしなければ身体の一部になるであろうに。

ところで神秘道の門に入った修行者も、師の御機嫌を伺い、一所懸命お仕えする。ひとえに師の心の中に場所を得たい一心からだ。だが、情ないことに、つい師の気に入らぬことをしでかして、心の中から拋り出されてしまう。せっかく食べておきながら戻してしまう食物のようなものだ。そのままならちゃんと身体の一部になろうとしていたのに、酸化したために戻して外に投げ出してしまう。それと同じに、月日が経てば、あたら師家ともなれようものを、よからぬ行為のために師の心から拋り出されてしまう。

そなたへのこの恋心（神に対する熾烈な愛を指す）、噂は世間に弘まって

さても大変な、

世の人は上を下への大騒ぎ

その上で、恋はすべてを焼き尽し
　灰にしてから吹く風にまき散らす
　　風はいと涼しげに知らぬ顔。（作者不明）

いと涼しげに吹くこの風の中に、灰と化した数千数万の心の原子が舞い踊り、悲痛な叫び声をあげている。もしそうでなかったら、誰がそんな知らせをもってこよう。一瞬一瞬に新しい情報を誰が一体伝えることをしよう。燃え尽して灰となり、風に吹き散らされることが、もし人の心の生命《いのち》でなかったら、燃え尽してしまいたいと切に願ってあんなに悶えることを誰がしよう。

ところが、現世の欲情の焔に燃えて灰となった俗物の心には、声もなければ光もないのだ。声も聞えず、光も見えぬ。

大げさな身振り素振りはしたくないが
　分ったことだけ言っておく
わしの心の養い扶持は
　きっとひとりでやってくる

手に入れようと努めれば
努めるその手が痛くなり
じっと坐って日和《ひより》を待てば
苦労せずとも向うから来る。（ウマイヤ朝のアラビア詩人ウルワ・イブン・アジーナの句）

この詩の意味《こころ》を釈《と》けば――わしはよく知っている、日々の養い扶持がどうやってわしの手に入るのかということを。わけもなく、ただ無闇やたらに駆け廻り、無益な苦労するなんてわしの性に合わん。わしの日々の養い扶持となるようなものは、お金であれ、食物であれ、着物であれ、さてはまた欲情の焔であれ、坐って待ってさえいれば、みんな向うからやってくる。手に入れようとして駆け廻れば、さんざん苦労させられて、探すだけでへとへとに疲れてしまう。じっと辛抱して、動かずに坐っていれば、苦労も要らず、疲れもせずに、ひとりでに手に入る。それというのは、養い扶持の方でもわしを探し求めているからだ。あっちでわしを引っ張り寄せてくれる。引っ張り寄せることができなければ、自分でこっちにやってくる。ちょうど、わしが向うを引き寄せることができない場合、わしの方からあちらに出向いてゆくのと同じように――と、こういうことである。

要するに結論として言いたいのは、「来世のことに専念せよ。そうすれば現世のことはひとりでにうまくゆく」ということだ。「じっと坐っている」とは来世のことに専念して身じろぎ一つしないという意味である。実際にはどんなに忙しく駆け廻っていようとも、それが来世のためでさえあれば、「坐っている」のだ。反対に、幾ら実際上は坐っていても、現世のために坐っているのであるならば、駆け廻っていることになる。

預言者の言葉に、「すべての関心事をただ一つの関心事に絞る人は、神様が他の一切の関心事の面倒を見て下さる」(ハディース)とある。人に十個の心配事があるとして、もしその中の来世に関する心配事だけを選ぶなら、残りの九つは、神様が立派に片づけて下さる。自分では何も努力する必要はない、というのである。

それが証拠に、預言者がたはパンや名声のことなど全然気にかけはなさらなかった。ただひたすら神に御満足いただこうとする気持だけだった。だが、ひとりでにパンは手に入り、名声は揚った。誰にせよ、神の御満足をのみ求める人は、現世でも来世でも預言者がたと共にある。預言者がたのお仲間だ。「そういう人は預言者たちや義人たち、殉教者たちや有徳の人々の仲間に入る」(コーラン四章七一節)とある如くである。

いや、それどころの話ではない。神御自らと同席させていただけるのだ。「わしの名を唱える者とわしは席を分ち合う」(ハディース)と言われている。神が同席しておられるのでなかったら、そういう人の心に神への憧憬が起ろうはずがない。薔薇のないところに薔薇の香りは漂わぬ。麝香のないところに麝香の匂いは決してしない。

こういう言葉には果てしがない。たとい、果てしがあるにしても、ほかの言葉とは質が違う。

夜は去った。けれど
　我らの話はまだ杲てぬ。(ルーミーの詩句)

この世の夜と暗闇とはいつしか去り、この言葉の光は刻一刻と明るさを増す。預言者がたの生涯の夜は去っても、彼らの語った言葉の光は去ることなく、未来永劫にわたって消えることもない。

マジュヌーン(前出)のことを、「ライラーをあれほど好きなのも無理はない。もともと二人は幼馴染。二人して同じ学校に通った仲だもの」と言う人々があった。マジュヌーンは言った、「あの連中は阿呆だ。誰か佳人を恋せざる、ということを知らんのか」と。

美しい女を見て心を動かさぬ男はいない。女としてはどの女も同じことだ。だが愛が生れて、それで男の心は養われ、味が出る。母や父や兄弟に逢う楽しみ、子供を持つ楽しみ、情欲の楽しみ、その他種々様々な楽しみも、すべては愛がもとになる。マジュヌーンはすべて愛し恋する人々の典型となった、ちょうど文法でザイドとアムルが(文章の主語や目的語の代表的名前に)なったように。

菓子を食い焼肉を食い
　美酒を飲むとも
すべては夢に水を飲むだけ
朝が来て夢から覚めて
　喉の乾きの残る苦さに

夢に飲む水のむなしさを知る。(作者不明)

「この世は夢」(ハディース)という。現世とその歓楽とは、ちょうど人が夢の中で何かを食べたようなもの。だから現世で何かを欲しがるのは、人が夢で何かを欲しがり、それを食べさせてもらう経験をするようなものだ。目が覚めてみれば、夢の中で食べたものは跡形もない。ただ夢で何かを欲しがって、欲しがったものを夢で貰っただけのことだ。「頂戴ものはすべて何をどう要求するかによる」(アラビアの格言)とは正にこのことである。

談話 其の五十

誰かがこう言った。或る人の状況を一つ一つ具体的に知り尽し、その人に関する限り、体質も性質も、その人の熱性、冷性の隅々まで髪の毛一筋だに知らぬところはない、というくらいになっても、その人における永遠不滅の要素が何かということは依然として全く分りませぬ、と。

これに対して師は次のようにおっしゃった。

それが言葉で説明すれば分るというようなものであれば、何もこんなに苦心惨憺する必要はありはせぬ。そんなことを探求するために大変な苦労に身を投げ込み、一生をそれに捧げる者は一人もあるまい。

譬えば誰かが海岸に来る。目に入るものは果てしない塩水と鮫と魚ばかり。そこで彼は、「あの真珠とやらはどこにある。恐らく真珠などありはしないんだろう」とつぶやく。ただ海を眺めただけでどうして真珠が見つかろう。たとい海水を百万遍も茶碗で汲んでみたところで、真珠など見つかるはずがない。真珠のあるところへ辿り着くには海女《あま》が要る。それも海女なら誰でもいいというわけではない。敏捷で、しかも運のいい海女でなくては駄目だ。

世間でいう学問とか技能とかは、いずれも海水を茶碗で量るようなもの。真珠を見つける方法はそんなものとは全然違う。あらゆる技術で身を飾り、金もあり顔も綺麗だが、一番大切なあのものを欠く人がたくさんいる。反対に、見かけはいかにも見すぼらしく、顔はきたなく、美しい言葉も力強い言葉も喋れないが、永遠不滅のあのものだけは持っている人もたくさんいる。それこそは人間の栄光であり高貴さの源であり、またそれあればこそ人間は万物の霊長なのである。豹や鰐や獅子や、その他どんな動物にもそれぞれ独特の技能があるけれども、あのものだけは持っていない。もし人間があのものに辿り着けさえすれば、それでもう己れの徳性を完全に実現したことになる。が、もしそれができなければ、人間を真に人間たらしめる徳性とは縁なき衆生だ。今話した様々な技術、いろいろなお飾り、それは宝石を鏡の裏側に嵌め込むようなものだ。鏡の表にはそんなお飾りはつけられない。鏡の面は一塵一埃もとめず清浄でなければならない。顔の醜いやつは鏡の裏ばかり眺めたがる。鏡の表は自分のきたないところをあばき出してみせるからだ。だが、顔の綺麗な人は、どんなことをしても鏡の表を見ようとする。鏡の表に自分の美しさがありありと映るからだ。

エジプトのヨセフ（美貌の青年の典型）のところへ旅から帰った友人が訪ねてきた。私にどんなお土産を持ってきてくれたのかと尋ねられて、その友人は言った、「君にないものは何もない。君がどうしても要るようなものは何もない。ただ、君より美しい人は世にいないという点を考えて、鏡を持ってきた。始終、自分の顔を映して眺めてくれ給え」

と。

神にないものは何もない。神がどうしても必要とされるようなものは何もない。ただ、塵一つなく清らかに輝く心を神のところへ持参するだけだ。御自らをその鏡に映して御覧になれるように。「神は汝らの姿かたちを御覧にはならぬ。汝らの行為も御覧にならぬ。汝らの心のみを御覧になる」(ハディース)とある通りだ。

　欲しいものならなんでも見つかるこの都
　　惜しいことには高貴な人が見つからぬ。(ムタナッビーの詩句)

欲しいと思うものはなんでも見つかる都がある。美人もいる。様々な歓楽があり、欲情の赴くものはなんでもある。金銀財宝がある。ただ、精神のぴりっとした人が一人もいない。ああ、この逆であったらどんなにいいだろうに、とこの詩人は言うのだ。

その都とは人間の肉体のことである。その中にたとい数万の技能があったとて、もしあのものがないならば、そんな都は滅んでしまった方がましだ。反対に、あのものさえあるならば、どんなに外観が乏しくとも、何も心配はない。ということは、つまり、心の奥処《おくが》(人間が神を見出し、そこで神と冥合する魂の秘めた聖所)さえ栄えていればいいということである。

人間が外的にどんな状況にあろうとも、その心の奥処は神に集中している。外的には何をしていても、この内的集中の妨げとはならない。妊娠した女がどのような状態にあっても、平和時であろうと戦時であろうと、食事中であろうと眠っておろうと、お腹の子は成長を続け、どんどん感覚が発達してゆく。しかし母親はそれに気づかない。それと同じに、人間は誰も心の奥処に子を孕んでいる。「ただ人間だけがその重荷を引き受けた。まことに己れの分をわきまえぬ、無知の極みの業《わざ》であった」（コーラン三三章七二節。この有名な一節の内面的意味については談話四参照。「それを引き受けた」という語は今のコンテクストでは「それを孕んだ」という意味に使われている）とある。

だが、神は人間をいつまでも横暴と無知の状態に放置はされぬ。外面的にこの重い荷物を引き受けたお蔭で、協調と和合が生じ、無数の友人ができる。心の奥処を持つという、この背負い込んだ重荷から、友達ができ、仲間ができたとしても、なんの不思議があろう。死んでから後ですら、実に様々のものがそこから生れてくるのだ。

だから心の奥処を大事に育てなくてはいけない。心の奥処なるものは譬えば木の根のようなもので、地中深く隠れてはいるが、その働きは枝の端にまで現われる。枝が一本や二本折れても、根さえしっかりしていればまた生えてくる。だが、一たん根がやられてしまえば、もう枝も葉もない。

神は「汝の上に平安あれ、預言者よ」と言われた。もちろん、その意味は「汝と、それから汝の同類の人々の上に」ということである。もし神の言わんとし給うたことがそうでなかったなら、預言者があの時わざわざ異を立てて、「我らの上に、そして行い正しき全ての神の僕《しもべ》らの上に」と訂正されたのはおかしい。そもそも神の祝福が預言者ただ一人に独占されるのであれば、全ての行い正しき僕たちにもそれを延長して、「今、私に与え給うた祝福を、私だけでなく、全て私と類を同じうする人々にも……」とは言えなかったはずだ。

同様に預言者は礼拝前の滌身《てきしん》の儀式の時、「この滌身の儀を抜きにしては礼拝は無効である」と言われたが、この滌身といっても別に特に今私がやっているこの滌身の行為だけという意味ではなかった。もしそうなら、礼拝が有効となる条件が特に預言者のあの時の滌身の行為ということになってしまうから、結局誰が礼拝しても全部無効とならざるを得ない。そうではなくて、預言者の言わんとするところは、今私がやっているこの滌身の行為と同類のことをしない人の礼拝は無効だということにすぎない。「これは柘榴の花の鉢だ」という言葉、柘榴の花はこれだけだ、ほかにはないという意味ではない。これは柘榴の花の類に属する、という意味である。

或る田舎者が都会にやってきて、都会に住む人の客になった。都会の人は彼に甘いお菓子を出してもてなした。田舎者はそれを美味しがって食べ、こう言った、「わしは今まで昼も夜も人参ばかり食べてきた。今、この甘い菓子の味を知って、人参の魅力も薄れました。が、さりとて、いつでも菓子が見つかるわけもなし。といって、これまで食べてきたものは食べたくもない。さて、これはどうしたものじゃろう」と。甘い菓子を一度味わった田舎者は、都の生活に心ひかれる。都の人に心を取り上げられてしまったからだ。もうこうなっては、いやでも応でも自分の心の跡を追ってゆくほかはない。

或る人たちが「今日は」と言う。その挨拶から地獄の煙の匂いが立ちのぼる。また或る人たちが「今日は」と言う。

その挨拶から麝香の香りが立ちのぼる。この匂いを嗅ぎ分けるには、よほど鋭い嗅覚が要る。

友達は慎重に試験してから選ばなくてはいけない。でないと後悔のもとになる。

「先ず汝自身から始めよ」(ハディース)というのが神の定め給うた原則である。もしその「汝自身」が私は敬虔だと主張しているなら、しっかり試験した上でなければ決してそのまま信用してはいけない。

滌身を行うに際して、我々は水を先ず鼻先にもってきて臭いを調べ、次にその味を調べる。ただ目で見ただけでは安心しない、ひょっとしたら、外見は立派な水だが、味と臭いが悪くなっているかもしれないから。これが、水の浄不浄の試験だ。この試験が通った上で始めてその水で顔を清める。

そなたが心の中に秘め隠したいかなるものも、善も悪も、神はことごとく外に引き出してこれを顕《あらわ》にし給う。木の根が土中ひそかに食うものは、すべてその結果が枝や葉に現われる。「跪拝のあとが彼らの額に残っている」(コーラン四八章二九節)、「おのれ、今にあの鼻面に極印を押してやろうぞ」(コーラン六八章一六節)とある。

たといそなたの心の中まで見透す人は誰もなくとも、その顔色をなんとする。

談話　其の五十一

よろず、何事にあれ
　捜さなければ見つからぬもの
ただこの友だけは、不思議なことに
　見つけてからでなくては捜せない。（サナーイーの詩句）

人間の探究とは、まだ見つかっていないものを捜すことだ。夜となく昼となくそれを捜し求める。ところがここに、求めるものがすでに見つかってしまって、ちゃんと目的は達しているのに、それから始めて捜し出すという探求がある。これは実に不思議なものだ。このような探求は想像もできない、考えることもできない。普通、探求するといえば、何か新しいもの、まだ見つかっていないものを捜すことであるのに、この場合は、もう見つけてしまったものを捜し求めるというのだから。

神が万物を求める求め方は正にこの種の探求である。神は始めから万物を見つけてしまっておられる。一切のものは神の権能の内にある。「あれ！　と言い給えば、そのものはある」というわけだ。神の名は「栄光の主、見出す者」（原文 wāhid は wājid の誤り）。なぜ「見出す者」であるかというと、神は万物をその始源において見出しておられるからだ。しかもなお神は万物を求め給う。この点で神を「赫々たる者、永遠の探求者」と呼ぶ。従って先に引用した詩の究極的に意味するところはこうだ。「人よ、時間的次元に属し、人間の属性の一つであるような探究にそなたが憂き身をやつしている限り、そなたは目標からほど遠い。そなたの探求が神の探究のうちに消融し、神の探究がそなたの探究を圧倒し尽した時、その時始めてそなたは神のごとき探求者となる」と。

或る人が言った。真の神の友、神に冥合した人が誰なのか、それを断定する証拠が私にはありませぬ。素晴しい言葉も、異常な行為も、奇蹟も、そのほかのなんでも決定的とは申せませぬ。なぜなら、言葉は借り物であるかもしれず、異常な行為や奇蹟ならキリスト教の修道士にもその事実があります。占星術で人の内心を発き出す人もあり、様々な不思議なことを妖術でやってみせる人もあります。と、こう言ってその人はいろいろと実例を挙げた。

すると師はこうお尋ねになった。

そなた、誰かを信じたことがあるか。それとも絶対に誰も信用しないか。

もちろん、神かけて、信じております。愛しております。

では聞くが、その人に対するそなたの信頼は、確たる証拠や徴表に基くものか。それとも、目を閉じて、でたらめに選んだだけか。

とんでもございませぬ。ちゃんと証拠と徴表を認めた上でのことで。

それならなぜ、自分には信ずべき証拠がないの、徴表がないのと言うのか。なぜそんな明々たる自己矛盾の言辞を弄するのか。

するとまた誰か別の人が言った。聖者や偉大なスーフィーがたともなると、皆さんそれぞれに「神に対するわしのこの親近感、神がわしに示し給う御好情、これは他の誰にも与えられぬものだ。他の誰にも起らぬことだ」と主張しておられるので(私共は迷ってしまいます)と。

これに対して師はこうおっしゃった。

そういう主張をしたのは誰か、それが問題だ。聖者自身がそう言ったのか。それとも誰か他の人が言ったのか。もし聖者が自分で言ったことであれば、なんのこともない。聖者は、どの聖者も己れの神についてそのような信念を抱いているものであり、従って自分独りだけが特別の恩恵に浴しているわけでないことをちゃんと意識しているのだから。だが、それを言ったのがその聖者以外の人であるなら、それこそ正真正銘の聖者であり、本当に神に選ばれた人だ。神はこの秘密を他のすべての聖者から隠し、この聖者にだけ明かし給うたわけだから。

するとさっきの人は次のような譬え話を持ち出してきた。或る王様に十人の側室がありました。或る時側室がたが王様に申すよう、「我らの中で王様に一番愛されているのは誰か、それが知りとうございます」と。王様は、「わしが一番愛している者の部屋に明日この指輪を入れておこう」と答えて、早速、翌日それと全く同じ指輪を十個製造することを命じ、側室がたの一人一人に一つずつ与えられたことでございました。

これに対して師はおっしゃった。

いや、それではまだ問題は解けていない。そんな話では答えにはなっていない。第一今の問題に無関係だ。そもそも、この話そのものを、十人の側室のうちの一人がしたのか、それとも十人の側室以外の誰かが伝えたことなのか、そこが大切だ。もし十人の側室のうちの一人が伝えた話であるなら、指輪を貰ったのは自分だけではなく、みんながそれぞれ貰ったことが分っているのだから、少しも自分に分があるわけではなく、自分がみんなよりもっと御寵愛を受けているわけでもない。だがもし、その十人の側室以外の誰かが言ったのであるならば、正しくその人こそ王様の真の御愛妾、真のお気に入りである。


およそ人を恋する者は、あくまで己れを卑下し、へりくだり、辛抱強くあらねばならない、と主張して、いろいろと恋人たるものの持つべき性質を枚挙した人があった。

師はこうおっしゃった。

もちろん、原則としては恋人たるもの、愛する相手がそれを望もうと望むまいと、そのようであらねばならない。だが、相手が望んでいないのにそのような態度をとるのは、実は本当の恋人ではない。自分自身の身勝手な望みを追い求めているだけだ。もし本当に相手の望むところに従うのであれば、相手が自分に卑屈でぺこぺこしてもらいたいとも思っていないのに、どうして卑屈でぺこぺこする必要があろう。こうしてみると明らかに、恋人のあり方というものはこうでなければならないと決まっているわけではない。ただ相手が望む通りにあればいいのだ。

イエスの言葉に、「動物がどうして動物を食うことができるのか、わしにはどうも合点がいかぬ」とある。言葉の表面的な意味しか取れぬ道学者先生がたは、これを、自分も動物である人間が動物の肉を食うことを言っているのだと解釈する。これは間違いだ。なぜか。それは、人間が肉を食うことは事実だけれど、肉は動物ではない。無生物だ。殺されてしまえば、もう動物性は全然残っていない。この言葉の本当に言わんとするところは、神秘道の師家が自分の弟子を食ってしまうことである。しかもこの食い方たるや、言葉では説明できないような世にも不思議な食い方なのである。そんな不思議なことが実際に起るということ、これには全く驚かされる。

或る人が次のような質問をした。アブラハムがニムロード王に「わしの神は死者を甦らせ、生者を死者となす方だぞ」と言った時、ニムロードは「わしだって誰かを罷免する。これはその人を殺すのと同じだ。誰かを或る地位に任命するのは、その人を生かすのと同じだ」とやり返した。こう言われて、ぐっと詰まったアブラハムは退却して、今度は別の方面から議論をしかけた。「わしの神は太陽を東から昇らせ、西に沈める。さ、できるならこの反対にやってみろ」と。この言葉と先の言葉との間には表面上、何か喰い違いがあるように思われますが、と。

師はこうおっしゃった。

アブラハムともあろうものが議論に詰まって答えができなかったなどということがあるものか。どちらも同じことを言っているだけだ。ただ使われる形象が違うだけである。二番目の言葉の意味は、神は胎児を子宮という東方から引き出し、墓場という西方に運び給う、ということにすぎない。だからアブラハムの議論はどちらの場合もただ一つである。つまり、神は全ての人間の一人一人を一瞬一瞬新しく創造して、彼の内面に一瞬ごとに斬新なものを送り込み給う。第一のものは第二のものに似ていない。第二のものは第三のものに似ていない。だが人間の方では自分のそういうあり方を全然意識していない。人間には自分自身が分っていない、ということなのである。

スルターン・マハムード(ペルシャ文化・文学の最盛期の一つをなすアフガニスタンのガズナ朝の名主。その宮廷には多くの詩人・学者が雲集しガズナ朝の輝かしい栄光を創り出した。在位十世紀末から十二世紀初頭まで)に一頭の青毛の馬が献上された。世にも美しい、まことに優雅な姿の馬だった。祭の日、スルターンはこの馬に跨って街を行く。人々は皆一目見ようというので、こぞって屋根の上に坐りこんで見物する。ところがここに一人の酔っぱらいがあって家から出ようとせぬ。みんなは無理やりにでもこの男を屋根の上に引っ張り出そうとして、「さ、お前も来るんだ。馬を見物しよう」と言うが、男は、「俺は自分のことで一杯だ。そんなもの見たいとは思わぬ。なんの興味もない」と言い張る。だが結局、負けて屋根の端近くに坐らされた。ひどく酔っていた。

いよいよスルターンのお通りだ。ところがこの酔っぱらい、馬に乗ったスルターンの姿を見るやいなや、「なんだ、こんな馬、一向有難くもありゃしない。たった今、歌手が美しい歌でも聞かせてくれたら、もしあの馬が俺のものならそのまま褒美にくれてやるわ」と叫ぶ、その言葉を聞いたスルターンは大層腹を立て、あいつを牢にぶち込めと命令した。

一週間たった。この男は使いを立ててスルターンに訴え出た、「私になんの罪がございますか。どんな悪事をしたと申されるのでございますか。貴方は全世界の王者、どうか私めに事情を解明していただきたいもの」と。

スルターンは男を召し出し、「礼儀もわきまえぬこのごろつきめが。あんな失礼なことをどうして言った。どの面《つら》下げてあんなことをほざいたか」と詰問する。男が答えるよう、「全世界の王よ、あれはこの私めの言った言葉ではございませぬ。ちょうどあの時、屋根の端に酔っぱらったけちな男がおりまして、そいつがあのようなことを申しましたので。そやつめはもうどこかへ立ち去りました。私はあの男とは別人でございます。私はものの分った、分別のある人間でございます」と。この答えが王様の気に入って、直ちに無罪放免になったという(酔っぱらいとは神の愛に酔いしれて、自我を完全になくしたスーフィーの象徴。このような酔っぱらいには現世の栄耀など塵芥にすぎない。しかしこの状態におけるスーフィーの発言は俗物の耳には冒瀆と聞える。「ものの分った、分別ある」人、つまり俗物のみが俗物の世界では立派な人として通用する)。

一たんわしらの教団に入って、ここの酒を飲んだ人は、どこへ行こうと、どんな人と付き合おうと、どんな連中の仲間になろうと、実はいつでもわしらと一緒に坐っているのだ。わしらと付き合っているのだ。他所者《よそもの》と付き合うことは、自分の本当の仲間との付合いの鏡である。縁なき衆生と交際すれば、おのずと結縁深き人々への愛が起り、一緒になりたいという気持がかき立てられる。「ものごとはすべて、反対のものを見ることで明らかになる」と諺にもある通りである。

アブー・バクル・シッディーク(前出。第一代のカリフ)は砂糖を「生れつきの甘味」と呼んでおられた。つまり、生れた時から甘いもの(甘いことは甘いが、それは精製され、いわば鍛錬を経た甘さでない)、ということだ。ほかのいろいろな甘い果物は、砂糖に対していささか自負するところがあって、「わしらはいやというほど苦味を経験した上で、ようやく今の甘味に辿り着いた。苦さの辛さを経験したこともないお前に、なんで甘さの楽しみが分ろう」と言う。

談話 其の五十二

さりながら愛欲もその究極に達すれば
愛はそのまま転じて憎しみとなる

という句がある。一同が師にこの句の意味の解明をお願いした。

師は次のようにおっしゃった。

愛情の世界に比すれば憎悪の世界は狭い。人が憎悪の世界を厭うて、愛情の世界に遁れようとするのを見てもそれが分る。

けれど、その愛情の世界も、愛憎二つながらの源であるかの世界に比すればまだまだ狭い。愛情と憎悪、信仰と不信、そういうものは二元論に陥ることを免れぬ。なぜなら、不信とは否認することであり、否認するには否認さるべき相手がなければならない。同様に信じる人は信じる相手がなければ成立し得ない。してみると、和合も不和も共に必ず二元論に導くものであることが分る。そして、かの世界は信仰と不信の彼方、愛憎の彼方にあるということも。

このように、愛情ですら二元論の源である。他面、二元性の跡もなく、純粋一元性の世界も存在する。とすれば、その一元性の世界に到達した人は、愛も憎しみも共に超えた人でなければならない。その世界には二元性の入る余地は全然ないのだから、そこに至った人も完全に二元性を超越しているはずである。従ってまだ二元性の支配していた最初の世界、つまり愛情や友情の世界は、今やその人が移ってきた一元性の世界に比すれば、どうしても下等で低級と言わざるを得ない。だからそんな下等な世界にはもう用がない、いや、敵視さえするようになる。

例えばマンスール（前出、偉大な神秘家ハッラージュのこと）だが、神への思慕の情が極限まで達した時、彼は己れの敵となり、己れ自身を無にした。そして絶叫した、「我こそは神！」と。すなわち、「私は消滅した。神のみがあとに残った」という意味だ。これこそ自己を卑下するの極みであり、神に対する恭順の至りである。神が在る、神のみが、というのだから（「我こそは神」は普通、傲慢不遜の極致と考えられている。またその故にハッラージュは処刑された）。

実は、「汝は神、私は僕《しもべ》」と言うことこそ真の傲慢不遜なのである。なぜなら、これは人間が自分自身の存在を神と並べて措定することだから。そうなれば当然、二元論である。

「彼こそは神」と言うこともまた二元論である。なぜなら、我が立てられない限り彼は立ちようがないからである。だから、(ハッラージュの場合)「我こそは神」というのは神自身の発言である。神以外には一物も存在せず、マンスールは完全に消え失せてしまっているのだから、神自身の言葉でしかあり得ない。

形象の世界は、概念や知覚の世界よりはるかに広漠たる世界である。人間の心に浮ぶ一切のものは全て形象の世界に淵源するものであるから。しかし、その広漠たる形象の世界も、全ての形象が淵源してくるかの世界に比すれば狭いのである。

言葉で説明できるのは、まあこの程度までだ。実在の真相は到底筆舌を以て説き明かせるようなものではない。

この時、誰かがこう質問した。では言葉や言語的表現は一体何の役に立つのでございましょうか、と。

師は次のようにお答えになった。

言葉の機能は人を鼓舞して探究に駆り立てることにある。探究の対象まで言葉で把えられるわけではない。もしそうでなければ、何もこんなにまで苦労して、自己を無化したりする必要がどこにある。言葉というものは、譬えば遠くに何やら動くものを認めた人が、はっきり見定めたいと思って、走って追いかけてゆくようなものだ。ただ向うが動いているだけでは、それが何であるのかつかめはしない。人間の言葉も内的には正にそうしたもの。目には見えぬ何かを、見えないながらも追い求めてゆくように人を駆り立てる力、それが言葉である。

或る人が口癖のようにこう言っていた。「私は実に様々の学問をし、多くの思想を身につけました、それなのに人間のうちにおいて永遠に不変不滅なあのものはどこにあるのか結局分らずじまい。どうしても辿り着けませぬ」と。

師はこうおっしゃった。

ただ言葉だけでそれが分るものならば、何もこんなにまで苦労して自我を払拭する必要はあるまい。永遠に存続するあのものを知るためにこそ、自分というものが存続しないようにこれほど努力せねばならないのだ。

「私の聞き及ぶところではカアバの神殿なるものが存在するそうな。だが、どんなに一所懸命眺めてもカアバは見当らぬ。よし、屋根に登ってカアバを見てやろう」という人がある。屋根に登って頸を伸ばすが、カアバは見えない。そこでとうとうカアバなんか実在しないのだ、ということになる。

大体、こんなことをしてカアバの見える道理がない。自分の家にいてカアバを見ようと思っても、それは無理だ。

冬には毛皮の外套を探す。が、夏が来れば皮外套など棄てて顧みようともしない。見るだにいやだ。そもそも毛皮の外套を求めるのは、身体を暖かくしたいからである。冬の間、人は暖かさを熱愛する。だが妨げがあって暖かさが手に入らない。そこで毛皮の外套という手段が必要になる。しかし一たん邪魔がなくなれば、たちまち外套など抛り出してしまうのだ(ここで毛皮の外套とは肉体に結びついた自我意識を指す)。

大空が真二《まっぷた》つに割れ裂ける時。(コーラン八四章一節)

大地がぐらぐら大揺れに揺れる時。(コーラン九九章一節)

これはそなた自身のことを指したものだ。つまり、今までそなたは凝結の快楽のみを知ってきた。だが間もなく新しい日が来て、全ての要素がばらばらに離散する素晴しい光景を見るだろう。かの世界の渺茫《びょうぼう》たる広さを目のあたり見るだろう。そして今のこの狭苦しさから解放されるだろう、とこういうことである。

譬えば誰かが四肢を釘付けにされているとする。自分ではそれで結構気分もよくて、自由の楽しさなどすっかり忘れている。四本の釘が抜かれて自由の身になった時、始めて自分がいかに苦しい目に遭っていたかを悟る。

同様に、赤ん坊がぐるぐる巻きにされて手も動かせずに揺り籃の中に入れられている。いかにも心持よさそうにしているし、それで育ってもゆくのである。しかし、大人が揺り籃の中にくくりつけられたら、それこそ苦痛だ。牢獄だ。

或る人々にとっては、薔薇の蕾が開いて花が咲くのが楽しい。だが、薔薇を構成するすべての要素がばらばらになって、一切がその根源に還ってゆくのを見ることに無上の楽しみを味わう人々もある。つまり、友情も恋も愛も不信も信仰も、全てが存続することをやめて、根源に還ってしまう有様が見たいという人があるのだ。なぜなら、すべてこういうものは、畢竟するに、目隠しの塀であって、狭苦しさと二元性のもとであり、これに反して、かの世界は限りなき広袤と絶対的一者性のもとだからである。

言葉など大したものではない。それほど力を持つものではない。大したことがあるはずはないではないか。要するに言葉だもの。いや反対に、それ自体としては言葉は人を気弱にするもの。（言葉の蔭から）本当に人を鼓舞し、力づけるのは神である。言葉は神と人間の間に介在する幕帳《とばり》にすぎない。たかが単語を二つ三つ結び合せただけで、どうして活潑々たる生命を昂揚させることなどできるものか。

例えば誰かがそなたのところにやってくる。そなたが好意を示して、「よくいらっしゃいました」などと言えば、それで先方はいい気持になり、愛情が生れる。ところが相手に二言《ふたこと》三言悪口を浴びせかければ、たった二言三言が向うを怒らせ、苦痛を与える。考えてみるがよい。単語を二つか三つ結合させるだけのことだ。それがどうして愛情と満足を増したり、怒りと敵意を惹き起したりできるのだろう。実は神が人間の喋る言葉を手段としてそういう効果を生じさせるのである。だが同時に言葉は面紗《ベール》となって人間の目が神の美と完全性とを直接に見ることを妨げるのだ。この面紗はまことに弱いものだが、それが人間の弱い視力にはちょうどぴったりである。そしてこの面紗の蔭から神が命令を下し、様々な第二次的原因を作り出し給う。

パンが生命の本当の原因なのではない。ただ神がパンを第二次的原因として生命と体力を生み出し給うのである。パンそのものは要するに無生物にすぎない。その点からすれば、パンの中には人間の生命は含まれていない。生命のないものがどうして生命力のもとになり得よう。パン自身に生命を生む力が備わっているなら、自分で生き物になりすましてしまうだろう。

談話　其の五十三

次の詩句の意味をお尋ねしたことがあった。

兄弟よ、そなたは正にかの思念《おもい》

その余は全て骨と筋。（ルーミーの「マスナウィー」第二巻二七七行）

師はこうおっしゃった。

自分の内面にひそむかのものを直視してもらいたい。ここで「思念《おもい》」とわしが言うのは、正しくその意味での特殊な思念なのである。「思念」という語を拡張して使ったまでだ。実は思念ではない。思念だとしても、普通この語で人が理解するような思念とは全然違う。わしが「思念」という語で表わそうとしたのはかのものである。もしこれを一般の人々にも理解できるように、もっと低俗な形で説明してもらいたいというなら、「人間はもの言う動物である」（ルーミーはロゴスとしての内的言語なるものを考えてそれを人間の形而上的本質とする）とでも言えばいい。

外面的に表現されなくとも、表現されても、言葉は思念である。その他は動物にすぎない。だから当然、人間とは本質的に思念であって、その余は全て骨と筋ということになるのだ。

言葉は譬えれば太陽のごときものか。すべての人間がそこから熱を得て、それで生命を保つ。太陽は常にある。いつも存在し、いつも現在して、それで万人が暖まる。しかし、この太陽は目には見えぬ。だから、そのお蔭で生きている、そのお蔭で暖かいのだということを人々は知らない。ところが、感謝なり苦情なり、善なり悪なり、ともかく思念が語や文章で外面的に言い表わされると、とたんに太陽が見えてくる。空に太陽は絶えず輝いているが、その光線は目には見えない。壁に射して始めて見えてくる。それと同じことで、文字や音声を通さなくては、言葉という太陽の光線も人の目に見えない。いつもそこにあるのに見えないのである。これは言葉(内的言語、ロゴス)という太陽が至精玄微なものだからである。「まことに神は幽微にまします」(コーラン六章一〇三節)とある。

至精だから何か粗雑なものが要る。粗雑なものを通じて始めて目に見え、表に現われてくるのである。

「神の形跡が全然見えぬ」と言っておろおろとうろたえ、憂鬱になっている男がいた。ところが、神はこれこれのことをなさった、これこれのことを命じ給うた、これこれのことを禁止し給うた、などと言われると、たちまち元気が出て、「なるほど、そうだったのか」と言ったとか。つまり至精玄微な神は常にそこに存在しておられて、絶えずその男に光を送っておられたのに、見えなかった。命令とか禁止とか、創造とか権能とか具体的なものを使って説明されるまでは見ることができなかったのである。

病気で身体の力が弱り、蜂蜜を食べることのできない人たちがある。サフラン飯とかお菓子に入れなくては食べることができない。ところが、体力が次第に恢復して或る程度まで来ると蜂蜜がそのままでも食べられるようになる。

これでも分る通り、言葉は至精玄微な太陽のごときものである。それは常に、一瞬も絶えることなく輝いている。が、こちらは何か粗雑なものを仲介にしなくては、この太陽の光を見ることができない。その恩恵に与ることができない。だが、次第に修行が進んで、その至精玄微な光線を、全然粗雑なものの仲介なしに直接見ることができるようになり、それがむしろ普通の状態であるというような境地にまで到達すると、今度は勇敢にそれを観想するようになり、それでいよいよ精神力が増してくる。(始めは無色と見えた)かの至精玄微の大海の中に、様々な妙なる色が忽然と現われてくる。驚くべき光景が見えてくる。だがそれも実は少しも不思議なことではないのだ。実際にものを言おうと言うまいと、また自分の中に言葉が伏在することなどその時は全然思ってもみなかったにせよ、ともかく言葉は始めからずっとそこにあったのだから。

だからわしは言う、言葉は常住不変、と。哲学者が「人間はもの言う動物である」と言うのと同じことだ。この「動物である」ということは、そなたが生きている限りいつもそなたの内にある。とすれば、同様に「もの言うこと」もまた常にそなたと共にあるはずである。だが、ちょうど噛むことが動物性を必然的に現わすものであっても動物性の存在の条件ではないように、実際にものを言ったり喋ったりすることは言葉(内的言語)を現わすものであっても、その条件ではない。

人間の精神には三つの状態がある。第一の状態においては、彼は神のことなど全然関心がない。なんでもやたらに有難がって崇める。女でも男でも、財宝でも子供でも土でも。だが神だけは崇めない。

少しばかり知識ができ、ものが分ってくると、今度は神だけしか崇めない。

ところがこの状態がそのまま先に進むと、急に黙り込んでしまう。もう「私は神様を崇めない」とも「神様を崇める」とも言わぬ。そんな段階は二つとも超えてしまったからだ。こういう人々からはなんの声も世間には響いてこない。

神はそなたのもとに現在するでもなく、また不在なのでもない。その両方の、つまり現在と不在の創造主なのだ。だから両方を超えておられる。もし現在することが神の本性であるなら、不在ということは起らないはず。だが神の不在は厳然たる事実である。(現在しておられる時でも)実は現在しておられないのだ。というのは「現在のうちに不在がひそむ」からである。だから神は現在するとも不在であるとも言えない。もし現在と不在が神の属性であるなら、反対のものが反対のものを生むことになってしまう。なぜなら、不在の状態において現在を神が創造するとせざるを得ないから。しかし明らかに現在は不在の反対である。そしてこのことは不在の側から見ても同じことである。

反対のものが反対のものを生み出すというのは不合理だ。しかし神が自らに似たものを創り出すと考えることもできない。「神に似るものは絶対にない」と言われている通りである。なぜなら、もし似たものが似たものを創り出すとすれば、当然、「根拠もないのに一方だけを重んじる」(これはイスラーム神学の有名な命題で、神が唯一でなく、二神ありとすれば、その一方だけをなぜ特に絶対者として立てるのか、根拠がないということを意味する)ことになってしまうし、また「何かが自分自身を創造する」(神が神自らを創造する)ということにもなり、これはもちろん承認できるようなものではない。

だがここまで考えてきたら、もうそれ以上はああだこうだと考えないがいい。立ち止まってしまうことだ。理性はここではもう働けない。大海の岸まで来たら立ち止まるほかはない。もっとも、立ち止まることすらもう自分の力でできることではないのだが。

全ての言葉、あらゆる学問、あらゆる技能、あらゆる職業は、かの言葉(さきに論じた内的言語、根源語、ロゴス)あればこそ味もあり魅力もある。もしかの言葉がなかったら、どんな仕事も、どんな職業も無味乾燥なものになってしまう。ここで問題としていることのぎりぎりのところ(内的言語を指す)を人は知らぬ。だから知ることは別にそれ(が存在すること)の条件ではない。

譬えば男がある女に求愛する。女は金持で、羊や馬やその他いろいろなものをたくさん持っている。男は一所懸命その羊や馬の世話をする。果樹園に水をやる。こういう仕事に精出してはいるが、実は仕事の楽しさはその女から来る。女が突然消えてしまったら、こんな仕事は味もそっけもありはしない。がっかりして生気も失せてしまうに違いない。

そのように、この世の一切の職業も一切の学問もその他も、生気と喜びと熱気とを、悟達の士のみ味わうところのかの無上の歓喜の反映から得ているのである。悟達の士の歓喜がなかったら、悟達の士の生々しい体験がなかったら、世のすべての仕事に誰も喜びと楽しみを見出しはしないであろう。全ては死んだようになってしまうことであろう。

談話　其の五十四

師がおっしゃった。

昔わしが詩を作り出した頃は、それはもう熱心なものだった。抑えがたい衝動に駆られて詩を作らずにはいられなかった。あの頃のわしにはそれが大変な影響を及ぼした。その衝動がめっきり弱まって、そろそろ日没に近くなってきた今でもなお、その影響は残っている。

全て神のなさり方はこうしたものだ。日の出の時には万物を盛んに鼓舞なさる。そしてそこから大変な効果が現われ、多くの叡智が生れる。だが日没の時になっても、まだ育成の作業は続けられる。

「東と西とを司り給う主《しゅ》」(コーラン二六章二七節)とある。その意味は、万物の生の衝動を、日の出の勢いにある時も、日暮れ時の衰退の状態にあっても、始終変らず育成し給う、ということである。

ムータズィラの神学者たち(合理主義的神学の一派)は、行為の創造者は人間だと主張する(イスラーム神学の有名なテーゼ。人間の行為については人間自身が責任を取るべきであって、神の創造に帰すべきではない。人間の行為を神が創造するものとすると、人間のなす一切の悪業が神の責任になってしまうという考え)。つまり、人間がどんなことをしても、その行為の創造者は人間自身である、という。この考えは間違っている。なぜかというに、およそ人間から出てくる行為は、人間に備わった道具、すなわち理性とか精神とか能力とか四肢とか、を通じて間接的になされるものであるか、あるいはまた全然道具なしに直接なされるものか、いずれか一方でなければならない。もし道具を使ってなされるものであれば、人間は行為の創造者ではあり得ない。なぜなら、それらの道具を一つにまとめることは人間のよくなし得ることではないからである。だから、自分ではどうにもできない道具の働きを借りなければできないような行為に対して人間が創造者である道理がない。さればといって、全然そんな道具を使わずに行為の創造者となることももちろんできない。道具がなければどんな行為も出てくるはずがないことは明らかだからである。とすれば、人間の行為の創造者は、どこから見ても神であって人間ではないと結論せざるを得ない。

善にせよ悪にせよ、およそ何らかの行為が人間から出てくる場合、人間が意図的に、ちゃんと目的を意識してそれをするということは確かである。だがしかし、その行為に一体なんの意味があるのかということは、人間が自分で意識している程度のものではない。その行為をすることにどんな意味があり、自分にとってどれほどの価値と効果があるのか——その効果といえば、たかだかその行為が自分から出てきたという程度のことにすぎない。ところが、その行為の全体的な効用、つまりそこから本当にどんな結果が生じてくるであろうかということは、ただ神のみが知り給う。

例えばお前がたが礼拝する。自分の意図としては、来世でよい報いがありますように、この世で美名と安寧が得られますようにと願ってのこと。しかし実は、その礼拝の効用は決してその程度にとどまるものではない。自分では思いも及ばぬような効用がそれこそ何万も生じてくるのだ。そしてそれらの効用は、お前がたを駆って礼拝という行為に赴かせる神御自身だけが知っておられるのである。

人間は神の権能の右手《め》に握られた弓のようなものである。神がその弓をいろいろなことをするのにお使いになる。この場合、本当の行為者は神であって、弓ではない。弓は道具であり、手段であるにすぎない。弓の方ではうつけ心で、神のことなどまるっきり意識にない。だが、また、そうであればこそ、現世なるものが存立していけるのではあるが(現世の存立と繁栄とは神を忘れた人間の迂闊さ、不覚、不注意に基く。だが来世と並んで現世が、彼岸だけでなく此岸が立派に存立してゆくということが存在界の根本的あり方である故に、うつけ心の人間がいることもまたそれにはそれで意味があるというのはルーミーの思想の中心点の一つである)。自分が誰の手に握られているのか意識している弓があったら、それこそ大変な弓というべきであろう。

うつけ心を存立の基礎とも柱ともする現世——また何をか言わんやだ。考えてみるがいい。うつけ心の眠りから揺り起されると、人は現世に嫌気がさし、熱はさめ、それどころか、遂には自分自身も溶けてなくなってしまう。生れて育ち始めた赤ん坊の頃から人間はうつけ心ただ一筋に生きてきたのだ。さもなければ、成長して大人になれたはずがない。また、うつけ心のお蔭でこんなに立派に成長した身なればこそ、今度はそのうつけ心の汚れを洗い流し、きれいにしてやろうとして、こちらが望むと望まぬとにかかわらず、神は様々な苦労、心痛を課し給う。こうして始めてかの世界への目が開かれるのである。

人間は譬えて言えば汚物の山、糞の堆積。この糞の山にもし価値があるとすれば、それは王様(神を指す)の印形《いんぎょう》がその中に入っているからだ。

また人間の肉体は麦の袋のようなもの。「これ、その麦をどこへ持ってゆく。その中にはわしの金盃が入っている」と王様が叫ばれる。こっちは盃のことなどまるで念頭にない。麦で夢中になっている。盃があることに気づいていたら、なんで麦なんか構っておられよう。そなたを天上の世界に向って引き上げ、低い世界に対する熱をさまさせるような想念は、全てこの盃から発する光の反照である。そのために人はかの世界に心引かれる。もし逆に低い世界に心が引かれるようであれば、それは例の盃が幕帳《とばり》の蔭に隠れてしまった証拠だ。

談　話　其の五十五

法官イッズ・ッ・ディーン様(西暦十三世紀、セルジューク朝カイカーウース二世の大臣。ルーミーをこよなく尊敬していた)から先生に謹んで御挨拶申し上げる由申し越されました。ほんにあの方はいつも先生をお讃えになり、お褒めになっておられます、とお伝えすると、師はこうおっしゃった。

好意もてこのわしを
　思い出してくれるあの人
いつまでも世の中に薫れかし
あの人のうるわしい思い出もまた。

誰かが誰かのことを良く言う時、その善果は自分自身に戻ってくる。実は始めから自分自身のことを褒め讃えるようなものだ。

譬えて言うなら、誰かが自分の家のまわりに花園をめぐらし、香草を植える。外を見るたびに目に入るものは花と香草ばかり。四六時中、天国にいるような気持だ。他人のことを良く言う習慣がついているからである。

本気になって誰かのことを良く言っていれば、相手は自分の愛する人になる。そこで、その人のことを思い出すごとに、心に愛する人の面影が浮ぶ。愛する人の面影を胸に抱くことは花咲く園だ。心はすがすがしく、ゆったりと安らぐ。

ところが誰かのことを悪しざまに言えば、相手はその人の目に憎いやつとして映る。そんな相手を思い出し、その姿を心に描けば、目に浮ぶおぞましい光景は正に蛇か、蝎か、荊棘《いばら》か、がらくたの山か。

現に昼夜の別なく花や花園を眺め、イラムの楽園(南アラビアの伝説的地上楽園。コーラン八九章六節参照)を目《ま》のあたりにできるのに、何を好きこのんで荊棘生いしげる荒野、蛇棲む地帯をうろつきまわるのか。

あらゆる人を愛するのだ。そうすれば常に花咲く園の中にいられる。あらゆる人を敵と見れば、数限りない敵の姿がまなかいに浮んで、夜となく昼となく荊棘と蛇の中を彷徨《さまよ》うようなもの。

されればこそ聖者だたはあらゆる人を友とする。全ての人をやさしく見詰める。それは決して他人のためになさることではない。結局自分のためにそうなさるのである。願わくは、いやらしい汚らわしいものの姿が心に浮んでこないようにとてなさることなのだ。この世に生きる限り、人々のことを思い出さないでいよう、人々の面影を心に浮べないでいようとしても到底できる相談ではない。だから、どうせ人々を思い出し思い浮べるなら、全てが愛《いと》おしく懐かしいものとして心に映ずるよう、憎らしくおぞましいものの姿が我が行く道を妨げぬように、と努めておられるのである。

こういうわけで、お前がたが他人のために何をしようと、どんなことを言おうと、善にせよ悪にせよ、みんな必ずお前がたの身に戻ってくる。神が次の聖句で言っておられるのは正にこのことだ。「善功積むのも結局は己が身のため。悪いことすれば結局己れの損になるだけ」(コーラン四一章四六節)と。また、

ただ一粒の重みでも善をした者は、まざまざとそれを見せつけられる。
ただ一粒の重みでも悪をした者は、まざまざとそれを見せつけられる。(コーラン九九章七—八節)

というのも同じことを指している。

誰かが質問した。「神が『わしは今から地上にわが経綸の代理者(アダムを指す)を設置しようと思う』と告げ給うた時、天使らは『地上に悪を働き、流血の災いを惹き起すような者を汝はわざわざ作り給うのか。我らがこうして汝の讃美を声高らかに唱え、汝を聖なるかな聖なるかなと讃えまつっておりますのに』と抗議した(コーラン二章二八節)と申します。まだアダムが出現してもいないあの時、天使らは、アダムの子孫が地上に悪を働き、流血の災いを惹き起

すであろうと、どうやって事前に判断できたのでございましょうか」と。

師は答えて言われた。

この問題については、二つの違った説明の仕方が提出されている。一つは伝承的説明、他は理論的説明。

伝承的説明によれば、天使たちは神のもとにある予定帳を読んで、或る一群のものどもがやがて世に現われて、これこれのことをするだろうということを知り、それであゝ言ったのだ、という。

もう一つの説明によると、天使たちは理性を働かせて次のごとき推理を行なった、と考える。すなわち、今言ったものどもは地から生じてくる。とすれば、必ず動物でなければならない。動物であるからには、どうしてもこういうことにならざるを得ない。いかに内面にかのものを持っているにしても、つまり言葉(前の談話で問題となった内的言語、すなわちロゴス、知性)を持っているにしても、とにかく動物性を有する限りにおいて、悪をなし血を流すことは避けがたい。これは人間性に必然的に付随する属性なのだから。と、こういう考え方である。

しかし、これとは全然別の説き方をする人々もある。それによると、そもそも天使とは純粋知性であり純粋善であるが、いかなることをするにせよ全く自由意志なるものを持たない。ちょうど、お前がたが夢の中で何かする場合、自由意志を持たないのと同じようなものだ。自由意志ですることではないから、何をしても非難されることもない。夢の中で神はないと言い張ろうが、神は絶対に唯一だと主張しようが、姦通しようが、他人《ひと》に非難されることはない。目覚めている時の天使のあり方は正にその通りである。

ところが人間はこれと反対だ。自由意志というものがある。貪心《たんしん》があり欲念がある。そこで一切のものを己れのために意欲する。全てを我がものにしようとして、平気で血を流す。これが動物性というものだ。この点で天使のあり方は人間のあり方の正反対である。

だから天使らがあんなことを言ったと(コーランが)伝えているのは正しいのである。もちろん、天使には喋るとかものを言うとかいうことはない。しかし、仮りに正反対なこの二つのあり方(天使性と人間性)がものを言い出すとして、それぞれ自分のあり方を言葉で叙述すると仮定したら、こんなことになるだろうというのだ。

例えば詩人が、「池は『私はもう水が一杯だ』と言った」と言うとする。もちろん、池は言葉を喋りはしない。ただ、仮りに池に言葉があるとすれば、そんな場合きっとこう言うだろうということである。

天使たちはそれぞれが自分の内面に予定帳を持っていて、その予定帳を読むことによって、今後の世界の状態、何がこれから起るかということを各々自分の能力に応じて予知するのである。そして、いよいよ定めの時が来て、自分が予め読んでおいたこと、知っておいたことが実現すると、神に対する彼らの信頼と思慕と歓喜は増大し、神の偉大さ、見えざるものを見る神の力に今さらのごとく驚嘆する。こうして神への愛が増し、信頼感が強まり、言葉なく表現なき驚嘆の念がいやます――「天使が神を讃美する」とは正にそのことである。

大工の棟梁が、建てているこの邸宅に使用される木材の量はこれこれ、煉瓦の量はこれこれ、石の量はこれこれ、藁の量はこれこれだと自分の徒弟に告げる。邸宅が実際に完成してみると、ぴったりそれだけの量が要ったと分る。そうなれば棟梁に対する徒弟の信頼感はいやが上にも増す。天使たちの状態も正にその通りなのである。

「そなたというものがなかったならば、わしは宇宙を創らなかったであろう」（ハディース、談話十一に前出）と神に言われるほどの偉大さを持ちながら、「ああ、ムハンマドの主が、いっそこのムハンマドを創造して下さらねばよかったに」と嘆く預言者ムハンマド。一体これをどう理解したものであろうかと師に質問した人がいた。

師はこうおっしゃった。

譬え話にして説けばはっきりするだろう。お前がたによく分るように、わしが一つ譬え話を作って聞かせよう。

或る片田舎の村で男が女に恋をした。二人はごく近いところに住んでいたので、思いのままに逢瀬を楽しむことができた。お互いに相手から生気を得て、幸福だった。魚が水を得て生きるように、お互いに相手あっての生命《いのち》であった。こうして年月が過ぎた（以上は現世に生れる前、純粋霊としての人間が神と一緒に存在していた頃の幸福を表わす）。ところが或る時、突然、神は二人を金持になさった。羊、牛、馬、金銀財宝、侍者に奴隷、そんなものをどっさり戴いた。

栄耀栄華の極み、二人は都に移り住むことにした（人間が現世に生れてくる）。それぞれに宮殿のような大邸宅を買い込み、多くの馬や従者にかこまれて住みついた。一人は都のこちら側に、一人は都のあちら側に。

しかしこういう状態になってみると、もう以前のように逢瀬を楽しむこともままにはならぬ。心のうちはじりじり燃える。ひそかに嘆きの声をあげるだけで、はっきりそれと言うこともできぬ。そのうち、炎々と焔は燃え上って、二人はこの別離の苦しみの火に身も心も焼き尽されてしまうばかり。

燃える火の力が遂に極限にまで来た時、二人の悲痛な叫びが神のお耳に達し、願いは聞き届けられることになる。羊などの数が減り始め、少しずつ少しずつ減り続けて、とうとう昔通りの状態に戻る。長い別れの期間の後で、再び最初の村で一緒になった男と女は、やれ嬉しや、また楽しい逢瀬にふける身になった、という。だが、あの別離の苦悩を思い出すにつけ、ついこんな言葉が口から飛び出すのだ、「ああ、ムハンマドの主が、いっそこのムハンマドを創造して下さらねばよかったに」と。

ムハンマドの魂が、純粋霊として、聖なる世界にあって、神に冥合しつつ至福の状態にあった頃、神の慈愛の大海の只中で、彼の魂は魚のように深みにもぐって戯れていた。それが、一たんこの世に来てからは、預言者という栄光の座につき、人々に道を教える指導者として、王者のごとき権勢と名声とを獲得し、多くの人に慕われる身となったとはいえ、昔のあの幸福な状態に立ち戻ってみれば、思わずも、「ああ、預言者などにならねばよかったものを。この世に来なければよかったに。神とのあの純粋な冥合に比べれば、現世の栄華は重荷にすぎぬ。悩みだ、苦だ」と嘆かずにはいられないのだ。

どれほど学問し、どれほど苦行し、どれほど神を崇めたところで、神の真価と偉大さの前では、ちょうど誰かがそなたのところへやってきてちょっと頭を下げ、挨拶して行ってしまった、というほどのことにすぎない。たとい大地をそっくり頭の上に乗せて神を崇めたにしても、そんなものはただ一度頭を地につけたくらいのことでしかない。神の真価、神の御慈愛はそなたが存在すること自体よりも先であり、そなたが崇めまつることよりも先である。一体、どこからそなたを引き出してきて存在させて下さったのか、神を崇め神にお仕えすることのできるような身にして下さったのか、反省してみるがいい。「わしは神を崇め申している」などと、偉そうなことがどの面《つら》下げて言えるのだ。

そなたの勤行や学問は、木やフェルトで作った人形みたいなものだ。作ってから神に差し出し、「この人形、なかなかよくできました。みんな私が作りましたもので。但しこれに生命《いのち》を吹き込むのはそちら様のお仕事でございます。生命を吹き込んで下さるなら、私の知識を活かして下さると申すもの。いやだとおっしゃるなら、そちらの御勝手」などと言う。

アブラハムが、神とは「(生なきものに)生を与え、(生あるものを)死に至らしめるもの」(コーラン二章二六〇節)であると言うと、ニムロード王も「生かしたり殺したりするのはこのわしだ」(コーラン同所)と言い返す。神に王国の主権を戴いて付け上り、自分も全能だと思い込んだ。そこで、一切は神のものであることを忘れて、「わしだって生殺与奪の権を握っておるぞ」と言う。

わしはここで「王国」という言葉を人間の知識という意味に取りたい。人間は、神から知識を頂戴し、聡明に、怜悧にしていただくと、たちまち全て自分の行為を自分がすることだと思い込む。「わしがこうすることで、ああすることであらゆるものに生命を与え、我と我が身に快感を与えるのだ」というわけである。いや、いや、本当は(アブラハムの言葉にもある通り)神こそが生を与え死をもたらすものであるのだが。

するると誰かが師にこう質問した。「しかしアブラハムはニムロードに、『わしの神は太陽を東から昇らせ、西に沈める。

アッラーは太陽を東から昇らせ給う(コーラン二章二六〇節)、云々。

もし自分が神であるというお前の主張が正しいなら、この反対にしてみせるがよい』と申しました。これを以て見るに、アブラハムはニムロードに言い負かされて、最初の議論を棄て、問題を解決しないままに、新しい議論に取りかかったものと結論せざるを得ないのではありますまいか」と(この部分の論議は、談話五十一にもほとんど同じ形で現われている)。

師はこうお答えになった。

この問題についてはいろいろな人がさんざん出鱈目を言ってきた。今またそなたも出鱈目を言う。(アブラハムは言い負かされて別の議論を始めたわけではない。)同じ一つのことを違った形で言っているだけだ。この点、みんなも間違っているが、そなたも間違っている。

そもそも、あれ(太陽が東から出て西に沈むという第二の議論)にはたくさんの意味がある。一つの意味はこうだ。神はお前(ニムロード)を無の暗闇から引き出して、母の胎内で形をお与えになった。つまりお前の「東」は母親の胎内であって、そこから太陽のようにお前は存在界に昇って出てきた。そして今度は墓場という「西」に沈んでゆく、というのだ。こう解釈してみると、正しく第一の主張をただ表現を変えただけではないか。つまり、「(生なきものに)生を与え、(生あるものを)死に至らしめる」と同じことである。そこで、さあ、できるなら、墓場という「西」から外に喚び出して、子宮という「東」に戻してみよ、というのである。

しかしこれとは違った解釈もできる。およそスーフィーなるものは、慎んで神の意志に従い、修道に励み、崇高な行為に努めることによって、心は浄化されて輝き、精神の美酒に酔い、歓喜と安慮の状態に入るが、反対に神意に背き、修行を怠れば、その幸福もたちまち消えてしまう。この意味において、この二つのあり方、すなわち神意に従う状態と神意に背く状態とは、スーフィーにとって、まさに日出づるところ、日の没するところである。

そこで(ニムロードに対するアブラハムの言葉の意味は)、今や背信と不義と暴虐のはびこるこの日没時の状態に、もしお前が新しい生命をもたらすことができるなら、神意に従うことによって暁の太陽のごとく昇りくる光明と安らぎとを、たった今、この時点において、現在のたそがれの只中に、現わしてみよ、ということになるのである。だが実は、それは人間の仕事ではない。人間にはそんなことは決してできはせぬ。それはただ神のみのなし得るところだ。神だけが、もしその気になり給えば、太陽を西からでも東からでも昇らせ給う。まことに神こそは、「生なきものに生を与え、生あるものを死に至らしめ給う」のである。

信仰なき者も信仰ある者も、共に神を讃美している。このことは神御自身の言明し給うところによって明らかである。すなわち、誰にあれ、正しい道を歩み、義を行い、イスラームの聖なる法を遵守し、預言者と聖者がたの道を踏みはずさない者には、限りなき幸福と光明と生気とを与えられ、その逆を行く人は限りなき暗黒と恐怖と底なしの穴と災禍に悩む、という。

かくて信仰ある者とない者とは、それぞれこの二つの道を行く故に、また神がここに約束しておられることは一寸一厘の違いもなく、そのまま実現するものである故に、信ある者もない者も共に神を讃美している、ということになるのである。但し一方はこの舌で、他方はあの舌で。同じく神の讃美者ではあるが、こちらとあちらでは大変な違いがある。

譬えば、泥棒が盗みを働いて首吊り台に掛けられる。この泥棒は泥棒なりに、一般の信者たちに向って教訓を与えている。すなわち、泥棒するやつはみんなこんな目に逢うぞ、と言って。ところがまた別の人があって、王様にその義行と忠誠を認められ、恩賜の御衣を頂戴する。この人はこの人で、一般の信者たちに教訓を与えるわけである。だが、同じく教訓を与えるといっても、泥棒はこの舌で、忠臣はあの舌で教訓を与えるのである。この二人の教訓者の間にどれほど大きな違いがあるか、よく見極めておくことだ。

談話　其の五十六

そなたの心は晴れ晴れと嬉しそうだな。どうしてだろう。

そうだ、心は大切なものだ。心は罠のようなもので、しっかりかけておかないと獲物は取れぬ。心が悶々として楽しまないのは、罠の網が破れているようなものだ。用をなさない。だから、誰かを愛するにも度を過ごさぬようにしなくてはならない。憎む場合にも度を過ごしてはいけない。どっちの場合にも網が破れてしまう。中庸を守ることが大切だ。

但しここで、愛するに度を過ごすなとは神以外のものに対する愛のことを言っているのである。神に対する場合は、度を過ごすなどということは考えられない。激しければ激しいほどいい。

神以外のものを愛する場合には、人間はすべて天圏の車輪に支配されており、天圏の車はぐるぐる廻っており、人間の境遇もまたそれにつれてぐるぐる廻るものであることを忘れてはならない。誰かを度はずれに愛する人は、相手が永遠に幸福であることを願う。しかしそれは無理な話だ。だから心は乱れざるを得ない。同様に憎しみが度を過ぎると、相手がいつも不幸で不運であることを願う。だが天圏の車輪はぐるぐる廻り、人の状態も転変する。時には幸福であり、時には不幸である。いつも変らず不幸であってもらいたいと思ったとて、無理だ。だから心は乱れる。

しかし神に対する愛だけは、いつの世でも、誰の中にも、拝火教徒でもユダヤ教徒でもキリスト教徒でも、誰の中にもひそんでいる。己れを存在せしめた者を愛《いと》しく思わぬ人がどこにあろう。誰の心にもこの愛はひそんでいる。ただ様々な障礙に覆い隠されて見えないだけだ。障礙が取り除かれれば、たちまち表に現われる。

存在者だけのことを言っているのではない。無、すなわちまだ存在していないものたちも、存在者になりたくてむずむずしているのだ。無は譬えば王様の御前に列んで控えた四人の人のようなもの。それぞれに今にも王のお声がかかって、自分だけによい地位を与えて下さりはせぬかと待ち望んでいる。彼らはひそかに互いに恥じている。自分の期待していることが、仲間の期待と真正面から衝突するからである。といったわけで、それぞれの無が、神に存在者とならせていただきたいと期待して整列し、口々に「私を存在させて下さいませ」と叫びつつ、己れこそ他に先んじて存在者にしていただこうと願っている。だからお互い同志では恥かしい。

すでに無にしてこの通りであるとすれば、存在者はいかばかりであろうか、想像に余りある。「いかなるものといえども、アッラーの栄光を讃美せぬはない」(コーラン一七章四六節)と言われている。これは別に不思議ではない。不思議なのはむしろ、「いかなるものならぬもの(無)もアッラーの栄光を讃美せぬはない」という事実だ。

信と不信と、二つ並んで
汝を求めて走り行く
唯一なる神だ、伴侶《とも》はいない
と、口々に叫びつつ。(サナーイーの詩句)

この家はうつけ心の土台の上に建っている(談話五十四で見た通り、現世は人間のうつけ心の故に存立するという、ルーミーの好んで語るテーマ)。一切の事物、いや世界全体がうつけ心で存立している。この肉体もうつけ心からここまで成長してきたものだ。

うつけ心は信仰がないということだ。しかし信仰は無信仰がなくてはあり得ない。なぜなら信仰は無信仰の放棄だから。放棄さるべき無信仰がどうしても必要なのである。とすれば、所詮、二つは一つものではなかろうか。あれなしにはこれはなく、これなしにはあれはないのだから。両者は不可分の一体である。だから、両者を創ったものも一でなければならぬ。もし一でなかったなら、両者は離れ離れになってしまうであろう。一方がこちらを創り、他方があちらを創るのだから、できたものは当然別々である。こうして、両者の創造主は一である故に、「絶対に一者、伴侶《とも》はない」ということになるのである。

ブルハーヌ・ッ・ディーン師（ブルハーヌ・ッ・ディーン・ムハッキク Burhān al-Dīn Muhaqqiq は前に談話二十六にも出てきたが、ルーミーのかつての師匠。事実彼はよくサナーイーを引用する。ついでながら、すでに見られたように、ルーミー自身も本書で始終サナーイーを引用している。サナーイーは西暦十二世紀前半の詩人。スーフィーの体験とスーフィズムの理論とを流麗な詩の形で体系的に表現したペルシャで最初の人である。神秘主義の叙事詩「真理の園」Hadīqat al-Haqīqah が代表作）の言葉の使い方は実に素晴しい。が、あまりサナーイーを引用しすぎるのではなかろうか、という意見が出た。

師はこうおっしゃった。

確かにみんなが言う通りだ。太陽は実に素晴しい。だが光を出す。それが一体太陽の欠点だろうか。師がサナーイーの言葉を引用されるのは、それが御自分の言葉に光を添えてくれるからである。様々の事物を太陽は照らし出す。太陽の光の中でこそものが見える。太陽の光の目的は万物を照らし出して見せることだ。

天のあの太陽は役に立たないようなものまでたくさん見せてくれる。役に立つものばかり見せてくれる太陽、それが本当の太陽だ。空にあるあの太陽は、この本物の太陽の影であり比喩にすぎない。現に、お前がたにしても、それぞれの個別的知性の程度に応じて、みんなこの本物の太陽を慕い、感覚的事物以上のものを見ることができるよう、自分の認識の範囲が広がるようにと、知の光をあの太陽から求めているのだ。どの先生からも、どの友達からも、何か理解させてもらいたい、何かをつかませてもらいたいと期待しているのは正にその現われである。

これでよく分る通り、形ある太陽のほかに、も一つ別の太陽があって、それによって事物の隠れた真相が開示されるのである。お前がたが一心に追い求め、それをつかめばいい気持になる個別的な知識というものは、全てかの偉大な知識の延長であり、それの反照にすぎない。この反照がお前がたを、かの偉大な知識に、かの根元的太陽の方に誘う。「遠いところから呼び声が聞えてくる。」（コーラン四一章四四節）

お前がたはその知識を自分の方へ引き寄せようとする。すると知識はこう言うのだ、「ここは私の来るところではない。なぜそっちからさっさとやってこないのか。私がここにいることは不可能なのだ。お前がたがあちらへ来ることも確かに困難ではあるけれど」と。不可能なことを実現するのは不可能だ。しかし困難なことを実現するのは不可能ではない。だから、どんなに困難でも、かの偉大な知識に到達しようと努力だけはすることだ。あの知識がここに納《おさ》まるだろうなどと期待してはいけない。始めから不可能と決まっているのだから。

神の無限の富に憧れて、世の金持たちがせっせと財産を貯める。一銭一銭、一粒一粒、貯めてゆく。かの本当の富の反照を受けて、自分たちにも富という偶性を実現させようというのだ。富の反照は彼らにこう言う、「あの偉大な富の方に、私はお前がたを誘っている。なぜ私をここへ引っ張ろうとするのか。ここは私のいる場所ではない。お前がたこそあの富の方に来たらよさそうなものを」と。

要するに大事なのは究極の結果である。見事な結果こそ望ましい。見事な結果とはこういうことだ。つまり、一本の木があって、かの聖なる精神の庭にどっしりと根を据え、その枝だけ外に張り出して、枝もたわわに実を垂らし、熟した果実が土に落ちる。そして最後にはそれらの果実がもとの庭に戻される。そこに根があるのだから。それがもし反対になれば、いかに外見上は神を讃え神の名を称揚したところで、なんの役にも立ちはしない。もともと根がこの世にあるのだから、できる果実はみんなこの世に持ってこられてしまう。

もちろん、根も実も共にかの庭の中にあれば、それこそ「光の上に光を加えて照り映える」(コーラン二四章三五節)というものである。

談話　其の五十七

アクマル・ッ・ディーン(アクマル・ッ・ディーン・タビーブ Akmal al-Din Ṭabib. ルーミーの可愛がっていた門弟。名医として知られ、ルーミーを臨終まで看護した)が言った、「私は先生が好きだ。お逢いしたくてたまらない。先生のことを思うと来世のことすら忘れてしまう。来世を憶わず、来世になんの思惑もなく、ただひたすら先生の面影をいとしく思う。先生の美に心の安らぎを見出し、先生のお姿を見、いや先生のお姿を想像しただけで、とめどない歓喜がこの胸に湧いてくる」と。

師がおっしゃった。

来世のことを忘れていても、神がそなたの心の中になくとも、全部そなたの愛の中に自然に含まれている。ちゃんと心に憶っていることになるのだ。

或る美しい舞姫が教皇《カリフ》の御前でカスタネットを鳴らして踊った。「そなたの芸術はそなたの両手にある」と教皇が言うと、舞姫は、「いえ、神の使徒の後継者よ、私の芸術は私の両足にあるのでございます。私の手の技芸《わざ》の魅力は足の美しさがその中に含まれているからでございます」と答えたという。

これを以て見るに、神秘道の門弟が、たとい来世を具体的に心の中に描いていなくとも、師匠に逢う楽しみ、師匠から別れることの恐れの中に、それはそっくり含まれている。全部そのまま包み込まれているのだ。

例えば誰かが息子とか弟子とかをこよなく愛しているとする。自分の息子だとか自分の弟子だとかいうことは全然念頭になく、相手の渝《かわ》らぬ真心を望む気持も、慈愛も憐憫も、我が身可愛さも、事の結末も、また普通家族がお互いに期待し合うようなすべての利益も、何もかも一切きれいに忘れていても、ただ互いに逢ってじっと見詰め合う、そのことの中にそういうことは全部そっくり含まれているのである。

材木の中には自然に風が含まれている。木がたとい地の中にあり水の中にあっても、必ず風はそこにある。もし内部に風が含まれていなかったなら、火も燃え尽きはしないであろう。風こそは火の飼葉、火の生命《いのち》だ。息を吹きかけるとパッと燃え立つ様を見れば分る。だから、木が水や地の中にあっても、風は木に内在している。もし風が内在していないなら、木が水面に浮んでくることはないだろう。

お前がたが喋っている言葉もこれと少しも違わない。言葉が実際に話されるためには実に多くの先行条件が要る。先ず理性がなくてはならない。脳が要る、唇が、口が、喉が、舌が要る。身体の働きを司る様々な身体器官が要る。さらには四元素、体質、天圏、等々宇宙を構成する何千何万という第二次的原因、そして遂には神の属性の領域、神の本体そのものの領域にまで遡る。これら一切の要素は言葉の表面には出てこない。全然姿を現わさない。全部、今言ったように言葉の内部に含まれているのである。

人には、自分の意志に関係なしに、日に五度か六度は必ず、自分では望んでいないような辛いことが起る。どう見てもそれは自分から起ってくるものではない。誰か他者から起ってくるものだ。人はそのような他者の支配のまま。他者が自分を監視している。何か悪いことをすると、その後で後悔の念が起るのが何よりの証拠。もし監視者がいないとすれば、誰がちょうどその時に適合したような後悔を惹き起すのか分らない。だが自分の望んだのではないことが幾ら起っても、人は、その性質として、自分が誰かに支配されているとは認めたがらないものだ。そう考えたのでは、どうにも胸がおさまらない。

「神はアダムを己が姿に似せて創り給うた」(ハディース)と言われている。つまり他人《ひと》に仕えるという性質とは正反対の神性という性質が人間の内部には借り物として置かれているのである。どんなに頭をぶん殴られても、この借り物の頑固さだけは手放さぬ。不慮の出来事の方はすぐきれいに忘れてしまう。しかし忘れても駄目だ。この借り物の性質が本当に自分のものになってしまうまでは、何遍でも殴られ殴られしてゆくほかはない。

談話　其の五十八

これは或るスーフィーの述懐談。

わしは風呂屋の竈《かま》場に入っていった。そこはかつてある聖者の隠遁していたところ。あそこへ行けば、胸のもやもやが晴れるかもしれぬと思ったのだ。

見ると竈焚きの親方に見習いの小僧がいる。腰をきりっと締め上げて、かいがいしく働いていた。親方が、こうしろ、ああしろと言うと、小僧は敏捷にやってのける。この小僧が親方の指図を受けて、実にすばしこく働くので、湯加減もちょうどよくなってくる。

「そうだ」と親方が言う、「そんなふうにきびきび働くんだ。いつもそうして気敏に、行儀よくやっておれば、いまに俺の後継ぎにしてやるぞ。俺の地位に据えてやるぞ」と。

突然笑いがこみ上げてきて、胸の鬱結が一時に解けた。この世で人の上に立つ者の、自分の指図で働く者に対するやり方はみんなこうしたものだとわしはその時悟ったのだった。

談話　其の五十九

あの天文家(誰を指すのか不明)が、「我々が現に見ているこの天圏と地の球体のほかに、それとは全く別の何かがあるとお前がたは主張する。わしの意見では、ほかのものなど何もない。もしあるなら、どこにあるのか見せてもらいたいものだ」と言っている旨をお伝えすると、師は次のようにおっしゃった。

見せてくれなどと要求することが、どだい意味をなさない。どこにあるのか見せろ、という。だが始めから場所などないのだ。

そんなこと言うなら、さあ、お前の方でも、お前のその抗議がどこから出てきたのか、どこにあるのか言ってみろ。舌の中にも口の中にも胸の中にもありはしない。そんなものを幾らほじくり返しても、粉々にして原子にしても、抗議も思想も見つかりはせぬ。つまりお前の思想には場所はないのだ。己れの思想の場所すら分らぬ者に、その思想の創造主の場所がどうして分ろう。何千という思想、何千という感情がお前の内に生起する。が、それらはお前の手には負えぬ。お前の自由にできるようなものではない。一体どこから出てくるのか、その淵源がもしお前に分っていたら、それらを増進させることもできるであろうに。だが、それらの思想や感情はただお前の中を吹きぬけてゆくだけで、それがどこから来るのか、どこへ行くのか、何をしようとしているのか、お前には全然分らない。己れの心の状態すら分らないくせに、己れの創造主のことが分ろうはずもない。

劣等児の分際で、「神は天にはいない」などとよくもほざいたものだ。犬め！「いない」とはどうして分る。そうだ、確かにお前は天を一尺一尺測りはした。至るところ歩き廻って調べた上で、あそこにはいないと宣言する。自家に女郎を抱え込んでおきながら、それに気づいてもいないお前に、天のことがどうして分る。馬鹿馬鹿しい！お前は「天」という言葉を聞いて知っているだけだ。星の名称や天圏の名前を知っているだけだ。それでもう偉そうな口をきく。もし本当に天を知っていたら、さもなくばもし一尺でも天に向って昇っていたら、こんな出鱈目を言いはしないであろうに。

わしも「神は天にはいない」と言う。が、意味が違う。ただ文字通り、神は天にはいないということではないのだ。わしが言いたいのは、神は天を包含するが、天は神を包含しないということである。言詮不及の仕方で神は天と関連している。それと同時に、また言詮不及の仕方でお前がたとも関連している。一切は神の権能の御手の内にあり、神の顕現の場所である。一切は神の支配下にある。この意味では、神は天や宇宙の外なるものとは言えない。しかしまた、天や宇宙の中にそっくり入っているとも言えない。つまり神は万有を包含するが、万有は神を包含しない。

天も地も玉座もまだ創造されぬ以前、一体神はどこにおられたのでしょうか、と質問した者がおる。わしはこう答える。

その質問自体が、始めから間違っている。どこという場所を持たぬもの、それが神ではないのか。このような一切のものの創造される前に神はどこにいたかとそなたは尋ねる。考えてみるがよい。そなたの内に生起する一切のものにすら場所はないではないか。神の場所を求めるなら、先ず己れの内なる一切のものの場所をつきとめてからにしてもらいたい。自分の感情や思想に場所がないのに、神に場所があろうとは想像もできない。

要するに、思想の創造者は思想そのものより一層深玄である。例えば、家を建てた建築家は自分の建てた家より深玄である。なぜかといえば、建築家というこの人間はこれと同じような別の家を幾つでも建てることができるし、また一つ一つ全然違ったふうに幾らでも設計する能力を持っているからである。この意味で彼は建物より深玄であり、また価値も高い。但し、せっかくのこの深玄さも、実際に家を作らなければ外に現われない。実際に作品ができて、感覚界に入らない限り、幾ら彼が内的に深玄でも、その美しさは目に見えない。

人の吐く息が冬は見えるのに、夏は見えない。といって、夏の間、息が途切れてしまうわけでも、なくなってしまうわけでもない。ただ夏の気は冬の気と違って細緻であり、息も細緻なので目に見えないだけのことだ。同様にお前がたの内的属性も精神的本体も細緻だから、行動を通して粗くしなければ目に見えないのである。例えば、お前がたが寛容というものを内にもっていても、それだけでは外には見えない。罪ある人を実際に赦す時、始めてお前がたの寛容が感覚的な形で現われるのである。同じくお前がたの威怒も、そのままでは目に見えない。悪人に対してそれが発動し、悪人の頭上に打ち落されて、始めてお前がたの威怒が表に出る。等々といった具合である。

神は玄微の極みであるから、当然目には見えない。そこで天と地を創造し、それで御自らの権能と働きとを目に見えるように現わし給うたのである。

一体、あの者ども、頭上はるけき蒼穹をふり仰いで、我らがどんなに見事にそれをうち建てたか、どれほど美しく飾ったか、眺めたこともないのか。(コーラン五〇章六節)

わしは自分で自分の言葉がどうにもできない。それが辛い。自分では友人たちによい忠告をして上げようと思っているのだが、言葉の方でなかなかわしの意のままになってくれぬ。それでいつも悩んでおる。だが、わしの言葉はわし以上のもので、わしはただ言葉の赴くままに従ってゆくばかり――そう考えれば、また嬉しくもある。なぜなら、神が(わしを通じて)語られる言葉は、至るところに生命を撒き散らし、素晴しい仕事を残してゆく。「お前が弓を射た時、実は射たのはお前ではなかった。本当に射たのはアッラーであった」(コーラン八章一七節)と言われている。神の弓から飛び出した矢は、もう楯でも鎧でも妨げるものではない。この点でわしはしみじみ自分が幸福だと思う。

もしも知識だけがそっくり人の内にあって、無知が全然なかったなら、人はたちまち燃え尽きて消えてしまうであろう。だから、人間の存在がそれに依っているという意味で、無知にもそれなりの価値がある。一方知識は、それが神を識るための方便となるという意味で価値がある。とすれば、知と無知とは互いに相補い相助けるものとしなければならない。

そして、すべて反対なものはそうである。例えば夜は昼の反対だが、それで昼を助け、昼と同じ一つの仕事をしているのである。いつも夜ばっかりだったら、人はなんの仕事もできないだろうし、なんの成果も生まないだろう。逆に、いつもぶっ続けに昼間だったら、目も頭も脳もふらふらになり、気が狂って、ものの役にも立たなくなってしまうのが落ちだろう。だから夜になると人々は休息し、安らかに眠って、その間に脳も思想も、手も足も耳も目も、あらゆる器官が元気を恢復する。そして昼間、貯えたその力を使うのだ。

こういうわけで、全て我々にとって反対と見えるものも、真の悟達の人にとっては一つことをしているのであって、決して反対なのではない。世の中のいわゆる悪で、善を内に含んでいないものがあったら見せてもらいたい。また、内に善を含んでいないような悪があったらお目にかかりたい。

例えば、或る人が誰かを殺そうとしていた。ところが中途で人妻との情事にうつつを抜かし、とうとう血を流さずじまいだった。姦通という点から見れば、これは確かに悪だ。しかし、殺人を妨げたという点では善である。だから、善と悪は要するに表裏一体であって、二つに切り離せるものではない。

この点で我々は拝火教徒に文句がある。彼らの説によると、二神あって、一は善の創造主、他は悪の創造主であるという。全然悪を含まぬ善なるものがあったら見せてもらいたい。そしたら悪の神と善の神があることを認めよう。だが、そんなことはあり得ない。もともと善は悪と別のものではないのだから。善悪は二つのものではない。両方の間に本当の区別はない。だから、二神があるというのも嘘だ。これでもまだ参ったとは言わぬつもりか。いや、保証する。本当にそうなのだ。

わしがこんなことを言うのは、お前がたの心の中に、もしかしたら拝火教徒の言う通りであるかもしれないという考えが起りそうだからである。わしの言う通りだという確信は、お前たちまだ持っていないかもしれない。が、だからといって、その通りではないという確信をもつ根拠にはそれはならない。全く、なんという情ない不信心者だ。神様が言っておられるではないか、「自分がやがて喚び起されて、恐ろしい日(最後の審判)に曳き出されることを思ってもみないのか」(コーラン八三章四―五節)と。

つまり、「我ら(神の自称)の約束した様々の罰が、もしかしたら本当に起るかもしれない、想像もできないような仕方で無信仰者どもは恐ろしい罰を受けるかもしれないと、考えてみたこともなかったのか。なぜ、用心しなかった。なぜ我らを求めなかった」というのである。

談話　其の六十

「アブー・バクル（前出、第一代のカリフ）がほかの人々を抜いてあの尊位に据えられたのは、礼拝や断食や喜捨をたくさんしたからではない。彼の心の奥底にしっかり根をおろしたもののためである」（ハディース）という。つまり、アブー・バクルが他の全ての人より重んじられたのは、礼拝の回数が多かったためでも、断食をうんとしたからでもなくて、彼の心の中に神寵が宿っていたからである。ここで神寵とは神を愛し慕う心の意だ。

復活の日、人々の（現世で）した礼拝が持ち出されて天秤にかけられる。断食と喜捨も天秤にかけられる。だが、神への愛を持ち出してきてみると、愛は天秤にかからない。つまり一番大切なのは神への愛である、ということだ。だから、もし自分の心の中に愛を認めたら、それを育て上げて、どんどん大きくしてゆくことが肝要である。自分の中に資本があることに気づいたら、すなわち神を求める心のあることが分ったら、ますます求め求めてそれを殖やしてゆくようにしなくてはいけない。「動きの中に祝福あり」（アラビアの格言）と言われている通りである。殖やさずに放置すれば、資本はどこかへ行ってしまう。

人間は地に劣るものではない。その地でも、鍬で掘り返し、動かして変質させてやれば、穀物ができる。だが、放っておけば、かちかちに固まってしまう。

だから自分の中に探求の心を認めたら、行ったり来たりし続けることだ。こんなに忙しく動き廻って一体なんの得があるんだろう、などと決して考えてはならぬ。黙々とただ行けばいいのだ。効果はひとりでに現われてくる。

人が店に出かけてゆく。そのことで得があるとすれば、自分の欲しいものを下さいと言えることだ。神は日々の糧を与えて下さる。だが、じっと家に坐っていたのでは、何も要らぬと宣言するようなもの。日々の糧はやってきはしない。

面白いことだ。赤ん坊が泣けば母親が乳をくれる。それを、「俺がこうやって泣いたら何の得があるだろう。母さんが乳をくれる原因は何だろう」などと考え出したら、乳は貰えない。ただ自然に泣くから乳がやってくるのだ。（礼拝する）人が、こうしてひざまずいたり平伏したりすることにどんな得があるだろう、何のためにこんなことを俺はするのか、などと考え込んだらどんなことになると思う。殿様や親分のところでも同じようなことをする。お辞儀し、深々と頭を下げる。そうすると殿様は情をかけ、パンの一切れなり下さるということになる。この場合、殿様の心に慈悲の心を起させるものは、殿様の皮膚や肉ではない。死んでも皮膚や肉はそのままになっている。眠っている時も、気を失って倒れていてもそのままである。だがそんな時、幾らお辞儀してみても甲斐はない。これでも分る通り、殿様の内にある慈悲心は目に見えるものではない。肉と皮に包まれて目には見えない何ものかに敬意を表して、それで効果があるとすれば、肉と骨に全然関係ない何かの場合にも当然そういうことになるはずではなかろうか。またもし肉と皮に包まれたあのものが、そっくり表にまる出しになっていたら、それこそアブー・ジャハル（前出、預言者ムハンマドの仇敵）もムハンマドも全く同じで、何の区別もつかなくなってしまうであろう。例えば耳は、聾でも聾でなくても、外見《そとみ》には一つもので、全然区別がない。こちらもあちらも同じ形だ。しかしその同じ形（の一方だけ）に、音を聞く力がひそんでいる。その力は目には見えない。

こう考えてみると、一番の根本は神寵だということになる。現にそなたが殿様で二人の家来を持っているとする。一人はそなたのために実にいろいろな事をしてくれた。辛い旅もさんざんしてくれた。もう一人の方は怠け者で、ろくに仕えてもくれぬ。それなのに、そなたは、あの働き者の方より怠け者の方がなんとなく好きだ。もちろん、働き者の奉仕を無にはしないけれど、好きなものは好きなのだから仕方がない。

神寵は、人間がとやかく理屈を言えるようなものではない。例えば右の目と左の目。両方とも外見にはなんの違いもありはしない。右の目のしたことで、左の目のしなかったことがあるだろうか。右手だけがして、左手がしなかったというようなことがあるだろうか。右足(と左足)だって同じことだ。それなのに右側の目は特別扱いされる。

同様に、金曜日(イスラームでは金曜日はユダヤ教の安息日のような特別の日)は他の曜日より有難い日とされる。「予定帳に書き込んである分のほかに、神の御手元には特別の支出分も用意されている。それが戴きたければ金曜日にお願いするがよい」という言い伝えがある。別に金曜日に、ほかの日にはないような功績があるわけではない。ただ神の恩寵が下って、金曜日が特別に有難い日になっただけだ。

盲人が「わしはこういうふうに盲に創られたんだ。わしの責任じゃない」と言う。生れついての盲だ、わしに責任はない、と言ってみたところで、なんの益もありはしない。それで苦しみが消えるものではない。

無信仰にどっかり居坐ってしまったあの無信仰者ども、要するに彼らは自分で無信仰の苦しみを嘗めているだけのこと。が、それにしても、よく考えてみれば、あの苦しみもまた、まさしく神寵なのだ。もしあの連中があのままで安楽なら、神のことなどすっかり忘れてしまうであろう。だから苦しみを嘗めさせることによって神を思い出させてやろうというのだ。

こう考えれば、地獄は無信仰者どもが神を崇める場所、彼らの礼拝堂《モスク》である。あそこで神のことを思っているのだから。牢獄にぶち込まれたり、病気になったり、歯が痛かったりするのと同じこと。苦痛に襲われると放心の目隠しがびりっと裂けて、急に神様が存在することになり、「おお主よ」の「おお慈悲深き方よ」の「おお神よ」のとわめき出す。ところが病気が治ると、またまた放心に目隠しされて、「神様なんてどこにいる。どこにもいやしないじゃないか。どこにも見えやしないじゃないか。何を探せと言うんだ」などと言う。苦しい時にはちゃんと見えていたものが、今は見えない。苦しい時にはありありと見えるのであるからには、苦しみでお前がたをぎゅっと抑えつけ、それで無理にでも神を思い出させてやろうとの御計らいと考えるほかはない。

今、地獄で苦しんでいる人も、呑気に暮していた頃は神のことなど忘れ果てていた。神のことなど思ってもみなかった。それが今では地獄の中で、夜となく昼となく神を思っている。もともと神が世界を、天と地を、月と太陽と星々とを、善と悪とを創られたのは、人々に神を思わせ、神を崇めさせ、神を讃えさせるためであった。自分が創造された本当の目的は神を思うことであるのに、無信仰者どもは安楽な生活に溺れてその義務を怠っている。だから地獄へ行って、神を思い出すのだ。

しかし信仰ある人々は別に苦痛の必要はない。安楽に生きながらも、彼らは片時も苦痛を忘れない。苦痛は常に彼らの心眼に映っている。

利発な子供は、一度足枷をかけられたら、生涯足枷を忘れない。のろまな子はすぐ忘れてしまう。だから年中足枷をかけておかなくてはならない。

利口な馬は、一度拍車をかけられたら、もう二度と拍車を必要としない。人を乗せて何里でも遠くに駈けてゆくが、決して拍車のあの痛さを忘れはしない。ところが間抜けな馬は年中拍車をかけていなければならない。こんなのは人間を乗せるにふさわしい馬ではない。肥桶《こえたご》でも乗せてやればいいのだ。

談話　其の六十一

百聞は一見に等しい働きをする。自分の目で見たのと同じ効果がある（イスラームの伝承学では、権威ある、あるいは信用できる人が次から次に伝えてきたものは、実際に目で見たことに等しいとされる）。例えば、そなたは父母から生れてきた。自分がこの二人から生れたのだと聞かされる。二人から生れるところを自分の目で見たわけではないけれど、あまり何遍も言い聞かされているうちに完全に真理になりきってしまって、もう今度はこの二人から生れたのではないなどと言われても耳を貸さぬ。同様に、バグダードとかメッカとかいう都が存在するとたくさんの人から聞いている場合、そんな都は存在しないと誓言する人が現われても、そなたは信用しない。信用できる人によって次々に言い伝えられてきたものを聞くことが目で見るのと同じ権威を持つということは、これでよく分る。

同様に、（たとい一人の人の言ったことでも）、多くの信用できる人々に次々に言い伝えられたことと事実上同等の価値をもつ場合には、やはり目で見たのと同じ権威が認められる。事実、一人の人間でありながら、その言葉は大勢の人の一致した意見と等しい重みを持つという場合は充分あり得ることであって、そんな場合、その人は一人ではない。十万人である。従ってその人の言うことは一人の人間の言葉ではなくて、十万人の言葉である。といっても、別に不思議なことではない。例えば王様は、たった一人でも、事実上、十万人の権威がある。普通の人が十万人寄って何か言っても、一向効果がないのに、たった一人の王様がただ一言口にしたことはすぐ実現する。そして外的、物質的世界でもこの通りであるとすれば、内的、精神的世界ではますますそうでなくてはならない。

たとい世界中をくまなく歩き廻ったにしても、もしかのもの（神）を求めて歩き廻ったのでないならば、もう一度改めて歩き直す必要がある。

　地上くまなく歩き廻って、（天啓を）嘘だと言いふらした人々の末路がどのようなことになったかよく観《み》てみるがいい。（コーラン六章十一節）

「せっかく方々歩き廻ったが、わしを求めて歩き廻ったわけではなかった。大蒜《にんにく》と玉葱を求めての旅だった。かのもののための旅ではなかったということは、別に何か目的があったということだ。その目的が目隠しとなって、そのためにわしを見ることができなかった」という。

例えばバザールの中で誰かを一心に探す。ほかの誰も目には入らない。往来する無数の人間は見えるが、まるで幻のようにしか見えない。

何か一つの問題を解決しようとして本を読む。耳も目も心も、全ては挙げてその一つの問題に集中している。本の頁を繰ってゆくが、なんにも目に入らない。

そういうわけで、かのものとは別に何か目的があり意図がある場合は、どんなに方々歩き廻ったところで、その目的にすっかり気を取られているので、かのものは全然見えていないのである。

オマル（前出、第二代のカリフ）の時代のこと。年老いてよぼよぼになった男がいた。娘が彼に乳をやって、まるで幼児のように面倒見ていた。

オマルがこの娘に言った、「お前ほど父親に孝養を尽す子供は今の世にはあるまいよ」と。すると娘は答えた、「おっしゃる通りでございます。けれど、私と父との間には違いがございます。確かに私は、少しもそつなく父に孝行しております。しかし父が昔私を世話し育ててくれました折は、私になんぞ禍が起りはせぬかと常に戦々兢々としておりました。ところが私は、こうして父の面倒を見ながらも、夜となく昼となく、父が一刻も早く死んでくれたらいい、この苦労から早く解放されたいと願い、神様に祈っております。なるほど、見かけは父の面倒をよく見ているようではございますが、私のために戦々兢々としてくれた父のあの真心、あんなものは私のどこを探しても見当りませぬ」と。これを聞いてオマルは「ああ、この娘、オマルよりずっと賢いわ」と言ったそうな。つまり、わしは外面だけ見て判断したが、お前は事の真髄を語った、ということだ。

賢者とは事の真髄に肉迫して、その真相をつかむ人のこと。もちろん、オマルほどの人物が物事の真相、隠れた本質をつかめなかったはずがない。だが、己れを卑《ひく》くして、他を褒めるというのが預言者をめぐる人たちのやり方であったのだ。

ものが現に目の前にあることに堪えるだけの力のない人がたくさんいる。不在の状態にいた方がずっと気楽だという。

例えば日中の明るさは、すべて太陽のお蔭である。しかし、それだからといって、もし一日中ずっと日輪を見詰めっきりにしていたら、目が眩んでしまって、何もできはしない。むしろ何か仕事をしている方がいいのだ。仕事をしているということは日輪を見詰めていないことである。

同様に、美味しい食物の話を病人にすれば、それが刺激になって食欲が起り体力も湧いてくるが、本当にその食物を目の前に持ってこられれば却って害になる。

これでよく分るのは、神を求めるには、戦慄と熱烈な愛が必要だということである。宗教的な戦慄というものが身に備わっていない人は、戦慄している人々に奉仕するのがその役目だ。

果物は木の幹にはなりはしない。決してなりはしない。それは、木の幹は戦慄しないからである。枝の先だけが戦慄する。但し、木の幹も枝の先に力を与えるという役をする。また逆に、枝先になる実のお蔭で斧で切られずにすむ。木の幹が戦慄しだしたら、もうその木もおしまいだ。慄えずにどっしり落ち着いて、慄える枝に奉仕する方がどんなにましかわからない。

あの人の名はモイーヌ・ッ・ディーン（人名で字義通りには「宗教の幇助者」という意味）だから、アイヌ・ッ・ディーン（同じく人名。「宗教の精髄」の意）ではない。「イヌ」の上に「モ」という一文字を付け加えたのでそういうことになってしまう。「完全なものに何かを附加すれば減ってしまう」(アラビアの諺)とある通りである。つまり「モ」を附加したのでかえって意味が減ってしまうのだ。

同様に、六本指では一本多い。だが、多いことは少いことである。アハド(「一者」、神の名)は完全性を表わすが、(これに「マ」の一文字を加えて)アハマド(「最も賞讃に値いする者」という意味の人名。イスラームの預言者ムハンマドは一名アハマドともいう)となると、これはまだ完全性の境位に至り着かない者を意味する。この「マ」がすっかり取り去られると、剰すところなく完全な者となる。

わしがここで言いたいのは、神は一切を包含し尽して完全無欠であって、ちょっとでも何かを附加すればそれだけ完全性が減ってしまうということだ。数の一はあらゆる数の中にある。一がなければいかなる数もあり得ない。

ブルハーヌ・ッ・ディーン師(ルーミーの師匠。前出、談話五十六)が或る時、大変有益な話しをしておられた。一人の馬鹿者が突然口をさしはさんで、「わしらは、譬えなしの話が聞きたい」と言い出した。すると師は、「これそこな譬えなしのやつ、こっちへ来て、譬えなしの言葉を聞け」と言われたものだ。要するにそう言うお前自身が譬えなのだ。(お前が自分だと思い込んでいる)このものは本当のお前ではない。この身体はお前の影だ。現に人が死ぬと、「誰それさんは逝ってしまった」と言う。もしも身体がその人なら、どこかに行ってしまったとはおかしいではないか。

これでも分る通り、お前の外側はお前の内側の譬えにすぎない。外側は、それをもとにして内側を推測するためにあるのだ。何によらず、目に見えるものは粗大だから目に見えるのである。暑い空気の中では息は目に見えない。寒い空気は粗《あら》いから、その中で息が目に見える。

神の力を顕わし、人に喚びかけて人の目を覚まさせる、それが預言者たる者の務めである。しかし、完全に準備が整ったという境涯まで人を持ってゆくことは預言者の義務ではない。それは神の仕事だ。

神には二つの根本的属性がある。一つは威怒、他は慈愛、預言者はその両方の属性が同時に現われる場所。信仰者は慈愛の現われる場所。無信仰者は神の威怒の現われる場所。

本当の信仰心を持つ者は預言者の中に己れを見、己れの声を預言者の声に聞き、己れの匂いを預言者の匂いに嗅ぐ。自分自身を否認する人はいない。だからこそ預言者がたは自分の教団に向ってこう言われるのだ、「わしはそなたたちであり、そなたたちはわしである。わしとそなたたちとの間には髪一筋の距りもない」と。

「これは私の手だ」と言っても、それを証明しろとは誰も言わぬ。手は身にくっついた一部分だからだ。しかし「誰それは私の息子だ」と言えば、証拠を要求される。息子は身から遊離した一部分だからである。

談話　其の六十二

愛は奉仕を強要すると考える人たちがある。だが、そんなことはない。愛される人の気持が奉仕を要請するのだ。愛される人が、愛する人に奉仕してもらいたいと望んでいれば、愛する人は自然に奉仕するようになる。愛される人が望まなければ、当然奉仕することもないのである。奉仕しないからといって、それで愛に背くわけではない。たとい奉仕していなくとも、愛はその人の中にあって奉仕している。いや、むしろ、愛こそ根源であって、奉仕は枝葉にすぎない。

袖が動くのは、それは手が動いたからである。だが手が動いたからといって、必ずしも袖が動くとは限らない。例えば、がばがばな外衣を着ている時など、中の身体が幾ら動いても袖までは動かないことがある。しかし、袖が動いているのに身体が動いていないということはあり得ない。

着ている外衣をその人自身と間違えたり、袖を手と思い違いしている人々がある。靴やズボンの裾を足と間違える人もある。と言う意味は、肉体の一部としての手や足は、それとは別の(精神的、不可視的な)手や足にとっては袖や靴にすぎないということだ。よく世間でも、「誰それは誰それの手中にある」とか、「誰それの手がどこそこまで延びる」とか、「言葉が誰それに手を貸す」(言葉が自然に口をついて出てくる、生れつき雄弁な人)とか言う。このような場合の「手」や「足」は決して肉体的な手足のことではない。

殿様がお越しになり、我々を集めておいて、御自分はどこかへ行ってしまわれた。蜜蜂が蠟と蜜とを集めておいて、どこかへ飛び去ってしまったようなものだ。蜂が存在するということは蠟と蜜の集まる条件ではあるが、蜂がここにいつまでも居続けるということは条件ではない。

我々の父母は蜜蜂のようなもの。求める者を求められるものとを結び合せ、愛する者と愛される者とを一つに集めておいて、自分たちは突然飛び去ってしまう。神の方便として使われて、蠟と蜜を結び合せる役をする。用がすめば飛んでいってしまう。が、あとには蠟と蜜とが残る。もちろん、巣箱の番人も残る。

この三つは決して庭の外へは飛んでゆかない。外に出られるように作られた庭ではないのだ。動くといえば、ただ庭の中でこちら側からあちら側に移動するだけ。

我々の肉体は蜜蜂の巣箱に譬えられる。中には神の愛という蠟と蜜がある。父母という蜜蜂は単なる手段にすぎないが、それでも庭番の世話だけは受ける。巣箱を作るのも庭番の役目だ。そして神が蜜蜂どもに全然別の形をお与えになる(彼岸の世界で精神化されること)。この世で蜜作りに精出していた頃は、その仕事にふさわしい作業衣を着ていた。それが、今かの世界に行くと、着物もすっかり新しいのに替えられる。そこでする仕事が全然別の仕事だからだ。だが、人物は昔と同じ人物である。例えば人が戦争に行く時、彼は戦いにふさわしいものを着る。鎧を身につけ、頭には兜をかぶる。戦いの時だからだ。しかし彼が宴席に出る時は、鎧兜は脱がなくてはならない。全然することが違うからである。だが、人物は前と同じ人物である。ところが、一度その人を鎧兜で見てしまうと、思い出すごとにいつもその形で、鎧兜をつけた姿で心に浮べがちなものである。たといその人が百回も着物を替えたとしても。

誰かが指輪をどこかでなくす。その指輪はもうとっくに誰かがよそに持っていってしまっているのに、依然としてその場所を行きつ戻りつして、「確かにここでなくしたんだ」と言ってきかない。親しい人に死なれた人が墓のほとりを去りかねて、うつけたようにその辺を徘徊し、墓場の土に接吻したりしているようなものだ。「俺はここであの指輪をなくした」と言う。なんでいつまでもそこに置きっ放しになっているものか。

いと高き神は実に様々なことをして、御力を示し給う。ほんの僅かの期間ではあるが、人間の魂を形骸に結合なさるのも、神的叡知がいかばかりかを示さんがためである。魂の抜けた形骸と一緒に墓場の中に坐っていれば、一分間で人間は恐怖のために気が狂ってしまう。とすれば、この形骸の陥穽から遁れ出し、肉体の泥沼から飛び出したら、どうしてそこにぐずぐずしていられるものか。人間の心に恐怖を吹き込み、また繰り返し繰り返し恐怖を新たにさせるために、神はこれ(肉体の死)を一種の符牒として特に設け給うたのである。墓場と暗い土のおぞましさによって人間の心の中に恐怖を惹き起そうという方便である。

旅行くカラヴァンが待ち伏せていた盗賊にどこかで襲われると、その地点に石を二、三個集めておいて符牒にする。ここは危険な場所だぞと教えるためだ。墓場もそれと同じく、危険の場所を示すための目に見える符牒である。

恐怖が人の心に及ぼす影響力は実に大きい。行動にまで出なくともちゃんと効果がある。例えば「誰それがお前をこわがっているぞ」と言われると、向うが何もしないのに、もうそれだけで、必ずこちらの胸にはその人に対して優しい気持が動く。反対に、「誰それはお前のことなんか全然こわがっていない。お前なんか屁とも思ってやしない」などと聞かされると、それだけでむらむらと憎悪が胸に湧いてくる。

見よ、みんなが駆けてゆく。恐怖のなすわざだ。世界中のものが駆けている。だが、みんなそれぞれ自分のあり方に応じた駆け方で駆けてゆく。人間の駆け方、草木の駆け方、霊の駆け方、それぞれに違う。霊が駆ける時は、跡も残らず徴表《しるし》もない。

一番簡単なのは、まだ熟さぬ青い葡萄を観察することだ。黒々と熟すまでに、どれほど駆けることか。さんざん走り走って甘くなると、とたんにそういう状態に到達する。だが、走っている間は走っていることが目には見えない。感覚では捉えられない走り方なのだ。しかし一たん熟してしまうと、ここまで来るためにうんと走ってきたことがわかる。

誰かが水に潜る。水中を進んでゆく姿は誰にも見えぬ。それが、頭をぽっかり水面に出すと、あそこまで行くには随分水の中を進んだのだということが分る。

談話　其の六十三

恋する人は胸に悩みを秘めている。この悩みはどんな薬でも治らない。眠っても、旅に出ても、ものを食べても治らない。愛《いと》しい人に逢わなくては治らない。「心の友に逢うことは、心の病気《やまい》を癒すこと」(古アラビアの格言)と言う通りだ。

まことに(人と逢うことの)効果は絶大なものであって、例えば信仰を装った贋の信者ですら、本当の信者たちの間にしばらく坐っていれば、影響を受けて、少くともその間だけは本当の信者になる。「あの者どもも、信仰ある人々に逢う時は、『わしらは信仰する』と言う」(コーラン二章一三節)と言われている。とすれば、本当の信仰ある人が本当の信仰ある人と一緒にいたらどうなると思う。贋の信仰ですらこれほどの影響を受けるとすれば、本当の信者の受けるよい影響はいかばかりであろうか。

見るがいい。ただ一片の羊毛であったものが、知恵ある人と接触しただけで、かくも絢爛たる敷物に変貌し、ただの土くれが、知恵ある人と接触しただけで、かくも見事な館《やかた》になったのだ。知恵ある人と交わることが、無生物にすらこれほどの働きをする。信仰ある人と交わることが、信仰ある人にどれほどの影響力を持つか想像に余りあろう。

個別化され限定された魂(個人としての人間の魂は宇宙的霊魂の限定された部分)、縮小された知性にすぎぬものと交わるだけで、無生物すらこれほどの影響を受ける。しかも、これらの無性物はみんな個別的知性の落す影にすぎないのだ。

影を見れば、その影を落す本体がどのようなものか見当がつく。ここから推測すれば、天と月と太陽と、七層なす大地と、天地の間にある一切のものとの流出の太源をなす(宇宙的)知性がいかなるものか、およその見当がつくであろう。これらの存在者は、全て宇宙的知性の影にほかならないのであるから。

個別的知性の影は、個別的人間が地上に落す影に比例する。一切の存在者は宇宙的知性の影だと言ったが、この影はやはり宇宙的知性の大きさに比例する。

神に選ばれた聖者がたは、今我々の目に見えている天地とは全然別の天地を見た人たちだ。我々の目に見える天地など彼らの目には入らない。下らなくて見る気にもならない。こんな天地は一気に踏みつけて、その彼方に出てしまわれたのだ。

魂の故郷《ふるさと》に天がある
目に見える天を治める別の天がある。(サナーイーの詩句)

無数の人々の中でたった一人の人が、こういう特殊な能力を稟けて、第七天にまで踏み込んだとしても、別に驚くには当らない。我々にしても、もともと土の同類ではなかったか。それを神に特別の力を与えられて、その力で同類の土から抜け出し、昔の同類の支配者となり、向うは我々に支配されるものとなった。こうして今では我々は土を思いのまま、どんなふうにでも扱える。上に持ってゆくこともできる。下におろすこともできる。土で家を建て、茶碗を作り水差しを作る。長くもできるし短くもできる。このように、かつては土であり、土の同類であった我々が、神から授けられた特別の能力によって土をぬきん出たとすれば、今度は、類を同じくする我々の中の一人が、神の許らいで類を超え、我々はその人に対して無生物のような立場に立ち、その人は我々を思いのままに扱う、というようなことになっても少しも不思議はないのではなかろうか。但しそうなっても、我々の方ではその人の存在に気づかない。向うがこちらを知っているだけだ。

ところで今わしは「気づかない」と言ったが、これは絶対的な意味で何一つ気づかないというのではない。何かに注意が向いていると、ほかのことには気づかないという意味で「気づかない」というだけのこと。土だって、無生物とはいえ、神から授かった力を或る意味では意識している（イブン・アラビー的な汎生命的世界観。宇宙的な生命のエネルギーが全存在界を貫流し、あらゆるものが生々躍動している。石ころのようないわゆる無生物も生きている。その意味で石にも意識がある。但しその生命があまりに微弱なので普通の人には生命がないと見える）。もしそうでなければ、どうして水を受容するだろう。一粒一粒の種をどうしてそれぞれに養い育てるだろう。

人が或る仕事に熱中し、それを一心不乱にやっている場合、その仕事を意識すればするほど他のことを意識しなくなる。つまり、ぼんやりしているわけだが、もちろんこれは何もかもすっかり忘れてぼーっとしているということではない。

みんなが猫を捕まえようとしたことがあった。どうしても捕まらなかった。ところが、或る日のこと、この猫が鳥を捕えようとして夢中になった。鳥を狙うことにかまけて、ぼんやりしているところを、人々はわけなく捕まえた。

こういう次第だから、我々は現世の事にうつつを抜かしてしまってはいけない。余りむきにならないことだ。現世のことに金縛りになってしまって、この人が気を悪くしはしないか、あの人が怒りはしないかと、いつもびくびくしていなければならないようでは困る。そんなことより、肝心なのは、あの隠れた宝物のようなお方(神)を怒らせないことだ。ほかの人たちなんか、幾ら怒ったところで、あの方がすぐ気持を変えさせて下さる。だが、あの方を怒らせたら、いやそれこそ大変、あの方の気持を変えさせてくれるような者はどこにもいない。

例えば、そなたが種々様々な品物を所有しているとする。乗っている舟が難破して沈みそうになった時、一体その中のどれをつかむか。みんな相当に大切な物ばかりだ。が、その品物の山の中から、一番高価な、一番貴重なものを一つだけつかみはしないだろうか。本当に立派な宝石、立派なルビーがたった一つでも残れば、それでほかの装身具など幾つでも作れる。

木の枝に甘い実がなる。実も木の一部分には相違ないけれど、神の御裁量で、その部分だけが特別扱いを受け、一頭地をぬきん出るのである。つまり他の部分には与えられない甘さがその部分にだけ置かれて、それでその部分は他の全てを圧倒し、木全体の精髄とも、木の最終の目的ともなる。「自分たちの中の一人が警告者(預言者)になったので、人々はびっくり仰天」(コーラン五〇章二節)というわけである。

「わしの精神的体験には預言者ムハンマドも神の側近の天使も入り込む余地がない」と称する人がいた。これを聞いて師はおっしゃった。

奇妙なことだ。人間のくせに、ムハンマドが入り込む余地のないほどの高い境涯にあるとは。ムハンマド御自身の境涯には、臭気鼻を突く貴様のごときやつまでちゃんと入る余地が残してあるというのに。

或る道化師が王様の御機嫌を直そうと思った（この話はほとんど同じ形で談話六に語られている）。王様がひどくふさぎ込んでおられるのを心配して、みんなが道化師に、うまくいったら褒美を取らせようと申し出た。燃える怒りを胸に秘めて、王様は小川のほとりを歩いていかれる。道化師は川の向う側を並んで歩いてゆく。だが王様は道化師など見向きもしなさらない。ただじっと水面《みなも》を見詰めたまま。困り果てた道化師が尋ねる、「王様、じっと見詰めていらっしゃいますが、一体その水の中に何が見えるのでございますか」と。「妻に間男された腑抜け男の姿が見える」と王様が答える。道化師すかさず、「奴《やつがれ》とて盲目《めくら》ではございませぬ」と。

ムハンマドが入る余地のないほどの境地に貴様ごときがいるのであれば、ムハンマドに臭気鼻を突く貴様すら容れて余りある境地があったとて当然ではないか。もともと貴様の到達した精神的体験などというものは、ムハンマドの祝福の余沢、ムハンマド（イブン・アラビーのいわゆる「ムハンマド的実在」、すなわち宇宙的生命の原理としての精神的ムハンマドを指す）の影響によるものにすぎない。ありとあらゆる神の賜は先ずムハンマドに下され、そこから改めてすべて他のものに分け与えられる——それが通則である。神御自らの次の言葉がそれを証《あか》しする。曰く、「平安あれ、預言者よ。神の慈悲、神の祝福、汝の上にあれ」と。つまり、すべての賜をわしは誰よりも先に汝に授けた、ということだ。そして、（「汝の上にあれ」という言葉に続けて）「また神のすべての僕《しもべ》らの上に、義《ただ》しき人々の上にも」と附け加えておられる。

神の道は嶮しい。積雪に閉ざされた道。最初に身を挺して馬を駆り、この道を通れるようにしたのはあの方（預言者)だ。この道を行く人は誰も皆預言者の好意ある手引きのお世話になっている。預言者は最初にこの道を見つけ、至るところに道標を置き、木札を立てて、「この方向に行ってはいけない、この方向に行け。あっちに行けば、かつてのアードの民やサムードの民(コーランに出る、伝説的古代民族。背信の故に滅亡した)のように滅亡するぞ。こっちに来れば、昔の信仰ある民族のように救われる」と告げる。要するにコーランは全巻を通じてこのことの説明である。「数々の明白な御徴《おしるし》がその中にある」(コーラン三章九一節)という。つまり、この道にはたくさんの道標を立てておいた、ということだ。もし誰かがそれらの木札のどれかを割りにかかれば、みんなが寄ってきて、「わしらの道をなぜ荒す。わしらを破滅させるつもりか。貴様は追剝だな」と抗議する。

ともかく、ムハンマドが先達《せんだつ》だということをとくと心得ておくことだ。先ずムハンマドのところに辿り着かなければ、神のところには辿り着けない。例えば、どこかへ行きたいと思う場合、第一番に理性が道を教えてくれる、「先ずどこそこへ行くがよい。必ずためになる」と言って。その後で目が手引きし、その後で四肢が動き出す。四肢が目のことを知っているわけではなく、目は理性のことを知っているわけではないけれど、必ずこういう順序を取るのである。

人間は元来うつけ者で(他人のことなど忘れ果てているが)、そんなうつけ者のことを外から見守っている者がある。現世のことに夢中になって、すっかり気を取られ、本当の仕事を忘れている。神の御心にかなうことをこそ旨とすべきだ。人間を満足させて何になろう。満足、愛、同情——すべて人間においては借り物である。神に貸していただいたものである。もし神がその気におなりにならなければ、そんなものは全然心の安らぎにもならないし喜びにもならない。どれほど幸福の条件が整い、美味い食物があり、贅を尽した生活をしていても、全て苦しみの源《もと》、悩みの種となるばかり。

考えてみれば、全てそういう幸福の手段となるものは、神の手に持たれた筆のようなもので、筆を実際に動かして字を書くのは神である。神がその気になられなければ、筆は動かない。ところが、お前がたは筆を眺めて、ここに筆があるからには手もあるはずだ、という程度のことしか考えない。筆だけ見えて、手は見えぬ。筆は見えるが、手はただ想像するだけである。口で言うことと、実際に目に見えているものが喰い違っている。

反対に聖者がたは、常に手を見ている。手を見て、「筆もあるはずだ」と考える。手の美しさに見惚れて、筆など眺める気もしない。ただ、「これほどの立派な手があって、筆がないわけがない」と考えるだけのこと。お前がたが筆の美しさに見惚れて、手を見ることを忘れているのとは逆に、あの方がたは手を眺めることの楽しさに、筆を見ることなどすっかり忘れておられるのだ。例えば、お前がたが大麦のパンが美味しくて、小麦のパンを思い出そうともしないのに反して、あの方々は小麦のパンを食べておられるので大麦のパンなど思い出しもしない、というようなもの。地上で与えられた歓楽があまり大きいので、お前がたは天に行きたいとも思わない。実は天こそ本当の歓楽の場所であるのに。天こそ地の生命の源泉であるのに。天に住む人々は、地上のことなど念頭にない。

お前がたの味わう歓喜と快楽を、第二次的な原因から生じるものと勘違いしてはいけない。歓喜や快楽が本当にそのような原因にひそんでいるわけではない。みんな借り物なのである。「害するも、益するも、全て神の御働き」と言われる通りである。害も益もことごとく神に淵源するものと知った上は、第二次的な原因などにしがみつくことはないはずだ。

「語数が少くて意味の深いのが最上の言葉」(古アラビアの格言)という。最上の言葉とは意味の深い言葉。語数の多いのがよい言葉なのではない。「告げよ、これぞ、アッラー、唯一なる神」(コーラン一一二章、全篇僅か四節)の語数は実に少い。だが、あの長い「牝牛」の章(コーラン二章。コーランの中で一番長い)よりも、意味の深さにおいて勝っている。ノアは千年の間、教えを弘めたが、四十人しか信徒が得られなかった。これに反して預言者(ムハンマド)が教えを弘めた期間は知れたものだが、西に東にあまたの国々が信仰に入った。それればかりか、多くの聖者や精神界の大物がその跡に輩出した。だから言葉の数が多いか少いかが問題ではない。意味の深さが問題なのである。

或る人々にとっては、言葉は多いより少い方が意味が深い。ちょうど煖炉のようなもので、火の勢いがあまり猛烈だとかえって役に立たない。そばに近づくことすらできない。弱いランプが様々の役に立つのと同じ理屈だ。要するに実際に役に立つことが眼目なのである。

或る特別の人々に至っては、何も言葉を聞かないことが一番意義がある。直接に目で見るだけで充分であり、それが一番役に立つのである。言葉など聞くとかえって害になる。

或る人がはるばる印度から、さる偉大なスーフィを訪ねてきた。タブリーズの都まで来てそのスーフィーの庵《いおり》に辿り着いた時、庵の中から声が聞えてきた、「帰れ。そなたのためにはその方がいい。そなたがここに辿り着いたということに意味があるのだ。師に逢えばかえって害になる」と。

数が少くてしかも意味の深い言葉とは、火の点ったランプが、まだ火の点っていないランプにそっと唇を触れて、そのままどこかへ行ってしまうようなもの。それで充分であり、それで目的は果されるのである。

預言者といっても、あの肉身の人が預言者なのではない。肉身の預言者は実は預言者の乗る馬にすぎない。預言者はあの情熱だ。愛だ。それだけが永遠不滅の預言者である。サーリフの牝駱駝(コーラン一一章六四節以下にこの話が出ている)もその一例であって、あの牝駱駝は預言者サーリフの目に見える形なのである。本当の預言者は情熱であり愛であって、それだけが永遠に存続する。

礼拝堂の尖塔の上で、どうして神だけを讃えずに、ムハンマドの名まで挙げるのでしょうかと質問した人があった。師はこうお答えになった。

ムハンマドを讃えることは結局神を讃えることだ。これはちょうど、誰かが次のように言う場合に似ている。「神が王様に長寿をお授け下さいますように。それからまた私を手引きして王様に近づけてくれた人にも」と。あるいはまた、「それから私に王様の名前と性質とを教えてくれたあの人にも」と。そのような人を讃えることは、実は神を讃えることなのである。

預言者はお前がたに言う、「わしに何かくれぬか。わしは無一物だ。外套でもいい、金でもいい、着物でもいい。なんでもいいからわしにくれぬか」と。預言者ともあろう方が、外套や金を貰ってなんとしよう。ただ、お前がたの着ているものを少しでも軽くして、太陽の温かみが肌に届くようにしてやろうとの御親切だ。「アッラーに対しては立派な貸付けをしておくことだ。」（コーラン七三章二〇節）

神がお前がたから要求なさるのは財産や外套だけではない。始めからもっとたくさんいろいろなものを戴いて持っているではないか。決して財産だけではない。知識も思想も知恵も思考も。つまり、「ほんの一瞬でもいい、自分の思考と思想と思索と理性とをわしのために費してくれぬか。もともと財産も、わしが与えたそういう手段を使って手に入れたものではないか」とおっしゃるのだ。神は鳥にも、鳥を捕る網にも税金をおかけになる。

もし素裸になって太陽に身を曝すことができるなら、それに越したことはない。この太陽は肌を焦がしはせぬ。反対に真っ白にしてくれる。だが、もしそれができないのなら、せめて着物をできるだけ軽くして、太陽の温かみを味わうことだ。久しく苦味に慣れてきた身だ。少しは甘味をためしてみるがよい。

談話　其の六十四

この世で、人が学習と勉強で獲得する知識はことごとくもの（現象的事物）の知識であり、死んだ後に（「死」とはここでは精神的死、自我の死を意味する）始めて実現する知識は霊性の知識である。「我こそは神」（前出、ハッラージュの有名な「酔言」）と知ることはものの知識であり、「我こそは神」に成ることは霊性の知識である。ランプの光や火を見ることはものの知識であり、火の中で自ら燃え尽し、ランプの光の中に消融してしまうことは霊性の知識である。何によらず、そのものの本性を直観することは霊性の知識。何によらず、ただそのものを外から知ることはものの知識である。

直観、直接にものの本性を見抜くことだけが実在を知ることであって、その他の知識は全てものの形象を知ることにすぎない、と考えていい。例えば、建築家が構想を練って学校の建物を心に描く。どんなにその構想が正確でぴったりしたものであっても、それはただの想像図である。実際に学校を建て上げた時に、始めてそれは実在となる。但し、同じく形象といっても、個々の形象の間には違いがある。アブー・バクルとオマルとオスマーンとアリー（初代から四代までのカリフ）の心の中にあった形象は教友がたの形象より高尚だった。一つ一つの形象の間にある距りは実に大きい。例えば学識豊かな専門の建築家が心に描く家の形象は、建築家ならぬ普通の人の持つ家の形象とは比較にならぬ。建築家の形象は実在性により近いからだ。

同様に、あちら側の精神的実在の世界にあっても、見るものが一つ一つ無限に違うのである。だから、（神と人との間には）暗黒の幕帳《とばり》が七百もあり、光の幕帳が七百もあるというが（スーフィズムで有名なハディース。神秘道の修行の道程において、人は絶対者に到達するまでに七百の闇の幕帳と七百の光の幕帳を通り抜けなければならない）、およそ形象の世界に属するものは暗黒の幕帳であり、霊的実在の世界に属するものはすべて光の幕帳である。形象の織りなす暗黒の幕帳は、全て黒一色で区別がつかない。違いがあまり微妙で見分けることができないのである。だが、霊的実在の方も、実に深遠な違いがそれぞれの間にあるにもかかわらず、この相違を識別することはできない。

談話　其の六十五

地獄に住んでいる人たちにとっては、この世にいるよりも地獄にいる方が幸福だ。というのは、この世では神のことなどすっかり忘れているのに、地獄では神を意識せざるを得ないからである。神を意識する――これほど楽しいことはない。だから、あの連中がそれでもこの世に戻りたいと願うのは、この世が地獄より楽しいからではなくて、神の慈愛の顕現を味わえるように何かこの世で善行をしたいという気持からである。

信仰を装う贋信者は奈落の底に落される。それは、せっかく信仰の機会があったのに、不信が強すぎて実践に踏み切れないでしまったからである。彼らに神を意識させるには、並はずれた罰でひどく痛めつけてやらなければならないのだ。

これに反して、本当の不信仰者は、もともと信仰に入る機会もなかったことではあり、不信の心も弱いので、軽い罰ですぐ神を意識するようになる。

例えば、ズボンに塵がつく。絨毯にも塵がつく。ズボンの方は一人の人間がちょっと振れば、それで塵は落ちてしまう。ところが絨毯となると、四人がかりで強く振らなくてはきれいにならない。

地獄の住民どもが（天国の人々に声をかけて、）「水を私たちの上に注ぎかけて下され。いや、水でなくとも、貴方がたがアッラーから戴いたもの（楽園の果実）を投げて下され」（コーラン七章四八節）と叫ぶ。本当の食物や飲み物のことを言っているのでは決してない。「貴方がたが体験したこと、貴方がたの上に照らす霊的光を我々にも分けて下さい」という意味である。

コーランは花も恥じらう新妻のようなもの。面紗《ベール》を引いて脱がせようとしても、いっかな顔を見せてはくれぬ。コーランを幾ら研究してみても、なんの喜びもなく、悟ったということもないのは、こちらが面紗を脱がせそこなったからで、その上、向うはこちらを騙しにかかり、醜い顔を出してみせる。「私、貴方の憶っていらっしゃるような美人じゃなくてよ」というわけだ。どんな顔を出してみせるか、それは向うの思うまま。しかし、こちらがやたらに面紗を引っ張ったりせず、向うの満足のいくようにとのみ念願し、そっと畑に水をやるように遠くから世話をやき、向うが一番喜びそうなことを一所懸命やっていれば、何も面紗などはぎ取らなくとも向うから顔を現わしてくれる。

特に神に選ばれた人を探し求めることが肝要だ。「さ、わし（神の自称）の僕《しもべ》らの仲間になるがよい。わしの楽園に入るがよい」（コーラン八九章二九—三〇節）と言われている。

神は誰にもかれにもじかに話しかけられるわけではない。この世の王者だって卑しい身分の者に直接言葉をかけたりはせぬ。大臣とか代理公とかいうものが一応設けてあって、普通の人はそれを通じて王様に近づく。神もまた特別な人間を選んでおかれる。誰でも神を求める者はその人を通じて神を見出すという仕組である。あらゆる預言者は、正にこの目的のために来たのである。彼らのほかに、神への道はない。

談話　其の六十六

シラージュ・ッ・ディーン（ルーミーの門弟の一人）が「或る問題を論じた時、私の内部に何か痛むものがあるのを覚えました」と言った。

師はこう仰っしゃった。

そなたにそのことを話させまいとする監督者がいるのだ。その監督者は肉眼では見えないけれど、何かに憧れたり、抑えがたい衝動が起ったり、苦しみを感じたりする時に、監督者がいるということがはっきり分る。

例えば、川を泳いでゆく。ふと、花の気配、馥郁たる芳草の気配を感じる。だが向う岸に泳ぎ着いてみれば、茨の棘が手足を刺す。両岸の光景はまだ定かに見えなくとも、それだけでもう、向う岸は荊棘のおどろに茂る一面の荒野、こちら側は薔薇の花咲き乱れる楽しい花園だな、とはっきり分る。じかに感じるとはこれを言うのだ。じかに感じたものは目で見たり聞で耳いたりするものよりもっと明確である。例えば腹がすき、喉が乾き、怒り、喜ぶ。こういうものはどれも感覚の対象ではない。だが感覚の対象よりもっとはっきりしている。目で見えるものは目を閉じればすぐ見えなくなってしまうが、空腹感はどんなに策を弄しても消すことができない。同様に、熱い料理を見た時の熱い感じ、いろいろな食物の示す冷さ、甘さ、苦さの感じ、そういうものは感覚の対象ではないが、感覚の対象よりもっと直接訴えてくる。

お前がた、どうしてそんなに身体のことばかり気にするのだ。身体がお前がたとなんの関わりがある。現に、身体に構わず立派にやっているではないか。夜眠っている間は、身体のことなど忘れている。昼間は昼間で、仕事にかまけて忘れている。年中、身体から離れている。一時間と身体と共にいないくせに、いつも離れ離れでいるくせに、なぜそう身体のことをびくびく心配するのか。お前がたの真の自己とお前がたの身体とはまるで別の場所にいるのだ。「そなたのいるのはあっちの谷間、わしのいるのはこっちの谷間」(古アラビアの諺)だ。

身体というやつは大層なまやかしものだ。身体は自分で自分のことを死物だと考えている。その通り、本当に死んでいる。

いや、全く。お前がた、実は自分の身体となんの関わりもないのだ。身体は大変な目隠しである。かのファラオの妖術師たちですら、ちょっと目が開けると、すぐさま身体を犠牲にしてしまったではないか。自分らが身体なしに立派に存続すること、身体が本来自分になんの関わりも持たないということをたちまち見て取ったのであった。同様に、アブラハムもイスマイルも、その他の預言者や聖者がたも、目が開けるとたちまち身体を超越し、身体が存在するとかしないとかいうことを超えてしまった。

ハッジャージュ(ウマイヤ朝、イラクの総督として悪名一世に鳴り響いたハッジャージュ・イブン・ユースフのことか。但しこれには多少の疑問がある)が或る時、麻薬を服用し、頭を戸にもたせかけてわめいていた、「戸を動かさないでくれ。動かすとわしの頭がおっこちる」と。自分の頭が胴体と離れ離れになって、ただ戸に支えられて落ちないでいるものと思い込んでいたのだ。我々や一般の人々の状態も正にこの通りで、自分が身体と結びついている、あるいは身体に支えられて危く存続していると思い込んでいるわけである。

談話　其の六十七

「神はアダムを己が姿に似せて創り給うた」(ハディース、前出)。人間は誰でも己れを顕わす場所を求めるものだ。面紗《ベール》の蔭に隠れながら、ちらりちらりと顔のぞかせて、剃刀の切れ味でも試すように、好きな男の心を試す——そんな女が世の中にたくさんいる。

恋する男が己れの恋人に言う、「私は眠れませんでした。何も食べられませんでした。貴女が来て下さらないので、こんなことになりました。あんなことになりました」と。その旨《こころ》を釈《と》いて言えば、「あなたは御自分を顕わす場所を求めていらっしゃる。私がその場所です。御自分が愛されているということをひけらかすによい場所はこの私です」といったところであろう。

同様に、学問ある人、一芸に秀でた人は、みんな自分の学問や技能を顕わす場所を求める。「かつてわし(神の自称)は隠れた宝物であった。わしは知られたいと思った」(ハディース、前出)というわけで。

「アダムを己が姿に似せて創り給うた」という。「己が姿に似せて」とは己が属性にならって、という意味である。だから、神の様々な属性が全ての人間のうちに映し出されている。それというのも、万有は神の影であり、影がそのもとになるものに似るのは当然のことである。五本の指を広げれば、影も広がる。身をかがめれば影もかがむ。身体を伸ばせば影も伸びる。

だからおよそ本性上、何かを求めるほどの被造物は、誰もが自分を愛し誰もが自分の言うことを聞くことを要求するような、そして誰もが自分の敵には敵となり、自分の友には友となることを要求するような、究極的な恋人、究極的な愛人(神を指す)を求めてやまぬものである。今挙げたことは全て神の性質、神の属性なのであって、それが神の落す影の中に現われてくるのである。

つづめて言うと、この我々の影は我々に気づいていない。だが我々の方では影をちゃんと意識している。しかし、幾ら意識しているといったところで、神の知識に比べれば全く無意識に等しい。人の身に備わったものが全部影の中に現われるわけではない。現われるのはごく一部だけである。従って神の属性がそっくり我々という神の影の中に現われるのではない。一部現われるだけである。「汝らが元来授かっている知識はまことに些少なもの」(コーラン一七章八七節)とある通りである。

談話　其の六十八

イエスに誰かが、「神の霊よ、この世とかの世とを通じて一番大変な、一番難しいことは何でありましょう」と尋ねた時、イエスは「神の怒りだ」と答えた。「ではどうしたらそれから救われましょう」と尋ねると、「先ず汝の怒りを制すること、汝の瞋恚《しんい》を抑えることだ」と答えたという(この原文アラビア語。イエスの言葉として広く回教徒の間に伝えられていたものである)。

これこそ正しいやり方だ。自分の心が誰かに不平を言い出しそうになったら、その逆を行って、感謝の意を表わす。しかもそれをうんと極端にやって、遂には本当に自分の胸の中に相手に対する愛が生れてくるようにする。たとい嘘でも有難い有難いと言うことは、神の愛を求めることである。

これと同じようなことを、偉大なる我らの師(ルーミーは自分の父バハーウ・ッ・ディーン・ワラドを「偉大な師」として尊敬する。神秘道においては父であっても他人であっても区別はない)が言っておられる。曰く、「被造物についてとやかく文句を言うことは、創造主についてとやかく文句を言うことである」と。また曰く、「敵意と憤怒は無意識の領域にひそんでいて、自分にもはっきり分らない」と。

火から火の粉が飛び散るのを見たら、すぐ消してしまえばいい。消して元の無に戻してやることだ。それを反対に硫黄を投げ込むようなことをすれば、つまり言い返したり、非難の言葉を投げつけたりすれば、ますます燃えさかって、火の粉は際限なく無の中から現われてくる。そうなったら、もう容易には元の無に返せない。(悪をしかけられたら)「それを上回る善いことをして、それでその悪を払いのけるがよい」(コーラン二三章九八節)とある。

結局、敵に勝つに二つのやり方がある。第一のやり方はこうだ。そもそも、敵とはその人の肉や皮膚ではない。本当の敵は(双方の胸にひそむ)悪い想念だ。それを、うんと感謝することによって、こちらの心から追い出してしまえば、自然に向うの胸からも消える。第一に、生れつき「人間は善行には弱い」(アラビアの格言)ものだし、第二に、そんなことをしてもなんの役にも立たないということを相手に悟らせることにもなる。

悪童どもによく見られることだが、みんなが中の一人を罵ると、その子も負けじと罵り返す。そうなると、言葉が見事に功を奏したというので、みんなはますます煽り立てられる。ところが、幾らか悪口言っても相手がちっとも動じない、なんの効果もないということになると、罵りたい気持もなくなってしまう。まあ、そういったところだ。

第二のやり方はこうである。相手を赦す性質がこちらにあることがはっきりすると、相手は自分の誹謗が見当違いの、歪んだものであったことを悟る。つまり、こちらをあるがまま見ていなかったのだ、結局悪いのはこちらではなくてあちらだったのだということが分る。自分の言葉が嘘だったとばれるほど敵に恥ずかしい思いをさせるものはない。つまり、感謝の気持で相手を褒めることが、敵に毒を飲ませることになるのだ。なぜなら、向うはこちらの欠陥を発きたてようとしているのに、こちらは自分の完全さを見せつけるようなものだから。本当に神に愛されているのはこっちだということを見せつけてやるのだ。

怒りを抑え、(他人《ひと》に害を加えられても、)すすんで赦してやる人たち。アッラーは善をなす人々を愛し給う。(コーラン三章一二八節)

神に愛されている人に欠陥はない。すすんで己れの敵を褒めるがよい。相手の味方すら、「あの人とあんなに気が合っているからには、恐らく我々とどこか合わないところがあるんだろう」と考えるまでに褒めそやしてやるがよい。

威張り返ったやつらでも
　そーっと髭を抜いてやれ
どっしりと頸の据わったやつらでも
　ぽっきり頸を折ってやれ。(サナーイーの詩句)

だがそれも、神の御加護なしにはできはしない。

談話　其の六十九

人間と神の間を隔てる幕帳《とばり》は、ただ二つあるだけ。そのほかにもたくさん幕帳はあるが、みんなその二つから出てきたものだ。一つは健康、もう一つは財産。

身体が丈夫なうちは、「神様なんてどこにいる。わしは知らない。わしには見えぬ」などとそら嘯いていた人が、辛い病気にかかるや否や、たちまち「神様、神様」とやり出す。急に神様と仲良しになり、なんでも打ち明ける間柄になる。健康が幕帳であることがこれでよく分る。病苦の下に神はひそんでおられたのだ。

財産があり裕福に暮している間は、人は自分の欲望を満たす手段を自分で作り出す。昼も夜もそれで頭が一杯だ。ところが、貧困が顔を見せ出すと、たちまち弱気になって神様のまわりをうろつき始める。

飲んだくれ、財布も空《から》になったので
　それでこうしてやってきたのか
とは言うものの、このわしは
飲んだくれて財布も空のそちがいとしい。（誰の詩句か不明）

神はファラオに四百年の長きにわたって、生命と王国と王権とを許し、欲望の限りを尽させ給うた。それがみんな幕帳《とばり》だった。彼を神から遠ざけて、その御前に出られぬようにする幕帳だった。一日たりとも望みの遂げられぬことはなかったし、苦痛を味わったこともなかった。が、そのために神への思いは彼の心に絶えて起らなかった。神はファラオに言われた、「己れの欲望にうつつを抜かしておるがよい。わしのことなど忘れていてほしい。では、おやすみ」と。

かのソロモン王ですら
己れの王位に飽きが来た
だがヨブは、いつまでも
己れの苦悩に飽きはせなんだ。（ルーミーの詩句）

談話 其の七十

人間の魂の中には動物や野獣にはない悪がひそんでいる、とよく世間では言う。これは、人間が禽獣より悪いという意味ではない。魂の善い性質や悪い性質、人間の中にある様々の浅ましくおぞましいものを、同じく人間の奥底にひそむ隠れた高貴な宝物との関連において考えてこう言っているのだ。そのような様々の性質、下劣さ、浅ましさは、全てその宝物を覆い隠す幕帳《とばり》である。内なる宝物が高貴で立派で尊ければ尊いほど、それを隠す幕帳も大きい。つまり、おぞましく下劣な性格が原因となって、その宝物の覆いができてくるのである。この覆いは、大変な苦労をしなければ、到底取り除けるものではない。

その苦労にもいろいろあるけれど、中でもすぐれたものは、顔をすっかり神の方に向け、この世には背を向けた人々を友として親しく交わっていくことだ。心の正しい友達と一緒に坐っていることほど世に辛いことはない。なぜなら、そういう人たちに交わることは、欲情の源泉となる魂そのものの溶解と消融を惹き起すからである。さればこそ、四十年間人間を見なければ、蛇は邪悪な竜に化すると言われている。つまり、己れの悪性とおぞましさを溶解させてしまうものを全然見ないということである。

大きな錠前がかけてあれば、それは内に高貴で高価なものがあるということ。大きな幕帳がおろしてあれば、内の宝物がそれだけ立派だという証拠。大きな蛇が宝物の上にいるのだ。お前がたも、わしの醜い外面を見ずに、内なる貴い宝を見てほしい。

談話　其の七十一

恋しい女《ひと》の言うことに、「誰とかさんとやらいうあのお方、一体、何を生き甲斐に生きておられることじゃやら」

と。

鳥に翼あり、知者の思念にも翼があるが、同じ翼でも役目が違う。鳥はその翼で一つの方角に飛んでゆく。が、知者は、その思念の翼であらゆる方角を飛び超える。

総じて、馬には厩《うまや》あり、家畜には囲いあり、すべての鳥にはそれぞれに帰る巣がある。

ジャラール・ッ・ディーン・ルーミーのこの秘教の書をその聖廟の中でここに書写し了える。時に回教暦七五一年、祝福されたラマダーン月の四日、金曜日。それがしは、絶対無依なる神にひたすら縋りつつ生きるバハーウ・ッ・ディーン・アーディリー・サラーイーと申すマウラウィー教団の一員。神よ、この頼りなき者の終りを美しく荘厳し給え。すべて御心のままに、おお、汝、全世界の主よ。

解説

ペルシャといえば、多くの人は先ず詩を憶い、ペルシャの詩といえば先ずハーフィズとルーミーを憶う。ペルシャは詩の国、詩の花園だ。古来、幾人のすぐれた詩人がこの国に現われたか分らない。ペルシャ文化は――ルーミー自身の表現を使えば――詩歌の花繚乱と咲き、ポエジーの芳草かぐわしく薫るところ。だが、抒情詩、叙事詩、物語詩、等々と様々に形と精神を異にする詩の世界で、詩と神秘主義《スーフィズム》の内面的合一という点では、ルーミーを抜く人は一人もいない。そういえば、ペルシャはまた伝統的にイスラームの神秘主義、世にいわゆるスーフィズムの中心地でもある。

常人には容易に窺い見ることのできない深遠な神秘主義的実在体験の底から、美しい形象が止めどなく湧き出してくる。それらの形象は互いに衝撞し合い、縺れ合いながら一種独特のリズムの起伏に乗って言葉に転成する。様々な段階と次元における実在体験を美しい詩的形象に移すことのできる天才的詩人はペルシャには幾らでもいる。だが、ルーミーの詩のリズムだけは誰にも真似のできない特異なものと言われている。彼の詩を名手が朗誦する時、聴く人は恍惚境に誘い込まれる。深い瞑想の境位において人の意識を包むあの不思議な陶酔の世界がそこに開示される。本書の一節でルーミーが自分で言っているように、それはもうルーミーの言葉ではない。言葉がどこからともなく現われて、どこかへ流れてゆくのだ。そしてこの言葉の流れには一種の名状しがたいリズムがある。このリズムの起伏と屈曲は神秘家の瞑想的意識の起伏と屈曲である。ルーミーにおける詩と神秘主義の融合とは、およそこのような性質のものである。神秘主義的体験の内容を詩的言語によって表現し描写したというようなことではそれはない。詩的体験がすなわち神秘主義的体験だというのである。ここでは言葉そのものが酔っている。表現された意味に陶酔があるだけでなしに、意味を離れて、言葉の流れそのものに陶酔があり、言葉がそれ自体で神秘主義的陶酔なのである。これがルーミーのポエジーの真髄だと私は思う。

だが、以上は特にルーミーの「シャムス・タブリーズィー詩集」に当てはまることであって、詩人としてのルーミーにはこれとは本質的に違うもう一つの側面がある。そしてその別の側面は、世に名高い「精神的マスナウィー」によって代表される。

ルーミーから約二世紀後、西暦十五世紀に出た詩人ジャーミーは、この「精神的マスナウィー」を評して「ペルシャ語のコーラン」と言った。ジャーミーは自ら天才的な神秘主義的詩人であっただけでなく、第一級の学者・思想家であり、イブン・アラビー系の形而上学者でもあった。「ペルシャ語のコーラン」というのは、コーランを天啓の書、神の言葉として熱狂的に尊信するイスラーム世界においては、実に容易ならざる表現だ。彼がこのような、大胆不敵な、というよりむしろ不遜で瀆神的でさえある表現を敢て使ったことは、「精神的マスナウィー」に接した彼の感激がただならぬものであったことを物語る。そしてまた、この作品がペルシャ文学史においていかに高い位置を占めるかということも。事実、「精神的マスナウィー」は爾後七百年にわたって無数のペルシャ人に愛誦され、感嘆され、無数の人々にスーフィズムの醍醐味を味わわせつつ、「ハーフィズ詩集」と共にペルシャ詩歌の最高峰として現在に至った。

「精神的マスナウィー」は、今言ったように、純然たる神秘主義的作品である。標題の「精神的《マアナウィー》」という形容詞が、釈義的に表現しなおせば「神秘主義的直観に基く」とか「神秘主義的体験において開示される実在の真相に淵源する」というほどの意味であることによってもそれは分る。事実、全篇約二万六千行に及ぶ六巻のこの作品の中軸をなす根本思想、それを具象化するための詩的形象、それを読者の心にじかに伝えるための無数の物語等はすべて神秘家としてのルーミーの生々しい実在体験の反映である。「精神的マスナウィー」は、この意味において、正しく神秘主義的あるいはスーフィー的実存の自己提示であり告白の書である。この点では「シャムス・タブリーズィー詩集」と少しも違わない。ただ一つだけ根本的に違うところがある。それは「精神的マスナウィー」が陶酔の詩ではなくて反省の詩であるということだ。

「シャムス・タブリーズィー詩集」には意識の陶酔があった。陶酔した意識が陶酔した言葉を語っていた。これに反して、「精神的マスナウィー」の意識は醒めた意識である。神秘主義的瞑想の実在体験がそのままじかに語り出すのではなくて、そういう実在体験の深淵を、ここでは醒めた心、醒めた意識が反省し、反省的意識によって捉えられたものが言語の次元に移される。必然的結果として、この作品は内容的に著しく哲学的である。ここでは神秘家は形而上学者に変貌している。という意味は、神秘主義的実在体験の内実が、一応、反省的思惟の操作によって形而上学的世界像に作り変えられているということだ。しかし、時代を同じくした偉大な神秘哲学者イブン・アラビーやその高弟で、またルーミー自身の親友でもあったサドル・ッ・ディーン・コニヤウィーとは違って、彼はこの形而上学的世界像を哲学として提示することはせず、美しい詩的形象の長い断続的な連鎖、あるいは厖大な累積としてのみ表現した。それが「精神的マスナウィー」である。だからこの作品は根本的に哲学的性格のものでありながら、その哲学性は、我々が一見哲学的思惟とはなんの関係もなさそうに見える詩的形象を一度哲学的に解釈し直さなくては露出しないような哲学性である。

以上のような意味において、「精神的マスナウィー」は「シャムス・タブリーズィー詩集」に比べて、同じく神秘主義的詩とはいっても、はるかに複雑な内的構造を持っている。しかも面白いことに、と言うよりはその複雑な構造をさらに複雑にするものとして、「精神的マスナウィー」における言語の陶酔的性格という事実がある。

「精神的マスナウィー」が神秘主義的実在体験の生の声ではなくて、そこに反省的思惟が介入しており、醒めた意識によって再構成された神秘主義的陶酔の詩的表現であることはすでに説明した通りであるが、不思議なことにこの詩的表現の言語には依然として陶酔がある。言葉のリズムの流れは依然として陶酔しており、またこれを朗誦する人の意識を言い知れぬ陶酔に誘い込む。所詮ルーミーは生れついての陶酔的詩人だったと言ってしまえば簡単かもしれない。が、それでは余りに簡単すぎる。後で説明するように、表面にこそ出さないが、ルーミーはスコラ哲学の教養を完全に身につけた学者でもあったのである。そのルーミーが、一たん原初の神秘主義的陶酔から醒めて、反省的に分析したものが「精神的マスナウィー」の主題であり内容であるからには、そこに見られる言語的陶酔が原始の実在体験の陶酔のそのままの反映であろうとは到底考えられない。

私はこれを形象的体験の次元における新たな形象的陶酔の言語的反映として理解したい。そしてこのことはルーミーという人の内的実存的構造を理解するための重要な鍵であると思う。ルーミーは根本的に形象《イマージュ》の人であった。一切が彼にあっては形象となる。いや、形象にならざるを得ない。いかなる体験も、哲学的反省的思惟でさえも、必ず形象として、形象の次元で展開する。ルーミーの思惟形態は、本質的に形象的思惟である。そしてこれは、彼の実在体験の全てが形象的体験であることの一部である。元来言詮不及、一切の形象を超え、形象化を拒絶する「無」の体験——これを術語的にファナー(fanā')「自我消融」という——ですら、ルーミーにあってはたちまち形象の生起として甦る。この意味で、彼の実在体験は形象体験である。

何を考え、何を感じ、何を経験しても、それは必ず直ちに意識の形象的次元を刺激し、形象的次元に反映して鮮明な映像を生む。形象を超えた無象の観念をも、形象以下の質料的事物をも共に形象化し、一切を形象として構成し直し形象として体験し直す、この意識の次元をスーフィズムは一つの独立した存在領域として措定し、これを術語的に「根源的形象の世界」('ālam al-mithāl)と呼ぶ。それはあらゆる形象の住む特殊な国である。本来形象を超えて形象を持たぬ純粋観念はこの世界に降りてきて形象に受肉し、粗大な物質の塊《マス》としての形を持つ経験的世界の事物もまたこの世界に昇ってきて精緻で幽微な形象と化す。ルーミーは、少くとも詩人としてのルーミーは、正にこの「根源的形象の世界」の住人である。

凝然たる絶対不動の境位を出て、いささかでも意識が動けば、たちまち限りない形象の群れが生起する。底知れぬ泉から湧き出る水のように次から次に形象が渦巻いて湧き上る。或る時は風のごとく軽快に、或る時は愁いに充ちて沈みがちに、或る時は奔放潑剌、或る時は春色駘蕩、様々な形象が彼の内的空間を充たしてゆく。自由自在に流動し跳梁し奔逸するこれらの形象にはそれ自体の昂奮と緊張と陶酔があるのだ。彼らは勝手に自分の言葉を選んでそれと結びつき、そのまま言語的表現の次元に出る。こうして形象の陶酔が言語的陶酔に転成してゆくのである。

もうこうなれば、言葉はもはや彼の統御の下にはない。自分自身のリズムの起伏を描きつつ流れてゆく言葉を彼はどうすることもできない。本書、『ルーミー語録』の一節で、彼はこう述懐する。「わしは自分で自分の言葉がどうにもできない。それがわしには辛い。……それがわしの悩みの種だ。だが、わしの言葉はわし以上のものであって、わしはただ口から出てゆく言葉の赴くままに従ってゆくばかり、とそう考えれば、また嬉しいことでもある。」なぜそれが嬉しいことでもあるかといえば、そのような抗し難い力をもって彼を引っ張ってゆく言葉に、彼は宇宙に遍満する神的創造のエネルギーの奔出を感得するからである。

だからまた、このような陶酔に無縁の言語、俗物の語る無形象的言語を彼は軽蔑する。「言葉なんか大したものではない」と彼は言う。不世出の言葉の天才と万人に認められる彼がこんなことを言うのだ。「大したことがあるはずもない。要するに言葉は言葉にすぎない」と。また、「言葉はほんのうわべごとだ」、本物ではない、とも言う。「元来、言葉というものは、言葉に頼らなくては理解できない人のためにあるものだ。言葉なしに理解できる人にとって言葉の必要がどこにあろう。本当は、天も地も、分る人にとっては全て言葉なのではないか。」できることなら何も喋らない方がいいのだ。言葉は俗物にものを分らせるための方便にすぎない。

だが、それでもルーミーは喋る。喋らざるを得ない。今まで言ってきたことで幾分は明らかになったと思うが、「喋る人」としてのルーミーには二つの違った側面がある。一方において、彼は形象の力に突き動かされて喋る。と言うより、形象が自分で昂奮し、自分で語り出す。彼がそれを望むと望まないとに全然関係なく、止めどなく生起し湧出する形象が自分自身の内的自律性に従って自分を言語化してしまうのである。そのような時、言葉はおのずからにして詩的陶酔となる。そしてこういう形象の湧出の源に彼は神を見る。従って言葉は彼にとってここでは彼の言葉ではなくて神の言葉である。この点についてルーミーには確固として動かすべからざる自覚があった。「神がわしを通して語る言葉、それは至るところに生命を撒き散らし、至るところに燦爛たる跡を残してゆく」と彼は言う。自分の詩的実存のこのような側面を顧みて、「わしは自分がしみじみ幸福な人間だと思う」と彼は言っている。

だが、ルーミーにはこれとは全く違った他利的、他受用的側面があった。現実の中に積極的に働き出していって、他の人々のために、ものの分らない人々に少しでもものを分らせてやりたいという慈悲的動機から言葉を喋らないではいられないという側面もあった。できることなら何も言わずに黙っていたい、というのはこの側面のことである。だが、喋らなくてはならない。

「せっかくこうしてわしを慕って集まってこられるこの親しい人々を退屈させまいために、彼らの無聊をまぎらすために、わしは詩を詠む。それほどまでにわしは気を遣っておるのだ。そうでなければ、わしがなんで詩など作ろう。本当のことだ、わしは詩などちっとも好きではない。いや、本心を言えば、詩ほどいやなものはないのだ。ちょうどそれは動物の臓腑を料理して手を突っ込み、どろどろにかきまぜる人のようなもの。ただお客の食欲のためにそんなことまでやらなければならぬ。お客の食欲が臓腑に向っている以上、どうしてもそうせざるを得ないのだ。」そして彼は面白いことを言う。「わしの生国では、詩人として身を立てることほど恥ずべき仕事はないと一般に考えられている。わしにしても、もしあのまま生国にとどまっていたら、きっとあの地方の人々の性分に合ったような生き方をしていたに相違ない」と。

注意すべきことは、しかし、このような第二義的な状況で、このような第二義的性質の詩を作る場合でも、彼は依然として形象の人だということである。感情も情緒も思念も、全ては、前にも言ったように、鮮かな形象に転成する。従ってそのような形象の自己表現としての言語もまた著しく形象的言語である。形象的言語とは、ここでは象徴性を帯びた言語のことである。象徴的言語はルーミーにおいて、通常、具体的には比喩、隠喩、寓話として展開する。

しかもこのことは、ただ彼の詩にだけ当てはまる特徴ではない。散文ですらそうなのである。現に、先刻引用した詩に関する『ルーミー語録』の一節は、別に今言ったことの実例を示そうと思って引用したものではないけれど、この短い文章の中でも、第二義的詩作にたいするルーミーの感覚、なんとも言いようのないいやな感じ、危うく嘔吐を催したくなるような気持が、お客をもてなすために、いやいや動物の臓腑に手を突っ込んでどろどろにかきまぜる人の形象で表わされている。こんな例は『ルーミー語録』の中ではざらである。事実、「譬えば……」「譬えて言えば」という表現が本書にどれほど頻繁に出てくることか。どんな思想も観念も、ルーミーの頭に浮ぶや否や形象に受肉し、「譬えば」になるのである。

ルーミーがあまり譬えば、譬えば、と言い続けるのに嫌気がさして、「先生、譬えばなしで話していただけませんか」などと失礼なこと言い出す弟子もいたらしい。本書では、これは誰かほかの師匠のこととして描かれているが、たとい実際にはほかの誰かに起ったことであるにしても、結局ルーミー自身の問題であったことは明らかである。この生意気な弟子に向って先生はこう言った。何を言うか。貴様自身が「譬えば」ではなかったか。さ、できるものなら、「譬えば」でない人として出直してこい。そしたら、わしも「譬えば」でない言葉で話してやろう、と。

「譬えば」なしの人、「譬えば」ではない人間。面白い表現だ。この現象界、いわゆる経験的世界にあって無自覚に生きている人々はみんな「譬えば」の人間である。借り物であり影であって、本物ではない。そこに実存の不安と焦燥が淵源する。「譬えば」なしの人、すなわち自己本来の面目は一体どこにあるのか。これはルーミーの神秘主義の中心問題である。そしてまたこれが、一見雑然として取りとめのないお喋りのような印象を与える本書、『ルーミー語録』において、すべてを貫通する一本の線でもある。事実、四方八方に流れるルーミーの思想のあらゆる側面はこの一点から発出し、この一点をめぐって展開する。様々な問題について、様々な観点から、彼は実に様々なことを語る。

それら全てを通じて彼は一体、究極的には何を言おうとしているのか。今言った中心点、一切の根源の根源がはっきり把えられていない限り、それは絶対に分らない。逆に、この中心点さえつかんでいれば、本書の全ては正に読んで字のごとしである。

だが、一番大切なこの中心点を説明する前に、『ルーミー語録』という書物がどんなものかちょっと説明しておく必要がある。そう言えば、私はこの書物そのものについては、まだほとんど何も説明していない。むしろ、この本とは直接に関係のない周辺的な事柄についてあまり語りすぎてきたようだ。

ここに『ルーミー語録』と訳したこの本は原名を「フィーヒ・マー・フィーヒ」Fī-hi Mā Fī-hi という。フィーヒ・マー・フィーヒとはアラビア語で、字義通りに訳せば、「その中には(fī-hi)、その中にあるところのものがある(mā fī-hi)」ということ、つまり、その中には何でもかでも無差別に入っている、何が出てくるか分らない大袋というような意味。要するに雑談であり、放談である。折にふれ、時に応じてルーミーが親しい門弟や、訪れてくるお客たちに語った言葉を門弟の誰かがそのまま記録したものである。詩人としてペルシャ文学史上最高の位置を占め、スーフィズムの師として幾多の俊才を化育したこの精神界の巨匠が、その平常の生活において何を考え、何を感じ、どんなことを話していたかを知る唯一の直接資料として、まことに興味津々たるものがある。

当然のことながら、本書全体はペルシャ語の散文で書かれ、中の二、三の「談話」だけが、僅かに俗語的表現の色を加えた正確な古典アラビア語で書かれている。このアラビア語の部分はもちろん記録者がアラビア語に訳したもの——なぜアラビア語にしたのか、その理由は全く分らない——であって、僅かながらアラビア語の「談話」が含まれているという事実自体、本書のペルシャ語の部分にすら記録者の編集的意図が或る程度まで働いていることを物語っている。しかし、全体を通じて見られる生気溌剌たる文章の流動性、これはどう見てもルーミー自身のものである。恐らく記録者は、敬愛する師の言葉の息吹きを、できるだけ忠実に、そのまま再現させようとしたのであろう。

さきにも一言した通り、本書の取り扱う主題は実に種々雑多である。ルーミーは何についても語る。どんな問題についても一家言を持つ彼である。彼の心は天衣無縫、その働きは自由無礙。神事であれ人事であれ、問題が起れば、敏捷に彼の心は反応して、意識は動き、動いた意識はたちまち鮮明な形象的言語となって奔出する。ルーミーの散文の著しい形象性については、私はすでに多くの語を費やした。

こうしてルーミーはあらゆることについて放談する。天体の運動を論じ、動植物の習性について語り、過去の預言者や聖者について語り、現在身のまわりにいる人物を批評する。娯楽、服飾、四季の風物、夢占い、恋愛、友情……、女性の美を論じ、美女の顔を隠す面紗《ベール》の功罪を論じたかと思えば、女のわがままをどう扱ったらいいかを説く。さらに一転すれば法律学上の問題を論じ、善悪をめぐる倫理学の問題を論じ、神がいかなる意味で悪を意志するかというような神学上の問題を神学的、スコラ哲学的に論じたりもする。彼が取り上げて論究する主題は手当り次第で、そこに何の統一原理も選択の基準もないかのように見える。

だが実は、先刻言ったように、これらの雑多な主題の全てを通じて一本の力強い線が通っているのだ。どのような問題を論じようとも、ルーミーはそれを必ず或る一つの視点から見ているのである。このいつどこにあっても、何を論じても絶対に変ることのない唯一の視点、それこそさきに一言した神秘主義的実在としてのルーミーの根源的実在体験によって開かれた精神の目である。

仏教に往相と還相、還源と起動、向上と向下という考えがある。これは仏教における修行道程と存在界の構造把握、すなわち観想・止観から実践に及ぶ意識の段階と、それに伴って開けてくる実在の段階とを根本的に規定する重要なパターンであるが、これと構造的には全く同じような考え方がスーフィズムにもある。ただ、もともとスーフィズムは絶対一神教的信仰としてのイスラームの中に発達した神秘主義であり、従って、根本的には同一構造であるにしても、それを極めて特徴ある形で、純一神教的に展開させる。でき上った形体としては、違いが出てくるのは当然である。

さてここで向上とは、簡単に言えば、人間の意識が日常触目の事物の世界、存在の現象的差別相の次元を離脱して、次第に存在の無差別平等相に近づいてゆく過程である。この道の果てるところ、多は一となり、有は無となる。識別的意識は完全に消滅して、実在は絶対無差別的真相を露呈する。向下とはこの向上の上り道の頂点に立って差別の世界を再認知し、新しい視野の下に新しく見直された差別の現実の中に出てゆき、そこで無礙自在に行動することである。すなわち向下とは実在の形而上的起動であると共に、無的主体としての人の倫理的、行為的起動でもある。いわゆる建立門である。なぜこれが実在の形而上的起動であるかといえば、この無差別平等の境位、すなわち絶対的一ないし無の境位に立てば、そこから差別と多の世界が、無あるいは一の自己限定として一望のもとに見渡せるからである。そして一望のもとに見渡したこの一にして多、多にして一なる世界の只中に踏み出して、それを行住坐臥の場として絶対主体的に生き、行動する。これが倫理的起動としての向下である。向上も向下も共に大事だ。が、或る意味では、向下の方が向上よりもっと大事である。向上の頂点にようやく辿り着いて、そこに坐り込んでしまうのでは意味がない。空無の鬼窟裡に堕在する、などという。だがしかし、頂上に辿り着かなければもっと意味がない。お話にもならないのである。

スーフィズムでも同じことである。スーフィズムでは向上の道を窮めてその頂点に達することを体験的にファナー(fanā')と言い、向下の全過程をバカー(baqā')と言う。ファナーとは字義通りには「消滅」を意味し、バカーとは「存続」を意味する。スーフィズムでも一番大切な部分はバカー、すなわち存在の現象的多者の次元における絶対主体の無礙自在な創造的働きである。「消滅」体験の記憶を払拭しきって、「存続」の意識すらなしに自由に「存続」してゆく、それが神秘家の最高の境涯である。しかし、仏教の場合と同じく、「消滅」の体験を経ない「存続」は意味を持たない。そんなものは「存続」ではない。「消滅」の体験知から全てが始まるのである。「消滅」を経ない「存続」、つまり常識的な意味でただ無自覚にこの世にあり続けてゆくことは禽獣の存在であって人間のそれではない、とルーミーは言う。「人間はロゴスを持つ動物である。」ただの動物ではなくて、それにロゴスというものが附け加わっている。ロゴスとは、ルーミーにとって、人間の内なる超越性の原理、人を一者の境位にまで引き上げるところの形而上的な何ものかなのである。物質性の厚い幕帳《とばり》の蔭に隠された「かの一物(ān ma'nā)」が本来の機能を自由に発揮して、人を「消滅」の境位に導いてゆく時、人は始めて本当の意味で人となる。だからルーミーは「消滅」体験を極度に重要視し、それを一切の出発点とし、それを一切の中心に据えるのである。

ところで「消滅」とは、形而上学的には実在の現象的差別限定が取り去られて、多が一の中に消滅し、実在の絶対無差別的深層が顕現することであるが、実存的には我の消滅、自我意識の消滅を意味する。元来、「消滅」のこの二側面、形而上学的側面と実存的側面とは密接不離に相関連し、相対応しているものであって、一方だけが実現して他方が実現しないということはあり得ない。見られる物が全くなければ、それに対立する我もないのであり、我が消えれば物も消える。しかし、人とか人格とかいうものを第一義的に重要視するスーフィズム――絶対者を人格神として表象するイスラームとしてはこれは当然のことである――では、実存的側面が特に重要視される。多者が一者に還源するという哲学的問題として展開されるより以前に、先ずそれは人間の神への還帰、還源という実存的問題として把握されるのである。何よりも先に、それは我の「消滅」として体験されなければならない。そして我の「消滅」とは、ルーミーにとって、またより一般にスーフィズムにおいて、人間的我の神的我への還帰、消融であった。この形での実在体験を、普通の神秘主義の術語では神人合一と呼ぶ。だが、人間的我が神的我に帰り、そこに消融するとは一体どのようなことなのであろうか。それはどのような構造をもつ体験なのであろうか。以下その点を、ルーミー自身の説くところに従って少しく解明してみたいと思う。

普通の人の住む普通の現実をルーミーは「うつけ心」の所産と見る。普通の人間の経験的世界、いわゆる現世は、うつけ心の基礎の上に立つ薄暗い存在次元である。うつけ心 ghaflat とは、第二義的、第三義的なものにうつつを抜かして第一義的なものを忘れている実存のあり方。宗教的、形而上的な無自覚である。無自覚とはいっても、全然何事も意識していないということではない。我の意識だけはある。「我在り」という、この経験的主体性として我の意識を中心として物の世界がその周囲に成立する。その全体がうつけ心の産物なのである。そして、この意味でのうつけ者、うつけ心の人が無数にいるからこそ現世は存立し栄えてゆく。ルーミーの考えでは、現世も実在の一つのあり方であるが故に、うつけ心の人がいるということも、それはそれで悪いことではない。しかしそれでは神秘主義というものは成立しない。

神秘主義とは、目覚めた人の世界、自覚者の世界である。自覚者がいるから来世が存立する。そして現世と並んで来世があることも、ルーミーによれば実在の本質的構造に属する事実であり、神学的に言えば神の意図の一部なのである。来世といっても、遠い将来にいつかやってくる、あるいは来るはずの、想像図ではない。今、ここで、時間・空間的に拡がる現象的多者の世界のさ中に現成している絶対的一者の時空を超えたあり方なのである。

無限に錯綜するこの現象的多者の世界に生きながら、自覚者は現象の奥に働く一者の気配を感じる。現象的多を否定するこの一者がどのようなもので、どこにあるのかは皆目分らない。だが、それが現象的多を否定しながらも、しかもそれの源泉であり、また彼自身の実存の太源であることを彼は痛切に意識する。この痛切な意識は生々しい別離感となって彼を悩まし、苛だたせる。哲学的に言うと、これは個物が己れの存在の太源に還ろうとする本然的な傾向である。個物であること、個物として自覚的に存在するということは、個物が自らを万有の太源から切り離された、儚くも頼りないものとして自覚することだ。ちょうど、一面に葦の生え茂る川岸から切り取られて葦笛に作り上げられた一本の葦のように。悲しげに葦笛は啜り泣く。「精神的マスナウィー」の世に有名な冒頭の数句で、葦笛はこの個物の存在の悲しみを歌う。

個物はその存在の根底に深い悲愁を秘めている。それは個が個として存在することの、と言うより個として存在させられていることの悲哀であり、同時に、無限なる一としての実在的普遍者への思慕である。

聞け　嫋々たるこの葦笛の語る言葉を

葦笛はしめやかに別れの愁いを語る

「根を切られ、故郷の川辺に別れを告げてきて以来、啜り泣く私の音色に、そも幾人《いくたり》の男、そも幾人の女が涙に咽んだことか」と葦笛の歌は語り出す。

ああ　独り寝のやるせなさに
その胸を千々に裂かれた人に逢いたい
私の胸に燃える恋慕《こころ》をその人に
せめて語って聞かせうものを

伝統的なイスラーム神秘主義の言葉で言えば、これは人間の魂の神に対する切ない思慕である。この思慕の情はやがて熾烈な恋となって燃え上る。燃え上って、人の自我を焼き尽す。火が燃えるものであることは誰でも知っている。だが、とルーミーは言う、それは火に関する外的な知識にすぎない。スーフィーにとって、そんな知識は無用な知的葛藤だ。スーフィーにとって唯一大切なのは内的、実存的知識である。そして火を実存的知識として知るということは、自ら火の中に飛び込んで、自ら火となって炎上することである。それがスーフィーというものだ。

前に言ったことの繰り返しになるが、スーフィズムはイスラームという一神教的伝統の内部に、それの一展開面として発達した神秘主義である。これがスーフィズム一般、およびルーミーの神秘主義の歴史的大前提であって、この大前提を忘れるとルーミーの思想は正しくは理解されない。そして一神教とは唯一なる人格神の信仰である。さきに引用した葦笛の歌で、己れの源泉に還帰しようとする個物の形而上的偏向性が、やるせない恋の悩みとして形象化されていることは注目に値いする。向上の一路は、ここでは神に対する思慕であり、激しい恋なのである。

かくて我々は、ルーミーにおいても、その神秘主義の出発点は普通の一神教的信仰の枠を、少くとも形式的には、いささかも逸脱していないことを知る。ただ、この神秘主義の一神教的側面は、その進展の過程において著しく変貌する。そして変貌した一神教は遂に普通の一神教の信仰と教理とをはるかに超脱してゆくのである。

唯一絶対の神を認めてこれを信仰し、その他にいかなる神も認めない――これが普通の一神教としてのイスラームの一番基本的な建前である。この唯一神をアッラーと呼ぶ。アッラーのほかに神はない。これは、およそ回教徒たるものの等しく認める根本的信仰箇条である。従って、一般大衆の素朴な信仰においても、合理的に体系化された神学的信仰においても、イスラームは一切の多神教的傾向に反対する。善の創造主と悪の創造主を認めるゾロアスター教はもちろんのこと、イエスを「神の子」とするキリスト教、その他あらゆる形の偶像崇拝的なもの、偶像崇拝に導く恐れのあるものを、一神教の純情な本質に背くものとして断乎排撃する。要するに二神存在の絶対的否定である。

ところがスーフィズムの立場からすれば、このような一神教はまだ生ぬるい。なぜならここでは、二神は存在しないにしても、唯一なる神に対する他のものは存在するからである。世界と人が存在するからである。

唯一無二の神を信じて、これを崇敬し、その前にひざまずく。信仰する人に対して、神は絶対的超越者、つまり絶対他者である。神と人とは互いに他者として対面する。ルーミーはこれを神的我れと人間的我れの対立として把握するのである。このような状況においては、神の一者性は絶対的意味での一者性ではない。人間的我れと対面し対立するような神的我れは本当の神的我れではない。要するに相対的我れでしかあり得ない。形而上学的に言っても、絶対的実在なるものを認めるからには、それは絶対でなければならない。一切の対立者を撥去するからこそ絶対である。「神がある。そして神だけがある。」世界も人も、一切が一挙に無化されなければならない。それが本当の一神教であり、それが「神は唯一無二である」ということの真の意味である。

だから、唯一無二の神を絶対超越者として人が信仰し崇めるというような形の、常識的な一神教は、ルーミーに言わせれば一神教ではなくて二神教であり多神教である。さきに、スーフィズムにおける向上の一路は形象的、体験的には人間の神に対する切ない思慕であり、燃える恋だと言ったが、この恋の終点、恋路の果ては、恋する人と恋される美女との幸福な結婚ではなくて、恋する人の無化である。恋する人が恋される者の中に融けて消えてしまうことである。ちょうど一滴の水が大海の水の中に消えてしまうように。哲学的な言葉で言えば、個物が一般者の中に還源し、有が無の中に消えて、その無がひとり歴々として輝き出ることである。

人間の真の生き方、あり方として、「死して成れ」ということがここに成立する。人間が自我意識を持ち、一人一人の人間がそれぞれ「我れ」であり、それが彼のすべての感情、思惟、行動の源であるというのが常識的に考えられた人間的状況であるが、この人間的状況には何か根本的に狂ったところがある。「神のもとでは二つの我れは並び立たぬ。そなたは『我れ』と言い、神も『我れ』と言う。そなたが死んで神が残るか、神が死んでそなたが残るかだ。そうでなければ、我れが二つ並立することになる。……だが、神が死ぬということはあり得ないことであるからには、そなたが死ぬほかはない。そなたが死んで神の露堂々たる顕現を待ち、そうすることによって二者並立を滅却するのだ」とルーミーは言う。

人間が我れの意識をもつということは、彼が個物として存在していることの直接の現れである。そして個物として、存在しているということは、彼が己れの形而上的根源から切り離されていることを意味する。故郷を遠く離れた人の胸には、故郷に対する憧憬があり悲愁がある。なぜこんなに悲しいのか、なぜこんなに不安なのか、自分ではその原因が全然分らなくとも、それでも人は悲しくて不安である。存在の形而上的根源などというものを彼は考えてみたこともない。それでもやはり彼は自分の根源に憧れている。堪えがたい実存の不安に駆られ、煌々たる神の灯火のまわりをぐるぐる飛び廻っている落ち着きのない存在、それが人間というものだ。そのような人間を焼き焦がし無と化してしまう蠟燭、それが神というものだ。蠟燭と蛾はルーミーの世に有名な比喩である。

「人間の理性は譬えて言えば蛾のようなもの。理性の恋い焦がれる相手は蠟燭のようなもの。蛾が燃える蠟燭の焰の中にまっしぐらに飛び込んでゆけば、必ず燃え焦げて死んでしまう。我が身が火に焼け焦げる、その苦しみがいかに辛く苦しくとも、蛾は蠟燭に飛び込まずにはいられない。それが蛾というものだ。」

このような自己無化の極限において、人は思わず「我こそは神！」と叫ぶ。Ana al-Ḥaqq——初期スーフィズムを代表する偉大な神秘家マンスール・ハッラージュ Ḥallāj(ca. 858-922)の有名な「酔語」である。このような瀆神的言表を敢えてした故に、ハッラージュは処刑された。だがこれは、とルーミーは言う、世人がこの言葉の意味を完全に誤解したからである。「我こそは神」という文の主語「我れ」は人間的我れではなくて神的我れであることが分らなかったのだ。人間的我れが完全に消滅して、痕跡もとどめぬ境位にあるからこそ、堂々と神が「我こそは神」と言うのである。世の俗物どもはこれをハッラージュの慢心だと解した。実は謙虚さの極致であったのに。

普通世間では、「私は神を信仰する」、つまり「汝は神、私は汝の僕《しもべ》」と唱えることが信仰者の正しい態度だと考えられている。それが信仰者としての、神に対する自己卑下の表現だと考えられている。このような考え方をルーミーは二元論と呼ぶ。「私は神の僕《しもべ》」と言う人は、すでに二つの違った存在者を認めている。一つは神、もう一つは自分自身。人間が自分自身の存在を神と並べて措定する。敬虔どころか、これこそ本当の傲慢不遜ではなかろうか。しかも、教理的には、絶対一元論を否定する二元論である。

これに反して、「我こそは神」と叫ぶハッラージュは自己を無化しきっている。神以外には一物も存在せず、神だけがあり、ハッラージュは完全に消え失せてしまった境位における神自身の言葉である。「これこそ謙虚さの極致ではないだろうか。だが、世間の俗物どもにはこれが分らない。」

向上の道——これをスーフィズムの用語法ではsuʻūd「登り《スウード》」と言い、形而上的には現象的多者の本体的一者への還帰、心理的には修行者の意識が深い瞑想のうちに沈潜して一切の内的動きが止むことを意味する——の極点は人間的我れの無化であり、それに伴う存在世界の無化であるが、人間的我れの無化は、今見た通り、同時に神的我れの顕起である。この神的我れの顕起に、有から無へ、そして無から有への転換点がある。ここで「無から有へ」とは、いわゆる絶対無から絶対有への翻転ということであるが、絶対有は直ちにまた相対有に向って自己分節してゆく。ここに向下の道が始まる。向下をスーフィズムではヌズール nuzūl と言う。字義通りには「降下」を意味する。前の「登り」の場合と同じく、「降下」にも形而上的な発出論的な意味があると同時に、また脱自的《エクスタティク》な状態から経験的意識の状態への復帰という体験的事実としての意味もある。そしてこの体験の主体は神的我れの自己分節として甦る人間的我れである。もちろんそれは、向上の道の始めに成立していた人間的我れではない。外形は同じでも内的構造が違う。それは相対的個物でありながら、しかも絶対的普遍者、有でありながら無であるような主体である。

こういう個的・超個的主体としてスーフィーはこの世に生きる。その気宇は全存在界を呑み、その行動は無礙自在。だが、それにもかかわらず常と変らぬ普通の人。ルーミーはそんな人であった。そのような人として彼は人々に接し、門弟を教育した。本書、『ルーミー語録』はそのような存在の次元におけるこの偉大なスーフィーの口から折にふれて流れ出た言葉の記録である。


ジャラール・ッ・ディーン・ムハンマド・ルーミー Jalāl al-Dīn Muḥammad Rūmī は西暦一二〇七年(回暦六〇四年)九月三十日、ペルシャの国、ホラーサーン地方のバルフ Balkh の都に生れた。バルフは当時、イスラーム文化の一大中心地。知的に、学問的に、宗教的に、全イスラーム世界において主導的役割を果していた。が、また他面、それは蒙古襲来を目前に控えて、物情騒然たる時代の波に巻き込まれようとしていた。危機感に満ちた時代だった。

彼の父バハーウ・ッ・ディーン・ワラド Bahā' al-Dīn Walad は「学人のスルターン」の称号を以て知られるほどの、バルフ屈指の碩学であり、神秘家でもあった。この人はスーフィーとしては、たまたまナジュム・ッ・ディーン・クブラー Najm al-Dīn Kubrā(一二二一年歿)の残した教派クブラー派 kubrawiyah に属していた。ところが、その頃、バルフを含むホラーサーン地方を支配していたハーリズム・シャー Khārizmshāh Muḥammad ——この人は本書にも現われる——は、クブラー派に敵意を抱いており、この対立がハバーウ・ッ・ディーンの身辺に、宗教上だけでなく政治的にも不穏な空気を醸成しつつあった。

果してそれが直接の原因であったのか、それとも蒙古襲来の難を避けようとしたのか、今では知る由もないが、一二一九年（一説には一二二〇年とも言う）、バハーウ・ッ・ディーンは突然、一家をひきいてバルフの都を去って西方に向った。時にルーミーは十二歳（あるいは十三歳）の少年であった。

一家の流浪の旅はバルフからニーシャープールへ、ニーシャープールからバグダードへ、バグダードからメッカへと続いた。長い苦しい旅路だった。そしてこの旅は一二二九年、小アジア、アナトリアの君主セルジューク朝のアラーウ・ッ・ディーン・カイコバード ʻAlāʼ al-Dīn Kayqubād の招き（?）でコニヤの都に至って終った。セルジューク朝の下、当時コニヤは文化都市として文物燦然と栄えていた。多くの学者、文人、思想家、神秘家がそこにいた。そしてルーミーがそこで活躍を開始してからは、コニヤは特にルーミー的神秘主義の中心地となった。現在、コニヤはトルコの一都市であるが、ルーミーの伝統は今なお存続している。ついでながらルーミーという名は「ルームの人」の意である。ルーム Rūm とはローマ、すなわちローマ帝国、より具体的には東ローマ帝国のことであり、ビザンチン文化の中心としての小アジア地方を指す。従ってルーミーとは「小アジアの人」のこと。この名前だけでも、ルーミーの小アジアとの縁《えにし》の浅からざることを物語っている。

さて、この地に居を定めた父バハーウ・ッ・ディーンはたちまち学者としてスーフィーとして人々の尊信を集める。だが間もなく彼は二十四歳のルーミーを残して他界してしまう。この父と子の関係には不思議な点があった。バルフにおける幼年時代から長い漂泊の年月の間、ルーミーを教えたのは父である。だが、どうしたわけか、この父は、自ら第一級の神秘家であったにもかかわらず、子供に神秘主義的薫陶は一切与えなかった。ただ、顕教的学問だけを徹底的に教えた。その結果、ルーミーは神秘道に踏み入る以前に、コーラン学、伝承学、神学、哲学、法学の大家になっていた。事実、彼は回教法の権威として父の後を継いだのだった。こうしてルーミーは、それが父親の意図であったのかなかったのか、秘教の奥義を窮める前に、顕教の奥義を窮め、やがてはイスラームの顕教と秘教を一に合せる人となったのである。この点でルーミーはスーフィズムの伝統の中では、イブン・アラビーやスフラワルディーのような神秘哲学者たちと同型に属している。但しその哲学、ないし思想はことごとく詩的形象として表現されはしたけれども。

ルーミーをスーフィズムの道に導き入れたのは、本書の中でもブルハーヌ・ッ・ディーン師としてその名の出てくるブルハーヌ・ッ・ディーン・ムハッキク Burhān al-Dīn Muḥaqqiq である。面白いことに、この人はルーミーの父バハーウ・ッ・ディーンのかつての門弟であった。つまり、ルーミーは父の秘教的側面を、間接的に、父の弟子から学ぶのである。

この人に師事して、彼は九年間修業する。ブルハーヌ・ッ・ディーンは一二四〇—四一年に他界する。しかしその頃までにルーミーはすでに自らスーフィズムの師として立てるまでになっていた。しかもスーフィーとしての修行を続けたこの期間にも、シリアに旅してアレッポとダマスカスで顕教の研鑽に努める彼であった。かくて彼の内部において顕教と秘教は並立して発展しつつ、次第に顕教は秘教の中に吸収されてゆき、やがて完全に克服され、少くとも表面的には消滅して、遂に重厚な、重層的なルーミーの秘教が成立するに至る。これと根本的にはほとんど同じ道を辿ったと思われるイブン・アラビー——このスペインの偉大な神秘家は、ちょうどその頃、ダマスカスに滞在していた——と彼はダマスカスで逢ったであろうと言う人もあるが、確たる文献的証拠は何一つない。ルーミーがイブン・

アラビーの著書を読み、その深玄な思想に親炙していたことは明らかであるが、イブン・アラビーへのこの接近はむしろ、イブン・アラビーの最高の弟子であり、その衣鉢を継いだサドル・ッ・ディーン・コニヤウィー（コニヤのサドル・ッ・ディーン）との親交を通じてなされたものであって、イブン・アラビーとの直接の個人的交際によるものではない。サドル・ッ・ディーン・コニヤウィーは不世出のスーフィーであったばかりでなく、広漠たる形象とヴィジョンの大渦のようなイブン・アラビーのグノーシス的教説を哲学化し、明確な輪郭をもった形而上学の体系として再建した最初の人である。ルーミーが死んだ時、コニヤウィーはその葬儀を指導して自ら切々たる弔辞を読んだ。

それはともかくとして、大体一二四一年から一二四二年頃にかけて、コニヤにおけるルーミーの名声はいやが上にも高く、その顕教の講義は四百人に及ぶ学生を集めたという。それと同時、特に選ばれた少数の俊才たちに彼は秘教を教え始めていた。後のマウラウィー教団の始まりである。すでにルーミーは押しも押されもせぬ神秘道の師匠だった。だが、詩人ではなかった。実に意外なことだ。ペルシャ文学の歴史的流れを一挙に変えたと言われる詩人ルーミーがその時まで詩というものと全く無縁だったということは。

彼の詩人への突然の変身は一二四四年に起った。この年、偶然（か天の配剤か）一所不住、生涯無一物、飄々たる放浪の旅に生きる托鉢僧シャムス・ッ・ディーン・タブリーズィーがコニヤにやってきた。この人との出逢いこそ、ルーミーの実存を根底から震撼させる大事件だった。彼は生れて始めて本当の霊的人間というものを目《ま》のあたり見た。今までのルーミーは死に、新しいルーミーとして生れ変った。

タブリーズのシャムスは謎に包まれた人物である。彼が実在の人間であったことは確かだし、彼の言葉を記録した『言説集』Maqālāt という書物も今に残っているのだが、彼がどんな生涯を送った人なのかは皆目つかめない。むしろ、そんなことが全然問題にもならないような人だったと考えるべきであろう。ただ、彼が異常な精神的エネルギーを発散する傑物、というより怪物だったことは、「言説集」を一読するだけでもすぐ分るし、またルーミーほどの人をあそこまで感激させたことでも分る。それだけで充分なのである。

すでに一個のスーフィ教団の長として権威ある座に坐っていたルーミーはたちまち全てを棄て、全てを忘れてシャムスの足下にひれ伏し、師事し、奴僕のように仕え始める。それればかりではない。「シャムス・タブリーズィー詩集」に表現されたルーミーのシャムスに対する感情は、正に身を焦がす恋慕の情である。その恋の相手は果してシャムスという人間なのか、シャムスを通して顕現する神なのか。その区別がつきかねるほどルーミーにとってシャムスは霊的存在だったのだ。だが、そのルーミーをシャムスはまるで蒙昧の幼児のように取り扱った。世の常ならぬこの師弟がどのような形で結ばれていたのか、二人の間にどのような霊的交流があったのか、ちょうどシャムスという人が謎の人物であったように、それもまた我々にとって一つの謎である。

とまれ、それまでのルーミーは醒めた人だった。顕教と秘教とが内部に並存するような人だった。シャムスに逢って彼は完全に「酔える人」になった。そしてそれはまた詩人ルーミーの誕生でもあった。シャムスによって与えられた霊感に促されて、彼の心に続々と美しく激しい抒情詩が生れていった。現在に残る「シャムス・タブリーズィー詩集」は三万六千行にのぼる厖大なものである。その詩句の大部分は脱自的恍惚状態において作られたものであって、全篇に流れる夢見るような音楽的律動の神韻縹緲たる美は、ハーフィズの詩を除いてはペルシャ文学に他の類例を見ない。

シャムスとの霊的交流の生み出したこの脱自的体験の音楽性は、こうしてルーミーにとって異常な詩的体験であり、ペルシャ詩歌の最高傑作生誕の起因となったが、それはまたスーフィズムの発展にとっても一つの大きな事件であった。というのは、この体験をもとにして、彼は音楽と舞踊のリズムの惹起する脱自的恍惚体験をスーフィズムの修行課程の中に導入することに成功したからである。

葦笛の奏でる調べに合せ、太鼓の打ち出すリズムに乗って修行者たちは旋舞する。かつてピタゴラスは天体の運行の発する妙なる音楽について語ったが、あたかも天圏のこの旋回運動と音楽とをそのまま地上に映したかのように彼らは恍惚として旋舞する。世にも美しく、世にも珍しいこの宗教行事を見て驚異の目を見張った西欧の人々は、これを「円舞の托鉢僧団」the order of whirling dervishes, l'ordre des derviches tourneurs などと呼んだ。事実、音楽と舞踊はルーミーが創始したいわゆるマウラウィー教団の特徴である。この伝統は脈々として今日に続き、今なおコニヤに残っている。

但し、マウラウィー教団を始め、その他スーフィー教団は、後世、精神界を支配したばかりでなく、政治的にも恐るべき一大勢力となった。国家の近代化と近代的国家の統一に対する障害をそこに見たトルコ政府は法律的にこれを禁止した。従ってマウラウィー教団の有名な旋舞も地下に潜んだ。今日、トゥーリズムの要請でコニヤの舞台で演じられるいわゆるマウラウィー・ダンスは演出された贋物である。本物は一種の地下運動として盛んに行われているが、普通の人には見物できない。しかし本訳書に掲げた写真は本物である。これは、印度のタントラ及びペルシャのスーフィズムに造詣の深いイラン駐在カナダ大使、ジェームス・ジョージ夫妻が特に許されて自ら撮ってこられた貴重な作品の中の一葉である。

さて、話を中断してしまったが、ルーミーがあまりにもシャムスに熱中して、自分たちを少しも世話してくれなくなったことを、門弟たちは不快に思い、恨めしくも思った。当然のことである。この状勢を厭うたシャムスは一二四二―三年、突然コニヤを去る。落胆したルーミーは、八方手を尽して遂にシャムスがダマスカスにいることを突き止め、息子スルターン・ワラドを遣わしてコニヤ帰来を懇請する。断り切れずにシャムスは翌年、コニヤに帰ってくる。だが、ここはもはや彼の住むべき所ではなかった。彼はすぐまた飄然と立ち去って、今度はもう二度と帰ってはこなかった。どこへ行ってしまったのか杳として行方は知れなかった。この奔放不羈の人にとって、愛弟子の悲嘆なども物の数でもなかったのである。ルーミーは自分でダマスカスまで探しに出かけたけれど、そこにもシャムスはいなかった。誰の言葉だったか、「肉身のシャムスは消えて、ただルーミーの心の中に永遠のシャムスが残った」という。シャムスとはアラビア語で太陽のことである。

それから後、一二四九―五〇年から一二七三年の死に至る二十数年は、文字通りスーフィズムの最高峰としてのルーミーの活躍期である。シャムス的体験は彼を真に円熟したスーフィーにした。彼の教団は栄え、彼のまわりには多くのすぐれたスーフィーが集まった。彼が「精神的マスナウィー」を書いたのはこの円熟期である。前にも言ったように、ペルシャ文学の無比の傑作として、「ペルシャ語のコーラン」とまで讃えられたこの作品をルーミーは一二五九年頃から書き始め、ほとんど終焉の時に近く完成した。そして一二七三年(回暦六七二年)十二月十六日、彼は死んだ。平安と静謐と至福に充ちた最後であったという。

ペルシャ人はルーミーを「我らの師《マウラーナ》」と呼んで尊敬し、愛慕する。マウラウィー教団内部の人々は言うまでもないが、その他の一般の人々の間でも、彼の作品は無数の人に愛誦され、無数の人の心の糧となっている。ルーミーの精神は今日もなお潑剌と生きている。

『ルーミー語録』には現在二つの刊本がある。一つは故フルーザーンファル教授の校訂本(Badīʿ al-Zamān Furūzānfar ed. : Kitāb Fī-hi Mā Fī-hi, 1952, Tehran)、他はそれより少し遅れて同じくテヘランの Dār al-Taṣḥīḥ wa-al-Tarjumah 社から出版されたものである。後者も脚註に異文、異読を挙げ、一応近代的なクリティカル・エディションの形を取っているが、責任編者の名もなく、出版年月すら書いてない。大体において、フルーザーンファル版が出る前に広く読まれていた古い石版刷りのテクストを活字に直したもののようである。だが、それよりも、両者の間には次のような著しい相違点がある。

フルーザーンファル版のテクストは文体的にも古風で読みづらい。だがそれだけに味もある。ところどころ、なかなか意味の取りにくい語や表現が出てきてむずかしい。そんな箇所を、日頃、日常会話でも、口を開けばすぐルーミーの詩句が飛び出してくるような教養の高いペルシャ人に聞いてみても、首をかしげて考え込んでしまうほどむずかしい。もっとも、この訳書では、そういう所は全部一応意味が通るまで考えて解釈した上で訳してあるので、一般の読者は気づかれないであろうと思うが。ところが、新しいテヘラン版では、そのような箇所が大抵の場合巧みに書き直してある。その上逸話や寓話の数も多いし、引用された美しい詩句の数もずっと多い。つまり全体的に見て新しいテヘラン版の方が読み物として少くとも表面的にはずっと面白くできている。ということは、しかし、少し面白くできすぎているということであり、それだけ信用できないということでもある。

要するに、新しいテヘラン版のテクストが一般向きするように、読みやすく面白いように潤色し、自由に加筆したものであることは明らかである。これに反してフルーザーンファル版は一番古い原テクストそのまま、あるいはそれを原形に最も近い姿で再現しようとしたものであると思われる。従ってその文献学的価値の高さは新版の比ではない。それればかりでなく、読み物として通読してみても、この古いテクストの文体には、何とも言えぬ雅趣がある。余計な粉飾のない、それでいて時には流麗、時には強烈な詩的形象に満ちた文体には、どことなくルーミーの生の息吹きが感じられる。

こういう理由で、この本を訳出するに当って、私は厳密にフルーザーンファル版に従った。新テヘラン版を取れば簡単に意味の通るようなところでも、古テクストのまま解釈しようとした。異本の読みを選ぶ場合にも、フルーザーンファル版の脚註の枠を出なかった。そのために無駄な努力をしたところもあるかもしれない。しかし、こうすることで、ルーミーの談話が、できる限り彼の口から出たままに近い形で日本語に移せたのではないかと思う。

この本を訳しながら、ルーミーのことばかりでなく、私はよく故フルーザーンファル教授を憶った。特に思いがけぬ逝去の数カ月前、最後に教授をお宅に訪れた時のことを。その頃私はまだルーミーを訳すことになろうなどとは夢にも考えていなかった。フルーザーンファルといえば、ペルシャ文学の最高権威として、わけてもルーミーについての造詣の深さにかけてはその右に出る者なしと評された人である。談笑の間に教授はこんなことを言われた。十九世紀の末以来、ペルシャ語を学び、ペルシャ文学を研究する西洋人は少くないが、誰も決まったようにルーミーに惹かれ、ルーミーを読む。だが、ルーミーの心の深さは西洋人には、絶対に、金輪際(アバダン！　アスラン！)――その時、教授はお得意の古典アラビア語で話しておられた――分りっこない。しかし、日本人にはルーミーの神秘的体験の深みがきっと分るだろう。ルーミーがいつの日か日本語に訳されて、その精神が日本人の精神に共鳴することがあるなら、何か新しい面白いものがきっとそこから生れてくるであろうに、と。

西洋人の理解力に関する教授の言葉は少し行きすぎだと私は思ったし、それに日本人の感受性を一体どんな根拠でそれほど高く評価されるのか、いささか疑問とするところもないではなかったけれど、それを言う時、教授のあの精悍な顔をふと過《よぎ》った一抹の淋しさの翳りのようなものを私はひどく感動的だと思った。

今ゆくりなく、フルーザーンファル教授が精魂こめて校訂されたテクストを使ってルーミーの語録を日本語に移すことによって、日本人としての私に示された教授の好意の一部に応えることができた自分を私は幸福だと思う。

なお、本書やモッラー・サドラーの『存在認識の道』のようなイスラーム思想の古典的作品の邦訳を私に勧めた人は岩波書店編集部の合庭惇氏である。始めのうちは、さても厄介なことを引き受けてしまったものと悔みもしたが、仕事が終ってから振り返ってみれば実に楽しい一年間であった。ここに記して感謝の意を表する次第である。

一九七七年八月　鎌倉にて

訳者

〔**附記**〕　本書は今までに二度西欧語に訳されている。その一つは英訳(A. J. Arberry: Discourses of Rūmi, London, John Murray, 1961)、もう一つは仏訳(Eva de Vitray-Meyerovitch: Le Livre du Dedans, Téhéran, Fondation Pahlavi: 1975)である。アーベリーの英訳は例によって例のごとくで、良くも悪くもない。ただ顕著な欠点は、無味乾燥で、正に砂を嚙むような文体に訳されていることである。私の英語の理解力が足りないためにこんな印象を受けるのかもしれないが、ともかく恐ろしくつまらない。なぜつまらないのかというと、私の感じでは、ルーミーの談話の生きた調子がこちらに伝わってこないからだと思う。彼の精神の活潑潑地な働きはそのまま談話の文体に反映する。その文体の起伏が捉えられなければ、ルーミーは死んでしまう。それに脱落と誤訳もある。

　メイィエロヴィッチの仏訳はアーベリーに較べると文体は生きている。だが誤訳がはるかに多いばかりか、難解の箇所を素知らぬ顔でごまかしてしまった跡が方々に目立つ。それよりもっとひどいのは、フルーザーンファル版と新テヘラン版を混ぜこぜにして勝手に都合のよい方をその場その場で選んで訳してあることで、そのため全体的に統一性を欠き、文献的には価値が低い。もともとこの訳者のルーミー研究は識者の間ではつとに有名なもので、特に Mystique et poésie en Islam: Djalâl-od-Dîn Rûmî et l'Ordre des Derviches-tourneurs, Paris, Desclee de Brouwer, 2e éd. 1973 のごときはルーミーとマウラウィー教団を研究した名著とされて、ペルシャでもかなり高く評価されている本である。そのような名著を書き得た人がどうしてこんな訳を出したのか私には分らない。原文テクストの読みが浅いならまだしも、不正確であっては、いかに立派な「研究」をしても信用できない。

　だからといって、英訳も仏訳も駄目で、私の訳だけが誤訳もなく、原文の行間に躍動するルーミーの精神を見事に再現しているなどと言うつもりはさらさらない。他人の仕事をとやかく品評してその欠点を探し出すことはやさしいし、それに第一痛快でもある。だが、自分自身の仕事の欠点に対しては人はともすれば盲目になりがちなものだ。この日本訳は英訳よりも仏訳よりも、もっと悪いかもしれない。そう考えると身のすくむ思いがする。

■岩波オンデマンドブックス■

イスラーム古典叢書 ルーミー語録

1978年5月30日 第1刷発行
2015年1月9日 オンデマンド版発行

訳 者 井筒俊彦《いづつとしひこ》

発行者 岡本 厚

発行所 株式会社 岩波書店
〒101-8002 東京都千代田区一ツ橋2-5-5
電話案内 03-5210-4000
http://www.iwanami.co.jp/

印刷/製本・法令印刷

ISBN 978-4-00-730160-5 Printed in Japan